왜 정답인지
모두 풀이 해 주는

HSK5급
모의고사

저자의 말

많은 학생들이 중국어를 배울 때 생경한 발음과 복잡한 한자로 괴로워하며 HSK도 어려울 것이라 주저하는 경우가 많습니다. 하지만 HSK는 문제 유형이 정해져 있고, 어휘와 어법 지식에 대한 요구도 명확하기 때문에 노력하면 반드시 좋은 결과를 얻을 수 있는 시험입니다.

이에 『왜 정답인지 모두 풀이해 주는 HSK 5급 모의고사』는 최근 HSK에서 출제된 문제 유형과 어휘, 어법을 철저하게 분석하고 최신 출제 경향을 연구한 결과를 모아 HSK를 준비하는 수험생들에게 도움을 되고자 합니다. 본 교재는 HSK를 앞둔 수험생들에게 자신의 실력을 가늠하게끔 하는 동시에 실전 감각을 높일 수 있게 하는 최고의 선택이 될 것입니다.

본 교재와 함께하는 수험생 여러분의 노력에 행운까지 더해져 원하는 바를 이루길 기원합니다.

이준복

HSK의 출제 경향과 내용은 계속해서 변화하고 있지만 핵심적인 출제 의도는 변함 없이 유지되고 있습니다. 그렇기 때문에 HSK를 준비하는 수험생들은 원하는 점수를 얻기 위해서는 핵심 어휘와 어법을 익히는 동시에 최신 출제 경향에 적응하는 훈련을 해야 합니다.

『왜 정답인지 모두 풀이해 주는 HSK 5급 모의고사』는 저와 이준복 선생님이 최근 HSK에 출제된 문제를 분석하고 꼭 필요한 문제만을 추려 총 3회 분량의 모의고사로 정리한 것입니다. 최신 출제 경향이 완벽하게 반영된 문제와 함께 수험생들이 틀리기 쉬운 내용을 중심으로 자세한 해설을 담았습니다.

수험생 여러분들이 이 교재를 통해 지금까지 공부한 지식을 자신의 것으로 만들고 원하는 목표를 이루길 바랍니다.

성룡(조龙)

구성과 특징

『왜 정답인지 모두 풀이해 주는 HSK 5급 모의고사』는 해설서와 문제집으로 구성되어 있으며, HSK 5급을 준비하는 학습자를 대상으로 합니다. 최신 출제 경향이 반영된 모의고사 문제와 저자 이준복·성룡 선생님의 친절한 해설이 함께합니다.

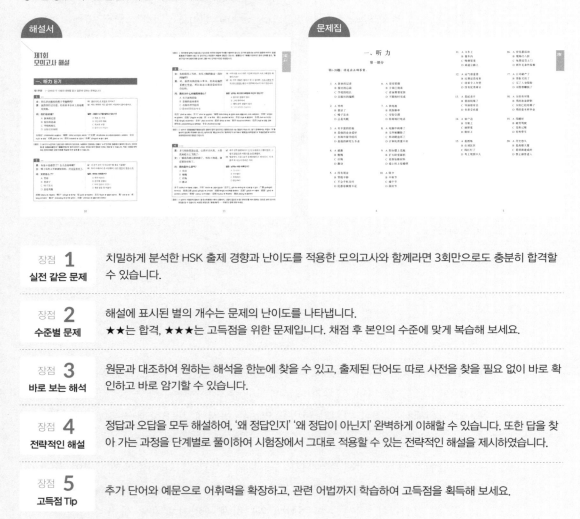

장점 1 실전 같은 문제	치밀하게 분석한 HSK 출제 경향과 난이도를 적용한 모의고사와 함께라면 3회만으로도 충분히 합격할 수 있습니다.	
장점 2 수준별 문제	해설에 표시된 별의 개수는 문제의 난이도를 나타냅니다. ★★는 합격, ★★★는 고득점을 위한 문제입니다. 채점 후 본인의 수준에 맞게 복습해 보세요.	
장점 3 바로 보는 해석	원문과 대조하여 원하는 해석을 한눈에 찾을 수 있고, 출제된 단어도 따로 사전을 찾을 필요 없이 바로 확인하고 바로 암기할 수 있습니다.	
장점 4 전략적인 해설	정답과 오답을 모두 해설하여, '왜 정답인지' '왜 정답이 아닌지' 완벽하게 이해할 수 있습니다. 또한 답을 찾아 가는 과정을 단계별로 풀이하여 시험장에서 그대로 적용할 수 있는 전략적인 해설을 제시하였습니다.	
장점 5 고득점 Tip	추가 단어와 예문으로 어휘력을 확장하고, 관련 어법까지 학습하여 고득점을 획득해 보세요.	

MP3 이용 안내

모의고사 듣기(听力) 영역의 MP3 파일은 다락원 홈페이지(www.darakwon.co.kr)와 콜롬북스 APP을 통해 무료로 내려받을 수 있습니다. 스마트폰으로 QR코드를 스캔하면 MP3 다운로드 및 실시간 재생 가능한 페이지로 바로 연결됩니다.

차례

해설서

저자의 말 ─────────────────────── 3
구성과 특징 ───────────────────── 4
차례 ─────────────────────────── 5
HSK 소개 ─────────────────────── 6
HSK 5급 소개 ─────────────────── 7
HSK 답안지 작성법 ────────────── 8
일러두기 ─────────────────────── 9

제1회　모의고사 해설 ──────────── 10
제2회　모의고사 해설 ──────────── 62
제3회　모의고사 해설 ──────────── 114

문제집

제1회　모의고사 ─────────────── 3
　　　 정답과 모범 답안 ────────── 20

제2회　모의고사 ─────────────── 21
　　　 정답과 모범 답안 ────────── 38

제3회　모의고사 ─────────────── 39
　　　 정답과 모범 답안 ────────── 56

답안지 3회분 ───────────────── 57

HSK 소개

HSK란, '汉语水平考试(Hànyǔ Shuǐpíng Kǎoshì)'의 한어병음 머리글자를 딴 것으로, 제1언어가 중국어가 아닌 사람을 대상으로 하는 '국제 중국어 능력 표준화 시험'입니다. 생활·학습·업무 등 실생활에서 중국어를 운용하는 능력을 평가합니다. HSK 급수는 1~6급으로 나뉘며 시험은 각 급수별로 치러집니다.

1 시험 방식

HSK 시험은 PBT 방식과 IBT 방식으로 나뉩니다. PBT와 IBT 시험의 성적은 효력이 동일합니다.

- HSK PBT(Paper-Based Test): 시험지와 OMR 답안지로 진행하는 시험
- HSK IBT(Internet-Based Test): 컴퓨터로 진행하는 시험

2 용도

- 국내외 대학(원) 및 특목고 입학·졸업 시 평가 기준
- 중국정부장학생 선발 기준
- 각급 업체 및 기관의 채용·승진을 위한 평가 기준

3 시험 접수

PBT는 인터넷, 우편, 방문 접수가 가능하고 IBT는 인터넷 접수가 가능합니다.

- 인터넷 접수: HSK한국사무국(www.hsk.or.kr) 또는 HSK시험센터(www.hsk-korea.co.kr)에서 접수
- 우편 접수: 응시 원서, 사진 2장, 응시비 입금 영수증을 동봉하여 'HSK 한국사무국'으로 등기 우편을 발송
- 방문 접수: 접수 시간에 응시 원서, 사진 3장, 응시비(현금 또는 카드 결제)를 가지고 '서울공자아카데미'에서 접수

4 시험 당일 준비물

- PBT: 수험표, 유효 신분증, 2B 연필, 지우개
- IBT: 수험표, 유효 신분증

※ 유효 신분증: 주민등록증, 운전면허증, 기간 만료 전의 여권 등(학생증, 사원증, 국민건강보험증, 주민등록등본, 공무원증 등은 불가)

5 성적 조회

- 성적 조회: PBT는 시험일로부터 1개월 후, IBT는 시험일로부터 2주 후 성적 조회 가능
- 성적표 수령: PBT와 IBT 모두 시험일로부터 45일 후 수령 가능
- 성적 유효 기간: PBT와 IBT 모두 시험일로부터 2년간 성적 유효

HSK 5급 소개

1 시험 대상

HSK 5급은 매주 2~4시간씩 2년 이상(400시간 이상) 중국어를 학습하고, 2,500개의 상용 어휘와 관련 어법 지식을 습득한 학습자를 대상으로 합니다.

2 시험 구성 및 시간 배분

시험은 듣기(听力), 독해(阅读), 쓰기(书写) 세 영역으로 구분되며, PBT의 경우 응시자 개인 정보 작성 시간이 추가로 5분 주어집니다.

시험 내용			문항 수	시험 시간	점수
듣기 听力	제1부분	대화를 듣고 질문에 답하기	20문항	약 30분	100점
	제2부분	대화나 단문을 듣고 질문에 답하기	25문항		
듣기 영역에 대한 답안 작성 시간				5분	
독해 阅读	제1부분	빈칸에 들어갈 단어나 문장을 보기에서 고르기	15문항	45분	100점
	제2부분	단문을 읽고 일치하는 내용을 보기에서 고르기	10문항		
	제3부분	장문을 읽고 알맞은 답을 보기에서 고르기	20문항		
쓰기 书写	제1부분	제시어를 어순에 맞게 배열하여 문장 완성하기	8문항	40분	100점
	제2부분	제시어를 사용하여 80자 내외로 작문하기 제시된 사진을 보고 80자 내외로 작문하기	2문항		
총계			100문항	약 120분	300점

3 시험 진행 중 주의 사항

- 듣기 시험은 한 번씩만 들려줍니다.
- 듣기 시험 종료 후 듣기 시험 답안 작성 시간이 5분 주어집니다.
- 독해와 쓰기 시험은 별도의 답안 작성 시간이 주어지지 않으므로 문제 풀이 시간 내에 답안 작성을 완료해야 합니다.

4 합격 기준

- 각 영역별 만점은 100점으로, 총점이 180점 이상이면 합격입니다.
- HSK 5급에 합격한 응시자는 중국어 신문과 잡지를 읽을 수 있고, 중국어 영화 또는 TV프로그램을 감상할 수 있습니다. 또한 중국어로 비교적 완전한 연설을 진행할 수 있습니다.

HSK 답안지 작성법

1 응시자 정보 작성 방법

汉 语 水 平 考 试
HSK（五级）答题卡

응시자 정보를 기입하세요.　　　　　　　　　　고사장 정보를 기입하세요.
请填写考生信息　　　　　　　　　　　　　　**请填写考点信息**

按照考试证件上的姓名填写: 수험표상의 이름을 기입하세요.

❶ 姓名

❹ 考点代码		[0] [1] [2] [3] [4] [5] [6] [7] [8] [9]
		[0] [1] [2] [3] [4] [5] [6] [7] [8] [9]
		[0] [1] [2] [3] [4] [5] [6] [7] [8] [9]
		[0] [1] [2] [3] [4] [5] [6] [7] [8] [9]
		[0] [1] [2] [3] [4] [5] [6] [7] [8] [9]
		[0] [1] [2] [3] [4] [5] [6] [7] [8] [9]
		[0] [1] [2] [3] [4] [5] [6] [7] [8] [9]

如果有中文姓名，请填写: 중문 이름이 있으면 기입하세요.

❷ 中文姓名

❺ 国籍		[0] [1] [2] [3] [4] [5] [6] [7] [8] [9]
		[0] [1] [2] [3] [4] [5] [6] [7] [8] [9]
		[0] [1] [2] [3] [4] [5] [6] [7] [8] [9]

❸ 考生序号		[0] [1] [2] [3] [4] [5] [6] [7] [8] [9]
		[0] [1] [2] [3] [4] [5] [6] [7] [8] [9]
		[0] [1] [2] [3] [4] [5] [6] [7] [8] [9]
		[0] [1] [2] [3] [4] [5] [6] [7] [8] [9]
		[0] [1] [2] [3] [4] [5] [6] [7] [8] [9]

❻ 年龄		[0] [1] [2] [3] [4] [5] [6] [7] [8] [9]
		[0] [1] [2] [3] [4] [5] [6] [7] [8] [9]

❼ 性别	男 [1] 　　　　女 [2]

❶ 수험표상의 이름을 기입합니다.

❷ 수험표상의 중문 이름을 기입합니다.

❸ 수험 번호를 기입하고 마킹합니다.

❹ 고사장 번호를 기입하고 마킹합니다.

❺ 국적 번호를 기입하고 마킹합니다. (한국: 523)

❻ 연령을 만 나이로 기입하고 마킹합니다.

❼ 성별에 마킹합니다.

2 답안지 작성 주의사항

- 답안지를 작성할 때는 반드시 **2B** 연필을 사용해야 합니다.
- 답안은 네모칸을 꽉 채워서 진하게 마킹해야 합니다.
- 시험 중간에 답안지는 교체되지 않습니다.
- 답안을 정정할 때는 지우개로 깨끗하게 지우고 답안을 새로 기입해야 합니다.

일러두기

1 이 책에 나오는 인명과 지명은 중국어 발음을 우리말로 표기했습니다.
단, 우리에게 널리 알려진 고유명사는 익숙한 발음으로 표기했습니다.

예 小李 샤오리   北京 베이징   长城 만리장성

2 품사는 다음과 같이 약자로 표기했습니다.

품사	약자	품사	약자	품사	약자
명사	명	형용사	형	접속사	접
고유명사	고유	부사	부	감탄사	감
동사	동	수사	수	조사	조
조동사	조동	양사	양	수량사	수량
대사	대	개사	개	성어	성

3 해설서에 제시된 단어 중 HSK 5급 필수 단어는 * 표시를 하였습니다.

제1회
모의고사 해설

一、听力 듣기

제1부분 1~20번은 두 사람의 대화를 듣고 질문에 답하는 문제입니다.

1 ★★

女: 你认识出版社的那个李编辑吗?	여: 출판사의 리 편집자 알아요?
男: 虽然没打过交道，但在很多会议上总是能见到他。	남: 따로 연락한 적은 없지만, 미팅에서 많이 봤어요.
问: 他们在谈谁?	질문: 그들은 누구를 말하고 있는가?
A 新来的记者	A 새로 온 기자
B 报社的总裁	B 신문사의 대표
C 学校的校长	C 학교의 교장
D 出版社的编辑	D 출판사의 편집자

出版社* chūbǎnshè 몡 출판사 | 编辑* biānjí 몡 편집자, 에디터 | 打交道* dǎ jiāodao 동 (사람과) 왕래하다, 교제하다 | 会议 huìyì 몡 회의 | 记者 jìzhě 몡 기자 | 报社 bàoshè 몡 신문사 | 总裁* zǒngcái 몡 총수, 총재

풀이 D 보기가 누군가의 '신분'으로 이루어져 있으므로, 녹음에서 언급되는 인물이 '누구'인지에 집중해서 들어야 합니다. 여자의 말 중 '出版社(출판사)' '编辑(편집자)' 등의 단어가 나오는 것으로 보아 정답이 D라는 것을 알 수 있습니다. 직업·신분을 파악하는 문제 유형은 관련 어휘를 학습해 두면 쉽게 풀 수 있습니다.

2 ★★

男: 你是不是感冒了? 怎么总是咳嗽?	남: 너 감기 걸린 거 아니야? 왜 계속 기침해?
女: 嗓子从昨天开始就怪怪的，应该是发炎了。	여: 목이 어제부터 좀 이상했어. 아마 염증이 생겼나 봐.
问: 女的怎么了?	질문: 여자는 어떠한가?
A 胃疼	A 위가 아프다
B 着凉了	B 감기에 걸렸다
C 嗓子发炎	C 목에 염증이 생겼다
D 总是失眠	D 계속 잠을 못 이룬다

咳嗽 késou 동 기침하다 | 嗓子* sǎngzi 몡 목구멍 | 怪 guài 혱 이상하다 | 发炎 fāyán 동 염증이 생기다 | 胃* wèi 몡 위 | 疼 téng 혱 아프다 | 着凉* zháoliáng 동 감기에 걸리다 | 失眠* shīmián 동 잠을 이루지 못하다

10

| 풀이 | C 여자에게 일어난 일을 묻고 있으므로 여자의 대답에 주의를 기울여야 합니다. 감기에 걸렸냐는 남자의 질문에 여자가 '应该是发炎了(염증이 생긴 것 같다)'라고 대답했기 때문에 정답은 C입니다. '感冒(감기)' '咳嗽(기침하다)' 등의 단어를 듣고, '着凉了(감기에 걸렸다)'를 답으로 고를 수도 있지만 이것은 함정입니다.

---

3 ★★

女: 你的简历上写着，在实习期间做过一段时间编程？

男: 对，虽然实践经验不算多，但我是编程系硕士毕业，所以在这方面还是比较有自信的。

问: 男的为什么对编程有信心？

　　A 有丰富的经验
　　B 是他的业余爱好
　　C 有海外留学经历
　　D 是他的研究生专业

여: 이력서를 보니 인턴 기간에 한동안 프로그래밍을 해 봤다고요?

남: 네, 실전 경험은 많다고 할 수 없지만, 프로그래밍 학과 석사 졸업을 해서 이 방면에 비교적 자신 있습니다.

질문: 남자는 왜 프로그래밍에 자신이 있는가?

　　A 풍부한 경험이 있다
　　B 그의 취미이다
　　C 해외 유학 경험이 있다
　　D 그의 대학원 전공이다

简历* jiǎnlì 명 이력서 | 实习* shíxí 동 실습하다 | 编程 biānchéng 동 컴퓨터 프로그램을 짜다, 프로그래밍하다 | 实践* shíjiàn 동 실천하다 | 经验* jīngyàn 명 경험 | 系* xì 명 학과 | 硕士 shuòshì 명 석사 | 毕业 bìyè 동 졸업하다 | 自信 zìxìn 명 자신감 | 丰富 fēngfù 형 풍부하다 | 业余* yèyú 형 여가의 | 爱好 àihào 명 취미 | 留学 liúxué 동 유학하다 | 经历 jīnglì 명 경험, 경력 | 研究生 yánjiūshēng 명 대학원생 | 专业 zhuānyè 명 전공

| 풀이 | D 남자가 '实践经验不算多(실전 경험이 많지 않다)'라고 말했으므로 A는 정답이 아닙니다. 듣기 문제에서는 부정사 '不'를 놓치지 않도록 주의해야 합니다. 남자의 말 '硕士(석사)'와 '系(학과)'가 보기에서 '研究生(대학원생)'과 '专业(전공)'로 바꾸어 표현되었으므로 정답은 D입니다.

---

4 ★★★

男: 多亏你给我发信息，让我早点出发，不然我真赶不上飞机了。

女: 广播说高速公路封路了，怕你不知道，就赶紧告诉你了。

问: 男的是什么语气？

　　A 感激
　　B 惭愧
　　C 后悔
　　D 激动

남: 네가 일찍 출발하라고 문자 보내줘서 다행이었어. 그렇지 않으면 비행기를 놓칠 뻔했어.

여: 방송에서 고속도로가 봉쇄되었다고 하더라고. 너 모를까 봐 서둘러 알려준 거야.

질문: 남자는 어떤 어투인가?

　　A 감사하다
　　B 부끄럽다
　　C 후회하다
　　D 흥분하다

多亏 duōkuī 부 덕분에, 다행히 | 不然* bùrán 접 그렇지 않으면 | 赶不上 gǎn bu shàng 제 시간에 댈 수 없다 | 广播 guǎngbō 명 라디오 | 高速公路 gāosù gōnglù 명 고속도로 | 封路 fēnglù 동 도로를 봉쇄하다 | 赶紧* gǎnjǐn 부 서둘러 | 感激* gǎnjī 동 감사하다, 감격하다 | 惭愧* cánkuì 동 부끄럽다 | 后悔 hòuhuǐ 동 후회하다 | 激动 jīdòng 동 흥분하다

| 풀이 | A 남자가 가정관계 접속사 '多亏A不然B(A 해서 다행이지, 그렇지 않으면 B 할 것이다)'를 써서 말하는 것으로 보아 감사의 뜻임을 알 수 있습니다. 비슷한 표현으로 '幸好/幸亏……不然'도 함께 외워 두세요.

5 ★★★

女：不好意思。先生，这张优惠券只能抵200元的商品。

男：是吗？抱歉，那剩下的就扫二维码支付吧。

问：男的为什么表示抱歉？

A 没有现金
B 零钱不够
C 不会手机支付
D 优惠卷额度不足

여：죄송합니다. 손님, 이 쿠폰은 200위안의 상품만 대체할 수 있습니다.

남：그래요? 미안합니다. 그럼 나머지는 QR코드로 결제할게요.

질문：남자는 왜 미안하다고 하는가?

A 현금이 없어서
B 잔돈이 부족해서
C 휴대폰 결제를 할 줄 몰라서
D 쿠폰의 액수가 부족해서

优惠卷 yōuhuì juàn 쿠폰 | 抵 dǐ 图 상쇄하다, 맞먹다 | 抱歉 bàoqiàn 图 미안해하다 | 扫 sǎo 图 스캔하다 | 二维码 èrwéimǎ QR코드 | 支付 zhīfù 图 지불하다 | 现金 xiànjīn 圆 현금 | 零钱 língqián 圆 잔돈 | 额度 édù 圆 한도, 규정된 액수

풀이 D '优惠卷(쿠폰)'이 문제의 키워드입니다. '抵'는 '상쇄하다, 맞먹다'의 뜻으로, 여자가 '只能抵200元的商品(200위안의 상품만 상쇄할 수 있다)'이라고 말하는 것에서 남자가 가진 쿠폰의 정액이 200위안이며 상품을 구매하기에 '额度(액수)'가 부족하다는 것을 알 수 있습니다. 따라서 답은 D입니다. 중국에서 상품 구매 시 QR코드로 결제하는 것이 일반화되면서 '二维码(QR코드)'가 시험에 자주 나옵니다.

6 ★★★

男：上次说的那个项目进展得怎么样了？

女：您放心，如果顺利的话，下月中旬就能完成。

问：女的是什么意思？

A 很有把握
B 方案已批准
C 设备需要更新
D 不能按时完成

남：지난번 말했던 그 프로젝트 어떻게 진행되고 있나요?

여：걱정하지 마세요. 순조로우면 다음 달 중순이면 완성할 수 있습니다.

질문：여자의 말은 무슨 뜻인가?

A 매우 자신 있다
B 기안이 승인되었다
C 설비 교체가 필요하다
D 제때에 완성할 수 없다

项目 xiàngmù 圆 프로젝트 | 进展 jìnzhǎn 图 진행하다 | 顺利 shùnlì 圆 순조롭다 | 中旬* zhōngxún 圆 중순 | 把握* bǎwò 圆 자신, 가망 | 方案* fāng'àn 圆 방안 | 批准* pīzhǔn 图 비준하다 | 设备 shèbèi 圆 설비 | 更新 gēngxīn 图 갱신하다, 새것으로 교체하다 | 按时 ànshí 團 제때에, 제시간에

풀이 A '把握'는 동사로 '(추상적인 것을) 잡다'의 뜻으로 많이 쓰이지만, 명사로 쓰여 '자신, 가망, 가능성'의 뜻으로도 자주 출제됩니다. '您放心(걱정하지 마세요)' '能完成(완성할 수 있습니다)'이라는 여자의 말에서 이 프로젝트에 자신이 있다는 것을 알 수 있습니다.

7 ★★

女：卧室里的空调是不是坏了，按了半天也没反应。

男：不会吧，这是上个月新买的啊，不能是遥控器的电池没电了吧？

여：침실의 에어컨 고장 난 거 아니야? 이것저것 눌러봐도 반응이 없어.

남：설마, 이거 지난달에 새로 산 건데. 리모컨 건전지가 다 닳은 건 아니겠지?

问：男的接下来可能要去做什么？

    A 换电池

    B 找保修单

    C 安装空调

    D 给商场打电话

질문: 남자는 다음에 아마도 무엇을 하겠는가?

    A 건전지를 바꾸다

    B 품질 보증서를 찾다

    C 에어컨을 설치하다

    D 백화점에 전화하다

卧室* wòshì 몡 침실 | 空调 kōngtiáo 몡 에어컨 | 按 àn 툉 누르다 | 反应* fǎnyìng 몡 반응 | 遥控器 yáokòngqì 몡 리모컨 | 换 huàn 툉 교환하다 | 电池* diànchí 건전지 | 保修单 bǎoxiūdān 품질 보증서 | 安装* ānzhuāng 툉 설치하다 | 商场 shāngchǎng 몡 백화점, 쇼핑센터

풀이 A 녹음을 듣기 전 보기를 확인했다면 '행동'을 묻는 문제임을 유추할 수 있습니다. 이런 유형의 문제는 보기가 대체로 동사구로 이루어져 있으며, '지금 무엇을 하고 있는가' 또는 '앞으로 무엇을 할 가능성이 있는가'를 묻는 것이 대부분입니다. 남자가 '不能是遥控器的电池没电了吧?(리모컨의 건전지가 다 된 것은 아니겠지?)'라고 했으므로, 이후에 건전지를 바꾸는 행동을 할 가능성이 크다는 것을 알 수 있습니다.

---

8 ★★

女：糟糕，我不小心把你拷给我的文件删除了。

男：没关系，我的移动硬盘里还有，现在就复制给你。

여: 망했다, 네가 나한테 복사해 준 파일을 실수로 지워 버렸어.

남: 괜찮아. 내 외장 하드에 아직 있어. 지금 바로 복사해 줄게.

问：根据对话，下列哪项正确？

    A 电脑中病毒了

    B 文件被删除了

    C 移动硬盘坏了

    D 计算机质量不好

질문: 대화에 근거해 다음 중 옳은 것은 무엇인가?

    A 컴퓨터가 바이러스에 감염됐다

    B 파일이 삭제되었다

    C 외장 하드가 고장 났다

    D 컴퓨터 품질이 좋지 않다

糟糕* zāogāo 망하다, 아뿔싸 | 拷(贝) kǎo(bèi) 툉 복사하다, 카피하다 | 文件* wénjiàn 몡 파일 | 删除 shānchú 툉 삭제하다 | 移动硬盘* yídòng yìngpán 몡 외장 하드 | 复制 fùzhì 툉 복사하다 | 中 zhòng 툉 맞다, 받다, 당하다 | 病毒* bìngdú 몡 바이러스 | 计算机 jìsuànjī 몡 컴퓨터 [=电脑 diànnǎo] | 质量 zhìliàng 몡 품질

풀이 B 상황·상태에 대한 이해를 묻는 문제입니다. 남자의 말에서 '移动硬盘(외장 하드)'이라는 단어가 나왔지만 고장 난 것이 아니기 때문에 C는 정답이 아닙니다. 대화에서 把자문인 '我把文件删除了(내가 파일을 삭제했다)'를 보기에서는 被자문인 '文件被删除了(파일이 삭제되었다)'로 전환했지만 의미는 같습니다. 정답은 B입니다.

---

9 ★★★

男：这个装修方案怎么样，把阳台和卧室打通，这样采光就更好了。

女：没错，这样空间也大了很多。

남: 이 인테리어 계획 어때? 베란다와 침실을 트면 채광도 더 좋아져.

여: 맞아, 그럼 공간도 훨씬 넓어지지.

问：他们的方案是什么？

    A 阳台摆上花瓶

    B 扩大卧室面积

질문: 그들의 계획은 무엇인가?

    A 베란다에 꽃병을 둔다

    B 침실 면적을 넓힌다

C 更换装修材料 | C 인테리어 자재를 바꾼다
D 墙上挂上结婚照 | D 벽에 결혼사진을 건다

装修* zhuāngxiū 图 인테리어를 하다 | 方案* fāng'àn 图 계획, 방안 | 阳台* yángtái 图 베란다 | 卧室* wòshì 图 침실 | 打通 dǎtōng 图 (장애물을) 허물다, 관통시키다 | 采光 cǎiguāng 图 채광 | 空间* kōngjiān 图 공간 | 摆* bǎi 图 놓다 | 花瓶 huāpíng 图 꽃병 | 扩大* kuòdà 图 확대하다 | 面积* miànjī 图 면적 | 更换 gēnghuàn 图 교체하다 | 材料 cáiliào 图 재료, 자재 | 墙* qiáng 图 벽 | 挂 guà 图 걸다

┃ **풀이** ┃ B '打通'은 '(장애물을) 허물다, 제거하다'의 의미를 가진 동사입니다. 따라서 남자의 말 '把阳台和卧室打通'은 '베란다와 침실의 벽을 허물다'로 해석할 수 있습니다. '空间也大了(공간도 넓어진다)'라는 여자의 말에서 '空间(공간)'도 침실을 가리킨 것이므로, 정답은 B입니다. A, B, D는 녹음에서 언급되지 않았습니다. 의미 파악 유형 문제의 경우 단순히 키워드만 듣고 답을 찾는 것이 아니라, 전체 녹음 내용을 이해하는 것이 핵심입니다.

---

10 ★★★

女: 听说今年除夕很多地方都不能放鞭炮了，这样都没年味儿了。
男: 是啊，为了环保嘛。但没关系，到时候会有烟花表演，也一定很热闹。

问: 他们在讨论什么节日？
　A 除夕　　　　B 中秋节
　C 端午节　　　D 国庆节

여: 올해 섣달 그믐날에는 폭죽을 못 터뜨리게 하는 곳이 많다고 하던데, 그러면 설의 분위기가 없잖아요.
남: 맞아요, 환경보호 때문이죠. 그래도 괜찮아요. 그때 불꽃 축제가 있어서 떠들썩할 거예요.

질문: 그들은 어떤 명절에 대해 이야기하고 있는가?
　A 섣달 그믐날　　B 중추절
　C 단오절　　　　D 국경절

除夕* chúxī 图 섣달 그믐날 | 鞭炮* biānpào 图 폭죽 | 年味儿 nián wèir 설 분위기 | 环保 huánbǎo 图 환경 보호 ['环境保护'의 준말] | 烟花 yānhuā 图 불꽃 | 表演 biǎoyǎn 图 공연, 연기 | 热闹 rènao 图 (광경이나 분위기가) 번화하다, 떠들썩하다 | 中秋节 Zhōngqiūjié 고유 추석, 중추절 | 端午节 Duānwǔjié 고유 단오절 | 国庆节 Guóqìngjié 고유 건국기념일, 국경절

┃ **풀이** ┃ A 여자의 말에서 '除夕(섣달 그믐날)' '年味儿(설 분위기)'이 키워드이므로 정답은 A입니다. 또 하나의 포인트는 '放鞭炮(폭죽을 터뜨리다)'입니다. 중국에서는 섣달 그믐날에 사람들이 밖에 나가서 폭죽을 터뜨리는 풍속이 있습니다. 중국인의 생활 습관과 관련된 문제가 자주 출제되므로, 평소에 중국 문화에 대한 이해도를 높이는 것이 중요합니다.

---

11 ★★

男: 您好，请问几号车厢有吸烟室？
女: 对不起，先生。高铁上是没有吸烟室的，前面到站后您可以到站台吸烟。

问: 他们最可能在哪里？
　A 火车上
　B 餐车内
　C 吸烟室里
　D 高速公路上

남: 안녕하세요, 흡연실은 몇 호 차에 있습니까?
여: 죄송합니다, 손님. 고속 철도 안에는 흡연실이 없습니다. 다음 역에 도착하면 플랫폼에서 흡연하실 수 있습니다.

질문: 그들은 어디에 있을 가능성이 큰가?
　A 기차 안
　B 식당칸 안
　C 흡연실 안
　D 고속 도로 위

车厢* chēxiāng 图 객실 | 吸烟 xīyān 图 담배를 피우다 [=抽烟 chōuyān] | 高铁 gāotiě 图 고속 철도 | 站台 zhàntái 图 플랫폼 | 餐车 cānchē 图 식당차, 식당칸 | 高速公路 gāosù gōnglù 图 고속 도로

| **풀이** | A '几号车厢有吸烟室?(흡연실은 몇 호 차에 있습니까?)'라는 남자의 말에서 남자가 흡연실을 찾고 있음을 알 수 있으므로 C는 정답이 아닙니다. 대화에서 '车厢(객실)' '高铁(고속 철도)'의 키워드로 보아 그들은 지금 기차 안에 있다는 것을 알 수 있습니다. |

---

12 ★★★

女: 你觉得这场比赛哪个队更有可能夺冠?

男: 这个不好说，今天双方都发挥出了最佳的实力，很有可能会打到加时赛。

问: 根据对话，我们可以知道什么?

　　A 运气很重要

　　B 比赛还没结束

　　C 结果令人失望

　　D 没有优秀球员

여: 이번 경기에서 어느 팀이 더 우승할 가능성이 있을 것 같아요?

남: 잘 모르겠어요. 오늘 두 팀 다 최고의 기량을 발휘해서 연장전까지 갈 것 같은데요.

질문: 대화에 근거해 무엇을 알 수 있는가?

　　A 운이 매우 중요하다

　　B 경기는 아직 끝나지 않았다

　　C 결과가 실망스럽다

　　D 우수한 선수가 없다

夺冠* duóguàn 통 우승을 쟁취하다 [冠军* guànjūn 우승] | 发挥* fāhuī 통 발휘하다 | 最佳 zuìjiā 형 최고의, 최상의 | 实力 shílì 명 실력 | 加时赛 jiāshísài 명 연장전 | 运气* yùnqi 명 운, 운수 | 令 lìng 통 ~하게 하다 | 失望 shīwàng 통 실망하다 | 优秀 yōuxiù 형 우수하다 | 球员 qiúyuán 명 (구기 운동) 선수

| **풀이** | B 몇 개의 단어를 듣고 유추해서 푸는 문제가 아니라 전체 내용의 의미를 파악해야 풀 수 있는 문제입니다. 여자가 경기 결과에 대한 예측을 물었고, 남자가 '很有可能会打到加时赛(연장전까지 갈 것 같다)'라고 한 것으로 보아 경기가 아직 진행 중임을 알 수 있습니다. 보기에서 가장 적절한 답은 B입니다. |

---

13 ★★

男: 这个是什么歌啊? 真好听。

女: 你不知道吗? 这是《少女时代》的主题曲，现在这个连续剧特别火。

问: 这部电视剧怎么样?

　　A 是纪录片

　　B 要拍续集了

　　C 导演很有名

　　D 非常受欢迎

남: 이거 무슨 노래야? 정말 듣기 좋네.

여: 몰랐어? 이거 〈소녀시대〉의 주제곡이야. 지금 이 드라마 엄청 인기라고.

질문: 이 드라마는 어떠한가?

　　A 다큐멘터리이다

　　B 속편을 찍을 것이다

　　C 감독이 유명하다

　　D 아주 인기 있다

主题曲 zhǔtíqǔ 주제곡, OST | 连续剧 liánxùjù 명 연속극, 드라마 [=电视剧 diànshìjù] | 纪录片 jìlùpiàn 명 다큐멘터리 | 拍 pāi 통 찍다, 촬영하다 | 续集 xùjí 명 속편 | 导演* dǎoyǎn 명 감독 | 受欢迎 shòu huānyíng 환영을 받다, 인기가 있다

| **풀이** | D 여자의 말 중 '特别火(매우 인기 있다)'가 키워드로, 보기 D의 '非常受欢迎'과 같은 의미입니다. 사람이 '유명하다'는 표현에는 '红(인기 있다, 명성이 있다)'을 많이 씁니다. |

| 女：你看到我的戒指了吗？找了半天也没找到。
男：你总是乱放东西，看看是<u>不是在抽屉里</u>。

问：男的觉得戒指会在哪儿？
　　A 窗户边
　　B 书架上
　　C 抽屉里
　　D 鞋柜上 | 여: 너 내 반지 봤어? 한참 동안 찾았는데 못 찾겠어.
남: 물건을 맨날 아무 데나 두잖아. <u>서랍 안에 있는지</u> 한번 봐 봐.

질문: 남자는 반지가 어디에 있다고 생각하는가?
　　A 창문 옆
　　B 책장 위
　　C 서랍 안
　　D 신발장 위 |

戒指* jièzhi 명 반지 ｜ 半天 bàntiān 명 한참 동안 ｜ 乱 luàn 부 함부로, 제멋대로 ｜ 抽屉* chōuti 명 서랍 ｜ 窗户 chuānghu 명 창문 ｜ 书架* shūjià 명 책장 ｜ 鞋柜 xiéguì 신발장

| 풀이 | C 녹음을 듣기 전 보기가 전부 장소임을 확인하고, 대화 속에서 언급되는 장소 관련 단어를 놓치지 않아야 합니다. 이 문제는 대화 중에 보기에 제시된 장소가 그대로 언급된 경우로, 남자의 말 '是不是在抽屉里(서랍 안에 있는지)'에서 정답이 C라는 것을 알 수 있습니다.

| 男：你驾照考得怎么样了？
女：<u>上个月就下来了</u>，等会儿我开车，咱们一起去郊区转转吧。

问：关于女的，可以知道什么？
　　A 是教练
　　B 在郊区住
　　C 闯红灯了
　　D 考上驾照不久 | 남: 너 운전면허 시험 본 거 어떻게 됐어?
여: 지난달에 나왔어. 이따 내가 운전해서 같이 교외 한 바퀴 돌아보자.

질문: 여자에 관하여 무엇을 알 수 있는가?
　　A 코치이다
　　B 교외에 산다
　　C 신호를 위반했다
　　D 얼마 전에 운전면허를 땄다 |

驾照* jiàzhào 운전면허증 ｜ 郊区 jiāoqū 명 교외 ｜ 教练* jiàoliàn 명 코치 ｜ 闯红灯 chuǎng hóngdēng 신호를 위반하다 ｜ 考上 kǎoshàng 동 (시험에) 합격하다

| 풀이 | D 남자가 여자에게 '驾照(운전면허)'에 대해 물었고, 여자가 '上个月就下来了(지난달에 나왔다)'라고 대답했으므로 여자가 운전면허를 최근 취득했다는 것을 알 수 있습니다. 대화에서 '郊区(교외)'라는 단어도 나왔지만 교외에 사는 것이 아니라 놀러 가자는 것이기 때문에 B는 함정입니다.

| 男：您好，买这款冰箱有什么活动吗？
女：有，拿着购物小票到一楼<u>可以领取价值599元的积分卡</u>。

问：关于这款冰箱，下列哪项正确？
　　A 有优惠活动 | 남: 안녕하세요, 이 냉장고를 사면 <u>무슨 이벤트가 있나요</u>?
여: 있습니다. 구매 영수증을 가지고 1층에 가시면 599위안 상당의 포인트 카드를 받으실 수 있어요.

질문: 이 냉장고에 관하여 다음 중 옳은 것은?
　　A 프로모션 이벤트가 있다 |

B 现场打八折
C 免费送货上门
D 两年无条件保修

B 20% 현장 할인한다
C 무료 배송한다
D 2년간 조건 없이 수리를 보증한다

款 kuǎn 몡 종류, 모양 | 冰箱 bīngxiāng 몡 냉장고 | 活动 huódòng 몡 활동, 행사 | 小票 xiǎopiào 몡 영수증 | 领取 lǐngqǔ 됭 수령하다 | 价值* jiàzhí 몡 가치 | 积分 jīfēn 몡 포인트, 누계 점수 | 优惠* yōuhuì 혱 특혜의 | 现场* xiànchǎng 몡 현장 | 打折 dǎzhé 됭 할인하다 | 免费 miǎnfèi 됭 무료로 하다 | 送货 sònghuò 됭 상품을 배달하다 | 上门 shàngmén 됭 방문하다 | 保修 bǎoxiū 됭 수리를 보증하다, 애프터서비스하다

┃풀이┃ A 녹음을 듣기 전 보기를 먼저 살펴봤다면 물건 구매와 관련된 상황임을 짐작할 수 있습니다. 남자가 먼저 이벤트에 대해 물었고, 여자가 '可以领取积分卡(포인트 카드를 받을 수 있다)'라고 했으므로 프로모션 행사(优惠活动)가 있다는 것을 알 수 있습니다.

---

17 ★★

女: 这个公寓的小区真漂亮，你们是全款买的这个房子吗？

男: 不是，首付百分之四十，剩余的是贷款。

问: 关于男的，可以知道什么？

　　A 公司破产了
　　B 贷款买房了
　　C 买了人身保险
　　D 买股票赚钱了

여: 이 아파트 단지 정말 예쁘네요. 일시불로 이 집을 사신 거예요?

남: 아니요, 먼저 40% 내고, 나머지는 대출이에요.

질문: 남자에 관하여 무엇을 알 수 있는가?

　　A 회사가 파산했다
　　B 대출해서 집을 샀다
　　C 생명 보험을 가입했다
　　D 주식을 사서 돈을 벌었다

公寓* gōngyù 몡 아파트 | 小区 xiǎoqū 몡 주택 단지 | 全款 quánkuǎn 전액 | 剩余 shèngyú 몡 나머지 | 贷款* dàikuǎn 몡 대출금 | 破产* pòchǎn 됭 파산하다 | 人身保险 rénshēn bǎoxiǎn 몡 생명보험, 상해 보험 | 股票* gǔpiào 몡 주식 | 赚 zhuàn 됭 (돈을) 벌다

┃풀이┃ B 대화에서 '全款(전액)' '首付(선납금)' '贷款(대출)' 등의 단어가 등장하는 것으로 보아 보기에서 가장 관련이 있는 내용은 보기 B '贷款买房了(대출해서 집을 샀다)'입니다. A, C, D는 녹음에서 언급되지 않습니다.

---

18 ★★★

男: 你和你的男朋友大学时就认识了吧？打算什么时候登记？

女: 我们打算明年年初举办婚礼，然后再登记。

问: 根据对话，下列哪项正确？

　　A 女的有对象
　　B 男的准备辞职
　　C 女的已经结婚了
　　D 男的是本科毕业

남: 너 남자친구랑 대학교 때부터 만났지? 언제 혼인신고 할 거야?

여: 우리는 내년 초에 결혼식 올리고, 그다음에 혼인신고 하려고.

질문: 대화에 근거해 다음 중 옳은 것은?

　　A 여자는 결혼 상대가 있다
　　B 남자는 사직할 계획이다
　　C 여자는 이미 결혼했다
　　D 남자는 학부를 졸업했다

| 풀이 | A 여자가 남자에게 한 말 '明年年初举办婚礼(내년 초에 결혼식을 한다)'에서 내년에 결혼 계획이 있음을 알 수 있습니다. 따라서 C는 함정입니다. '对象'은 '결혼을 전제로 사귀는 이성'을 가리키는 말로 정답은 A입니다.

---

19 ★★

女: 还有多长时间能到啊? 我好像有点晕车,
　　不舒服。

男: 前面不远有个服务区, 我们先到那儿休息
　　一下吧。

问: 女的为什么不舒服?
　　A 没睡好
　　B 疲劳驾驶
　　C 花粉过敏
　　D 有些晕车

여: 얼마나 더 가야 도착해? 나 차멀미가 나는 것 같아, 힘
　　들어.

남: 앞에 금방 휴게소가 있어, 우리 일단 거기에 가서 좀
　　쉬자.

질문: 여자는 왜 힘들어하는가?
　　A 잠을 잘 못 자서
　　B 졸음 운전
　　C 꽃가루 알레르기
　　D 차멀미가 나서

晕车* yùnchē 동 차멀미하다 | 舒服 shūfu 형 편안하다 | 服务区 fúwùqū 고속도로 휴게소 | 疲劳* píláo 형 피로하다 | 花粉
huāfěn 꽃가루 | 驾驶* jiàshǐ 동 운전하다 | 过敏* guòmǐn 알레르기

| 풀이 | D 보기를 먼저 확인한 후 사람의 상태에 대해 묻는 문제임을 파악한 뒤, 관련 표현을 주의 깊게 들어야 합니다. 여자가 말한 '有点晕车(차멀미가 난다)'가 보기에 '有些晕车'로 거의 그대로 나왔습니다. 여자가 목적지에 언제 도착하는지 물은 것으로 보아 남자가 운전하고 있다는 것을 알 수 있으므로 B는 정답이 아닙니다.

---

20 ★★

男: 那些建筑都建在悬崖上, 真是不可思议。

女: 是啊, 而且已经有上千年的历史了, 太壮
　　观了。

问: 关于那些建筑, 可以知道什么?
　　A 历史悠久
　　B 是高楼大厦
　　C 是填海建成的
　　D 禁止游客进入

남: 저 건축물들은 다 절벽에 세워져 있네요. 정말 신기
　　해요.

여: 맞아요, 게다가 이미 천여 년의 역사를 가지고 있어
　　요. 너무 장관이에요.

질문: 그 건축물들에 관하여 무엇을 알 수 있는가?
　　A 역사가 유구하다
　　B 고층 빌딩이다
　　C 바다를 메워 건설했다
　　D 관광객 출입 금지이다

建筑* jiànzhù 명 건축물 | 悬崖 xuányá 명 절벽, 낭떠러지 | 不可思议 bù kě sī yì 성 불가사의하다 | 壮观 zhuàngguān 형 장
관이다 | 悠久* yōujiǔ 형 유구하다 | 高楼大厦 gāolóu dàshà 명 고층 빌딩 | 填海 tiánhǎi 바다를 메우다 | 禁止 jìnzhǐ 동 금지
하다 | 游客 yóukè 명 관광객

| 풀이 | A 건축물에 대해 여자가 '有上千年的历史(천여 년의 역사를 가지고 있다)'라고 말한 것으로 보아 정답은 A입니다. B, C, D는
대화에서 언급되지 않았습니다.

제2부분 21~45번은 대화나 단문을 듣고 질문에 답하는 문제입니다.

21 ★★

女: 你刚刚的演讲真是太精彩了。
男: 说实话我特别紧张，讲话的时候手一直在发抖，额头上都是汗。
女: 但你一直保持着微笑，看起来很自然。
男: 希望下次我能放松一些。

问: 男的希望下次演讲怎么样?

A 能够不紧张
B 做充分准备
C 观众多一些
D 少出一点儿汗

여: 방금 연설 정말 훌륭했어요.
남: 솔직히 너무 긴장했어요. 말할 때 손이 계속 떨리고 이마에 땀이 흥건했어요.
여: 하지만 당신이 계속 미소 짓고 있어서 자연스러웠어요.
남: 다음에는 좀 더 긴장을 풀었으면 좋겠네요.

질문: 남자는 다음번 연설이 어떠하기를 바라는가?

A 긴장하지 않을 수 있다
B 충분히 준비하다
C 관중들이 더 많다
D 땀이 적게 나다

演讲* yǎnjiǎng 몡 연설 | 精彩 jīngcǎi 혱 뛰어나다 | 紧张 jǐnzhāng 혱 긴장하다 | 发抖* fādǒu 통 떨다 | 额头 étóu 몡 이마 | 出汗 chūhàn 통 땀이 나다 | 一直 yìzhí 뷔 계속 | 保持* bǎochí 통 유지하다 | 微笑* wēixiào 몡 미소 | 放松 fàngsōng 통 늦추다, 느슨하게 하다 | 充分* chōngfèn 뷔 충분히 | 观众 guānzhòng 몡 관중

|풀이| A 남자의 말 '特别紧张(너무 긴장했다)'과 '下次我能放松一些(다음에는 좀 더 긴장을 풀 수 있기를)'의 내용으로 보아 보기 중 가장 관련 있는 내용은 A입니다. 보기 B도 상황상 그럴듯한 내용이나 대화에서 언급되지 않은 내용을 추리해서 고르면 안 됩니다.

22 ★★

男: 你好，我想往北京邮一个包裹。
女: 航空邮寄还是普通邮寄?
男: 普通邮寄的话，几天能到?
女: 需要三到五天，您要是着急的话，最好选航空邮寄，两天就能到。

问: 女的让男的怎么做?

A 先填表格
B 用航空邮寄
C 去快递公司
D 选普通邮寄

남: 안녕하세요, 저는 베이징으로 소포를 하나 보내고 싶어요.
여: 항공우편인가요, 보통우편인가요?
남: 보통우편이면 며칠 걸리나요?
여: 3일에서 5일 걸려요. 급하시면 항공우편을 선택하시는 게 좋아요. 이틀이면 도착하거든요.

질문: 여자는 남자에게 어떻게 하라고 했는가?

A 먼저 양식을 기입하다
B 항공우편으로 보내다
C 택배 회사로 가다
D 보통우편을 선택하다

邮 yóu 통 (우편으로) 부치다, 보내다 | 包裹* bāoguǒ 몡 소포 | 航空 hángkōng 몡 항공 | 邮寄 yóujì 몡 우편 | 普通 pǔtōng 혱 보통이다 | 着急 zháojí 혱 조급해하다 | 最好 zuìhǎo 뷔 ~하는 게 제일 좋다 | 填 tián 통 기입하다, 써 넣다 | 表格 biǎogé 몡 표, 양식 | 快递 kuàidì 몡 택배

|풀이| B 녹음에서 '航空邮寄(항공우편)'과 '普通邮寄(보통우편)' 두 개의 키워드가 나와서 정답은 A와 B 둘 중 하나라는 것을 판단할 수 있습니다. 마지막에 여자가 '最好选航空邮寄(항공우편을 선택하는 게 좋다)'라고 했으므로 정답은 B입니다. 부사 '最好'는 '~하는 게 제일 좋다'는 뜻으로, 자신의 생각을 상대방에게 권유·청유하는 상황에서 많이 씁니다.

23 ★★

女: 听说你被农业银行录取了? 恭喜啊!
男: 谢谢, 主要是我运气比较好。
女: 别谦虚了, 不是有那句话嘛, 越努力越幸运, 加油吧。
男: 嗯, 我会继续努力的。

问: 关于男的可以知道什么?

A 运气不好
B 没有被录用
C 应聘成功了
D 在等面试消息

여: 듣자 하니 농업은행에 채용됐다며? 축하해!
남: 고마워, 운이 좋았어.
여: 겸손할 것 없어. 그런 말 있잖아, 노력할수록 행운도 따라온다고. 응원할게.
남: 응, 계속 노력할 거야.

질문: 남자에 관하여 무엇을 알 수 있는가?

A 운이 나쁘다
B 채용되지 못했다
C 지원에 성공했다
D 면접 소식을 기다리고 있다

录取* lùqǔ 图 채용하다 | 恭喜* gōngxǐ 图 축하하다 | 运气* yùnqi 图 운세 | 比较 bǐjiào 图 비교적 | 谦虚* qiānxū 图 겸손하다 | 继续 jìxù 图 계속하다 | 录用 lùyòng 图 채용하다 | 应聘 yìngpìn 图 지원하다 | 面试 miànshì 图 면접 시험을 보다 | 消息 xiāoxi 图 소식

풀이 | C 보기를 먼저 확인했다면 '面试(면접을 보다)'와 '被录用(채용되다)' 등의 단어를 통해 면접 결과에 관한 대화임을 녹음을 듣기 전에 미리 짐작할 수 있습니다. 여자가 '恭喜啊(축하해)'라고 말했고, 남자가 '运气比较好(운이 좋았어)'라고 대답했으므로 면접 결과가 좋았음을 알 수 있습니다. 가장 적절한 답은 C입니다.

24 ★★

男: 你学历这么高, 为什么选择在幼儿园教学, 而不是大学呢?
女: 幼儿园正是打基础的时候, 孩子更应该接受更优质的教育。
男: 有道理, 幼年时期接触到的东西, 确实会影响终身。
女: 所以我觉得这是一件有意义的事情。

问: 女的觉得自己的工作怎么样?

A 很有趣
B 有意义
C 压力小
D 工资高

남: 학력이 이렇게 높은데 왜 대학이 아니라 유치원에서 가르치는 일을 선택했어요?
여: 유치원이 막 기초를 닦는 시기라서 아이들은 더 양질의 교육을 받아야 해요.
남: 일리 있네요. 어린 시절에 접한 것이 정말 평생 영향을 줄 수 있어요.
여: 그래서 저는 이 일이 의미 있는 일이라고 생각해요.

질문: 여자는 자신의 일이 어떻다고 생각하는가?

A 아주 재미있다
B 의미 있다
C 스트레스가 적다
D 월급이 많다

学历* xuélì 图 학력 | 选择 xuǎnzé 图 선택하다 | 幼儿园* yòu'éryuán 图 유치원 | 教学 jiàoxué 图 가르치다 | 打基础 dǎ jīchǔ 기초를 닦다 | 接受 jiēshòu 图 받아들이다 | 优质 yōuzhì 图 우수한 품질 | 道理 dàolǐ 图 이치 | 幼年 yòunián 图 유년 | 接触* jiēchù 图 접촉하다 | 确实 quèshí 图 확실히 | 影响 yǐngxiǎng 图 영향을 주다 | 终身 zhōngshēn 图 평생 | 意义* yìyì 图 의미 | 有趣 yǒuqù 图 재미있다 | 压力 yālì 图 스트레스 | 工资 gōngzī 图 월급

풀이 | B 대화 마지막 부분의 '这是一件有意义的事情(이것은 의미 있는 일이다)'이 여자의 생각을 유추할 수 있는 핵심 표현으로, 정답은 B입니다.

25 ★★★

女: 您为什么选择回家乡投资呢？	여: 당신은 왜 고향으로 돌아와서 투자하기로 하셨나요?
男: 这里不仅有很多好的政策，而且我也想为自己的老家做点贡献。	남: 여기에는 좋은 정책들이 많을 뿐만 아니라 저도 제 고향을 위해서 공헌을 좀 하고 싶었어요.
女: 那您觉得这里最大的优势是什么？	여: 그러면 이곳의 제일 큰 강점은 무엇이라고 생각하나요?
男: 地理位置好，交通便利，运输效率也很高。	남: 지리적 위치가 좋고 교통이 편리해서, 운송 효율이 매우 높아요.
问: 男的觉得家乡的优势在哪儿？	질문: 남자는 고향의 강점이 어디에 있다고 생각하는가?
A 有人口红利	A 인구보너스가 있다
B 投入成本不高	B 투자 자본금이 높지 않다
C 当地政策支持	C 현지의 정책적인 지원
D 地理优势明显	D 지리적 우세가 뚜렷하다

家乡* jiāxiāng 몡 고향 │ 投资* tóuzī 통 투자하다 │ 政策 zhèngcè 몡 정책 │ 贡献* gòngxiàn 통 기여하다, 공헌하다 │ 优势* yōushì 몡 우세 │ 地理* dìlǐ 몡 지리 │ 便利 biànlì 혱 편리하다 │ 运输 yùnshū 통 운송하다, 수송하다 │ 效率 xiàolǜ 몡 효율 │ 投入* tóurù 통 투입하다 │ 成本 chéngběn 몡 자본금, 원가 │ 支持 zhīchí 통 지지하다 │ 明显* míngxiǎn 혱 뚜렷하다

┃풀이┃ D '地理位置好(지리적 위치가 좋다)'라고 한 남자의 말이 보기에서 '地理优势明显(지리적 우세가 뚜렷하다)'으로 표현되었습니다. 남자가 대화에서 '有很多好的政策(좋은 정책들이 많다)'라고 했지만, '정책이 좋다'는 것은 고향에 와서 투자하는 원인 중 하나일 뿐이고, '优势(상대적인 장점)'는 아니므로 C는 정답이 아닙니다.

✦**고득점 Tip** │ 경제 용어

人口红利 rénkǒu hónglì 인구보너스 [전체 인구 중에서 생산연령층은 많고, 어린이와 고령자는 적어 고도의 경제 성장이 가능한 상태를 말함]

26 ★★

男: 您好，请问你需要办理什么业务？	남: 안녕하세요, 고객님 무슨 일로 오셨나요?
女: 我想换一个手机套餐，有没有上网流量多一点儿的？	여: 휴대폰 요금제를 바꾸고 싶어요. 데이터가 좀 많은 거 있나요?
男: 这儿是所有的套餐类型，这一款是无限流量的，资费也不算贵。	남: 이게 모든 요금제 종류예요. 이 요금제는 무제한 데이터인데, 요금도 비싼 편은 아니에요.
女: 好的，我看一下。	여: 네, 좀 볼게요.
问: 女的想办理哪项业务？	질문: 여자는 어떤 업무를 처리하려고 하는가?
A 贴手机膜	A 휴대폰 필름을 붙이다
B 改变手机套餐	B 휴대폰 요금제를 변경하다
C 买新的手机套	C 휴대폰 케이스를 새로 사다
D 升级手机系统	D 휴대폰 운영체제(OS)를 업그레이드하다

办理* bànlǐ 통 처리하다 │ 业务* yèwù 몡 업무 │ 套餐 tàocān 몡 세트 메뉴, 세트 상품 [手机套餐: 휴대폰 요금제] │ 流量 liúliàng 몡 유동량, 데이터 │ 类型* lèixíng 몡 유형 │ 无限 wúxiàn 혱 무한하다 │ 资费 zīfèi 몡 요금 │ 贴 tiē 통 붙이다 │ 膜 mó 몡 막, 랩 [막과 같은 얇은 물질] │ 升级 shēngjí 통 업그레이드하다 │ 系统* xìtǒng 몡 시스템

---

27 ★★★

女: 你真厉害, 把这张图片处理得这么好。

男: 哪里哪里, 主要是我下载的手机应用比较好。

女: 操作很难吧? 你能教教我吗?

男: 挺容易的, 我演示给你看。

问: 男的接下来会做什么?

A 下载软件
B 上传照片
C 给女的拍摄
D 教女的操作

여: 진짜 대단해요. 이 사진을 이렇게 잘 보정하셨네요.

남: 아니에요. 제가 다운로드한 핸드폰 앱(App)이 좋아서 그래요.

여: 조작하는 거 어렵죠? 좀 가르쳐 줄 수 있어요?

남: 아주 쉬워요. 제가 하는 거 보여 줄게요.

질문: 남자는 다음에 무엇을 할 것인가?

A 앱(App)을 다운로드하다
B 사진을 업로드하다
C 여자를 찍어주다
D 여자에게 조작법을 가르쳐주다

处理* chǔlǐ ⑧ 처리하다 | 哪里 nǎli 별말씀요 [겸손하게 자신에 대한 칭찬을 부정하는 말] | 下载* xiàzài ⑧ 다운로드하다 | 应用* yìngyòng ⑲ 애플리케이션, 앱(App) | 操作 cāozuò ⑧ 조작하다 | 演示 yǎnshì ⑧ 설명하다, 시범을 보이다 | 软件* ruǎnjiàn ⑲ 소프트웨어, 앱(App) | 上传 shàngchuán ⑧ 업로드하다 | 拍摄 pāishè ⑧ 촬영하다

---

28 ★★★

男: 我刚才收拾衣柜的时候, 发现有好多衣服都是新的。

女: 那些都是减肥前买的, 现在都不合适了。

男: 那捐给慈善机构怎么样? 留着你也不能穿了。

女: 好主意, 我这就整理一下邮出去。

问: 男的的建议是什么?

A 让女的减肥
B 把衣服捐出去
C 不要浪费粮食
D 一起收拾房间

남: 방금 옷장 정리할 때 보니까 많은 옷이 다 새것이더라.

여: 그건 다 다이어트 전에 산 거야. 이제는 다 안 맞아.

남: 그러면 자선 단체에 기부하는 게 어때? 둬 봐야 못 입잖아.

여: 좋은 생각이네. 지금 바로 정리해서 택배로 보낼게.

질문: 남자의 제안은 무엇인가?

A 여자에게 다이어트하라고 하다
B 옷을 기부하다
C 식량을 낭비하지 마라
D 함께 방을 정리하다

衣柜 yīguì ⑲ 옷장 | 减肥 jiǎnféi ⑧ 다이어트하다 | 捐* juān ⑧ 기부하다 | 慈善 císhàn ⑲ 자선을 베풀다 | 机构 jīgòu ⑲ 기구, 단체 | 留 liú ⑧ 남다 | 主意 zhǔyi ⑲ 아이디어, 생각 | 邮 yóu ⑧ (우편으로) 부치다 | 浪费 làngfèi ⑧ 낭비하다 | 粮食* liángshi ⑲ 양식 | 收拾 shōushi ⑧ 정리하다

풀이 | B 남자가 '捐给慈善机构怎么样?(자선 단체에 기부하는 게 어때?)'이라며 여자에게 제안했으므로 정답은 B입니다. 이 문제의 키워드는 5급 단어 '捐(기부하다)'입니다. '减肥(다이어트하다)' '整理(정리하다)' 등 들리는 단어 몇 개로 답을 유추하면 함정에 빠지기 쉽습니다.

29 ★★

女: 这幅画儿画的是什么啊? 颜色也特别鲜艳。	여: 이 그림은 무엇을 그린 거지? 색도 엄청 화려하네.
男: 这是抽象派的画作, 欣赏这种画儿得靠想象力。	남: 이것은 추상파 작품이야. 이런 그림을 감상할 땐 상상력이 필요해.
女: 你专门学过美术吗?	여: 미술을 전문적으로 배운 적 있어?
男: 没有, 我只是业余爱好, 没事儿就看看画展, 所以我也懂一些基本知识。	남: 아니, 그냥 취미일 뿐이야. 일이 없으면 전시회를 봐. 그래서 기본 지식은 좀 알아.

问: 关于男的可以知道什么?

  A 是名画家
  B 是美术系学生
  C 打算练习画画儿
  D 美术是兴趣爱好

질문: 남자에 관하여 무엇을 알 수 있는가?

  A 화가이다
  B 미술과 학생이다
  C 그림 그리기를 연습하려고 한다
  D 미술은 취미다

鲜艳* xiānyàn 혱 (색이) 산뜻하고 아름답다 | 抽象* chōuxiàng 혱 추상적이다 | 派* pài 몡 파, 파벌 | 欣赏* xīnshǎng 동 감상하다 | 靠* kào 동 ~에 달려 있다 | 想象力 xiǎngxiànglì 몡 상상력 | 专门 zhuānmén 부 전문적으로 | 美术* měishù 몡 미술 | 业余* yèyú 혱 여가의 | 爱好 àihào 몡 취미 | 基本* jīběn 혱 기본의 | 画家 huàjiā 몡 화가 | 系* xì 몡 학과 | 兴趣 xìngqù 흥미, 취미

풀이 | D 녹음에서 남자가 말한 '业余爱好(취미)'가 보기에서 '兴趣爱好(취미)'로 표현되었으므로, 정답은 D입니다. 녹음의 내용을 일부 변환하여 보기에 제시하는 경우가 많으므로, 평소 유의어 표현을 잘 숙지해 두어야 합니다.

30 ★★

男: 这次新产品的宣传, 公司领导想换一个思路, 你有好的提议吗?	남: 이번 신제품 홍보에 사장님은 발상을 전환하고 싶어 하십니다. 좋은 안이 있나요?
女: 我的想法是不请明星代言了, 怎么样?	여: 연예인을 광고 모델로 하지 않았으면 좋겠는데 어떠세요?
男: 那请谁呢?	남: 그럼 누구를 모델로 쓰죠?
女: 请产品设计师, 没有人比设计师更了解产品的优势了。	여: 제품 디자이너요. 디자이너보다 그 제품의 장점을 잘 아는 사람은 없을 거예요.

问: 女的建议让谁代言产品?

  A 公司领导
  B 大牌明星
  C 产品设计师
  D 不请任何人

질문: 여자는 누구를 제품의 광고 모델로 쓰기를 제안했는가?

  A 회사 사장
  B 유명 연예인
  C 제품 디자이너
  D 아무도 초청하지 않다

产品 chǎnpǐn 몡 제품 | 宣传* xuānchuán 동 홍보하다 | 领导* lǐngdǎo 몡 지도자, 책임자 | 思路 sīlù 몡 사고의 맥락 | 提议 tíyì 몡 제의 | 大牌 dàpái 유명한 | 明星* míngxīng 몡 스타 | 设计师 shèjìshī 몡 디자이너 | 了解 liǎojiě 동 잘 알다, 이해하다 | 优势* yōushì 몡 우세, 강점 | 任何 rènhé 대 어떠한

| 풀이 | C 이 문제의 키워드는 '请……代言'입니다. 여자가 '不请明星代言(연예인을 광고 모델로 하지 말자)'이라고 했으므로 B는 정답이 아닙니다. 누구를 모델로 쓰냐는 남자의 질문에 여자가 '请产品设计师(제품 디자이너를 모델로 하자)'라고 말하는 것을 들었다면 C를 정답으로 고를 수 있습니다.

⁺고득점 Tip

请……代言 qǐng……dàiyán ~를 광고 모델로 하다

31-32

第31到32题是根据下面一段话：

社会中有很多职业，如教师、医生、厨师等。³¹这些职业的从业者能直接感受到自己的工作给他人带来的影响，但也有许多人的工作与最终期望相距甚远。对于从业者而言，³¹知道自己工作的最终意义会更有成就感。因此，³²如果你感觉到工作有些枯燥，不妨试着去体会和感悟自己工作的意义，以使自己充满正能量。

31~32번 문제는 다음 내용에 근거한다.

사회에는 많은 직업이 있다. 예를 들어 교사, 의사, 요리사 등이 있다. ³¹이런 직업의 종사자들은 자신의 일이 다른 사람에게 미치는 영향을 직접 느낄 수 있다. 그런데 또한 많은 사람들의 직업은 그들이 궁극적으로 바라는 것과 거리가 멀곤 하다. 종사자로서 ³¹자신이 하고 있는 일의 궁극적 의미를 알면 더 큰 성취감을 가질 수 있다. 그래서 ³²당신이 하고 있는 일이 무미건조하게 느껴진다면 한번 일의 의미를 몸소 느끼고 깨달아 봄으로써 자신을 긍정 에너지로 충만하게 해 보는 것도 좋다.

社会 shèhuì 몡 사회 | 职业 zhíyè 몡 직업 | 教师 jiàoshī 몡 교사 | 厨师 chúshī 몡 요리사 | 从业者 cóngyèzhě 몡 종사자 | 许多 xǔduō 혱 대단히 많다 | 最终 zuìzhōng 몡 최종 | 期望 qīwàng 몡 기대 | 相距 xiāngjù 통 (거리나 기간이) 멀리 떨어지다 | 甚 shèn 뷔 대단히 | 意义* yìyì 몡 의미 | 成就感 chéngjiùgǎn 몡 성취감 | 枯燥 kūzào 혱 무미건조하다 | 不妨 bùfáng 뷔 무방하다, 괜찮다 | 体会* tǐhuì 통 체득하다 | 感悟 gǎnwù 통 느끼어 깨닫다 | 充满* chōngmǎn 통 충만하다 | 正能量 zhèng néngliàng 긍정 에너지

31 ★★

根据这段话，老师这个职业有什么特点？

A 让人失望
B 很受欢迎
C 没有成就感
D 能感受到意义

이 글에 따르면 선생님이라는 직업의 특징은 무엇인가？

A 사람을 실망시킨다
B 매우 인기있다
C 성취감이 없다
D 의미를 느낄 수 있다

职业 zhíyè 몡 직업 | 失望 shīwàng 통 실망하다 | 欢迎 huānyíng 통 환영하다 | 感受* gǎnshòu 통 느끼다

| 풀이 | D 질문에서 제시한 '老师(선생님)'와 녹음에 등장한 '教师(교사)'는 유의어입니다. '教师、医生、厨师' 세 직업을 예로 들며 '能直接感受到自己的工作给他人带来的影响(자신의 일이 다른 사람에게 미치는 영향을 직접 느낄 수 있다)'이라고 언급했고, 뒤에 자신이 하는 일의 궁극적인 의미를 알면 더 큰 성취감을 가질 수 있다고 추가 설명했습니다. 보기 중 가장 관련 있는 내용은 D입니다.

⁺고득점 Tip

对于+사람+而言 duìyú……éryán ~에게 있어서는

32 ★★

如果感觉工作枯燥，可以怎么做？	만약 일이 무미건조하다고 생각되면 어떻게 하면 되는가?
A 改善周边环境	A 주변 환경을 개선한다
B 体会工作的意义	B 일의 의미를 몸소 느낀다
C 跳槽到其他地方	C 다른 곳으로 직장을 옮긴다
D 鼓励自己坚持下去	D 버틸 수 있도록 자신을 격려한다

改善* gǎishàn 图 개선하다 | 周边 zhōubiān 图 주변 | 环境 huánjìng 图 환경 | 跳槽 tiàocáo 图 직장을 옮기다 | 鼓励 gǔlì 图 격려하다 | 坚持 jiānchí 图 견지하다, 끝까지 버티다

풀이 | B 녹음을 듣기 전에 반드시 보기를 미리 파악해야 합니다. 녹음 뒷부분에서 '体会和感悟自己工作的意义(자기 일의 의미를 몸소 느끼고 깨닫다)'라고 언급하였고, 녹음의 핵심 키워드가 보기 B에 그대로 제시되었습니다.

33-35

第33到35题是根据下面一段话：

日前³⁴在北京大兴机场的停车场内，³³一个外形时尚、充满未来感的白色停车机器人缓缓起步，这是无人停车首次在中国的民用机场亮相，也标志着北京科技创新企业自主研制的停车机器人顺利完成了试运行。有了这款机器人，再也不用担心"车位不好找""技术差不好停车"等麻烦事儿了。只要将车开进交接站，即可轻松离开，³⁵所有停车、取车等工作全部由停车机器人去完成。

33~35번 문제는 다음 내용에 근거한다.

얼마 전 ³⁴베이징 다싱공항 주차장에 ³³외관이 현대적이고 미래 지향적인 흰색 주차 로봇이 천천히 움직이기 시작했다. 이것은 무인 주차가 처음으로 중국 민용 공항에서 공개적으로 모습을 드러낸 것이다. 이는 또한 베이징 과학기술 혁신 기업이 자체 연구 개발한 주차 로봇이 순조롭게 시운행을 끝냈음을 상징한다. 이 로봇이 있으면 이용객은 더 이상 '주차 자리를 찾기 힘들다'거나 '주차 기술이 떨어져서 주차를 못한다'는 등 골치 아픈 문제로 걱정을 할 필요가 없어진다. 차를 환승 지점으로 몰고 온 다음 홀가분히 떠나면 된다. ³⁵모든 주차와 출차는 전부 주차 로봇이 대신한다.

机场 jīchǎng 图 공항 | 停车场 tíngchēchǎng 图 주차장 | 外形 wàixíng 图 외형 | 时尚* shíshàng 图 당시의 풍조, 시대적 유행 | 充满* chōngmǎn 图 충만하다 | 未来* wèilái 图 미래 | 缓缓 huǎnhuǎn 图 느릿느릿하다 | 首次 shǒucì 图 최초 | 亮相 liàngxiàng 图 (사람·사물이) 공개적으로 모습을 드러내다 | 标志 biāozhì 图 상징하다 | 科技 kējì 图 과학기술 | 创新 chuàngxīn 图 새로운 것을 창조하다 | 自主 zìzhǔ 图 자주적이다 | 研制 yánzhì 图 연구 제작하다 | 旅客 lǚkè 图 여행자 | 麻烦 máfan 图 귀찮다, 번거롭다 | 交接 jiāojiē 图 연접하다, 연결되다

33 ★★

关于那个机器人的外形，可以知道什么？	그 로봇의 외관에 관하여 무엇을 알 수 있는가？
A 非常时髦	A 매우 현대적이다
B 比较复古	B 복고풍이다
C 是黑色的	C 검은색이다
D 模拟了人类	D 인류를 모방했다

时髦* shímáo 图 최신식이다, 현대적이다 | 复古 fùgǔ 图 복고하다 | 模拟 mónǐ 图 모방하다 | 人类* rénlèi 图 인류

풀이 | A '外形时尚、充满未来感的白色停车机器人(외관이 현대적이고 미래 지향적인 흰색 주차 로봇)'이라고 로봇의 외관에 대해 설명했습니다. '时尚'과 보기 A의 '时髦'는 모두 '최신식이다' '현대적이다' '유행하다' 등의 뜻으로 쓰여 내용이 일치합니다. 정답은 A입니다. '时髦'는 듣기 영역 빈출 단어이니 꼭 외워 두세요.

34 ★★

那个机器人在哪儿进行了试运行?	그 로봇은 어디에서 시운행을 했는가?
A 实验室外	A 실험실 밖에서
B 高速公路上	B 고속도로에서
C 家庭公寓内	C 가정 아파트에서
D 机场停车场里	D 공항 주차장에서

实验室 shíyànshì 몡 실험실 | 高速公路 gāosù gōnglù 몡 고속 도로 | 公寓* gōngyù 몡 아파트 | 停车场 tíngchēchǎng 몡 주차장

풀이 | D 보기를 먼저 확인했다면 장소를 묻는 문제임을 유추할 수 있습니다. 녹음 앞부분에서 '北京大兴机场的停车场内(베이징 다싱공항 주차장 내)'라고 장소를 언급했고, 또한 전체 내용으로 보아 공항에서 주차를 도와주는 로봇에 대한 이야기이므로 정답은 D라는 것을 알 수 있습니다.

35 ★★★

那个机器人有什么特点?	그 로봇은 어떤 특징이 있는가?
A 自动化运行	A 자동화 운행을 한다
B 需要人操控	B 사람이 조작해야 한다
C 技术还不成熟	C 기술이 아직 완숙 단계가 아니다
D 不适用所有车型	D 모든 자동차에 적용할 수는 없다

自动化 zìdònghuà 몡 자동화 | 运行 yùnxíng 통 운행하다 | 操控 cāokòng 통 조종하다 | 成熟* chéngshú 통 성숙하다 | 适用 shìyòng 통 적용하다 | 车型 chēxíng 몡 차량 모델

풀이 | A 녹음 마지막에서 '所有停车、取车等工作全部由停车机器人去完成(모든 주차와 출차는 전부 주차 로봇이 대신한다)'라고 언급했기 때문에 정답은 A입니다. '自动化运行(자동화 운행)'이라는 표현이 녹음에 직접적으로 나오지는 않았지만, 전체 내용을 이해하면 정답을 고를 수 있습니다. '无人停车(무인 주차)' '即可轻松离开(홀가분히 떠나면 된다)' 등의 내용으로 보아 사람이 조작할 필요 없는 자동화 주차 로봇이고, '顺利完成了试运行(순조롭게 시운행을 끝냈다)'이라고 했으므로 기술이 어느 정도 완성 단계에 이르렀음을 알 수 있습니다. 따라서 B와 C는 정답이 아닙니다.

36-38

第36到38题是根据下面一段话:

　　一家公司招聘营业部经理，经过层层面试之后，剩下了10个人。公司决定进行最后一轮笔试考核。大家拿到考题后，37一下子就慌了，因为答题时间只有10分钟，36卷子上却有100道题。监考人员提醒大家先浏览一遍全卷再答题，但面试者根本顾不上注意监考人员说什么，赶紧埋头答题。结束铃响时，几乎所有

36~38번 문제는 다음 내용에 근거한다.

　　한 회사에서 영업부 부장을 모집하는데, 여러 차례의 면접을 거쳐 10명이 남았다. 회사는 마지막 필기시험을 보기로 결정했다. 그런데 시험지를 받고 37모두들 당황했다. 문제풀이 시간은 겨우 10분밖에 없는데 36시험지에는 100문제가 있었기 때문이었다. 시험 감독관은 면접자들에게 먼저 모든 문제를 한 번 훑어보고 문제를 풀라고 했지만, 면접자들은 감독관이 무슨 말을 하는지 전혀 신경 쓸 틈 없이 서둘러 문제를 푸는 것에만 몰두했다. 종료

人都满脸遗憾，只有一个人气定神闲。结果是这个人被录取了，其实这个人的卷子上，只写了自己的名字和电话。原来最后一道题目是，只要在卷面最上方写下您的姓名及联系方式即可，无需作答其他问题。³⁸公司负责人表示，先总揽大局、而非埋头细节是经理必备的素质，而那个人具备着这样的素质。

벨 소리가 울리자 거의 모든 사람의 얼굴에 아쉬움이 가득했다. 오직 한 사람만이 차분하고 느긋했다. 결과는 그 사람이 채용되었다. 사실 이 사람은 시험지에 자신의 이름과 전화번호만 적었다. 알고 보니 마지막 문제의 내용은 다른 문제는 풀 필요 없고, 시험지 상단에 이름과 연락 방식만 쓰면 된다는 것이었다. ³⁸회사 책임자는 먼저 전체적인 상황을 파악하고, 사소한 부분에 집착하지 않는 것이 부장이 반드시 갖춰야 할 자질이라고 설명했다. 그 사람은 이런 자질을 가지고 있던 것이다.

招聘 zhāopìn 图 모집하다 | 营业* yíngyè 图 영업하다 | 经理 jīnglǐ 图 책임자 | 剩下 shèngxia 图 남다 | 轮 lún 图 회, 번째 [순환 왕복하는 동작이나 사물을 세는 단위] | 笔试 bǐshì 图 필기시험 | 考核 kǎohé 图 심사하다 | 慌 huāng 图 당황하다 | 卷子 juànzi 图 시험지 [=试卷, 考卷] | 提醒 tíxǐng 图 일깨우다 | 顾不上 gù bu shàng 图 돌볼 틈이 없다 | 注意 zhùyì 图 주의하다 | 监考 jiānkǎo 图 시험을 감독하다 | 赶紧* gǎnjǐn 图 서둘러 | 埋头 máitóu 图 몰두하다 | 铃* líng 图 벨, 종 | 响 xiǎng 图 울리다 | 遗憾 yíhàn 图 유감스럽다 | 气定神闲 qì dìng shén xián 图 차분하고 느긋하다 | 录取* lùqǔ 图 채용하다 | 总揽 zǒnglǎn 图 총람하다 | 大局 dàjú 图 대세, 전반적인 정세 | 细节* xìjié 图 자세한 사정, 사소한 부분 | 必备 bìbèi 图 반드시 갖추다 | 素质 sùzhì 图 소양 | 具备* jùbèi 图 갖추다

36 ★★

关于最后一轮笔试可以知道什么?	마지막 필기시험에 관해서 무엇을 알 수 있는가?
A 题目很难	A 문제가 어렵다
B 考题很多	B 시험 문제가 아주 많다
C 只剩下两人	C 두 사람만 남았다
D 没有监考官	D 시험 감독관이 없다

题目* tímù 图 (연습이나 시험의) 문제 | 考题 kǎotí 图 시험 문제 | 监考官 jiānkǎoguān 시험 감독관

| 풀이 | B 녹음에서 '卷子上却有100道题(시험지에는 100문제가 있다)'라고 언급했기 때문에 문제가 아주 많다는 것을 알 수 있습니다. 정답은 B입니다. '剩下了10个人(10명이 남았다)'이라고 했으므로 C는 정답이 아니고, '监考人员提醒大家……(시험 감독관은 면접자들에게 ~라고 했다)'라고 했으므로, D도 정답이 될 수 없습니다.

37 ★★★

大家看到试卷后有什么反应?		사람들이 시험지를 보고 어떤 반응이었는가?	
A 激动	B 惊讶	A 흥분하다	B 놀라다
C 感激	D 遗憾	C 감사하다	D 유감스럽다

激动 jīdòng 图 흥분하다 | 惊讶 jīngyà 图 놀라다 | 感激* gǎnjī 图 감사하다 | 遗憾* yíhàn 图 유감스럽다

| 풀이 | B '大家拿到考题后，一下子慌了(사람들이 시험지를 받고 순간 당황했다)'라고 했습니다. '慌'은 '당황하다, 허둥대다'라는 뜻으로, 5급 단어인 '慌张(huāngzhāng, 당황하다)'을 알면 뜻을 유추할 수 있습니다. 보기에서 비슷한 의미를 가진 단어를 찾으면 정답은 B '惊讶(놀라다)'입니다. '慌'의 정확한 의미를 모른다고 하더라도, 문제풀이 시간이 10분인데 시험 문제가 100문제인 상황에서 나올 수 있는 적절한 반응을 찾으면 보기 A, C, D를 정답에서 제외할 수 있습니다.

那个人为什么能被录取？	그 사람은 왜 채용될 수 있었는가?
A 创新能力强	A 창의력이 뛰어나다
B 有大局思维	B 전체를 보는 사고력이 있다
C 善于与人沟通	C 사람과 소통하는 데 능하다
D 第一印象很好	D 첫인상이 좋다

创新 chuàngxīn 图 혁신하다, 새것을 창조하다 | 大局 dàjú 图 대세, 전반적인 정세 | 思维 sīwéi 图 사유, 생각 | 善于* shànyú 图 ~에 능숙하다, ~을 잘하다 | 沟通* gōutōng 图 소통하다 | 印象 yìnxiàng 图 인상

풀이 | B 녹음 마지막 부분에서 책임자가 갖추어야 할 자질(经理必备的素质)에 대해 '先总揽大局、而非埋头细节(전체적인 상황을 파악하고, 사소한 부분에 집착하지 않는 것)'를 꼽았습니다. 보기에서 비슷한 의미를 찾으면 '大局思维(전체를 보는 사고력)'이므로, 정답은 B입니다.

39-41

第39到41题是根据下面一段话：

　　维生素D不仅可以促进儿童的骨骼生长，³⁹还能预防骨质疏松、类风湿性关节炎等疾病。其实人体获取维生素D的方式很简单，那就是晒太阳。因为阳光中的紫外线能够促进人体中维生素D的合成。有些人会说，晒太阳不就是出去逛逛就可以嘛，殊不知，晒太阳也需要挑选适宜的时间段。一般来讲，⁴⁰上午九点到十点，下午四点到五点，紫外线中的有益的成分较多，这两个时间段是储备维生素D的最好时段。到了冬天，外面经常刮风，很多人选择隔着玻璃在室内晒太阳，但⁴¹玻璃会将阳光中近百分之七十的紫外线阻拦在外，大大降低维生素D的合成。因为在室内晒太阳，并没有什么作用，所以最好选择在背风地带的户外环境中晒太阳。

39~41번 문제는 다음 내용에 근거한다.

　　비타민 D는 어린이의 골격 성장에 도움이 될 뿐만 아니라 ³⁹골다공증과 류머티즘 관절염 등의 질병을 예방할 수 있다. 사실 인체에서 비타민 D를 얻는 방법은 매우 간단하다. 그것은 바로 햇볕을 쬐는 것이다. 햇볕에 있는 자외선은 몸속에서 비타민 D의 형성을 촉진시킬 수 있기 때문이다. 어떤 사람들은 햇볕을 쬐려면 나가서 돌아다니면 된다고 말하기도 하지만 그들이 모르는 것은 햇볕을 쬐는 일도 적합한 시간대를 잘 골라야 한다는 것이다. 일반적으로 말하면 ⁴⁰오전 9시부터 10시까지, 오후 4시부터 5시까지 자외선 내 유익한 성분이 많다. 이 두 시간대는 비타민 D를 비축하기 제일 좋은 시간이다. 겨울이 되면 밖에 바람이 많이 부니까 사람들은 유리창을 사이에 두고 실내에서 햇볕을 쬐는 것을 좋아한다. 그러나 ⁴¹유리는 햇빛 중에 70%에 가까운 자외선을 차단하여 비타민 D 합성에 불리하다. 실내에서 햇볕을 쬐는 것은 그다지 효과가 없어서 제일 좋은 선택은 바람을 피할 수 있는 야외에서 햇볕을 쬐는 것이다.

维生素 wéishēngsù 图 비타민 | 促进* cùjìn 图 촉진하다 | 儿童 értóng 图 어린이 | 骨骼 gǔgé 图 골격 | 预防* yùfáng 图 예방하다 | 骨质 gǔzhì 图 골질 | 疏松 shūsōng 图 푸석푸석하다 | 风湿 fēngshī 图 류머티즘 | 关节 guānjié 图 관절 | 炎 yán 图 염증 | 疾病 jíbìng 图 질병 | 获取 huòqǔ 图 획득하다 | 晒 shài 图 햇볕을 쬐다 | 紫外线 zǐwàixiàn 图 자외선 | 合成 héchéng 图 합성하다 | 挑选 tiāoxuǎn 图 고르다 | 适宜 shìyí 图 적합하다 | 有益 yǒuyì 图 유익하다 | 成分* chéngfèn 图 성분 | 储备* chǔbèi 图 저장하다 | 刮风 guāfēng 图 바람이 불다 | 隔 gé 图 막다 | 玻璃* bōli 图 유리 | 阻拦 zǔlán 图 저지하다, 막다 | 背风 bèifēng 图 바람을 등지다 | 地带 dìdài 图 지대 | 环境 huánjìng 图 환경

39 ★★

关于维生素D可以知道什么?	비타민 D에 관하여 무엇을 알 수 있는가?
A 可以预防疾病	A 질병을 예방할 수 있다
B 需通过药物补充	B 약으로 보충해야 한다
C 不易被人体吸收	C 체내에 흡수되기 쉽지 않다
D 并不利与所有人	D 모든 사람에게 유익한 것은 아니다

预防* yùfáng 동 예방하다 | 疾病 jíbìng 명 질병 | 补充* bǔchōng 동 보충하다 | 吸收* xīshōu 동 흡수하다 | 利 lì 형 이롭다, 유익하다

| 풀이 | A 녹음 앞부분에서 '可以促进儿童的骨骼生长(어린이의 골격 성장을 촉진한다)' '还能预防……等疾病(~ 등의 질병을 예방할 수 있다)'이라고 비타민 D에 대해 설명했습니다. 보기 중 가장 관련 있는 내용은 '可以预防疾病(질병을 예방할 수 있다)' 입니다. 녹음에서 '骨质疏松(골다공증)' '类风湿性关节炎(류머티즘 관절염)' 등과 같은 어려운 의학 용어가 나오더라도 질병의 이름이라는 것만 알면 정답을 선택하는 데는 문제가 없습니다. 모르는 단어가 나오더라도 당황하지 말고, 앞뒤의 내용을 통해 의미를 유추할 수 있습니다.

40 ★★

冬季哪个时段适合晒太阳?	겨울에 햇볕을 쬐기 좋은 시간대는 언제인가?
A 九点到十点	A 9시부터 10시
B 两点到四点	B 2시부터 4시
C 随时都可以	C 언제든 좋다
D 十二点到一点	D 12시부터 1시

适合 shìhé 동 적합하다 | 随时* suíshí 부 언제나

| 풀이 | A 보기를 통해 시간을 묻는 문제임을 예상하고, '언제'에 주의해서 녹음을 들으며 보기에 바로 정답을 체크해야 합니다. '上午九点到十点，下午四点到五点(오전 9시부터 10시까지, 오후 4시부터 5시까지)'라고 했으므로, 정답은 A입니다.

41 ★★

为什么最好不要隔着玻璃晒太阳?	왜 유리를 사이에 두고 햇볕을 쬐지 않는 것이 좋은가?
A 对皮肤有害	A 피부에 해롭다
B 会让人过敏	B 알레르기 반응이 생길 수 있다
C 紫外线会变强	C 자외선이 강해진다
D 对维生素合成不利	D 비타민 합성에 불리하다

皮肤 pífū 명 피부 | 有害 yǒuhài 동 해롭다 | 过敏* guòmǐn 명 알레르기 | 紫外线 zǐwàixiàn 명 자외선 | 合成 héchéng 동 합성하다 | 不利 búlì 형 불리하다

| 풀이 | D 실내에서 햇볕을 쬐는 것은 효과가 없다(在室内晒太阳，并没有什么作用)고 했는데, 그 이유를 '大大降低维生素D的合成(비타민 D 합성에 불리하다)'이라고 밝혔습니다. 보기 중 가장 관련 있는 내용은 D입니다. 이 문제처럼 '但(是)' 등 전환관계를 나타내는 접속사 뒤에 핵심 내용이 나오는 경우가 많으므로, 특히 집중해서 들어야 합니다.

第42到43题是根据下面一段话：

　　近期，百科全书手机应用软件正式上线，但其免费版每天只能查询两条关键词，想要继续使用必须花50元下载付费版。⁴²这引发了较大争议，开发方则表示，这主要是由版权和软件开发成本决定的。那么人们为什么对百科全书的收费这么挑剔呢？⁴³一方面可能是人们已经习惯了，免费使用互联网资源，另一方面也许是50元的价格远超出了人们的预期。

42~43번 문제는 다음 내용에 근거한다.

　　최근 백과사전 휴대폰 앱이 정식 출시됐다. 그러나 무료 버전은 매일 두 개의 키워드만 검색할 수 있고, 계속 사용하려면 50위안을 써서 유료 버전을 다운로드해야 한다. ⁴²이는 큰 논쟁을 불러일으켰고, 개발사는 이것이 저작권과 프로그램 개발 비용 때문에 결정된 것이라고 밝혔다. 그러면 사람들은 왜 백과사전의 유료화에 대해서 이렇게 트집을 잡는 것인가? ⁴³한편으로 사람들은 이미 인터넷 자료를 무료로 사용하는 것에 익숙해졌기 때문이고, 다른 한편으로는 50위안의 가격이 사람들의 예상을 한참 초과했기 때문이다.

即日 jírì 몡 가까운 시일 내 | 百科全书 bǎikē quánshū 몡 백과사전 | 应用软件 yìngyòng ruǎnjiàn 몡 애플리케이션, 앱(App) | 上线 shàngxiàn 인터넷에서 출시하다 | 免费 miǎnfèi 툉 무료로 하다 | 查询 cháxún 툉 조회하다 | 关键词 guānjiàncí 몡 키워드 | 下载* xiàzài 툉 다운로드하다 | 付费 fùfèi 툉 비용을 지불하다 | 引发 yǐnfā 일으키다 | 争议 zhēngyì 툉 논쟁하다 | 表示 biǎoshì 표명하다, 나타내다 | 版权 bǎnquán 몡 저작권 | 开发* kāifā 개발하다 | 成本 chéngběn 몡 원가 | 挑剔 tiāotī 툉 지나치게 트집 잡다 | 互联网 hùliánwǎng 몡 인터넷 | 资源* zīyuán 몡 자원 | 预期 yùqī 툉 미리 기대하다

关于那款软件可以知道什么？

A 不能正常下载
B 是免费使用的
C 很多人表示不满
D 一次能查三条信息

그 소프트웨어에 관하여 무엇을 알 수 있는가?

A 정상적으로 다운로드할 수 없다
B 무료로 사용한다
C 많은 사람들이 불만을 나타냈다
D 한 번에 3개의 정보를 검색할 수 있다

下载* xiàzài 툉 다운로드하다 | 免费 miǎnfèi 툉 무료로 하다 | 不满 bùmǎn 툉 불만 | 查 chá 툉 검색하다 | 信息 xìnxī 몡 정보

풀이 C 녹음에서 백과사전 앱은 하루에 두 개의 키워드만 무료로 검색할 수 있어서 '这引发了较大争议(이는 큰 논쟁을 불러일으켰다)'라고 했습니다. 즉 사람들이 '불만(不满)'을 나타냈음을 알 수 있습니다. '花50元下载付费版(50위안을 써서 유료 버전을 다운로드한다)'이라고 했으므로 A와 B는 오답입니다.

根据这段话，下列哪项正确？

A 开发方赚了很多钱
B 百科全书已经过时
C 人们习惯于免费资源
D 软件收费是未来趋势

이 이야기에 근거해 다음 중 옳은 것은?

A 개발사가 많은 돈을 벌었다
B 백과사전은 이미 시대에 뒤떨어졌다
C 사람들은 무료 자료에 익숙해졌다
D 소프트웨어 유료화는 미래의 추세다

开发* kāifā 툉 개발하다 | 赚 zhuàn 툉 (돈을) 벌다 | 过时 guòshí 툉 유행이 지나다 | 资源* zīyuán 몡 자원 | 软件* ruǎnjiàn 몡 소프트웨어, 앱(App) | 收费 shōufèi 툉 비용을 받다 | 趋势 qūshì 몡 추세

풀이 C 옳은 것을 찾는 문제 유형은 보기와 녹음을 일대일로 대응해서 답을 찾아야 하며, 상식적으로 그럴듯하다고 해서 녹음에 언급되지 않은 내용을 정답으로 골라서는 안 됩니다. 녹음의 '人们已经习惯了，免费使用互联网资源(사람들은 이미 인터넷 자료를 무료로 사용하는 것에 익숙해졌다)'이라는 부분에서 보기 중 가장 관련 있는 내용은 C라는 것을 알 수 있습니다.

44-45

第44到45题是根据下面一段话:

　　世界各国的人们，在迎接新年时，⁴⁴几乎都会做同一件事——许新年愿望。这一现象在很大程度上，⁴⁵反映了人们对未来生活的期待。希望这个美好的愿望能在接下来的一年里伴随自己，也为自己在新的一年里，找到奋斗的方向。虽然到了年底，真正能实现愿望的人少而又少。但是这并不影响，人们在第二年继续重复这个"游戏"。

44~45번 문제는 다음 내용에 근거한다.

　　세계 각국 사람들은 새해를 맞이할 때 ⁴⁴거의 같은 일을 한다. 즉 새해 소원을 비는 것이다. 이런 현상은 ⁴⁵다가올 인생에 대한 사람들의 기대를 상당 부분 반영하고 있다. 그들은 이 아름다운 소원이 다음 일 년 동안 자신과 함께 하기를, 그리고 자신도 새로운 한 해 동안 노력할 방향을 찾을 수 있기를 희망한다. 비록 연말이 되었을 때 정말로 꿈을 실현한 사람은 매우 적지만 이것이 사람들이 이듬해에 이런 '놀이'를 반복하는 것을 막지는 못한다.

迎接* yíngjiē 통 영접하다 | 几乎 jīhū 부 거의 | 许愿 xǔyuàn 통 소원을 빌다 | 愿望* yuànwàng 명 소원, 희망 | 现象* xiàngxiàng 명 현상 | 程度* chéngdù 명 정도 | 反映* fǎnyìng 통 반응하다 | 未来* wèilái 명 미래 | 期待* qīdài 통 기대하다 | 美好 měihǎo 통 행복하다, 아름답다 | 伴随 bànsuí 통 동행하다 | 奋斗* fèndòu 통 분투하다 | 实现* shíxiàn 통 실현하다, 달성하다 | 继续 jìxù 통 계속하다 | 重复* chóngfù 통 중복하다 | 游戏 yóuxì 통 놀다

44 ★★

这段话中的"同一件事"指的是什么?

A 许愿
B 放鞭炮
C 玩游戏
D 给压岁钱

이 이야기에서 '같은 일'은 무엇을 가리키는가?

A 소원을 빌다
B 폭죽을 터뜨리다
C 놀이를 하다
D 세뱃돈을 주다

许愿 xǔyuàn 통 소원을 빌다 | 鞭炮* biānpào 명 폭죽 | 压岁钱 yāsuìqián 명 세뱃돈

풀이 A 녹음에서 '同一件事——许新年愿望(같은 일-새해 소원을 빌다)'이라고 언급했으므로, 가장 관련 있는 것은 보기 A의 '许愿'입니다. '许愿'은 이합사로, 구체적인 소원을 말할 때는 '许……愿望'의 형태로 씁니다. 즉 '생일 소원을 빌다'는 '许生日愿望'입니다. 중국어 문장부호 중 줄표(破折号, pòzhéhào) '——'는 부연 설명을 할 때 씁니다.

45 ★★★

根据这段话，下列哪项正确?

A 许愿不重要
B 人人都有期待
C 不要光想不做
D 新年逐渐被重视

이 이야기에 근거해 다음 중 옳은 것은?

A 소원을 비는 일은 중요하지 않다
B 사람마다 모두 기대가 있다
C 생각만 하지 말라
D 새해는 갈수록 중요시된다

期待* qīdài 통 기대하다 | 光 guāng 부 ~만, 오직 | 逐渐* zhújiàn 부 점차 | 重视 zhòngshì 통 중시하다

풀이 B 이 이야기의 중심은 '新年(새해)'이 아니고 새해에 소원을 비는 행동, 즉 '许愿'이므로 D는 오답입니다. 녹음에서 '反映了人们对未来生活的期待(다가올 인생에 대한 사람들의 기대를 반영하고 있다)' '美好愿望……伴随自己(아름다운 소원이 자신과 함께 하다)' 등의 표현에서 보기 중 가장 관련 있는 것은 '人人都有期待(사람마다 모두 기대가 있다)'라는 것을 알 수 있습니다.

제1부분   46~60번은 빈칸에 들어갈 알맞은 단어나 문장을 보기에서 고르는 문제입니다.

46-48

人的肺平均有两个足球那么大，但很多人呼吸不深，使空气不能深入肺里面。这 **46** <u>导致</u>大多数人一生中只使用肺的1/3。因此，深呼吸极其重要。其 **47** <u>具体</u>方法是先慢慢地由鼻孔吸气，胸部要往上提，腹部要慢慢鼓起，再继续吸气，使整个肺里 **48** <u>充满</u>空气。这个过程一般需要5秒钟。练习时间长了，能成为一种正常的呼吸方法。

사람의 폐는 평균적으로 축구공 두 개 정도의 크기다. 그러나 많은 사람들은 호흡이 깊지 않아 공기가 폐 속 깊이 들어가지 못한다. 이는 대다수 사람들이 평생 동안 폐의 삼분의 일만 사용하게 **46** <u>만든다</u>. 이 때문에 심호흡이 매우 중요하다. 그 **47** <u>구체적인</u> 방법은 먼저 천천히 콧구멍으로 공기를 마시고, 가슴은 위로 들고, 배는 천천히 부풀리고, 다시 계속 숨을 들이 마셔서 폐 전체에 공기가 **48** <u>가득</u> 차게 한다. 이 과정은 일반적으로 5초 정도 걸린다. 연습 시간이 길어지다 보면 정상적인 호흡 방법이 될 수 있다.

肺 fèi 몡 폐, 허파 | 平均* píngjūn 통 평균하다 | 呼吸* hūxī 몡 호흡 | 极其* jíqí 틘 극히, 매우 | 鼻孔 bíkǒng 몡 콧구멍 | 胸部* xiōngbù 몡 흉부, 가슴 | 腹部 fùbù 몡 복부, 배 | 鼓起 gǔqǐ 통 부풀어 오르다

⁺고득점 Tip

呼吸* hūxī 호흡하다 + 空气 kōngqì 공기 ➡ 吸气 xīqì 공기를 들이마시다

46 ★★★

A 导致	B 安装	A 초래하다	B 설치하다
C 明确	D 发生	C 명확하게 하다	D 발생하다

导致* dǎozhì 통 (어떤 사태를) 초래하다 | 安装* ānzhuāng 통 설치하다 | 明确* míngquè 통 명확하게 하다 혱 명확하다 | 发生 fāshēng 통 발생하다

풀이 A 这<u>导致</u>大多数人一生中只使用肺的1/3。

동사의 목적어는 보통 명사이지만 동사 혹은 동목구, 주술구가 목적어인 경우도 있습니다. 동사 '导致' 같은 경우 주술구를 목적어로 쓸 수 있습니다. 빈칸 뒤에 오는 '大多数人一生中只使用肺的1/3' 전체가 목적어이므로 A가 정답입니다.

47 ★★

A 坦率	B 意外	A 솔직하다	B 의외이다
C 具体	D 地道	C 구체적이다	D 정통이다

坦率* tǎnshuài 혱 솔직하다, 담백하다 | 意外* yìwài 혱 의외이다, 뜻밖이다 | 具体 jùtǐ 혱 구체적이다 | 地道* dìdao 혱 진짜의, 정통의

풀이 C 其<u>具体</u>方法是先慢慢地由鼻孔吸气，……

빈칸 채우기 문제는 빈칸 앞뒤의 내용을 잘 파악해야 합니다. 빈칸 뒤에 심호흡의 '구체적인 방법(具体方法)'에 대해 자세히 설명하고 있으므로 C가 정답으로 적합합니다.

48 ★★

A 满足	B 突出	A 만족시키다	B 부각시키다
C 充满	D 阻止	C 가득차다	D 저지하다

满足* mǎnzú 통 (요구, 기대 등을) 만족시키다 | 突出* tūchū 통 (특징, 핵심 등을) 두드러지게 하다 | 充满* chōngmǎn 통 가득차다, 충만하다 | 阻止* zǔzhǐ 통 저지하다, 가로막다

풀이 | C ……使整个肺里充满空气。

'폐 전체에 공기가 ○○ 하게 하다'에 어울리는 보기는 '充满(가득차다)' 뿐입니다. '肺里(폐 속)'와 같이 장소 주어인 경우 존재, 출현, 소실의 동사만 술어로 쓸 수 있습니다. 보기 중에 존재 동사는 '充满'입니다.

49-52

小李正要过马路，身旁有一位盲人带着他的导盲犬也要过马路。49 绿灯时，那只狗不仅没有带着它的主人过马路，还在它主人的裤子上小便。这时那位盲人把手伸进口袋，拿了一片饼干给那只狗。小李看了很 50 惊讶，对那位盲人说："51 如果这是我的狗，我一定会踢它的屁股。"那位盲人非常平静地回答道："52 我是想踢它，但是我必须先要找到它的屁股啊！"

샤오리가 막 찻길을 건너려고 하는데 옆에 한 시각장애인이 자신의 안내견과 함께 길을 건너려고 했다. 49 파란불일 때 그 안내견은 자신의 주인을 이끌고 길을 건너기는커녕 주인의 바지에 소변을 봤다. 이때 그 시각장애인은 손을 뻗어 주머니에서 과자 하나를 꺼내 개에게 주었다. 샤오리는 이를 보고 50 깜짝 놀라서 시각장애인에게 말했다. "51 만약 내 개였다면 나는 녀석의 엉덩이를 걸어찼을 거예요." 그 시각장애인은 아주 차분하게 대답했다. "52 나야 걸어차고 싶죠. 하지만 먼저 녀석의 엉덩이를 찾아야 해요!"

盲人 mángrén 명 맹인, 장님 | 导盲犬 dǎomángquǎn 명 맹도견, 시각장애인 안내견 | 小便 xiǎobiàn 통 소변 보다 | 伸* shēn 통 (신체나 물체의 일부분을) 펴다, 펼치다 | 口袋 kǒudài 명 주머니 | 片* piàn 양 조각 | 屁股 pìgu 명 엉덩이 | 平静* píngjìng 형 (태도·감정 등이) 조용하다, 평온하다

49 ★★

A 红灯	B 绿灯	A 빨간불	B 파란불
C 出门	D 离开	C 외출하다	D 떠나다

红灯 hóngdēng 명 빨간 신호등, 빨간불 | 绿灯 lùdēng 명 녹색등, 파란불

풀이 | B 绿灯时，那只狗不仅没有带着它的主人过马路，还在它主人的裤子上小便。

빈칸 앞뒤 문맥과 내용을 통해 정답을 찾을 수 있는 문제입니다. 빈칸 앞에 '찻길을 건너려고 했다(要过马路)'는 내용이 나오고, '뒤에 ○○일 때 '찻길을 건너기는커녕 주인의 바지에 소변을 봤다(不仅没有……过马路，还在它主人的裤子上小便)'는 내용으로 보아 문맥상 '绿灯时(파란 불일 때)'가 정답으로 가장 적합합니다.

50 ★★

A 生气	B 高兴	A 화나다	B 즐겁다
C 惊讶	D 佩服	C 놀라다	D 감탄하다

惊讶 jīngyà 형 놀랍고 의아하다 | 佩服* pèifú 통 감탄하다, 탄복하다

풀이 │ C 小李看了很惊讶，对那位盲人说：

개가 주인 바지에 소변을 봤는데도 화내지 않고 오히려 과자를 주는 것을 보고 들 수 있는 감정은 '惊讶(놀라다)'가 가장 적합합니다. '惊讶'는 6급 단어지만, 나머지 보기가 각각 1급, 2급, 5급 단어이기 때문에 확실히 아닌 것을 먼저 정답에서 제외하는 소거법으로 답을 고를 수 있습니다. 또한 4급 단어 '吃惊(놀라다)'을 안다면 '惊讶'의 뜻도 유추할 수 있습니다.

51 ★★

A 如果	B 哪怕	A 만약	B 설령 ~라 해도
C 一旦	D 可是	C 일단 ~하면	D 그러나

如果 rúguǒ 쩹 만일, 만약 │ 哪怕* nǎpà 쩹 설령 ~라 해도 │ 一旦* yídàn 쩹 일단 ~하면

풀이 │ A 如果这是我的狗，我一定会踢他的屁股。

알맞은 접속사를 찾는 문제입니다. 빈칸 뒤에 '내 개였다면 나는 녀석의 엉덩이를 걷어찼을 거예요'라는 내용으로 보아 문맥상 어울리는 접속사는 '如果(만약)'뿐입니다.

52 ★★

A 你帮我踢吧	A 나 대신 걷어차 주세요
B 我不想踢它	B 나는 녀석을 걷어차고 싶지 않아요
C 我是想踢它	C 나야 녀석을 걷어차고 싶죠
D 我找不到它	D 나는 녀석을 찾을 수가 없어요

踢 tī 통 (발로) 차다

풀이 │ C "我是想踢它，但是我必须先要找到它的屁股啊！"

빈칸 뒤에 '但是我必须先要找到它的屁股啊!(하지만 먼저 녀석의 엉덩이를 찾아야 해요!)'라는 내용으로 보아 문맥상 C가 정답으로 적절합니다. D가 빈칸에 오려면 뒤 절의 접속사가 '但是(그러나)'가 아니라 '所以(그래서)'가 와야 하므로 D는 정답이 될 수 없습니다.

53-56

近些年，"断食"是健康养生圈里流行的一个名词，被 53 宣传为减肥良方，还被认为有"长寿"、"防病"的神奇效果。但我想要提醒各位的是，直到目前为止，断食还算不上值得推荐的保健方式。相反，54 要强调的是其不确定性。最新研究指出，断食有效和安全的 55 证据都相当有限。

虽然很多科学家对断食感兴趣，前期研究结果看起来也挺 56 乐观，这些都是真的，但这中间还有不少问题需要解决。

최근 몇 년 새, '단식'은 건강과 양생에 관심 있는 사람들 사이에서 유행하는 단어입니다. 단식은 다이어트의 좋은 방법으로 53 홍보되면서 '무병', '장수'의 신기한 효과도 있다고 여겨졌습니다. 그러나 내가 상기시켜드리고 싶은 것은 아직까지는 단식이 추천할 만한 건강요법이 아니라는 것입니다. 오히려 54 주목(강조)해야 할 점은 그 불확실성입니다. 최신 연구결과 단식이 효과적이다, 그리고 안전하다는 55 증거는 모두 상당히 제한적입니다.

많은 과학자들이 단식에 관심을 가지고 있고, 지금까지의 연구결과도 외견상으로는 매우 56 긍정적이라는 것은 사실이지만, 그러나 그 속에는 해결해야 할 문제가 많이 남아 있습니다.

断食 duànshí 단식 | 养生 yǎngshēng 통 양생하다, 보양하다 | 圈* quān 명 (지리적, 사회적) 범위, 영역 | 名词 míngcí 명 명사 | 良方 liángfāng 명 좋은 처방, 좋은 방법 | 长寿 chángshòu 형 장수하다 | 防病 fángbìng 통 질병을 예방하다 | 神奇 shénqí 형 신기하다 | 直到……为止 zhídào……wéizhǐ ~까지 | 算不上 suàn bu shàng ~라고 할 수 없다 | 值得 zhídé ~할만한 가치가 있다 | 推荐* tuījiàn 통 추천하다 | 保健 bǎojiàn 통 건강을 보호하다 | 相反 xiāngfǎn 접 반대로, 오히려 | 相当* xiāngdāng 부 상당히, 꽤 | 有限 yǒuxiàn 형 유한하다, 한계가 있다 | 前期 qiánqī 명 초기, 초반 | 挺 tǐng 부 제법, 꽤

53 ★★

A 宣传	B 违反	A 홍보하다	B 위반하다
C 广播	D 问候	C 방송하다	D 안부를 묻다

宣传* xuānchuán 통 선전하다, 홍보하다 | 违反* wéifǎn 통 위반하다 | 广播* guǎngbō 통 방송하다 | 问候* wènhòu 통 안부를 묻다, 문안드리다

|풀이| A 被宣传为减肥良方，还被认为有"长寿"、"防病"的神奇效果。

'다이어트의 좋은 방법'이라는 빈칸 뒤의 내용과 가장 자연스럽게 이어지는 단어는 보기 A '宣传'입니다. 보기 B, C, D는 문맥상 어울리지 않습니다. '被宣传为……'는 동사구로 '~라고 홍보되다'의 뜻입니다.

54 ★★

A 控制饮食的更长寿了	A 먹고 마시는 것을 절제하는 사람이 더 장수합니다
B 要强调的是其不确定性	B 주목해야 할 점은 그 불확실성입니다
C 反映结果的指标有两种	C 결과를 반영하는 지표는 두 종류가 있습니다
D 临床研究规模也还比较小	D 임상 연구의 규모도 비교적 작은 편입니다

控制* kòngzhì 통 통제하다, 절제하다 | 饮食 yǐnshí 통 먹고 마시다 | 强调* qiángdiào 통 강조하다 | 确定* quèdìng 형 확실하다 | 反映* fǎnyìng 통 반영하다 | 指标 zhǐbiāo 명 지표 | 临床 línchuáng 명 임상(치료)하다 | 规模* guīmó 명 규모

|풀이| B 相反，要强调的是其不确定性。

'相反'은 '与此相反(이와 반대로)'의 의미로, 앞문장과 뒷문장을 대비할 때 쓰는 접속사입니다. '단식은 추천할 만한 건강요법이 아니다. 오히려' 뒤에 문맥상 어울리는 내용은 보기 B입니다.

55 ★★

A 证据	B 政治	A 증거	B 정치
C 收据	D 传说	C 영수증	D 전설

证据 zhèngjù 명 증거 | 政治* zhèngzhì 명 정치 | 收据* shōujù 명 영수증 | 传说* chuánshuō 명 전설

|풀이| A 最新研究指出，断食有效和安全的证据都相当有限。

'단식이 효과적이고 안전하다는 ○○은 상당히 제한적이다'라는 문장에서 보기 B, C, D는 맥락에 어울리지 않습니다. 해석으로 볼 때 정답은 A입니다.

56 ★★

A 消极	B 公平	A 소극적이다	B 공평하다
C 模糊	D 乐观	C 모호하다	D 낙관적이다

消极* xiāojí 혱 소극적이다, 부정적이다 | 公平* gōngpíng 혱 공평하다 | 模糊* móhu 혱 모호하다 | 乐观* lèguān 혱 낙관적이다, 희망적이다

│풀이│ D 前期研究结果看起来也挺乐观，这些都是真的，但这中间还有多少问题需要解决。

'虽然……，但……(비록 ~이지만 ~이다)'의 역접 구조에 주목해야 합니다. '但' 뒤에 '해결해야 할 문제가 많이 남아 있다'는 내용으로 보아 앞에는 긍정적인 내용이 와야 합니다. 긍정적인 의미를 가진 보기 B와 D 중에 '研究结果(연구 결과)'와 어울리는 형용사는 '乐观(낙관적이다)'뿐입니다.

57-60

有一回，卞庄子住在一家旅馆里，两只胆大的老虎竟然在白天 **57** 闯进了隔壁人家，咬死了一头小牛。卞庄子是一个 **58** 勇敢的人，他马上抽出刀来，要去杀老虎。旅馆的老板拦住他说："别 **59** 着急。只有一头小牛，那两只老虎一定会互相咬起来，结果一定是一只被咬死，一只被咬伤。到时候你只要把伤的那只砍死就成了。"卞庄子听了他的话，待了一会儿，**60** 两只老虎果然互相咬了起来，小的被咬死了，大的被咬伤了。卞庄子杀死了受伤的老虎，结果只动了一次手，得到了两只老虎。

한 번은 변장자(卞莊子)가 한 주막에 묵었는데, 겁 없는 호랑이 두 마리가 대낮에 이웃집에 **57** 뛰어들어 송아지 한 마리를 물어 죽였다. 변장자는 **58** 용감한 사람이라 바로 칼을 뽑아서 호랑이를 죽이려고 했다. 주막의 주인장이 그를 말리며 말하길 "**59** 급할 것 없소. 송아지가 한 마리뿐이니 호랑이 두 마리는 분명히 서로를 물어 대기 시작할 거요. 결과는 분명히 한 마리는 물려 죽을 것이고 한 마리는 다칠 거요. 그때 가서 다친 녀석만 베어버리면 되는 거요." 변장자는 그의 말을 듣고 잠시 기다렸다. **60** 호랑이 두 마리는 과연 서로 물어 대기 시작했고, 작은 녀석은 물려 죽고, 큰 녀석은 물려서 다쳤다. 변장자는 다친 호랑이를 죽였다. 그 결과 손을 한 번만 써서 두 마리의 호랑이를 얻을 수 있었다.

卞庄子 biànzhuāngzǐ 몡 변장자 [역사 인물] | 旅馆 lǚguǎn 몡 여관, 주막 | 竟然 jìngrán 뷘 뜻밖에, 의외로 | 白天 báitiān 몡 낮, 대낮 | 隔壁* gébì 몡 이웃 | 人家 rénjiā 몡 인가, 집 | 咬* yǎo 툉 물다, 깨물다 | 抽 chōu 툉 뽑다 | 刀 dāo 몡 칼 | 杀* shā 툉 죽이다 | 拦* lán 툉 막다, 저지하다 | 只有 zhǐyǒu 툉 ~만 있다 | 只要 zhǐyào 젭 ~하기만 하면 [뒷문장의 就, 便 등과 호응함] | 砍* kǎn 툉 (칼이나 도끼로) 찍다, 베다 | 待 dāi 툉 기다리다, 머무르다 [=呆* dāi] | 受伤* shòushāng 툉 부상을 당하다 | 动手 dòngshǒu 툉 손을 대다, (일을) 시작하다

✦고득점 Tip

胆 dǎn 담력, 용기 ➡ 胆小鬼 dǎnxiǎoguǐ 겁쟁이 ➡ 胆大 dǎndà 담대하다, 용감하다

57 ★★

| A 走 | B 爬 | A 걷다 | B 기어오르다 |
| C 闯 | D 冲 | C 뛰어들다 | D 돌진하다 |

闯* chuǎng 툉 갑자기 뛰어들다 | 冲* chōng 툉 1 (끓는 물을) 붓다, 뿌리다 2 (세찬 물로) 씻다, 헹구다 3 (세찬 물처럼) 돌진하다 4 상승하다, 위로 솟다

│풀이│ C 两只胆大的老虎竟然在白天闯进了隔壁人家，咬死了一头小牛。

의미상 빈칸에 들어갈 가장 적절한 단어는 보기 C '闯(뛰어들다)'입니다. 이 문장의 주어는 '两只胆大的老虎(겁 없는 호랑이 두 마리)'입니다. '走(걷다)'는 어슬렁어슬렁 걷는 어감이 문맥에 어울리지 않고, '爬(기어오르다)'는 목적어 隔壁(이웃집)와 어울리지 않습니다. '冲(돌진하다)'은 한참을 달려서 덮치는 상황에는 쓸 수 있지만 제시문의 맥락에는 적합하지 않습니다.

58 ★★

A 聪明	B 勇敢	A 똑똑하다	B 용감하다
C 坚强	D 结实	C (의지가) 강하다	D (몸이) 건장하다

勇敢 yǒnggǎn 혱 용감하다 | 坚强* jiānqiáng 혱 (의지가) 굳세다, 굳고 강하다 | 结实* jiēshi 혱 (신체가) 튼튼하다, 건장하다

풀이 B 卞庄子是一个**勇敢**的人，他马上抽出刀来，要去杀老虎。

빈칸 뒤에 '他马上抽出刀来，要去杀老虎(바로 칼을 뽑아서 호랑이를 죽이려고 했다)'의 내용으로 보아 주인공은 용감한(勇敢) 사람임을 알 수 있습니다.

59 ★★

A 害怕	B 犹豫	A 무서워하다	B 망설이다
C 灰心	D 着急	C 낙담하다	D 조급해하다

犹豫* yóuyù 통 망설이다 | 灰心* huīxīn 통 낙심하다, 낙담하다

풀이 D 旅馆的老板拦住他说：别**着急**。

빈칸 앞의 '老板拦住他说(주인장이 그를 말리며 말했다)'를 보면 문맥상 '别**着急**(급할 것 없다)'가 답으로 적합합니다. 호랑이 두 마리가 서로 싸워 한 마리는 죽고 한 마리는 다칠 테니 그때 상처 입은 호랑이만 죽이면 된다는 이야기의 맥락을 봐도 정답을 알 수 있습니다.

60 ★★

A 牛被吃完了	A 소가 다 먹혔다
B 两只老虎居然都死了	B 호랑이 두 마리는 놀랍게도 다 죽었다
C 卞庄子把老虎打倒在地	C 변장자는 호랑이를 때려눕혔다
D 两只老虎果然互相咬了起来	D 호랑이 두 마리는 과연 서로 물어 대기 시작했다

居然* jūrán 부 뜻밖에, 의외로 | 打倒 dǎdǎo 통 때려눕히다, 타도하다 | 果然* guǒrán 부 과연, 예상대로

풀이 D 两只老虎果然互相咬了起来，小的被咬死了，大的被咬伤了。

키워드는 '果然(과연)'으로 예상했던 일이 발생했음을 나타냅니다. 앞에서 주막 주인장이 호랑이 두 마리가 서로 싸울 것이라고 예상했으므로 정답은 D입니다. 호랑이가 서로 싸우는 이유가 혼자서 송아지를 차지하려는 것이기 때문에 A는 답이 될 수 없습니다. 빈칸 바로 뒤에 작은 호랑이는 물려 죽고, 큰 호랑이는 물려서 다쳤다는 내용이 나오므로, B도 정답이 아닙니다.

제2부분 61~70번은 단문을 읽고 일치하는 내용을 보기에서 고르는 문제입니다.

61 ★★

青岛地铁最近推出了以海底世界为主题的车厢，车厢以大海蓝为主色调，车厢内各种海洋生物的彩绘随处可见，非常逼真。未来，青岛地铁还将推出更多体现青岛的城市特色的车厢，乘客的乘车环境变得不再单调。

칭다오 지하철은 최근 바닷속 세상을 테마로 하는 차량을 내놓았다. 이 차량은 넓은 바다의 푸른색을 테마색으로 하였고, 차량 내에는 다양한 해양생물의 생생한 그림을 곳곳에서 볼 수 있다. 앞으로 칭다오 지하철은 더 많은 칭다오시의 특징을 보여주는 차량을 내놓아 승객들의 승차 환경이 단조롭지 않도록 할 예정이다.

A 青岛的地铁票价普遍高

B 主题车厢还未投入运营

C 主题车厢体现了青岛的特色

D 青岛的地铁可直通海洋公园

A 칭다오의 지하철 요금은 일반적으로 높은 편이다

B 테마 차량은 아직 운영되지 않고 있다

C 테마 차량은 칭다오의 특징을 보여주었다

D 칭다오 지하철은 해양공원과 바로 연결된다

青岛 Qīngdǎo [고유] 칭다오 [지명] | 推出 tuīchū [동] (신상품 또는 신기술을) 내놓다, 출시하다 | 主题* zhǔtí [명] 주제, 테마 | 车厢* chēxiāng [명] (기차 등의) 객실, 칸 | 以……为…… yǐ……wéi…… ~을 ~으로 삼다 | 彩绘 cǎihuì [명] 채색 그림 | 随处 suíchù [부] 어디서나 | 可见* kějiàn [동] ~을 볼 수 있다 | 逼真 bīzhēn [형] 진짜와 같다, 진실에 거의 가깝다 | 未来* wèilái [명] 미래 | 将 jiāng [개] ~을/를 | 特色* tèsè [명] 특색, 특징 | 单调* dāndiào [형] 단조롭다 | 投入* tóurù [동] (일을) 개시하다, 시작하다 | 运营 yùnyíng [명] 운영 | 体现* tǐxiàn [동] 구현하다, 구체적으로 드러내다

| 풀이 | C 설명문은 일반적으로 지문 첫 줄에 '주제'와 '설명 대상'을 언급하고, 이어서 '설명'과 '예시'를 통해 주제를 구체적으로 뒷받침합니다. 밑줄 친 '**青岛地铁还将推出更多体现青岛的城市特色的车厢**(칭다오 지하철은 더 많은 칭다오시의 특징을 보여주는 차량을 출시할 예정이다)'이라는 내용으로 보아 정답은 C입니다. A는 언급되지 않았고, 첫 문장에서 '**最近推出了**(최근 내놓았다)'라고 했으므로 B도 답이 될 수 없습니다.

✦고득점 Tip

随时* suíshí 언제나, 수시로 + 到处 dàochù 도처에 ➡ 随处 suíchù 어디서나

---

62 ★★

　　最新研究发现，无论是幼儿还是青少年，和父母相处的时间越长，语言能力就越强。另外，父母陪伴孩子，有利于营造幸福的家庭气氛，在这种环境中长大的孩子会更自信，交际能力更强，学习成绩更好，心理也更健康。

　　최신 연구 결과, 유아이든 청소년이든 부모와 함께 하는 시간이 길수록 언어 능력이 강해진다고 밝혀졌다. 그 외에도, 부모가 아이 옆에 있으면 행복한 가정 분위기를 만드는 데 도움이 되며 이런 환경에서 자란 아이들은 더 자신감 있고, 더 사교적이며, 학습 성적도 더 좋고, 심리적으로 더 건강하다.

A 要鼓励孩子多交朋友

B 要重视培养孩子的兴趣

C 父母应保证孩子的选择空间

D 父母的陪伴有利于孩子成长

A 자녀가 친구를 많이 사귀도록 격려해야 한다

B 자녀의 관심사를 키워주는 데 신경 써야 한다

C 부모는 자녀의 선택의 폭을 보장해야 한다

D 부모가 옆에 있어 주는 것이 자녀의 성장에 도움이 된다

无论 wúlùn [접] ~에도 불구하고, ~에 관계없이 | 幼儿 yòu'ér [명] 유아 | 青少年* qīngshàonián [명] 청소년 | 相处* xiāngchǔ [동] 함께 하다, 함께 지내다 | 强 qiáng [형] 강하다 | 另外 lìngwài [접] 이 외에, 이 밖에 | 陪伴 péibàn [동] 동반하다 | 有利* yǒulì [형] 유리하다 | 营造 yíngzào [동] (환경, 분위기 등을) 만들다 | 家庭 jiātíng [명] 가정 | 气氛* qìfēn [명] 분위기 | 交际* jiāojì [명] (친구와) 교제하다, 사귀다 | 心理* xīnlǐ [명] 심리, 정신 | 培养* péiyǎng [동] (능력, 인재 등을) 키우다 | 个人* gèrén [명] 개인 | 空间* kōngjiān [명] 공간, 폭, 여지

| 풀이 | D 글의 주제를 파악한 뒤, 지문에서 언급되지 않은 보기를 먼저 과감히 소거해야 합니다. A, B, C는 지문에서 언급되지 않았습니다. '**父母陪伴孩子**'와 '**有利于**'가 지문의 키워드로 보기 D에도 등장했고, '부모가 아이와 함께 하면' '아이들은 더 자신감 있고, 더 사교적이며, 학습 성적도 더 좋고, 심리적으로 더 건강하다'라는 내용에서 D를 정답으로 고를 수 있습니다.

✦고득점 Tip

陪 péi 곁에 있다 + 伙伴* huǒbàn 동료, 동반자 ➡ 陪伴 péibàn 동무가 되다, 짝이 되다, 함께 하다

强 qiáng 강하다 ➡ 强烈 qiángliè 강렬하다 | 坚强 jiānqiáng 의지가 강하다 | 强调 qiángdiào 강조하다

电池的一个充电周期不是指充一次电，而是指电池把100%的电量全部用完，然后再充满的过程。比如一块电池在第一天只用了一半的电量，然后将它充满。第二天用了一半再充满，这两次充电只能算作一个充电周期。如果等到电池快没电时再充满，这种做法会损害电池寿命。

A 充电池需要定期更换
B 充电时打电话非常危险
C 首次充电要充满12个小时
D 快没电时充电缩短电池寿命

배터리의 충전 사이클은 한번 충전하는 것을 가리키는 것이 아니라, 배터리가 100%의 충전량을 전부 다 쓰고 나서 다시 충전하는 사이클이다. 예를 들어 배터리 하나가 첫날 충전량의 절반을 쓰고 그다음에 완충했고, 다음날 반을 쓰고 다시 완충했다면, 이 두 번의 충전은 그저 한 번의 충전 사이클일 뿐이다. 만약에 배터리가 방전될 때까지 기다렸다가 다시 완충한다면 이런 방식은 배터리 수명에 해롭다.

A 충전 배터리는 정기적으로 교환해야 한다
B 충전할 때 전화를 하는 것은 매우 위험하다
C 처음 충전할 때는 12시간 동안 완충해야 한다
D 거의 방전됐을 때 충전하면 배터리 수명이 줄어든다

电池* diànchí 몡 전지, 배터리 | 周期 zhōuqī 몡 주기 | 不是A，而是B búshì A érshì B A가 아니라 B이다 | 充满* chōngmǎn 가득 차다, 충만하다 | 比如 bǐrú 젭 예를 들어 | 将 jiāng 꽤 ~을/를 | 算作 suànzuò 통 ~이라 할 수 있다, ~인 셈이다 | 快 kuài 囝 곧 ~하다 | 做法 zuòfǎ 몡 방법, 방식 | 寿命* shòumìng 몡 수명, 목숨 | 定期 dìngqī 혱 정기적인 | 更换 gēnghuàn 통 교체하다 | 缩短* suōduǎn 통 단축하다, 줄이다

| **풀이** | D 지문에 쓰인 표현이 보기에서 살짝 변형되어 나왔습니다. 밑줄 친 부분에서 '损害电池寿命(배터리 수명에 해롭다)'과 보기 D '缩短电池寿命(배터리 수명이 줄어든다)'은 의미가 서로 통합니다. 정답은 D입니다.

✦고득점 Tip

损失* sǔnshī 손해보다 + 伤害* shānghài 상해하다, 해치다 ➡ 损害 sǔnhài 손상시키고 해치다

"停车难"已成了很多大城市的通病，由于车位紧张，违章停车的现象越来越严重。为了从根本上解决这个问题，近年来，一些城市开始建立停车管理系统，整合城市车位资源。并通过手机应用、网站、电话等方式为市民提供查询服务，缓解市民的停车压力。

A 违章停车将面临巨额罚款
B 停车乱放等现象得到解决
C 市民更依赖公共交通设施
D 个别城市可上网查询车位

주차난은 이미 많은 대도시의 공통적인 문제가 되었다. 주차 공간이 부족하기 때문에 불법주차 현상이 점점 심각해지고 있다. 근본적으로 이 문제를 해결하기 위해서 최근 몇 년 사이 일부 도시들은 주차관리 시스템을 구축하여 도시의 주차 공간 자원을 통합하기 시작했다. 또한 휴대폰 앱, 인터넷 사이트, 전화 등의 방식을 통해서 시민들에게 검색과 문의 서비스를 제공하여 시민들의 주차 스트레스를 줄여주고 있다.

A 불법 주차는 앞으로 거액의 벌금을 물게 될 것이다
B 무단 주차 등의 현상이 해결되었다
C 시민들은 대중교통 시설에 더 의존한다
D 일부 도시는 인터넷에 접속해서 주차 공간을 검색할 수 있다

停车 tíngchē 통 주차하다, 정차하다 | 通病 tōngbìng 몡 공통적인 병폐 | 紧张 jǐnzhāng 혱 (물량, 시간 등이) 부족하다, 딸리다 | 违章 wéizhāng 통 법규를 위반하다 | 根本* gēnběn 몡 근본적으로 | 建立 jiànlì 통 (시스템, 체계 등을) 구축하다 | 系统* xìtǒng 몡 시스템 | 整合 zhěnghé 통 통합 조정하다 | 资源* zīyuán 몡 자원 | 通过 tōngguò ~을 통하여 | 应用* yìngyòng 몡 애플리케이션, 앱 | 网站 wǎngzhàn 몡 웹사이트 | 查询 cháxún 통 조회하다, 문의하다 | 缓解* huǎnjiě 통 완화시키다, 완화되다

✦ **고득점 Tip**

调查 diàochá 조사하다 + 询问* xúnwèn 문의하다 ➡ 查询 cháxún 조회하다

---

65 ★★

"Z一代"也就是我们常说的"95后"。他们是第一批不知道没有互联网的世界是什么样的一代人，相对而言，他们或许更清楚我们这个世界所面临的问题是什么。在中国，他们约占总人口的17%，他们已经开始进入社会，并逐渐成为中国的主要劳动力。

A "Z一代"面临失业问题
B "Z一代"普遍比较自私
C "Z一代"生在网络时代
D "Z一代"的17%进入社会了

'Z세대'는 바로 흔히 말하는 '지우우허우(95后)'입니다. 그들은 인터넷이 없던 세상이 어떠했는지를 모르는 최초의 세대입니다. 상대적으로 그들은 어쩌면 우리 세계가 맞닥뜨린 문제가 무엇인지를 더 잘 알지도 모릅니다. 중국에서 그들은 전체 인구의 약 17% 정도를 차지하고 있으며, 그들은 이미 사회에 진출하기 시작했습니다. 또한 점차 중국의 핵심 노동력이 될 것입니다.

A 'Z세대'는 실업 문제에 직면해 있다
B 'Z세대'는 보편적으로 이기적이다
C 'Z세대'는 인터넷 시대에 태어났다
D 'Z세대'의 17%는 사회에 진출했다

一代 yídài 명 한 세대 | 批* pī 개 무리, 떼, 무더기 [여러 사람이나 물건을 묶어서 세는 양사] | 互联网 hùliánwǎng 명 인터넷 | 相对而言 xiāng duì ér yán 상대적으로 | 或许* huòxǔ 부 아마, 어쩌면 | 面临* miànlín 동 맞닥뜨리다, 직면하다 | 约 yuē 부 약, 대략 | 进入 jìnrù 동 들다, 진입하다 | 并 bìng 접 또한 | 逐渐* zhújiàn 부 점차, 점점 | 失业* shīyè 동 실업하다, 직장을 잃다 | 普遍 pǔbiàn 형 보편적이다 | 自私* zìsī 형 이기적이다

✦ **고득점 Tip** | 사회 일반

95后: 1995년 이후에 태어난 중국의 Z세대를 의미함. 가장 젊고 파워 있는 소비 계층으로, 사회적인 문화, 산업 소비의 주력 계층으로 성장함.

---

66 ★★

人们的智商差距其实并不是特别大，在学习过程中，人与人之间出现的成绩差距，更多的是情商造成的。至于一个人的情商往往和童年时期的教育有着很大的关系，因此，培养情商应该从小开始。

A 智商高成绩就好
B 情商要从小培养

사람의 IQ 차이는 사실 결코 크지 않다. 학습 과정에서 사람과 사람 사이에 성적 차이가 나타나는 것은 더 많이는 EQ가 초래하는 것이다. 한편 한 사람의 EQ는 종종 어린 시절 교육과 밀접한 관계가 있다. 따라서 EQ를 기르려면 어릴 때 시작해야 한다.

A IQ가 높으면 성적이 좋다
B EQ는 어릴 때부터 키워야 한다

C 智商和情商是一样的
D 个体之间的智商差距特别大

C IQ와 EQ는 같은 것이다
D 개개인 간의 IQ 차이는 매우 크다

智商 zhìshāng 몡 지능 지수(IQ) | 差距* chājù 몡 차이, 격차 | 情商 qíngshāng 몡 감성 지수(EQ) | 造成* zàochéng 동 야기하다, 초래하다 | 至于* zhìyú 젭 ~으로 말하면, ~에 관해서는 [다른 화제를 이끌어냄] | 往往 wǎngwǎng 뷔 자주, 종종 | 童年 tóngnián 몡 어린 시절 | 时期* shíqī 몡 시기 | 教育 jiàoyù 몡 교육 | 培养* péiyǎng 동 (능력, 인재 등을) 키우다 | 个体 gètǐ 몡 개체, 개개인

| **풀이** | B 화자의 주장이 담긴 논설문입니다. 밑줄 친 '培养情商应该从小开始(EQ를 기르려면 어릴 때 시작해야 한다)'라는 내용으로 볼 때 '情商要从小培养(EQ는 어릴 때부터 키워야 한다)'이 정답입니다. 지문에 나온 '智商(IQ)'과 '情商(EQ)'은 5급 단어는 아니지만 '智慧(zhìhuì, 지혜)'와 '情绪(qíngxù, 감정)' 등 5급 필수 단어의 구성 글자를 보고 대략적인 뜻을 유추할 수 있습니다.

67 ★★★

世界上有很多种动物面临着彻底消失的危险。生活在印度尼西亚保护区内的天堂鸟，70年代末还有500多只，现在只剩下55只；非洲野狗也面临彻底消失的威胁，80年代还有1000多只，现在只剩下一半；上个世纪非洲共有1000万头大象，而现在生存下来的野象可能只有40万头左右，平均每年减少10%。

A 天堂鸟生活在非洲
B 非洲野象现在只有50多只
C 非洲野狗将有可能不存在了
D 气候变化使一些动物迅速减少

세상의 수많은 종의 동물이 완전히 사라질 위기에 놓여 있다. 인도네시아 보호 구역에 사는 극락조는 70년대 말 500여 마리가 있었지만 지금은 55마리만 남아있다. 아프리카 들개(리카온)도 완전히 사라질 위협을 받고 있다. 80년대에는 1,000여 마리가 있었지만 지금은 그 절반만 남았다. 20세기 아프리카에는 1000만 마리의 코끼리가 있었지만 현재 살아남은 야생 코끼리는 40만 마리 정도에 불과하며 매년 10%씩 감소하고 있다.

A 극락조는 아프리카에 산다
B 아프리카 야생 코끼리는 현재 50여 마리만 있다
C 아프리카 들개는 장차 사라질 수도 있다
D 세계 기후 변화가 일부 동물을 빠르게 감소시켰다

面临* miànlín 동 (문제·상황에) 직면하다, 당면하다 | 彻底* chèdǐ 동 철저하다 | 消失* xiāoshī 동 소실되다, 사라지다 | 印度尼西亚 Yìndùníxīyà 고유 인도네시아 [지명] | 天堂鸟 Tiāntángniǎo 몡 극락조 | 非洲 Fēizhōu 고유 아프리카 [지명] | 野狗 yěgǒu 몡 들개 | 威胁* wēixié 몡 위협 | 头 tóu 앵 두, 마리 [가축을 세는 단위] | 大象* dàxiàng 몡 코끼리 | 平均* píngjūn 동 평균하다 | 迅速* xùnsù 동 신속하다

| **풀이** | C 첫 번째 문장에서 글의 주제를 언급하고, 이어서 구체적인 예시로 주제를 뒷받침하고 있습니다. '天堂鸟(극락조)' '非洲野狗(아프라키 들개)' '非洲野象(아프리카 야생 코끼리)'를 예시로 들어 세계의 여러 동물이 멸종 위기에 처했음을 설명하고 있습니다. 따라서 C가 정답입니다. 동물의 감소 원인에 대해서는 언급하지 않았기 때문에 D는 답이 될 수 없습니다.

68 ★★★

最近，中国首次成为世界汽车生产销售第一大国。人口众多，人均汽车保有量仍很低，因此，中国拥有巨大的购买潜力，这些都拉动着中国汽车工业的快速增长，汽车工业已经成为国家经济的重要支柱产业。

A 中国汽车销售量大于生产量
B 中国人均汽车保有量已相当高

최근 중국은 처음으로 세계 자동차 생산, 판매 1위 국가가 되었다. 인구가 많고, 1인당 자동차 보유량이 여전히 낮다. 이 때문에 중국은 커다란 구매 잠재력을 가지고 있고, 이러한 점들이 중국의 자동차 산업이 빠르게 성장하도록 이끌고 있다. 자동차 산업은 이미 국가 경제의 중요한 지주 산업이 되었다.

A 중국 자동차 판매량은 생산량보다 많다
B 중국의 1인당 자동차 보유량은 이미 꽤 높다

C 中国成为了汽车出口第一大国	C 중국은 자동차 수출 1위국이 되었다
D 人口是汽车业发展的动力之一	D 인구는 자동차 산업 발전의 원동력 중 하나이다

生产* shēngchǎn 몡 생산 | 销售* xiāoshòu 몡 판매 | 首次 shǒucì 몡 최초 | 人口* rénkǒu 몡 인구 | 众多 zhòngduō 톙 (사람이) 매우 많다 | 人均 rénjūn 1인당 평균 ['每人平均'의 준말] | 保有量 bǎoyǒuliàng 몡 보유량 | 仍然 réngrán 児 여전히 | 巨大* jùdà 톙 거대하다 | 购买 gòumǎi 몡 구매 | 潜力 qiánlì 몡 잠재력 | 拉动 lādòng 툉 이끌다, 촉진하다 | 增长 zēngzhǎng 툉 늘어나다, 증가하다 | 支柱 zhīzhù 몡 지주, 기둥 | 产业 chǎnyè 몡 산업

| **풀이** | D 밑줄 친 부분을 보면 '人口众多(인구가 많다)' '人均汽车保有量很低(1인당 자동차 보유량이 낮다)' '巨大的购买潜力(거대한 구매 잠재력)' 이 세 가지가 중국 자동차 산업의 고속성장을 '이끌었다(拉动)'라고 했습니다. 따라서 D가 정답입니다. '生产销售第一大国(생산, 판매 1위 국가)'이지, '出口第一大国(수출 1위 국가)'가 아니므로 C는 헷갈리기 쉬운 오답입니다.

69 ★★★

赵州桥又名安济桥，位于河北省赵县，<u>建于隋朝大业(公元605-618)年间，由著名造桥匠师李春建造</u>。桥长64.4米，距今已有1400多年历史，是世界上现存最早、保存最完好的单孔石拱桥，被誉为"华北四宝"之一。	자오저우(赵州) 교는 안지(安济) 교라고도 부른다. 허베이성 자오(赵) 현에 위치하고 있으며, 수나라 대업 연간에 유명한 교량 건축 장인인 이춘에 의해 건설되었다. 다리 길이는 64.4미터이며, 지금으로부터 1,400년이 넘는 역사를 가지고 있는 세계에서 현존하는 가장 오래되고 보존이 가장 완벽한 단경간 홍예교*로 '화베이 지역 네 가지 보물' 중 하나로 불리운다.
A 赵州桥还在使用	A 자오저우 교는 아직 사용 중이다
B "华北四宝"指的是四座桥	B '화베이 지역 네 가지 보물'은 4개의 다리를 가리킨다
C 李春是隋朝的一位著名工匠	C 이춘은 수나라 때의 유명한 장인이다
D 赵州桥距今已有两个多世纪了	D 자오저우 교는 지금으로부터 2세기 남짓 되었다
	*교각 사이에 공간이 하나인 무지개다리

位于* wèiyú 툉 ~에 위치하다 | 河北省 Héběishěng 고유 허베이성 [지명] | 建于 jiànyú ~에 지어지다, ~에 건설되다 | 隋朝 Suícháo 수나라 | 大业年间 dàyè niánjiān 대업 연간 [수나라 2대 황제인 양제의 연호] | 公元* gōngyuán 몡 서기 | 由 yóu 꽤 ~에서, ~에 의해 | 著名 zhùmíng 톙 유명한 | 匠师 jiàngshī 몡 장인 | 建造 jiànzào 툉 건조하다, 건축하다 | 距今 jùjīn 지금으로부터 (얼마간) 떨어져 있다 | 保存* bǎocún 툉 보존하다 | 完好 wánhǎo 톙 완전하다, 온전하다 | 被誉为 bèiyùwéi ~라고 불리우다, ~라고 칭송받다 | 工匠 gōngjiàng 몡 장인 | 世纪 shìjì 몡 세기

| **풀이** | C 밑줄 친 부분에서 '建于隋朝(수나라 때 지어졌고)' '由著名造桥匠师李春建造(유명한 교량 건축 장인인 이춘에 의해 건설되었다)'라고 언급한 것으로 보아 정답은 C입니다. 지문과 보기에 "华北四宝"가 언급된 것을 보고 B를 정답으로 고르면 이는 함정에 빠지는 것입니다. 자오저우(赵州) 교가 화베이 지역 4가지 보물 중 하나("华北四宝"之一)라고 하긴 했지만, 나머지 3가지 보물이 무엇인지에 대해서는 지문만으로 알 수가 없으므로, B는 오답입니다.

70 ★★

我周一早上在邮局给家乡寄了两个包裹。今天又到周一了，可是爸妈说包裹还没收到。因为当时包裹包装得不是很好，所以我有点儿发愁。<u>要是里面的衣服丢了，爸妈就收不到我的新年礼物和祝福了</u>。	나는 월요일 아침에 우체국에서 고향에 소포를 두 개 부쳤다. 오늘 또 월요일이 되었다. 그러나 부모님은 소포를 아직 받지 못했다고 했다. 그때 소포 포장을 썩 잘하진 못했기 때문에 나는 조금 걱정했다. <u>만약 안에 있던 옷을 잃어버렸으면 부모님은 내 새해 선물과 축복을 받지 못할 것이다</u>.

A 爸妈给我寄了两个包裹	A 부모님은 나에게 두 개의 소포를 보냈다
B 我没有给爸妈送新年礼物	B 나는 부모님께 새해 선물을 드리지 않았다
C 包裹寄出去不到一个星期	C 소포를 부치고 일주일이 되지 않았다
D 我给爸妈送的新年礼物是衣服	D 내가 부모님께 드린 새해 선물은 옷이다

周一 zhōuyī 图 월요일 | 邮局 yóujú 图 우체국 | 家乡* jiāxiāng 图 고향 | 寄 jì 图 (우편으로) 부치다 | 包裹* bāoguǒ 图 소포 | 当时 dāngshí 图 당시, 그때 | 包装 bāozhuāng 图 포장하다 | 发愁* fāchóu 图 걱정하다 | 要是 yàoshi 图 만약 | 丢 diū 图 잃어버리다, 분실하다 | 祝福* zhùfú 图 축복

| 풀이 | D 일상생활과 관련된 지문은 등장 인물의 행동, 행동의 이유, 감정 등을 파악하면서 읽어야 합니다. 밑줄 친 부분을 보면 화자가 부모님에게 보낸 새해 선물은 '衣物(옷)'라는 것을 알 수 있으므로, D가 정답입니다.

제3부분 71~90번은 장문을 읽고 질문에 알맞은 답을 보기에서 고르는 문제입니다.

71-74

科学家发现鸟的翅膀虽然没有飞机机翼那么坚硬，但 [71]由于它们能够自由地伸展，因此比飞机更能适应不同的天气状况，尤其是恶劣的天气。

在大自然的启发下，科学家们正在着手研制能够弯曲变形的机翼。这种变形机翼的设计原理是：飞机在高速飞行时可以略微向后收拢，以减少飞行中所受的阻力，同时减少遭遇气流时所带来的振动；而当飞机减速时，又可以自动向前伸展，有助于飞机更快、更平稳地降落。

[72]但是要让机翼变形可不是件容易的事情，关键要找到一种受到外界空气压力和刺激后能自动屈伸的智能材料。目前比较适合的机翼材料是记忆合金和压电陶瓷，前者可以使飞机机翼在某种空气环境中改变成特殊的形状；而后者则可以对电压、温度等多种环境因素的变化做出灵敏反应。

不过，科学家说，这种拥有灵活机翼的飞机至少还需要20年的时间才能研制成功。[73]到那时，飞机将变得更加舒适和安全，可以像鸟一样在各种环境下自由飞翔。

과학자들은 새의 날개가 비록 비행기 날개만큼 단단하지는 않지만, [71]자유롭게 펼칠 수 있기 때문에 다양한 기후 상황, 특히 악천후에 비행기보다 더 잘 적응할 수 있다는 것을 발견했다.

대자연의 깨우침 덕에 과학자들은 휘어서 모양이 변할 수 있는 비행기 날개를 연구개발하는 데 착수했다. 이러한 가변형 비행기 날개의 설계 원리는 다음과 같다. 비행기가 고속으로 비행할 때는 약간 뒤로 접어서 비행 중에 받게 되는 저항을 줄이는 동시에 기류에 맞닥뜨렸을 때 생기는 진동을 줄일 수 있고, 반대로 비행기가 속도를 줄일 때는 자동으로 앞으로 펼쳐서 비행기가 더 빨리, 더 안정적으로 착륙하는 데 도움이 된다.

[72]그러나 비행기 날개가 변형될 수 있게 하는 것은 쉬운 일은 아니다. 가장 중요한 것은 외부 기압과 자극을 받으면 자동으로 굽혔다 펴졌다 하는 스마트 소재를 찾아야 한다는 점이다. 현재 상대적으로 적합한 비행기 날개 소재는 형상기억 합금과 압전 세라믹이다. 전자는 비행기 날개가 어떤 대기 환경에서 특별한 형태가 되도록 할 수 있고, 반면 후자는 전압, 온도 등 다양한 환경 요소의 변화에 대해 민감하게 반응할 수 있다.

그러나 과학자들도 이러한 신축성 있는 날개를 가진 비행기는 최소한 20년의 시간은 더 걸려야 연구개발에 성공할 수 있다고 말한다. [73]그때가 되면 비행기는 더욱 쾌적하고 안전해질 것이고, 새처럼 다양한 환경에서 자유롭게 비상할 수 있을 것이다.

翅膀* chìbǎng 图 날개 | 机翼 jīyì 图 비행기 날개 | 坚硬 jiānyìng 图 단단하다, 견고하다 | 自由* zhìyóu 图 자유 | 伸展 shēnzhǎn 图 뻗다, 펼치다 | 状况* zhuàngkuàng 图 상황 | 尤其 yóuqí 图 특히 | 恶劣* èliè 图 (환경, 성품 등이) 나쁘다, 열악하다 | 启发* qǐfā 图 계발, 깨우침 | 着手 zhuóshǒu 图 착수하다 | 研制 yánzhì 图 연구 제작하다 | 弯曲 wānqū 图 구부리다, 휘다 | 变形 biànxíng 图 변형, 가변형 | 设计* shèjì 图 설계 | 原理 yuánlǐ 图 원리 | 略微 lüèwēi 图 약간 | 收拢 shōulǒng 图 (흩어진 물건을) 모으다, 합치다 | 减少 jiǎnshǎo 图 감소하다, 줄이다 | 阻力 zǔlì 图 저항 | 同时 tóngshí 图 동시에, 또한 | 遭遇 zāoyù 图 조우

하다, 만나다 ｜ 气流 qìliú 몡 기류 ｜ 振动* zhèndòng 몡 진동 ｜ 而 ér 젭 그러나, 반면에 ｜ 减速 jiǎnsù 동 감속하다 ｜ 有助于 yǒuzhùyú 동 ~에 도움이 되다 ｜ 平稳 píngwěn 혱 평온하다 ｜ 降落 jiàngluò 동 착륙하다 ｜ 压力 yālì 몡 압력 ｜ 刺激* cìjī 몡 자극 ｜ 自动* zìdòng 혱 자동의 ｜ 屈伸 qūshēn 동 굽혔다 폈다 하다 ｜ 智能 zhìnéng 몡 지능, 스마트 ｜ 材料 cáiliào 몡 소재 ｜ 记忆* jìyì 몡 기억 ｜ 陶瓷 táocí 몡 세라믹, 도자기 ｜ 特殊* tèshū 혱 특수하다, 특별하다 ｜ 形状* xíngzhuàng 몡 형상 ｜ 则 zé 젭 그러나, 오히려 [대비·역접을 나타냄] ｜ 因素* yīnsù 몡 요소, 요인 ｜ 灵敏 língmǐn 혱 반응이 빠르다, 민감하다 ｜ 反应* fǎnyìng 몡 반응 ｜ 拥有 yōngyǒu 동 가지다 ｜ 至少 zhìshǎo 뫼 적어도 ｜ 将 jiāng 뫼 장차 ｜ 舒适* shūshì 혱 쾌적하다 ｜ 飞翔 fēixiáng 동 비상하다

---

71 ★★★

鸟为什么能适应恶劣的天气？	새는 왜 악천후에 적응할 수 있는가?
A 重量轻	A 무게가 가벼워서
B 羽毛很厚	B 깃털이 두꺼워서
C 飞行速度快	C 비행 속도가 빨라서
D 翅膀能随意伸展	D 날개를 마음대로 펼칠 수 있어서

羽毛 yǔmáo 몡 깃털 ｜ 厚 hòu 혱 두껍다 ｜ 随意 suíyì 뫼 마음대로, 뜻대로

┃풀이┃ D 질문에 제시된 '适应恶劣的天气(악천후에 적응하다)'를 본문 첫 번째 단락에서 찾을 수 있습니다. '由于它们能够自由地伸展，因此比飞机更能适应不同的天气状况(날개를 자유롭게 펼칠 수 있기 때문에 다양한 기후 상황에 잘 적응한다)'이라는 내용에서 D가 정답이라는 것을 알 수 있습니다. 접속사 '由于A，因此B(A 때문에 B 하다)' 구문을 사용하여 새가 열악한 날씨에 적응할 수 있는 이유가 무엇인지 설명했습니다.

---

72 ★★★

关于变形机翼，下列哪项正确？	가변형 비행기 날개에 관하여 다음 중 옳은 것은?
A 起飞时可以提高速度	A 이륙할 때 속도를 높일 수 있다
B 气流带来的振动更大	B 기류로 인한 진동이 더 심하다
C 高速飞行时机翼向前伸展	C 고속 비행 시 비행기 날개가 앞으로 펼쳐진다
D 需要找到合适的智能材料	D 적합한 스마트 소재를 찾아야 한다

气流 qìliú 몡 기류, 공기 흐름

┃풀이┃ D 두 번째 밑줄 친 '关键要找到一种受到外界空气压力和刺激后能自动屈伸的智能材料(가장 중요한 것은 외부 기압과 자극을 받으면 자동으로 굽혔다 펴졌다 하는 스마트 소재를 찾아야 하는 것이다)'에서 D를 정답으로 찾을 수 있습니다. 여러 단락으로 이루어진 제시문의 경우 한 단락에 한 문제가 출제되는 것은 아닙니다. 두 번째 단락의 '减少遭遇气流时(기류에 맞닥뜨렸을 때)' '飞机在高速飞行时(비행기가 고속으로 비행할 때)' '自动向前伸展(자동으로 앞으로 펼쳐서)' 등의 표현은 오답으로 유도하는 함정입니다.

---

73 ★★

变形机翼成功研制后会有什么影响？	가변형 날개가 성공적으로 개발된 후 어떤 영향을 미칠까?
A 机票价格会降低	A 비행기 표 값이 떨어진다
B 飞机更安全舒适	B 비행기가 더 안전하고 쾌적해진다
C 可以延长飞行距离	C 비행거리를 연장할 수 있다
D 飞行不受任何限制	D 비행이 어떠한 제한도 받지 않는다

延长* yáncháng 동 연장하다 ｜ 距离 jùlí 몡 거리 ｜ 任何 rènhé 떼 어떠한 ｜ 限制* xiànzhì 몡 제한

풀이 | B 세 번째 밑줄의 '到那时，飞机将变得更加舒适和安全(그때가 되면 비행기는 더욱 쾌적하고 안전해질 것이다)'에서 '那时(그때)'는 바로 앞 문장의 '研制成功(연구개발 성공)'의 때를 가리키므로 정답은 B입니다.

74 ★★

最适合上文标题的是：

A 飞机的发明

B 科学家的辛勤奋斗

C 如何提高飞机的安全性

D 从自然得到启发的机翼

윗글의 제목으로 가장 적절한 것은?

A 비행기의 발명

B 과학자의 근면함과 노력

C 어떻게 비행기의 안전성을 향상시킬까

D 자연에서 깨달음을 얻은 비행기 날개

辛勤 xīnqín 통 근면하다, 부지런하다 | 奋斗* fèndòu 통 분투하다, 노력하다 | 如何* rúhé 대 어떻게

풀이 | D 설명문의 경우 제시문 전체가 설명하는 내용이 제목으로 가장 적합합니다. 따라서 앞의 세 문제를 모두 포함할 수 있는 것이 정답이 될 수 있습니다. 즉, 세 문제의 답인 '새가 악천후에 적응할 수 있는 것은 날개를 마음대로 펼칠 수 있어서' '가변형 비행기 날개는 적합한 스마트 소재를 찾아야 한다' '가변형 날개가 성공적으로 개발되면 비행기가 더 안전하고 쾌적해진다'를 모두 포괄할 수 있는 답은 D뿐입니다.

75-78

[75]京剧大师周信芳早年登台演出时因其高亮的嗓音而闻名。一个冬日，他早起到院子里练功，可一张口："一马离了……"发现嗓音忽然变得很沙哑。周信芳很疑惑，又试着唱了几句，结果依然如此。他想，或许是因为昨晚着凉了，于是决定先休息几日。

但过了几天，他的嗓子仍未恢复正常。周信芳慌了神，忙去找前辈吕月樵。[76]吕月樵一听便明白了，安慰道："别慌，你是'倒仓'了"。原来，京剧界把男性青春期的变声叫'倒仓'，其间，声音会变得低粗暗哑。有人会因倒仓后不能恢复原有嗓音而变得一蹶不振，也有人度过这段时期后反而拥有了更理想的嗓音。

解除心中的疑惑后，周信芳更加注意饮食，每日坚持喊嗓锻炼。过了一段时间，他的嗓音总算有了好转，却未能恢复到原来的高亮状态，始终带有一些沙哑。许多人担心他的京剧生涯会就此结束，但周信芳并不灰心。他分析了自己的嗓音条件后，决定采用讲究气势的唱腔，并特别注重对角色感情的研究。[77]经过长期的探索，他不仅未因变声受到限制，反而形成了自己独特的风格，并最终创建了京剧老生的重要流派——麒派。

[75]경극의 대가였던 저우신팡은 젊은 시절 무대에서 공연할 때, 그 높고 맑은 목소리로 유명했다. 어느 겨울날 그가 일찍 일어나 마당에서 연습을 했다. "말 하나가 떠나니……." 입을 떼자 마자 목소리가 갑자기 잔뜩 쉰 것을 알게 됐다. 저우신팡은 어리둥절해서 또 몇 구절을 불러보았지만 결과는 마찬가지였다. 그는 아마 어제저녁에 감기가 걸렸기 때문일 것이라고 생각하고 일단 며칠 쉬기로 했다.

그러나 며칠이 지나도 그의 목소리는 여전히 정상으로 회복되지 않았다. 저우신팡은 당황해서 허둥지둥 선배인 뤼웨차오를 찾아갔다. [76]뤼웨차오는 목소리를 듣자마자 어찌 된 일인지 알았고, "놀랄 것 없어. 너는 '다오창(倒仓)'이야."라고 위로했다. 사실 경극계에서는 남성의 사춘기 변성을 '다오창(倒仓)'이라고 불렀다. 이 기간에 목소리는 낮고 굵고 탁하고 쉽게 변한다. 어떤 이들은 변성기 후에 원래의 목소리를 회복하지 못해서 완전히 좌절하기도 하고, 어떤 이들은 이 시기를 넘기고 오히려 더 이상적인 목소리를 가지기도 했다.

마음의 의혹을 해소하고 나서 저우신팡은 더욱 음식에 주의를 기울이고, 매일 꾸준히 발성 연습을 했다. 어느 정도 시간이 흘러 그의 목소리는 마침내 호전되었다. 하지만 원래의 높고 맑은 상태를 회복하지는 못하고 늘 쉰 소리가 섞였다. 많은 이들은 그의 경극 인생이 이렇게 끝날 것을 걱정했지만 저우신팡은 낙심하지 않았다. 그는 자신의 목소리 상태를 분석한 다음 '기세'를 중시하는 발성을 채택하였고, 배역의 감정 연구에 매우 집중했다. [77]오

랜 모색 끝에 그는 변성에 제약을 받기는커녕 오히려 자신만의 독특한 스타일을 만들었고, 마지막에는 경극에서 중노년 배역의 중요한 유파인 '기파(麒派)'를 세웠다.

京剧 jīngjù 명 경극 | 大师 dàshī 명 대가, 거장 | 早年 zǎonián 명 젊은 시절 | 登台 dēngtái 동 무대에 오르다 | 演出 yǎnchū 동 공연하다 | 因……而…… yīn……ér…… ~때문에 ~하다 | 亮* liàng 형 (소리가) 크고 맑다 | 嗓音 sǎngyīn 명 목소리 | 闻名 wénmíng 형 유명하다 | 院子 yuànzi 명 마당, 뜰 | 练功 liàngōng 동 (기예를) 연마하다 | 张口 zhāngkǒu 동 입을 열다 | 忽然* hūrán 부 갑자기 | 沙哑 shāyǎ 형 목이 잠기다, 목이 쉬다 | 疑惑 yíhuò 동 의혹하다, 의심하다 | 结果 jiéguǒ 명 결과 | 依然* yīrán 부 여전히 | 如此 rúcǐ 동 이와 같다 | 或许* huòxǔ 부 아마, 혹시 | 着凉* zháoliáng 동 감기에 걸리다 | 于是 yúshì 접 그래서 | 嗓子* sǎngzi 명 목 | 仍未 réngwèi 부 아직 ~하지 않다 | 恢复* huīfù 회복하다 | 正常 zhèngcháng 형 정상이다 | 慌神 huāngshén 동 당황하다 | 前辈 qiánbèi 명 선배 | 安慰 ānwèi 동 위로하다 | 慌 huāng 동 당황하다 | 青春期 qīngchūnqī 명 사춘기 | 变声 biànshēng 동 목소리가 변하다, 변성하다 | 其间 qíjiān 대 그 사이 | 粗 cū 형 굵다, 거칠다 | 暗* àn 형 어둡다, 탁하다 | 原有 yuányǒu 형 원래 있는, 고유의 | 一蹶不振 yì jué bù zhèn 성 한 번 넘어져서 다시 일어나지 못하다, 한 번 실패하여 재기하지 못하다 | 度过* dùguò 동 (시간을) 보내다, 지내다 | 反而* fǎn'ér 부 오히려, 도리어 | 拥有 yōngyǒu 동 보유하다, 가지다 | 理想 lǐxiǎng 형 이상적이다 | 解除 jiěchú 동 해소하다 | 更加 gèngjiā 부 더욱, 한층 | 饮食 yǐnshí 동 먹고 마시다 | 坚持 jiānchí 동 꾸준히 하다 | 喊* hǎn 동 소리 지르다 | 总算* zǒngsuàn 부 마침내 | 好转 hǎozhuǎn 동 호전되다 | 始终* shǐzhōng 부 시종, 늘 | 生涯 shēngyá 명 생애, 삶 | 就此 jiùcǐ 여기에서 | 并不 bìngbù 부 결코 ~아니다 | 灰心* huīxīn 동 낙심하다 | 分析* fēnxī 동 분석하다 | 条件 tiáojiàn 명 조건, 여건 | 采用 cǎiyòng 동 (방법 등을) 채택하다 | 讲究* jiǎngjiu 동 중요시하다 | 气势 qìshì 명 기세 | 唱腔 chàngqiāng 명 (중국 전통극에서의) 노래 곡조 | 注重 zhùzhòng 동 중시하다 | 角色* juésè 명 배역 | 长期 chángqī 명 장기, 긴 시간 | 探索 tànsuǒ 동 탐색, 탐구, 모색 | 不仅未……，反而…… bùjǐnwèi……, fǎn'ér…… ~하기는커녕 ~하다 | 限制* xiànzhì 동 제한, 한계 | 形成* xíngchéng 동 형성하다 | 独特 dútè 형 독특하다 | 风格* fēnggé 명 양식, 스타일 | 最终 zuìzhōng 형 최종, 최후 | 创建 chuàngjiàn 동 창건하다, 창립하다 | 老生 lǎoshēng 명 (경극에서의) 중노년 배역 | 流派 liúpài 유파

75 ★★

周信芳最开始为什么有名？	저우신팡은 맨 처음에 왜 유명했는가?
A 师出名门	A 훌륭한 스승을 둬서
B 嗓音高亮	B 목소리가 높고 맑아서
C 表演很生动	C 연기가 생동감 넘쳐서
D 容貌很英俊	D 외모가 잘생겨서

师出名门 shī chū míng mén 훌륭한 스승을 두다 | 生动* shēngdòng 형 생동감 있다 | 容貌 róngmào 명 용모, 외모 | 英俊* yīngjùn 형 영민하고 준수하다, 잘생기다

풀이 B 첫 번째 문장에서 저우신팡이 젊은 시절 유명했던 이유를 밝히고 있습니다. '因A而B'는 'A 때문에 B 하다'라는 뜻으로, A 자리에 '其高亮的嗓音(그 높고 맑은 목소리)'이 있기 때문에 보기 B가 답으로 적절합니다. B 자리에 있는 '闻名(유명하다)'은 질문에 제시된 '有名'과 유의어입니다.

76 ★★★

他的嗓子为什么变得沙哑?	그의 목소리는 왜 쉬었는가?
A 着凉感冒	A 감기에 걸려서
B 过早起床	B 너무 일찍 일어나서
C 情绪慌张	C 심리적으로 당황해서
D 到了变声期	D 변성기가 되어서

过早 guòzǎo 톙 너무 이르다 | 情绪* qíngxù 톙 정서, 감정 | 慌张* huāngzhāng 동 당황하다, 허둥대다

┃풀이┃ D 질문에 '为什么(왜)' '什么(무엇)' '怎么样(어떻게)' '谁(누구)' 등의 의문사가 나왔다면, 지문에서 핵심 어구 앞뒤의 '이유'나 '원인'을 나타내는 문장을 집중해 읽어야 합니다. 두 번째 밑줄 친 부분에서 '倒仓' 즉, '变声(변성하다)'을 찾을 수 있습니다. '着凉(감기에 걸리다)'은 추측이었을 뿐 사실이 아니므로 정답이 아닙니다. '早起(일찍 일어나다)'와 '慌(당황하다)'이라는 표현도 나오지만 둘 다 목이 쉰 원인은 아닙니다.

77 ★★

没能恢复原来的嗓音, 他怎么了?	원래의 목소리를 회복하지 못해서 그는 어떻게 되었는가?
A 彻底灰心了	A 완전히 낙심했다
B 探索出新路了	B 새로운 길을 모색해냈다
C 不能表演京剧了	C 경극 공연을 못 하게 됐다
D 参加了新流派——麒派	D 새로운 유파인 기파(麒派)에 참여했다

彻底* chèdǐ 톙 철저하다 | 灰心* huīxīn 동 낙담하다, 낙심하다

┃풀이┃ B 마지막 단락의 세 번째 밑줄 친 부분을 보면 '经过长期的探索, 他……形成了自己独特的风格(오랜 모색 끝에 자신만의 독특한 스타일을 만들었다)'라고 했으므로, B를 정답으로 고를 수 있습니다. 또한 '最终创建了……麒派(마지막에는 '기파'를 세웠다)'라고 했으므로 D는 정답이 될 수 없습니다. '创建(창건하다)'과 '参加(참여하다)'의 의미 차이를 이해할 수 있어야 합니다.

78 ★★★

下面哪项最适合做上文的标题?	다음 중 윗글의 제목으로 가장 적절한 것은?
A 让弱点闪光	A 약점을 빛나게 하라
B 怎样避免误会	B 어떻게 오해를 피할 것인가
C 失败是成功之母	C 실패는 성공의 어머니이다
D 努力了未必成功	D 노력한다고 꼭 성공하란 법은 없다

弱点 ruòdiǎn 톙 약점 | 闪光 shǎnguāng 동 반짝이다, 빛나다 | 避免* bìmiǎn 동 피하다, 면하다 | 误会 wùhuì 톙 오해 | 失败 shībài 톙 실패 | 成功 chénggōng 톙 성공 | 未必* wèibì 뷔 반드시 ~한 것은 아니다

┃풀이┃ A 낮고 탁해진 목소리를 갈고닦아 자신만의 스타일을 만든 경극 배우의 이야기로, 그 교훈은 '让弱点闪光'입니다. '약점이 더 빛나는 장점이 되도록 하라'는 뜻입니다. 주제를 찾는 문제 유형은 이미 앞서 푼 세 문제의 내용을 종합하여 정답을 고를 수도 있습니다.

1848年的一天，英国一个发明家独自来到一家比较安静的咖啡厅，喝着咖啡。他旁边又来了一位客人。这位客人便拿出纸和笔写起信来，信写好后，他拿出一大张新邮票，准备贴在信封上。但摸遍了身上所有的口袋，都没有找到小刀，他就着慌了。

当时的邮票，一般几十枚印在一个大纸上，因此若要贴邮票，必须先用小刀划开一枚。79如果用手撕开，往往撕得很不齐，那么这枚邮票就无法使用了。

这位客人没带小刀，便十分客气地问发明家："先生，请问您有小刀吗？能否借我用一下？"

"哦，对不起，我也没带小刀。"他回答道。

这位客人看了一下旁边桌上的人，欲问又止，最后没有再开口。80他取下西服领带上的别针，在这枚邮票与其它邮票的连接处刺了几行整齐的小孔，然后将这枚邮票干净利落地撕了下来，并小心翼翼地贴在信封上。

81善于观察的这个发明家，将这一切看在眼里。他从内心佩服这位会动脑筋的客人。他想："几十枚邮票印在一起，用起来确实很不方便。假如能在印制邮票的时候就在各枚之间的空白处打上一行行小孔，这样随手一扯就可用，根本就不用小刀。"回去后，他立即投入了邮票打孔机的研究。

不久，邮票打孔机就在他的手中诞生了。英国邮政部门看了他发明的机器后，立即采用了。打孔邮票用起来十分方便，深受邮政人员及寄信人的欢迎。

1848년 어느 날, 영국의 한 발명가가 혼자 조용한 카페에 와서 커피를 마시고 있었다. 그 옆자리에도 손님이 하나 왔는데, 그는 곧 종이와 펜을 꺼내서 편지를 쓰기 시작했고, 편지를 다 쓴 다음에는 커다란 새 우표를 꺼내서 봉투에 붙이려고 했다. 하지만 몸에 있는 모든 주머니를 다 더듬어 봐도 칼을 찾을 수 없자, 그는 당황했다.

당시의 우표는 일반적으로 몇 십 매가 큰 종이 하나에 인쇄되어 있었고, 이 때문에 우표를 붙이려면 작은 칼로 한 매를 잘라내야 했다. 79만약에 손으로 찢으면 종종 삐뚤빼뚤하게 찢어졌고, 그러면 그 우표는 사용할 수가 없었다.

이 손님은 칼이 없었기 때문에 예의 바르게 발명가에게 물었다. "선생님, 혹시 칼이 있으신가요? 좀 빌려 쓸 수 있을까요?"

"아, 죄송한데 저도 칼이 없네요." 그는 대답했다.

이 손님은 옆 테이블의 사람을 한번 보더니, 물어보려던 것을 참고 결국 말을 꺼내지 않았다. 80그는 양복 넥타이의 옷핀을 뽑아서 그 우표와 다른 우표의 연결 부분을 찔러 가지런하게 작은 구멍을 몇 줄 만들었다. 그런 다음 그 우표를 깔끔하게 찢었고 또 조심스럽게 편지봉투에 붙였다.

81관찰을 잘하던 이 발명가는 이 모든 것을 눈에 담았고, 속으로 이 머리 쓸 줄 아는 손님에게 감탄했다. 그는 속으로 생각했다. '몇 십 매의 우표를 한데 인쇄하면 쓸 때 확실히 불편하지. 우표를 인쇄하여 제작할 때 각 매 사이의 여백에 한 줄 한 줄 구멍을 뚫을 수 있다면 손 가는 대로 뜯기만 해도 쓸 수 있을 거야. 칼은 애초에 필요가 없지.' 돌아가서 그는 즉시 우표 천공기의 연구에 뛰어들었다.

얼마 지나지 않아 우표 천공기가 그의 손에서 탄생했다. 영국 우정당국은 그가 발명한 기계를 본 후, 즉시 채택했다. 천공 우표는 쓸 때 매우 편리해서, 우편업무 종사자와 편지를 보내는 사람들에게 큰 사랑을 받았다.

发明* fāmíng 몡 발명 | 独自 dúzì 뎡 혼자서, 단독으로 | 贴 tiē 동 붙이다 | 信封 xìnfēng 몡 편지봉투 | 摸 mō 동 (손으로) 더듬다, 집어내다 | 所有 suǒyǒu 톙 모든 | 口袋 kǒudài 몡 주머니 | 着慌 zháohuāng 동 당황하다 | 枚 méi 개 매, 장, 개 [주로 작은 조각으로 된 사물에 쓰임] | 若 ruò 접 만약 ~이라면 | 划开 huákāi (뾰족한 것으로) 자르다 | 撕开 sīkāi 찢어 버리다 | 无法 wúfǎ 동 ~할 수 없다 | 便 biàn 뗑 그래서 | 客气 kèqi 톙 예의가 바르다 | 能否 néngfǒu 조동 ~할 수 있을까 | 道 dào 말하다 | 欲问又止 yù wèn yòu zhǐ 묻고 싶지만 참다 | 开口 kāikǒu 동 입을 열다, 말하다 | 取 qǔ 가지다, 취하다 | 西服 xīfú 몡 양복, 정장 | 别针 biézhēn 몡 옷핀 | 刺 cì 동 찌르다 | 整齐 zhěngqí 톙 가지런하다 | 小孔 xiǎokǒng 몡 작은 구멍 | 将 jiāng 개 ~을/를 | 干净利落 gānjìng lì luo 셩 (말 또는 일처리가) 깔끔하다 | 小心翼翼 xiǎoxīn yìyì 셩 엄숙하고 경건하다 | 善于* shànyú 동 ~에 능숙하다, ~을 잘하다 | 观察* guānchá 몡 관찰하다 | 佩服* pèifú 감탄하다, 탄복하다 | 动脑筋 dòng nǎojīn 머리를 쓰다 | 印 yìn 동 인쇄하다, 찍다 | 假如* jiǎrú 접 만약, 만일 | 空白 kòngbái 몡 공백 | 打孔 dǎkǒng 동 구멍을 뚫다 | 随手* suíshǒu 뗑 손 가는 대로 | 扯 chě 동 찢다, 뜯다 | 立即* lìjí 뗑 즉시, 바로 | 投入* tóurù (자금, 노력 등을) 투입하다 | 诞生 dànshēng 동 탄생하다 | 部门* bùmén 몡 부처, 당국 | 机器* jīqì 몡 기계 | 采用 cǎiyòng 동 채용하다, 채택하다 | 人员* rényuán 몡 요원, 인원

✦ 고득점 Tip

单独* dāndú 혼자서 + 自己 zìjǐ 스스로 ➡ 独自 dúzì 혼자서

邮局 yóujú 우체국 + 票 piào 표 ➡ 邮票 yóupiào 우표

着急 zháojí 조급해하다 + 慌张* huāngzhāng 당황하다 ➡ 着慌 zháohuāng 조급해하다, 당황하다

---

79 ★★

关于传统的邮票，下列哪项正确?	기존의 우표에 관해서 다음 중 옳은 것은 무엇인가?
A 很难撕开	A 찢기 힘들었다
B 在咖啡厅卖	B 카페에서 팔았다
C 19世纪发明了	C 19세기에 발명되었다
D 英国第一个使用	D 영국이 최초로 사용했다

传统* chuántǒng 형 전통적인, 낡은

| 풀이 | A '传统的邮票', 즉 개량되기 전 우표의 특징에 대해 묻고 있는데, 첫 번째 밑줄 친 '如果用手撕开，往往撕得很不齐(손으로 찢으면 삐뚤삐뚤하게 찢어졌다)'를 보면 정답은 A입니다. 옳은 것을 찾는 문제 유형은 보기의 내용을 하나씩 본문과 대조하며 오답을 지워나가는 소거법으로 푸는 것이 좋습니다. B는 지문에서 언급되지 않았고, C와 D는 개량된 우표에 관한 설명이므로 모두 정답이 아닙니다.

---

80 ★★

那个客人如何解决了问题?	그 손님은 어떻게 문제를 해결했는가?
A 借用别人的小刀	A 다른 사람의 칼을 빌려 썼다
B 去商店买了新的刀	B 상점에 가서 새 칼을 샀다
C 利用了邮票打孔机	C 우표 천공기를 이용했다
D 在邮票上刺了一些孔	D 우표에 구멍을 몇 개 뚫었다

打孔机 dǎkǒngjī 펀치 | 刺 cì 통 (바늘·가시 따위로) 찌르다

| 풀이 | D 지문에 등장한 인물은 '발명가'와 발명가가 관찰한 '손님'입니다. 두 번째 밑줄 친 부분에서 손님의 행동을 구체적으로 묘사했습니다. 그 손님은 양복 넥타이의 옷핀을 뽑은 뒤에 '在这枚邮票与其它邮票的连接处刺了几行整齐的小孔(그 우표와 다른 우표의 연결 부분을 찔러 가지런하게 작은 구멍을 몇 줄 만들었다)'이라고 했습니다. 핵심 표현은 '刺了小孔(구멍을 뚫었다)'으로 D와 내용이 일치합니다.

---

81 ★★

关于那个发明家可以知道什么?	그 발명가에 관하여 무엇을 알 수 있는가?
A 善于发现	A 발견을 잘한다
B 经营咖啡厅	B 카페를 경영한다
C 发明了邮票	C 우표를 발명했다
D 他的发明不受欢迎	D 그의 발명은 인기가 없었다

经营* jīngyíng 통 경영하다

| 풀이 | A 세 번째 밑줄 친 '善于观察的这个发明家(관찰을 잘하던 이 발명가)'를 보면 정답은 A '善于发现(발견을 잘한다)'임을 알 수 있습니다. 마지막 단락을 보면 이 발명가가 발명한 것은 우표가 아니라 우표 천공기(邮票打孔机)이므로 C는 함정이며, '深受欢迎(큰 사랑을 받다)'이라는 내용으로 볼 때 D도 오답입니다.

82 ★★

下面哪项最适合做上文标题？	다음 중 윗글의 제목으로 가장 적절한 것은？
A 需求是发明之母	A 필요는 발명의 어머니이다
B 邮票打孔机的发明	B 우표 천공기의 발명
C 咖啡是怎样流传到英国的	C 커피는 어떻게 영국으로 전해졌는가
D 传统邮件和电子邮件的区别	D 기존의 우편과 이메일의 차이점

需求 xūqiú 몡 수요, 필요 | 流传* liúchuán 통 세상에 널리 퍼지다 | 区别 qūbié 몡 차이, 구별

|풀이| B 지문의 전체적인 스토리를 파악했는지 확인하는 문제 유형으로, 일반적으로 마지막 문제로 출제됩니다. 한 발명가가 카페의 다른 손님의 행동을 보고 아이디어를 얻어서 우표 천공기를 발명하는 이야기로 정답은 B입니다. 보기 C와 D는 관련이 없는 내용이고, 발명가가 필요를 느껴서 발명한 것이 아니기 때문에 A도 정답이 아닙니다.

83-86

提到交流，我们自然会想到语言，即我们每天说的不计其数的话。但是，除了有声语言，还有一种对我们日常的交流做出了巨大贡献的83身体语言——"体态语"。体态语是一种表达和交换信息的看得见的符号系统，它由人的面部表情、身体姿势、肢体动作和体位变化等构成。或者通俗地讲，当人体动作能够传递相关信息时，这些动作有了语言的功能，就成为体态语了。

在现实生活中，体态语使用极其广泛，而且84有时能更巧妙地表达信息，同时留给对方更大的想象空间。一名心理学家得出一个有趣的公式：一条信息的表达是由7%的语言、38%的声音和55%的人体动作完成的。这表明，人们获得的信息大部分来自视觉印象。因而他十分肯定地说过："无声语言所显示的意义要比有声语言多得多。"

人类的体态语具有一定的共性，语言不通、地域不同、文化相异的人们可以通过体态语进行一定程度上的有效交流。85然而，有一部分体态语却是后天习得的，源于各地不同的历史文化传统和社会宗教环境，从而具有了各自的民族特性，自然而然，体态语的文化差异就产生了。因为如此，在跨文化交际中，可能会因为体态语的差异而产生误解。

교류에 대해 이야기할 때, 우리는 자연스럽게 언어를 떠올린다. 즉 우리가 매일 말하는 셀 수 없이 많은 말들이다. 그러나 유성 언어 외에 우리의 일상 교류에 큰 공헌을 하는 83신체 언어, 즉 보디랭귀지도 있다. 보디랭귀지는 정보를 표현하고 교환하는 눈에 보이는 부호 체계이다. 이는 사람들의 얼굴 표정, 신체 자세, 신체의 움직임과 자세의 변화 등으로 이루어진다. 쉽게 말해 사람들의 동작과 관련된 정보를 전달할 때, 이런 동작들은 언어의 기능을 가진 것으로 보디랭귀지가 된다.

현실 생활 속에서 보디랭귀지는 널리 사용되고 있다. 이는 84때로는 정보를 더 절묘하게 표현할 수 있고, 상대방에게 더 큰 상상의 여지를 남겨준다. 한 심리학자는 이런 재미있는 공식을 찾아냈다. 즉 하나의 정보를 전달하는 데는 7%의 언어, 38%의 소리, 그리고 55%의 동작으로 완성된다는 것이다. 이는 사람들이 얻는 정보의 대부분은 시각적인 이미지에서 온다는 것이다. 그래서 그는 자신 있게 말한다. "무성 언어가 보여주는 뜻이 유성 언어보다 훨씬 많다."

인류의 보디랭귀지는 일정한 공통점이 있다. 언어가 통하지 않고, 지역이 다르고, 문화가 서로 다른 사람들도 보디랭귀지로 어느 정도 효과적인 교류를 할 수 있다. 85그러나 일부 보디랭귀지는 후천적으로 습득된 것이다. 각지의 다른 역사 문화 전통과 사회·종교적 환경에서 비롯되었으며 따라서 각자의 민족적 특색을 띠게 되었고, 자연스럽게 보디랭귀지의 문화적 차이가 생겨났다. 이 때문에 서로 다른 문화 간의 교류에서 보디랭귀지의 차이 때문에 오해가 생길 수 있다.

尽管如此体态语不仅能补充有声语言的不足，还能传递特定的信息，以加深印象，从而收到良好的效果。

그럼에도 불구하고 보디랭귀지는 유성 언어의 부족함을 보충할 뿐 아니라 특정 정보를 전달하여 인상을 깊게 할 수 있어 좋은 효과를 거둘 수 있다.

即 jí 图 즉, 다시 말해 | 不计其数 bú jì qí shù 图 수가 대단히 많다, 부지기수다 | 巨大* jùdà 혱 거대하다 | 贡献* gòngxiàn 图 공헌하다 | 表达* biǎodá 图 표현하다 | 符号 fúhào 圏 부호, 기호 | 系统* xìtǒng 圏 시스템, 체계 | 表情* biǎoqíng 圏 표정 | 姿势* zīshì 圏 자세 | 肢体 zhītǐ 圏 신체, 사지와 몸통 | 体位 tǐwèi 圏 자세 | 构成* gòuchéng 图 구성되다, 이루어지다 | 通俗 tōngsú 혱 통속적이다, 대중적이다 | 传递 chuándì 图 전달하다 | 极其* jíqí 閈 극히, 매우 | 广泛* guǎngfàn 혱 광범위하다 | 巧妙* qiǎomiào 혱 절묘하다, 교묘하다 | 想象* xiǎngxiàng 圏 상상 | 空间* kōngjiān 圏 공간, 폭, 여지 | 公式 gōngshì 圏 공식 | 肯定 kěndìng 혱 틀림없다, 확정적이다 | 显示* xiǎnshì 图 뚜렷하게 나타내 보이다 | 共性 gòngxìng 圏 공통점 | 地域 dìyù 圏 지역 | 后天 hòutiān 圏 후천(적) | 源于 yuányú 图 ~에서 발원하다 | 宗教 zōngjiào 圏 종교 | 自然而然 zìrán ér rán 图 자연히, 저절로 | 差异 chāyì 圏 차이 | 跨文化 kuàwénhuà 혱 다문화적인 | 误解 wùjiě 圏 오해 | 补充* bǔchōng 图 충분하다 | 不足* bùzú 혱 부족하다 | 加深 jiāshēn 图 깊게 하다, 깊어지다 | 良好 liánghǎo 혱 양호하다, 좋다

---

83 ★★

"体态语"是指什么？

A 有声音的语言
B 我们每天说的话
C 表达信息的唯一方式
D 传达信息的人体动作

'보디랭귀지'란 무엇인가?

A 소리가 있는 언어
B 우리가 매일 하는 말
C 정보를 표현하는 유일한 방식
D 정보를 전달하는 신체 동작

唯一* wéiyī 혱 유일한, 하나밖에 없는

│ 풀이 │ D 첫 번째 밑줄에서 '体态语(보디랭귀지)'는 '身体语言(신체 언어)'와 같은 말이라는 것을 알 수 있습니다. 또한 뒤 문장에서 '一种表达和交换信息的看得见的符号系统(정보를 표현하고 교환하는 눈에 보이는 부호 체계)'이라고 보충 설명했습니다. 정답은 D입니다. 두 번째 단락을 보면 '体态语'는 또한 소리가 없는 '无声语言(무성 언어)'이므로 A와 B는 정답이 아닙니다.

---

84 ★★★

下面哪项是体态语的特点？

A 没有任何系统
B 在世界各地都通用
C 传达的信息更准确
D 给人更大的想象空间

다음 중 보디랭귀지의 특징은 무엇인가？

A 어떤 체계도 없다
B 세계 각지에서 다 통용된다
C 전달하는 정보가 더 정확하다
D 사람들에게 더 많은 상상의 여지를 준다

通用 tōngyòng 图 통용하다 | 传达 chuándá 图 전달하다

│ 풀이 │ D 두 번째 밑줄 친 부분에서 '有时能更巧妙地表达信息(때로는 정보를 더 절묘하게 표현하고)' '留给对方更大的想象空间(상대방에게 더 큰 상상의 여지를 남겨준다)'이라고 보디랭귀지의 특징을 설명했습니다. 따라서 정답은 D입니다. 5급 단어인 '空间'은 '공간'이라는 뜻 외에 '여지, 가능성'의 뜻도 가지고 있습니다. A, B는 지문에 언급된 사실과 다르고 정보를 절묘하게 표현할 수 있다고 했지만 더 정확하게 전달할 수 있다고 언급한 부분은 없으므로 C도 정답이 될 수 없습니다.

85 ★★

用体态语沟通时，要避免出现什么情况？

A 过度使用

B 动作太夸张

C 忽视视觉信息

D 因文化差异产生误解

보디랭귀지로 소통할 때 어떤 상황이 일어나는 것을 피해야 하는가?

A 지나치게 많이 사용한다

B 동작을 너무 과장되게 한다

C 시각 정보를 무시한다

D 문화 차이로 인해 오해가 생긴다

沟通* gōutōng 동 소통하다 | 夸张* kuāzhāng 동 과장하다 | 忽视* hūshì 동 소홀히 하다, 주의하지 않다

| 풀이 | D 역접의 의미를 나타내는 접속사 '然而(그러나)'로 시작하는 세 번째 밑줄을 보면 후천적으로 습득하는 보디랭귀지는 각지의 역사 문화 전통과 사회·종교적 환경의 영향을 받아서 서로 다르고, 이로 인해 오해가 일어날 수 있다고 설명하고 있습니다. '因为体态语的差异而产生误解(보디랭귀지의 차이 때문에 오해가 생긴다)'라는 문장을 통해 정답이 D라는 것을 확인할 수 있습니다. A나 B도 상식적으로는 맞을 수 있으나, 지문의 내용에 근거하여 답을 골라야 하므로 오답입니다.

86 ★★★

下面哪项最适合做上文的标题？

A 该如何传递信息

B 体态语的文化差异

C 有时有声不如无声

D 各民族语言的共性

다음 중 윗글의 제목으로 가장 적절한 것은?

A 어떻게 정보를 전달해야 하는가

B 보디랭귀지의 문화 차이

C 때로는 '소리 없는 것'이 '소리 있는 것'보다 낫다

D 여러 민족 언어의 공통점

不如* bùrú 동 ~만 못하다, ~하는 편이 낫다

| 풀이 | C 85번 문제를 풀었기 때문에 이 문제의 정답으로 B를 고르는 경우가 있는데, 제목은 전체 제시문의 내용을 종합해야 합니다. 첫째 단락은 '보디랭귀지의 정의', 둘째 단락은 '보디랭귀지가 말보다 많은 정보를 전달한다', 셋째 단락은 '각 지역 보디랭귀지의 공통점과 차이점', 마지막 단락은 '보디랭귀지의 가치'를 설명한 글로, C가 답으로 적합합니다.

87-90

88, 90中国人的休闲方式正在由少变多，逐渐变化。

以前，中国人的休闲方式很少。87在农村，因为经济条件不好，农民家里很少有电视机，又因为文化水平不高，认识的字不多，读书、看报纸的人也很少，他们大多数是通过广播来了解国内外最新发生的大事的。农民经过一天的劳动，觉得很累，又没有其它合适的休息方式，只好早点睡觉。在城市，虽然有的家庭有电视机，有的家庭有收音机，认识字的人也比农村多，但是88这些休闲活动都是在家里进行的，到外面去的活动比较少。

88, 90중국인의 여가 활동 방식은 다양화되며, 점차 달라지고 있습니다.

이전에 중국인의 여가 활동 방식은 매우 단순했습니다. 87농촌에서는 경제적 여건이 좋지 않아서 농민 가구에는 TV가 있는 경우가 드물었고, 지식 수준이 높지 않아 아는 글자가 적었고, 독서를 하고 신문을 읽는 사람도 적었습니다. 그들은 대부분 라디오를 통해 국내외 최신 주요 뉴스를 알았습니다. 농민은 하루의 노동으로 매우 힘들었고, 또 다른 적절한 휴식의 방법이 없어서 일찍 잠을 잘 수밖에 없었습니다. 도시의 경우 비록 TV가 있는 집도 있고, 라디오가 있는 집도 있으며, 글자를 아는 사람도 농촌보다 많았지만 88이러한 여가 활동들은 모두 집 안에서 일어나는 것으로, 집 밖으로 나가 활동하는 경우는 적은 편이었습니다.

⁸⁸现在，中国人的休闲方式变得很丰富了。无论是在城市，还是在农村，人们的业余生活都越来越有意思了。尤其是在城市，⁸⁸跑步、游泳、爬山、钓鱼这些简单的活动非常受欢迎；骑马、滑冰、打高尔夫球也开始流行。还有许多收入高、工作竞争激烈的年轻人很喜欢到酒吧、咖啡屋去度过他们的业余时间。他们喜欢边听音乐边喝酒，在与朋友聊天的时候得到休息。

休闲方式变多，休闲生活变普遍，增加了人们的需要，扩大了消费，给国家经济带来了新的发展空间。⁸⁹为了鼓励人们多走出家门，到外面去体会世界的精彩，同时促进经济发展，中国政府在每年的"五·一"、"十·一"都要放七天长假。人们可以在这几天里去看朋友，去远一点的地方旅行，去学习自己不会的东西，或者就在家里好好休息。经过假日的休息，人们又以愉快的心情开始新的工作。

⁸⁸오늘날 중국인의 여가 활동 방식은 풍부하게 변했습니다. 도시든 농촌이든 사람들의 여가 생활은 갈수록 즐거워지고 있습니다. 특히 도시에서는 ⁸⁸러닝·수영·등산·낚시 등 간단한 활동이 인기 있으며, 승마·스케이트·골프도 유행하기 시작했습니다. 또 소득이 높고 업무상 경쟁이 치열한 많은 젊은이들은 술집, 카페 등에서 그들의 여가 시간을 보내기도 합니다. 그들은 음악을 들으며 술 마시는 것을 즐기고, 친구들과 수다를 떨며 휴식을 취합니다.

여가 활동 방식이 다양해지고 여가 생활이 보편화되면서 사람들의 욕구는 늘어나고, 소비도 확대되었습니다. 국가 경제에도 새로운 발전의 가능성을 가져왔습니다. ⁸⁹사람들이 집을 떠나 집 밖에서 멋진 세상을 체험하도록 격려하면서 또한 경제 발전을 촉진하기 위해 중국 정부는 매년 5월 1일과 10월 1일에 일주일의 황금연휴를 두었고, 사람들은 이 기간에 친구를 만나고, 먼 곳으로 여행을 가고, 새로운 것을 익히고, 혹은 집에서 푹 쉴 수 있습니다. 연휴의 휴식을 통해 사람들은 즐거운 마음으로 새롭게 업무를 시작할 수 있습니다.

休闲* xiūxián 图 여가 활동을 하다 | 方式* fāngshì 图 방식, 방법 | 由……变…… yóu……biàn…… ~에서 ~로 변하다 | 逐渐* zhújiàn 图 점차 | 农村* nóngcūn 图 농촌 | 经济 jīngjì 图 경제 | 文化水平 wénhuà shuǐpíng 图 문화 수준, 지식 수준 | 通过 tōngguò 图 ~을 통하여 | 广播 guǎngbō 图 방송 프로그램 | 劳动* láodòng 图 노동 | 只好 zhǐhǎo 图 부득이, 할 수 없이 | 收音机 shōuyīnjī 图 라디오 | 丰富 fēngfù 图 풍부하다 | 业余* yèyú 图 여가의 | 钓* diào 图 낚시하다 | 滑冰 huábīng 图 스케이트를 타다 | 高尔夫球 gāo'ěrfūqiú 图 골프 | 收入 shōurù 图 수입 | 激烈* jīliè 图 치열하다 | 酒吧* jiǔbā 图 술집, 바(Bar) | 咖啡屋 kāfēiwū 图 커피숍, 카페 | 度过 dùguò 图 (시간을) 보내다 | 普遍 pǔbiàn 图 보편적이다 | 扩大* kuòdà 图 확대하다 | 消费* xiāofèi 图 소비 | 发展空间* fāzhǎn kōngjiān 발전 가능성, 발전 잠재력 | 体会* tǐhuì 图 체험하다, 체득하다 | 精彩 jīngcǎi 图 훌륭하다, 뛰어나다 | 促进* cùjìn 图 촉진하다 | 假日 jiàrì 图 휴가, 휴일

87 ★★

在过去，农村的人们通过什么方式来了解国内外大事？ A 读书 B 看报纸 C 看电视 D 听广播	과거에 농촌 사람들은 어떤 방법으로 국내외의 주요 뉴스를 알았는가? A 독서 B 신문 읽기 C TV 보기 D 라디오 듣기

| 풀이 | D 두 번째 밑줄 '在农村'에서부터 과거 농촌에서의 여가 활동 방식을 설명하고 있습니다. '通过广播来了解国内外最新发生的大事의(라디오를 통해 국내외 최신 주요 뉴스를 알았다)'라는 내용이 나오므로, D '听广播'가 정답으로 가장 적절합니다. TV가 있는 집도 드물고(很少有电视机), 독서를 하고 신문을 읽는 사람도 적었다(读书、看报纸的人也很少)고 직접적으로 언급했으므로, A, B, C는 모두 정답이 아닙니다.

关于休闲方式的变化趋势，以下哪一项不正确？	여가 활동 방식의 변화 추이에 관해 다음 중 틀린 것은?
A 由少变多	A 많아지고 있다
B 由单调变丰富	B 풍부해지고 있다
C 由户内到户外	C 실외 활동이 늘고 있다
D 由国内到国外	D 외국에 나가는 경우가 늘고 있다

单调* dāndiào 휑 단조롭다 | 由……到…… yóu……dào…… ~에서 ~로 가다 | 户内 hùnèi 몡 실내 | 户外 hùwài 몡 실외, 야외

┃풀이┃ D 첫 번째 밑줄과 네 번째 밑줄에서 여가 활동의 방식이 많아지고 풍부해지고 있다고 언급했습니다. 세 번째 밑줄을 보면 과 거에는 여가 활동이 거의 집안에서 이루어졌다는 것을 알 수 있습니다. 즉 야외 활동이 늘어나는 것이 새로운 추세입니다. 또 한 다섯 번째 밑줄에 '跑步(러닝), 游泳(수영), 爬山(등산), 钓鱼(낚시), 骑马(승마), 滑冰(스케이트), 打高尔夫球(골프)' 등 유 행하는 다양한 야외 활동을 예로 들고 있습니다. 질문에서 옳지 않은 내용을 묻고 있으므로 직접적으로 언급되지 않은 D가 정 답입니다.

以下哪一项不是政府放长假的原因？	다음 중 정부가 연휴를 두는 이유가 아닌 것은?
A 促进经济发展	A 경제 발전을 촉진하다
B 鼓励人们在家工作	B 사람들이 재택 근무를 하도록 장려하다
C 鼓励人们多走出家门	C 사람들이 집을 떠나도록 장려하다
D 让人们得到足够的休息	D 사람들이 충분한 휴식을 취하게 하다

鼓励* gǔlì 통 격려하다, 북돋우다 | 足够* zúgòu 휑 충분하다

┃풀이┃ B 마지막 단락의 밑줄 친 부분을 보면 보기 C '为了鼓励人们多走出家门'과 A '促进经济发展'의 내용이 지문에 그대로 제 시되어 있고, '人们可以……在家里好好休息(사람들은 집에서 푹 쉴 수 있다)'라는 보기 D와 일치하는 내용도 있습니다. 지 문에 언급되지 않은 내용은 B입니다.

这篇文章主要讲的是：	이 글이 주로 말하고 있는 것은:
A 为什么要放假	A 왜 휴일이 있는가
B 休闲方式的变化	B 여가 활동 방식의 변화
C 休闲方式的种类	C 여가 활동 방식의 종류
D 农村与城市的差别	D 농촌과 도시의 차이점

种类* zhǒnglèi 몡 종류 | 差别 chābié 몡 차이

┃풀이┃ B 첫 번째 문장 '中国人的休闲方式正在由少变多，逐渐变化(중국인의 여가 활동 방식은 다양화되며, 점차 달라지고 있 다)'에서 글 전체의 주제를 나타내고 있습니다. 과거와 현재, 농촌과 도시의 여가 활동 방식을 비교하고, 변화된 여가 활동 방 식의 종류를 설명한 것 모두 주제를 뒷받침하기 위한 세부 설명입니다.

三、书写 쓰기

제1부분 91~98번은 제시어를 어순에 맞게 배열하여 문장을 완성하는 문제입니다.

91 ★★

获得　　批准了　　那个　　方案
→ 那个方案获得批准了。 그 방안은 승인되었다.

方案* fāng'àn 명 방안, 계획 | 获得 huòdé 동 얻다, 획득하다 | 批准* pīzhǔn 명 허가, 승인

│ 풀이 │ '批准(비준하다)'은 동사로 쓰였으면 술어가 될 수 있지만, 명사로 쓰여 '허가, 승인'의 의미를 나타내기도 합니다. '获得'는 '획득하다'라는 기본 뜻 외에도 일부 동명사를 목적어로 가져 '~되다'의 의미로 쓰입니다. 예를 들어 '获得提高(향상되다)' '获得发展(발전되다)' '获得提名(노미네이트되다)' 등과 같이 씁니다. 이 문장에서는 '获得批准了(승인되었다)'로 묶을 수 있습니다. '方案'이 주어이고, '那个'가 주어 앞에서 관형어로 쓰입니다.

92 ★★★

令人　　他的　　遗憾　　表现
→ 他的表现令人遗憾。 그의 태도는 사람들을 아쉽게 했다.

表现* biǎoxiàn 명 태도, 행동 | 令 lìng 동 ~하게 하다, ~을 시키다 | 遗憾* yíhàn 동 유감이다, 아쉽다

│ 풀이 │ 겸어문 형식인 '주어+술어1+목적어1[=의미상의 주어2]+술어2+(목적어2)' 형식으로 이루어진 문장입니다. '令人'에서 '令'은 사역동사이고 '人'은 술어1의 목적어이자 술어2의 주어로 쓰인 겸어입니다. 뒤에 동사 혹은 형용사가 필요한데 '遗憾(아쉽다)'이 오면 '令人遗憾(사람들을 아쉽게 하다)'으로 잘 어울립니다. '表现'은 동사나 명사로 쓰이는데, 명사일 때는 '태도, 행동, 성과' 등으로 해석할 수 있고 주어로 쓰기에 적절합니다. '他的'는 주어 앞에 쓰여 주어를 꾸며 주는 역할을 합니다.

93 ★★

影响　　经济发展　　会　　产生　　人口增长对
→ 人口增长对经济发展会产生影响。 인구 증가는 경제 발전에 영향을 미친다.

人口 rénkǒu 명 인구 | 增长 zēngzhǎng 명 증가, 성장 | 经济 jīngjì 명 경제 | 发展 fāzhǎn 명 발전 | 产生* chǎnshēng 동 생기다, 발생하다

명사+명사		개사구+조동사		동사		명사
人口增长	+	对经济发展会	+	产生	+	影响
주어		부사어		술어		목적어

┃풀이┃ 조동사 '会' 뒤에는 동사가 와야 합니다. '影响(영향을 주다)'과 '产生(생기다)'이 동사일 수 있는데, 해석상 '产生影响(영향을 미친다)'이 자연스럽습니다. 따라서 '会产生影响'을 묶을 수 있습니다. 마지막으로 주어를 특정해야 하는데, '人口增长(인구 증가)' 뒤에 개사 '对'가 묶여 있으므로 '人口增长对……会产生影响(인구 증가는 ~에 영향을 미친다)'가 '주+술+목'의 기본 형식이 됩니다. 마지막 조각인 '经济发展'은 개사 '对'의 목적어 자리에 쓰면 됩니다.

---

94 ★★★

嘉宾　　已陆续　　到达报告厅了　　邀请的

→ 邀请的嘉宾已陆续到达报告厅了。초청한 귀빈들이 이미 속속 세미나실에 도착했다.

邀请 yāoqǐng 图 초청하다, 초대하다 | 嘉宾* jiābīn 圆 귀빈, 귀한 손님 | 已 yǐ 閈 이미, 벌써 | 陆续* lùxù 閈 속속, 잇달아 | 到达* dàodá 图 도착하다 | 报告* bàogào 图 보고하다

동사+조사		명사		부사+부사		동사		명사+조사
邀请的	+	嘉宾	+	已陆续	+	到达	+	报告厅了
관형어+的		주어		부사어		술어		목적어+了

┃풀이┃ 술어는 동사 '到达(도착하다)'만 가능합니다. '邀请(초대하다)'도 동사지만 '的'와 묶여 있기 때문에 관형어로 써야 합니다. '嘉宾到达报告厅了(귀빈들이 세미나실에 도착했다)'가 '주+술+목' 기본 형식입니다. '已(经)陆续'는 부사어로 술어 앞에 위치하며, '邀请的'는 관형어로 문장 맨 앞에 놓아 주어를 수식해 줍니다.

✦고득점 Tip ┃

厅 tīng 큰 방, 홀 ➡ 餐厅 cāntīng 레스토랑 | 客厅 kètīng 거실, 응접실 | 报告厅 bàogàotīng 세미나실, 대회의실

---

95 ★★

晚上8点　　博物馆的　　开放时间　　延长　　到了

→ 博物馆的开放时间延长到了晚上8点。박물관의 개방 시간은 저녁 8시까지 연장되었다.

博物馆* bówùguǎn 圆 박물관 | 开放* kāifàng 图 개방하다, 열다 | 延长* yáncháng 图 (시간·거리 등을) 연장하다

명사+조사		동사+명사		동사		개사구
博物馆的	+	开放时间	+	延长	+	到了晚上8点
관형어+的		관형어+주어		술어		보어

┃풀이┃ '到' 등 일부 개사로 구성된 개사구는 술어를 앞에서 꾸며 주는 부사어 용법 외에도 술어를 뒤에서 보충 설명하는 보어로 쓸 수도 있습니다. '到' 외에도 '在, 给, 向, 往, 自, 于'가 이에 해당됩니다. 이 문제에서는 '到' 뒤에 동태조사 '了'를 보면 보어로 쓰였음을 알 수 있습니다. 술어는 동사 '延长'이고, 연장하는 주체가 되는 '时间(시간)'이 주어입니다. '博物馆的'는 주어 앞에서 주어를 수식합니다.

96 ★★

能　　合理运动　　苗条的身材　　保持
→ 合理运动能保持苗条的身材。체계적으로 운동하면 날씬한 몸매를 유지할 수 있다.

合理* hélǐ 〔형〕 합리적이다, 체계적이다 ｜ 苗条* miáotiao 〔형〕 (몸매가) 날씬하다 ｜ 身材* shēncái 〔명〕 몸매 ｜ 保持* bǎochí 〔동〕 유지하다

형용사+동사	조동사	동사	형용사+조사+명사
合理运动	能	保持	苗条的身材
종속절	부사어	술어	목적어

풀이 ｜ '(누구나 당연히) ~이다/해야 한다'라는 '당위의 문장'에서는 주어가 생략될 수 있습니다. 이 문장은 '체계적으로 운동하면 (누구나 당연히) 날씬한 몸매를 유지할 수 있다'라는 뜻으로, 주어가 생략되었습니다. 당위문은 대부분 '종속절+(주어)+조동사+술어'의 형식으로 씁니다. 예를 들어 '在图书馆要保持安静(도서관에서는 (누구나 당연히) 정숙을 유지해야 한다)', '想要成功应该有明确的目标(성공하고 싶으면 (누구나 당연히) 명확한 목표가 있어야 한다)'와 같습니다.

97 ★★

了彼此　　双方交换　　的　　看法
→ 双方交换了彼此的看法。양측은 서로의 의견을 교환했다.

双方* shuāngfāng 〔명〕 쌍방, 양측 ｜ 交换* jiāohuàn 〔동〕 교환하다 ｜ 彼此* bǐcǐ 〔명〕 피차, 서로 ｜ 看法 kànfǎ 〔명〕 의견, 견해

명사	동사+조사	대사+조사	명사
双方	交换了	彼此的	看法
주어	술어+了	관형어+的	목적어

풀이 ｜ 술어는 동사 '交换(교환하다)'입니다. '双方交换看法(양측은 의견을 교환하다)'가 '주+술+목' 기본 형식입니다. '了彼此'에서 '了'는 동사 뒤나 문장 마지막에 놓여야 하는데 '彼此'와 묶여 있으므로 동사 뒤에 동태조사로 써야 하고, '彼此(피차, 서로)'는 '的'를 더해 목적어 '看法'를 꾸며주는 관형어가 되어야 합니다.

98 ★★★

锁被政府　　拆　　了　　桥上　　挂的
→ 桥上挂的锁被政府拆了。다리에 걸린 자물쇠는 정부에 의해 철거되었다.

桥 qiáo 〔명〕 다리, 교량 ｜ 挂 guà 〔동〕 걸다, 걸치다 ｜ 锁* suǒ 〔명〕 자물쇠 ｜ 政府* zhèngfǔ 〔명〕 정부 ｜ 拆* chāi 〔동〕 철거하다, 뜯어내다

주술구	명사	개사구	동사+조사
桥上挂的	锁	被政府	拆了
관형어+的	주어	부사어	술어+了

| 풀이 | '被'를 보면 피동문이라는 것을 알 수 있습니다. 피동문에서는 술어로 쓰인 행위의 대상이 주어가 되고, 행위의 주체는 개사 '被'의 목적어가 됩니다. 따라서 제시어 중 '拆'가 술어이고, '철거하다'라는 행위의 대상인 '锁(열쇠)'가 주어입니다. '桥上挂 的'는 주어 '锁' 앞에 위치해 관형어 역할을 합니다.

 政府拆了桥上挂的锁。 정부는 다리에 걸린 자물쇠를 철거하였다.
→ 桥上挂的锁被政府拆了。 다리에 걸린 자물쇠는 정부에 의해 철거되었다.

제2부분 ⎡ 99번은 제시어를 사용하여 80자 내외로 작문하는 문제입니다.
⎣ 100번은 제시된 사진을 보고 80자 내외로 작문하는 문제입니다.

99 ★★

获得　　摄影　　作品　　记录　　生活

STEP 1 제시어의 뜻 파악하기

获得 huòdé 图 획득하다, 얻다

'获得'는 동사로서 주로 추상적인 사물에 쓰이고, 자신의 노력을 통하여 좋은 결과를 얻었다는 의미를 나타낸다. '好的成绩(좋은 성적)' '冠军(우승)' 등 긍정적인 뜻을 가진 목적어와 자주 쓰인다.

这次比赛，我们获得了第一名。 이번 시합에서 우리는 1등을 했다.
他获得了老师的表扬。 그는 선생님의 칭찬을 받았다.

摄影* shèyǐng 图 촬영하다 图 촬영

'摄影'은 동사와 명사의 의미를 모두 가지고 있다. 그러나 '拍摄(촬영하다)'와 '影片(영화, 영상)'이 합쳐진 단어 이기 때문에 '拍(촬영하다)'와는 달리 목적어와 같이 쓸 수 없다. 즉 '拍视频(동영상을 찍다)'은 맞는 표현이지만, '摄影视频'은 틀린 표현이다.

大家在学校门前摄影留念了。 모두들 교문 앞에서 기념으로 사진을 찍었다.
他喜欢摄影和旅行。 그는 촬영과 여행을 좋아한다.

作品* zuòpǐn 图 작품

명사 '作品'은 작가가 창작한 문학이나 예술성이 있는 작품을 말한다. '艺术作品(예술 작품)' '文学作品(문학 작품)' 등 다양하게 활용되고, '完成(완성하다)' '欣赏(감상하다)' 등의 동사와 잘 어울린다.

好的作品应该有创意。 좋은 작품은 창의성이 있어야 한다.
这位书法家的作品特别受欢迎。 이 서예가의 작품은 특히 인기가 많다.

记录* jìlù 图 기록하다 图 기록

'记录'는 동사와 명사로 쓰이며, 보고 듣는 내용을 글이나 음성, 영상 등으로 보존한다는 뜻이다.

我用摄影机记录了这件事情。 나는 카메라로 이 일을 기록했다.
我查看了一下会议记录。 나는 회의 기록을 확인했다.

※5급 필수단어 '纪录'와 헷갈리지 말아야 한다. '纪录'는 '기록'이라는 뜻의 명사로만 사용하여 일정 기간의 제 일 높은 성적을 말한다. '世界纪录(세계 기록)' '打破了纪录(기록을 깨다)'와 같이 쓰인다.

生活 shēnghuó 명 생활 통 생활하다

'生活'는 동사로 쓰여 '生活得很幸福(행복하게 생활하다)' '不能生活下去(살아갈 수가 없다)' 등으로 활용되고, 명사로 쓰여 '新婚生活(신혼 생활)'처럼 활용된다. 더 나아가 '人生(인생)'의 동의어로 쓰여, '你要过好你的生活(너는 네 인생을 살아라)'와 같이 쓰기도 한다.

我在这个地方生活得很舒服。 나는 이곳에서 아주 편안하게 생활하고 있다.
年轻人的生活很忙碌。 젊은이들의 생활은 매우 바쁘다.

 STEP 2 제시어의 연관성을 이용하여 짧은 문장으로 만들어 보기

记录人们的生活。 사람들의 생활을 기록하다.
我的摄影作品获得了第一名。 나의 촬영 작품은 1등을 했다.

 STEP 3 위 문장들을 활용하여 스토리가 있는 문장 만들기

| 모범 답안 ① | ★★

		我	很	喜	欢	摄	影	，	因	为	摄	影	不	仅	可
以	记	录	人	们	的	生	活	，	还	能	带	给	人	们	很
多	回	忆	。	上	个	月	，	我	参	加	了	学	校	举	办
的	摄	影	大	赛	，	最	终	我	的	摄	影	作	品	获	得
了	第	一	名	。	这	给	了	我	很	大	鼓	励	，	我	要
更	加	努	力	成	为	一	名	专	业	摄	影	师	。		

나는 사진 촬영을 좋아한다. 촬영은 사람들의 생활을 기록할 수 있을 뿐만 아니라 사람들에게 많은 추억을 가져다 줄 수 있기 때문이다. 지난달 나는 학교의 촬영 대회에 참가했다. 결국 나의 촬영 작품은 1등을 했다. 이것은 나에게 커다란 격려가 되었고, 나는 더 노력해서 프로 사진작가가 되고 싶다.

| 활용 표현 |

⑴ 不仅……还…… : '~할 뿐만 아니라 ~하다'의 뜻으로, 점층관계 접속사이다.
⑵ 给A鼓励 : 'A에게 용기를 북돋아 주다, 격려하다'라는 의미이다.

回忆 huíyì 명 추억 ┃ 参加 cānjiā 통 참가하다 ┃ 举办 jǔbàn 통 거행하다, 개최하다 ┃ 最终 zuìzhōng 명 최종, 최후 ┃ 鼓励 gǔlì 통 격려하다 ┃ 努力 nǔlì 통 노력하다 ┃ 专业 zhuānyè 형 전문의, 프로의

| 모범 답안 ② | ★★★

		记	得	小	的	时	候	，	我	就	常	常	带	着	我
的	摄	影	机	，	拍	一	拍	多	姿	的	花	朵	，	照	一
照	来	往	的	人	群	，	记	录	着	身	边	一	点	一	滴
的	生	活	。	前	不	久	，	我	把	这	些	素	材	编	辑
成	了	一	个	10	分	钟	的	视	频	，	并	拿	去	参	赛
了	。	出	人	意	料	，	我	的	作	品	竟	然	获	得	了
最	佳	短	片	奖	。										

어릴 적 기억에 나는 늘 카메라를 가지고 다채로운 꽃을 찍기도 하고, 지나가는 사람들을 찍기도 하고, 주변의 작은 생활을 기록하고는 했다. 얼마 전에, 나는 이 소재들로 10분짜리 동영상을 편집해 대회에 참가했다. 뜻밖에도 내 작품이 최우수 단편상을 받았다.

| 활용 표현 |

(1) 记得 : '기억하고 있다'라는 뜻으로, 이미 지나간 일을 회상할 때 많이 쓰는 동사이다.

(2) 出人意料 : '예상 밖이다'라는 의미의 사자성어로 문장을 연결할 수도 있고, 문장에서 형용사로도 쓸 수도 있다.
   [=出乎意料 chūhū yìliào]
   例 这件事太出人意料了。 이 일은 너무 예상 밖이었다.

(3) 竟然 : '의외로'라는 뜻으로, 결과가 예상을 벗어났을 때 쓰는 부사이다. 반대의 경우에는 '果然(과연)'을 쓴다.

一点一滴 yì diǎn yì dī 웹 약간, 조금씩 | 素材 sùcái 명 (예술 작품의) 소재, 감 | 编辑* biānjí 동 편집하다 | 视频 shìpín 명 동영상 | 参赛 cānsài 동 시합에 참가하다 | 出人意料 chū rén yì liào 웹 예상 밖이다, 뜻밖이다 | 竟然 jìngrán 뷔 뜻밖에도, 의외로 | 获得 huòdé 동 획득하다, 얻다 | 最佳 zuìjiā 웹 최적이다

100 ★★★

 STEP 1 사진을 보고 상황을 가정하여 문장 만들어 보기

한 사람이 태극권을 하고 있는 모습입니다. 먼저 '그 사람이 왜 태극권을 하고 있는지' '과정'은 어떤지 '결과'가 어떤지 등을 상상하여 문장을 만들어 봅시다.

태극권을 하는 이유
我的兴趣是打太极拳。 나의 취미는 태극권을 하는 것이다.
学校举办了太极拳比赛。 학교에서 태극권 대회가 열렸다.

경기의 과정
我发挥得很不错。 나는 (실력을) 잘 발휘하였다.
有了一点儿小失误。 작은 실수가 있었다.

결과
最终，我获得了冠军。 마침내, 나는 우승했다.
虽然我没有得到名次，但是我没有遗憾。 비록 나는 순위에 들지는 못했지만, 아쉬움이 없다.

STEP 2 위 문장들을 활용하여 스토리가 있는 문장 만들기

| 모범 답안 |

		我	的	兴	趣	是	打	太	极	拳	，	并	且	参	加
了	学	校	的	太	极	拳	社	团	。	一	个	偶	然	的	机
会	，	我	被	推	荐	到	学	校	参	加	一	个	重	要	的
比	赛	。	当	时	，	我	即	兴	奋	又	紧	张	，	每	天
都	抓	紧	时	间	练	习	。	到	了	比	赛	当	天	，	虽
然	有	了	一	个	小	失	误	，	但	是	整	体	的	表	现
不	错	。	最	终	我	获	得	了	大	赛	的	冠	军	。	

나의 취미는 태극권을 하는 것이다. 그리고 학교 태극권 동아리에도 가입했다. 우연한 기회에 나는 학교의 중요한 시합에 참가하도록 추천되었다. 흥분도 되고 긴장도 되어서 매일 시간을 아껴가며 연습했다. 경기 당일이 되어 작은 실수가 있었지만, 전반적으로 잘해냈다. 결국 나는 대회에서 우승을 했다.

| 활용 표현 |

(1) **我被推荐到学校** : '我(주어)+**被**+(목적어 생략)+**推荐**(동사)+**到**+**学校**(장소)'의 被자문 형식으로, '나는 학교로부터 추천되었다'라는 의미이다.

(2) **既……又……** jì……yòu…… : '~이기도 하고, ~이기도 하다'라는 뜻으로, 사람이나 사물이 동시에 두 가지 특징을 가지고 있음을 나타낸다. 비슷한 의미로 '**又……又……**'도 있다.

兴趣 xìngqù 명 취미 | 并且 bìngqiě 접 또한, 그리고 | 社团 shètuán 명 동아리, 서클 | 偶然 ǒurán 부 우연히, 뜻밖에 | 推荐* tuījiàn 동 추천하다 | 兴奋 xīngfèn 형 흥분하다 | 抓紧* zhuājǐn 동 서둘러 하다, 박차를 가하다 | 失误 shīwù 명 실수 | 整体* zhěngtǐ 명 전체

≫ 기본 문장 활용 Tip | 운동과 관련 있는 사진

　　生命在于运动。我很喜欢运动，比如跑步、游泳、踢足球等等，其中我最喜欢(打篮球)。一有时间，我就跟我的朋友们(打篮球)。刚开始我(打)得很不好，但是现在我已经变成高手了。我要每天练习成为我们学校的冠军。

생명은 운동에 달려있다. 나는 운동을 아주 좋아한다. 예를 들면 러닝, 수영, 축구 등이다. 그중에서 내가 제일 좋아하는 것은 (농구)이다. 시간만 있으면 나는 친구들과 함께 (농구)를 한다. 처음에는 잘 (하지) 못했지만 지금 이미 베테랑이 되었다. 나는 매일 연습해서 우리 학교의 챔피언이 되고 싶다.

제2회
모의고사 해설

一、听力 듣기

제1부분 1~20번은 두 사람의 대화를 듣고 질문에 답하는 문제입니다.

1 ★★

女：公司下周要召开全体员工大会。
男：是的，各部门负责人都要做年终总结报告。

问：关于那个会议可以知道什么？

    A 召开时间未定
    B 负责人需做汇报
    C 只需负责人参加
    D 需要一名主持人

여: 회사에서 다음 주에 전체 직원 회의를 연다고 하네요.
남: 맞습니다. 각 부서의 책임자는 연말 총결산 보고도 해야 해요.

질문: 그 회의에 관하여 무엇을 알 수 있는가?

    A 개최 시간은 미정이다
    B 책임자는 총괄 보고를 해야 한다
    C 책임자만 참석하면 된다
    D 사회자가 한 명 필요하다

召开* zhàokāi 통 (회의를) 열다 ｜ 部门* bùmén 명 부서 ｜ 负责人 fùzérén 명 책임자 ｜ 总结报告 zǒngjié bàogào 명 총결산 보고 ｜ 未定 wèidìng 확정되지 않다, 미정이다 ｜ 汇报 huìbào 명 (종합)보고 통 총괄 보고하다 ｜ 主持人 zhǔchírén 명 사회자

풀이 B 녹음의 '做报告(보고를 쓰다)'와 보기 B의 '做汇报(보고를 하다)'는 유의어이기 때문에 정답은 B입니다. 대화에서 이 회의는 '全体员工大会(전체 직원 회의)'라고 했고, '下周(다음 주)'라고 회의 시간도 밝혔으므로 A, C는 정답이 될 수 없습니다.

2 ★★★

男：无论做什么事儿，都不能只追求速度而疏忽了质量。
女：是的，下次我会注意的，一定保证质量。

问：对于男的的观点，女的是什么态度？

    A 赞同   B 不满
    C 抱怨   D 忽视

남: 무슨 일을 하든 속도만 추구하고 품질을 소홀히 하면 안 됩니다.
여: 네, 다음에는 주의하겠습니다. 꼭 품질을 보장하겠습니다.

질문: 남자의 관점에 대해 여자는 어떤 태도인가?

    A 찬성한다   B 불만이다
    C 원망한다   D 무시한다

追求* zhuīqiú 통 추구하다 ｜ 疏忽 shūhu 통 소홀히 하다 ｜ 质量 zhìliàng 명 품질 ｜ 注意 zhùyì 통 주의하다 ｜ 保证 bǎozhèng 통 보증하다 ｜ 态度 tàidu 명 태도 ｜ 赞同 zàntóng 통 찬성하다 ｜ 抱怨* bàoyuàn 통 원망하다 ｜ 忽视* hūshì 통 주의하지 않다

풀이 A 녹음에서 품질을 소홀히 해선 안 된다는 남자의 말에 여자가 '是的'라고 대답했기 때문에 남자의 제안을 받아들였다는 것을 알 수 있습니다. 정답은 A입니다. 대화 내용으로 보아 남자가 좀 '불만(不满)'이 있다는 것을 알 수 있지만 질문은 여자의 태도를 물었기 때문에 B는 함정입니다.

3 ★★

女: 这家餐厅服务真周到，味道也很不错。

男: 是啊，我在大众点评网站浏览了许多家，这家的评价是最高的。

问: 女的认为那家餐厅怎么样？

　　A 装修豪华

　　B 味道一般

　　C 服务优质

　　D 上菜太慢

여: 이 식당 서비스도 꼼꼼하고 맛도 좋네.

남: 맞아, 따중덴핑*에서 여러 군데 찾아 봤는데 이 식당의 평가가 제일 높았어.

질문: 여자는 그 식당을 어떻게 생각하는가?

　　A 인테리어가 호화롭다

　　B 맛이 보통이다

　　C 서비스가 우수하다

　　D 음식이 늦게 나온다

*따중덴핑(大众点评): 중국의 대표적인 식당 평가 어플

服务 fúwù 통 서비스하다 │ 周到* zhōudào 형 꼼꼼하다, 세심하다 │ 味道 wèidao 명 맛 │ 大众 dàzhòng 명 대중 │ 点评 diǎnpíng 명 평론, 논평 │ 网站 wǎngzhàn 명 웹 사이트 │ 浏览* liúlǎn 통 대충 훑어보다, 대강 둘러보다 │ 许多 xǔduō 형 대단히 많은 │ 评价 píngjià 명 평가 │ 装修* zhuāngxiū 명 내부 시설 통 인테리어를 하다 │ 豪华* háohuá 형 호화롭다 │ 一般 yìbān 형 보통이다 │ 优质 yōuzhì 형 질이 우수하다 │ 上菜 shàngcài 통 요리를 내다

풀이 │ C 보기를 먼저 확인한 후, 질문이 식당 평가에 대한 내용임을 짐작하고 관련 내용에 집중해서 들어야 합니다. 녹음에서 여자는 식당의 '服务(서비스)'와 '味道(맛)' 두 가지를 모두 긍정적으로 평가했습니다. B의 '一般(보통이다)'은 부정적이고, C '优质(우수하다)'는 긍정적인 표현이므로 정답은 C라는 것을 알 수 있습니다.

4 ★★★

男: 外面的积雪还没有化，尤其是拐弯儿的时候，不要急踩油门儿。

女: 放心吧，我会慢慢开的。

问: 根据对话可以知道什么？

　　A 外面正在下雪

　　B 女的要去开车

　　C 男的让女的加油

　　D 他们在谈论天气

남: 밖에 쌓인 눈이 아직 녹지 않아서 특히 코너를 돌 때 급하게 액셀을 밟으면 안 돼.

여: 걱정 마, 천천히 운전할게.

질문: 대화에 근거해 무엇을 알 수 있는가?

　　A 밖에 눈이 내리고 있다

　　B 여자는 운전하려고 한다

　　C 남자는 여자에게 힘내라고 한다

　　D 그들은 날씨를 이야기하고 있다

积雪 jīxuě 명 쌓인 눈 │ 化 huà 통 녹다 │ 尤其 yóuqí 부 특히 │ 拐弯儿* guǎiwānr 통 방향을 바꾸다, 커브를 돌다 │ 踩* cǎi 통 밟다 │ 油门儿 yóuménr 명 가속 페달, 액셀러레이터 │ 谈论 tánlùn 통 논의하다

풀이 │ B 남자가 '积雪还没有化(쌓인 눈이 아직 안 녹았다)'라고 하는 것으로 보아 '正在下雪(눈이 내리고 있다)'의 상황은 아닙니다. '拐弯儿(코너를 돌다)' '油门(액셀)' '慢慢开(천천히 운전하다)' 등의 표현이 등장했으므로 이 대화의 포인트는 날씨가 아니라 운전임을 알 수 있습니다. 여자가 '会慢慢开的(천천히 운전할 것이다)'라고 하는 것으로 보아 운전을 하려고 하는 상황이므로 B가 정답입니다.

5 ★★

女: 现在购买戒指，有什么优惠活动吗？

男: 有，女士。您可凭购物小票到一楼服务台，那边会赠送您一个项链。

여: 지금 반지를 구매하면 무슨 우대 행사가 있나요?

남: 있습니다, 고객님. 구매 영수증을 가지고 1층 안내 데스크에 가시면 그쪽에서 목걸이를 증정해 드립니다.

问：他们最可能在哪儿？	질문: 그들은 어디에 있을 가능성이 가장 높은가?
A 家具店　　　　B 电视台 C 俱乐部　　　　D 大型商场	A 가구점　　　　B 방송국 C 클럽　　　　　D 대형 쇼핑센터

戒指* jièzhi 몡 반지 ｜ 购买 gòumǎi 용 구입하다, 구매하다 ｜ 优惠* yōuhuì 휑 특혜의 ｜ 活动 huódòng 몡 행사, 이벤트 ｜ 凭* píng 꺠 ~에 근거하여 ｜ 小票 xiǎopiào 몡 영수증 ｜ 服务台 fúwùtái 몡 프런트 데스크, 안내 데스크 ｜ 赠送 zèngsòng 용 증정하다 ｜ 项链* xiàngliàn 몡 목걸이 ｜ 家具 jiājù 몡 가구 ｜ 电视台 diànshìtái 몡 텔레비전 방송국 ｜ 俱乐部 jùlèbù 몡 클럽 ｜ 大型* dàxíng 휑 대형의 ｜ 商场 shāngchǎng 몡 백화점, 쇼핑센터

풀이 ┃ D 보기를 통해 '장소'를 묻는 문제임을 유추할 수 있습니다. 녹음 첫마디에 여자가 '戒指(반지)' '购买(구매하다)' '优惠活动 (우대 행사)' 등의 단어를 언급하는 것으로 보아 두 사람이 '商场(쇼핑센터)'에서 대화를 나누고 있다는 것을 알 수 있습니다. 구매, 우대 행사 등과 관련이 적은 '电视台'와 '俱乐部'를 먼저 답에서 제외하고, 남자의 말 중 '购物小票(구매 영수증)' '服务 台(안내 데스크)' '赠送(증정하다)' 등의 힌트까지 더하면 가장 적절한 답은 D입니다.

---

6 ★★

男：小张昨晚的魔术实在是太精彩了。 女：是啊，现场的气氛一下子就被带动起来了。	남: 어제저녁 샤오장의 마술 정말 훌륭했어요. 여: 맞아요, 현장 분위기를 확 살렸어요.
问：他们觉得小张的魔术怎么样？	질문: 그들은 샤오장의 마술을 어떻게 생각하는가？
A 很出色　　　　B 让人感动 C 有些单调　　　D 经验不足	A 매우 훌륭하다　　B 감동을 준다 C 좀 단조롭다　　　D 경험이 부족하다

魔术 móshù 몡 마술 ｜ 实在 shízài 뷔 정말로 ｜ 精彩 jīngcǎi 휑 뛰어나다, 훌륭하다 ｜ 现场 xiànchǎng 몡 현장 ｜ 气氛* qìfēn 몡 분위기 ｜ 带动 dàidòng 용 움직이다, 이끌어 나가다 ｜ 出色* chūsè 휑 특별히 훌륭하다 ｜ 感动 gǎndòng 용 감동하다, 감동시키다 ｜ 单调* dāndiào 휑 단조롭다 ｜ 经验 jīngyàn 몡 경험

풀이 ┃ A 녹음 속 키워드를 보기에서는 유의어나 동의어로 제시하는 경우가 많습니다. 녹음의 '精彩'는 보기 A '出色'와 유의어이기 때문에 정답은 B입니다. 대화에서 모두 샤오장의 마술에 대한 긍정적인 평가만 언급했으므로 '单调(단조롭다)' '经验不足(경험이 부족하다)'와 같은 부정적인 표현들을 먼저 걸러낼 수 있습니다.

---

7 ★★★

女：爸，中山路上新开了一家广东菜馆，今年 　　除夕夜咱们去那儿吃团圆饭吧。 男：好啊，到时候别忘了提前预定一个包间。	여: 아빠, 중산루에 광둥 음식점이 새로 생겼어요. 올해 　　그믐날 밤에는 거기 가서 식사해요. 남: 좋지, 그때 가서 미리 룸 하나 예약하는 거 잊지 마.
问：男的建议怎么做？	질문: 남자는 어떻게 하라고 제안했는가？
A 去广东旅行 B 提前预约餐厅 C 邀请亲戚过节 D 在饭店吃团圆饭	A 광둥에 여행을 가자 B 미리 식당을 예약하자 C 친척들을 초대해서 명절을 지내자 D 식당에서 가족 식사를 하자

除夕* chúxī 몡 섣달 그믐날 (밤) ｜ 团圆饭 tuányuánfàn 몡 중추절에 온 가족이 모여서 먹는 밥 ｜ 提前 tíqián 용 (예정된 시간이나 위치를) 앞당기다 ｜ 预订 yùdìng 용 예약하다 ｜ 包间 bāojiān 몡 (호텔·음식점의) 독방, 룸(room) ｜ 预约 yùyuē 용 예약하다 ｜ 餐厅 cāntīng 몡 식당 ｜ 邀请 yāoqǐng 용 초청하다 ｜ 亲戚 qīnqi 몡 친척 ｜ 饭店 fàndiàn 몡 식당

풀이 | B 대화에서 여자가 새로 생긴 식당에서 '团圆饭(제야 식사)'을 먹는 것을 제안했으므로 보기 D와 내용이 일치하지만 이는 남자의 제안이 아닙니다. 질문에서 남자의 제안이 무엇인지 물었고, 남자는 '别忘了提前预定一个包间(미리 룸을 예약하는 것을 잊지 마라)'이라고 했기 때문에 정답은 B입니다. '预订'과 '预约'는 '예약하다'는 뜻의 유의어입니다.

8 ★★

男: 你们单位不是有宿舍吗? 你为什么还要出来租房?

女: 单位宿舍是两个人住一间卧室, 还要共用卫生间和厨房, 我觉得不方便。

问: 关于女的可以知道什么?

　　A 对宿舍不满意
　　B 是室内设计师
　　C 比较独立自主
　　D 喜欢热闹的地方

남: 너희 회사에 기숙사 있지 않아? 왜 나와서 집을 빌렸어?

여: 회사 기숙사는 두 사람이 한 방을 쓰고, 화장실과 주방도 공용이라 좀 불편해.

질문: 여자에 관하여 무엇을 알 수 있는가?

　　A 기숙사에 불만족하다
　　B 실내 디자이너이다
　　C 독립적이고 자주적인 편이다
　　D 시끌벅적한 곳을 좋아한다

单位 dānwèi 몡 회사 | 宿舍* sùshè 몡 기숙사 | 租房 zūfáng 통 집을 세내다 | 卧室* wòshì 몡 침실 | 共用* gòngyòng 통 함께 사용하다, 공용하다 | 卫生间 wèishēngjiān 몡 화장실 | 厨房 chúfáng 몡 주방 | 满意 mǎnyì 통 만족하다 | 设计师 shèjìshī 몡 디자이너 | 独立 dúlì 통 독자적으로 하다 | 自主 zìzhǔ 통 자주적으로 하다 | 热闹 rènao 톙 시끌벅적하다

풀이 | A 여자가 기숙사에 대해서 '不方便(불편하다)'이라고 평가한 것으로 보아 기숙사에 만족하지 않는다는 것을 알 수 있습니다. 방을 같이 쓰는 것에 불편함을 표현했다고 해서 그것이 독립적인 성격을 설명하는 것은 아니므로 C는 정답이 아닙니다. 반드시 녹음 내용에 근거해 정답을 골라야 합니다.

9 ★★

女: 我在网上转发了一篇文章, 下面有人回复了很多个数字六, 这是什么意思呢?

男: 这是网络用语, 六和牛的发音很像, 说明他很喜欢这篇文章。

问: 女的不明白什么?

　　A 汉语的语法
　　B 汉字的笔划
　　C 网络用语的意思
　　D 网友不回复的理由

여: 제가 인터넷에서 글을 하나 공유했는데, 그 아래 어떤 사람이 댓글로 숫자 6을 많이 달았어요. 그게 무슨 뜻이에요?

남: 그건 인터넷 용어예요. '六(6)'와 '牛(대단하다)'의 발음이 비슷하잖아요. 그가 당신 글을 좋아한다는 뜻이에요.

질문: 여자는 무엇을 몰랐는가?

　　A 중국어의 어법
　　B 한자의 필획
　　C 인터넷 용어의 뜻
　　D 네티즌이 댓글을 안 다는 이유

转发 zhuǎnfā 통 공유하다, 전달하다 | 文章 wénzhāng 몡 문장 | 回复 huífù 통 댓글을 올리다, 회신하다 | 网络 wǎngluò 몡 네트워크, 온라인 | 牛 niú 톙 대단하다 | 语法 yǔfǎ 몡 어법, 문법 | 笔划 bǐhuà 몡 필획 | 网友 wǎngyǒu 몡 네티즌

풀이 | C 여자의 질문에 남자가 '这是网络用语(이것은 인터넷 용어이다)'라고 대답해 주었으므로, 여자가 인터넷 용어의 뜻을 몰랐음을 알 수 있습니다. '牛'는 회화에서 '대단하다, 최고다'라는 의미로 쓰입니다. 문제에 제시된 '转发' '回复' '网络' 외에도 실생활에서 자주 쓰이는 인터넷 관련 표현을 잘 숙지해 두어야 합니다.

10 ★★

男：孩子这么小，他能理解古诗词里的含义吗？

女：不要紧，关键是让他通过朗读来慢慢体会古诗的美。

问：男的担心孩子什么？

　　A 作业的压力太大
　　B 耽误学校的功课
　　C 没有户外运动时间
　　D 理解不了其中的意思

남：아이가 이렇게 어린데, 고시의 뜻을 이해할 수 있을까요？

여：괜찮아요. 중요한 건 아이에게 낭독을 통해 천천히 고시의 아름다움을 느끼게 하는 거예요.

질문：남자는 아이의 무엇을 걱정하는가？

　　A 숙제 스트레스가 너무 큰 것
　　B 학교 공부에 지장을 주는 것
　　C 실외 운동 시간이 없는 것
　　D 그 속뜻을 이해하지 못하는 것

理解 lǐjiě 동 이해하다 | 诗词 shīcí 명 시(詩)와 사(詞) | 含义 hányì 명 함의, 내포된 뜻 | 不要紧* búyàojǐn 형 괜찮다, 문제없다 | 关键 guānjiàn 명 관건, 키포인트 | 通过 tōngguò 개 ~을 통해 | 朗读* lǎngdú 동 낭독하다 | 体会* tǐhuì 동 체득하다, 체험하여 터득하다 | 压力 yālì 명 스트레스 | 耽误* dānwu 동 지체하다 | 功课 gōngkè 명 공부, 학습 | 户外 hùwài 명 실외

| 풀이 | D 남자는 아이가 고시의 의미를 이해할 수 없을 거라고 걱정했습니다. 녹음의 '含义(내포된 뜻)'가 보기에서는 '其中的意思(그 속뜻)'로 표현되었습니다. 여기서 '其'는 바로 '古诗词(고시)'를 가리킵니다. 전체 내용과 가장 관련 있는 내용은 D '理解不了其中的意思(그 속뜻을 알지 못하는 것)'입니다.

11 ★★★

女：抱歉，王医生在外地培训，您看家属的手术是推迟还是换个医生？

男：还是等王医生回来吧，他比较熟悉我爱人的身体状况。

问：根据对话可以知道什么？

　　A 男的是大夫
　　B 病人需要手术
　　C 男的已经出院了
　　D 病人的病情不稳定

여：죄송합니다. 왕 선생님은 타지역에서 연수를 받고 계세요. 가족분의 수술을 미룰까요, 아니면 담당 의사를 바꿔드릴까요？

남：왕 선생님이 돌아오실 때까지 기다릴게요. 그분이 제 아내의 몸 상태를 잘 아시니까요.

질문：대화에 근거해 무엇을 알 수 있는가？

　　A 남자는 의사이다
　　B 환자는 수술이 필요하다
　　C 남자는 이미 퇴원했다
　　D 환자의 상태가 불안정하다

培训* péixùn 동 훈련하다, 연수하다 | 家属 jiāshǔ 명 가족 | 手术* shǒushù 명 수술 | 推迟 tuīchí 동 미루다 | 换 huàn 동 바꾸다 | 熟悉 shúxī 동 상세히 알다 | 爱人 àiren 명 배우자, 남편 또는 아내 | 状况* zhuàngkuàng 명 상황 | 出院 chūyuàn 동 퇴원하다 | 病情 bìngqíng 명 병세 | 稳定* wěndìng 형 안정하다

| 풀이 | B 제3자의 상태에 관해 대화를 통해 유추한 내용으로 정답을 찾아야 하는 문제입니다. 표면적으로 드러나지는 않았지만 여자가 '手术是推迟还是换个医生?(수술을 미룰까요, 아니면 의사를 바꿀까요?)'이라고 묻는 말에서 환자가 수술이 필요한 상황이라는 것을 유추해 낼 수 있습니다. '我爱人的身体状况(아내의 몸 상태)'라는 남자의 말에서 남자가 환자의 남편임을 알 수 있으므로 A와 C는 정답이 아니고, 환자의 상태에 대해서도 직접적으로 언급하지 않았으므로 D도 정답이 될 수 없습니다.

12 ★★

男：今天孙会计发的那个文件，你下载了吗？我不小心把邮件删除了。	남：오늘 쑨 회계사가 보낸 그 파일, 다운로드했어요? 제가 실수로 그 메일을 삭제했어요.
女：下载了，你的邮箱地址是什么？我转发给你。	여：다운로드했어요. 메일 주소가 뭐예요? 제가 발송해 드릴게요.
问：根据对话，下列哪项正确？	질문: 대화에 근거해 다음 중 옳은 것은 무엇인가?
A 上不了网了 B 文件不能下载 C 邮件被删除了 D 女的在申请邮箱	A 인터넷 접속이 안 된다 B 파일을 다운로드할 수 없다 C 메일이 삭제되었다 D 여자는 메일 계정을 신청하고 있다

文件* wénjiàn 몝 파일, 서류 | 下载* xiàzài 동 다운로드하다 | 邮件 yóujiàn 몝 이메일, 우편 | 删除 shānchú 동 삭제하다 | 邮箱 yóuxiāng 몝 메일함, 우편함 | 地址 dìzhǐ 몝 주소 | 转发 zhuǎnfā 동 전달하다 | 上网 shàngwǎng 동 인터넷에 접속하다 | 会计* kuàijì 몝 회계사 | 申请 shēnqǐng 동 신청하다

풀이 C 남자의 '把邮件删除了(메일을 삭제했다)'라는 말에서 보기 C의 '邮件被删除了(메일은 삭제되었다)'가 정답인 것을 알 수 있습니다. '把자문'을 '被자문'으로 변형했으나 의미는 같습니다. 여자가 메일 계정을 신청하는 것이 아니라 메일 주소를 물어보는 것이므로 D는 오답입니다.

13 ★★

女：出门的时候，戴上围巾吧，外面风刮得太大了。	여：나갈 때 목도리 하세요. 밖에 바람이 너무 많이 부네요.
男：是啊，等会儿可能还会下雨，我再去拿把伞。	남：네. 이따가 비가 올지도 모르니, 우산도 하나 가져갈게요.
问：女的提醒男的什么？	질문: 여자는 남자에게 무엇을 일깨워 주었는가?
A 地上很滑　　B 系好围巾 C 带上雨伞　　D 小心着凉	A 길이 미끄럽다　B 목도리를 잘 매라 C 우산을 챙겨라　D 감기 조심해라

围巾* wéijīn 몝 목도리 | 刮 guā 동 바람이 불다 | 拿 ná 동 (손에) 쥐다, 가지다 | 把 bǎ 얭 자루 [손잡이나 자루가 있는 물건을 셀 때 쓰임] | 滑* huá 형 미끄럽다 | 系* jì 동 매다, 묶다 | 带 dài 동 (몸에) 지니다, 휴대하다 | 雨伞 yǔsǎn 몝 우산 | 着凉* zháoliáng 동 감기에 걸리다

풀이 B 보기 C의 '带上雨伞(우산을 챙기다)'은 남자가 하려는 행동이므로 이 문제의 함정입니다. 질문에서 여자가 남자에게 일깨워 준 것을 물었기 때문에 여자가 말한 '戴上围巾吧(목도리를 착용하세요)'가 정답을 나타내는 핵심 구문이고, 따라서 정답은 B입니다.

14 ★★

男：王教授，您作为这方面的专家，对青少年追星这个现象怎么看？	남：왕 교수님, 이 방면의 전문가로서 청소년들이 스타를 추종하는 현상을 어떻게 보고 계십니까?
女：客观地讲，我认为这很正常，但"度"要把握好，而且家长和老师要予以引导。	여：객관적으로 말하자면, 아주 정상적인 현상입니다. 그런데 '정도'가 적당해야 합니다. 그리고 학부모와 선생님이 이끌어줘야 합니다.

问： 对待追星，女的怎么看？	질문: 스타를 추종하는 것에 대해 여자는 어떻게 보는가?
A 应该禁止	A 금지해야 한다
B 值得鼓励	B 장려할 만 하다
C 会耽误功课	C 학업에 지장을 줄 수 있다
D "度"很重要	D '정도'가 중요하다

教授 jiàoshòu 몡 (대학의) 교수 | 作为* zuòwéi 깨 ~의 신분으로서 | 专家* zhuānjiā 전문가 | 追星 zhuīxīng 동 스타를 우상으로 받들다 | 客观 kèguān 혱 객관적이다 | 把握* bǎwò 동 장악하다, 컨트롤하다 | 予以 yǔyǐ 동 ~을 주다 | 引导 yǐndǎo 동 인도하다, 이끌다 | 对待 duìdài 동 대우하다, 접대하다 | 禁止 jìnzhǐ 동 금지하다 | 值得 zhíde 동 ~할 만한 가치가 있다 | 鼓励 gǔlì 동 격려하다, 장려하다 | 耽误* dānwu 동 일을 그르치다 | 功课 gōngkè 몡 공부, 학습

| 풀이 | D 스타를 추종하는 현상에 대해 여자는 '这很正常(정상적이다)'이라고 했지만, 바로 뒤에 '但'이 나와서 '장려할(鼓励)' 정도는 아님을 알 수 있습니다. 따라서 A와 B는 정답에서 제외합니다. 이 문제의 키워드는 '度(정도)'로, 보기 중 가장 적절한 것은 D입니다.

15 ★★

女： 我穿这条紫色的连衣裙去参加这次晚宴，你觉得怎么样？	여: 나 이 보라색 원피스를 입고 이번 저녁 모임에 참석할 건데, 네 생각은 어때?
男： 漂亮极了，很正式，而且显得身材特别棒。	남: 정말 예쁘고, 매우 격식 있어. 게다가 몸매도 아주 좋아 보여.

问： 关于那条裙子，可以知道什么？	질문: 그 원피스에 관하여 알 수 있는 것은?
A 是黑色的　　B 不够正式	A 검은색이다　　B 격식에 안 맞다
C 显得身材好　D 颜色很鲜艳	C 몸매가 좋아 보인다　D 색이 매우 화려하다

紫色 zǐsè 몡 자색, 자주빛 | 连衣裙 liányīqún 몡 원피스 | 晚宴 wǎnyàn 몡 저녁 연회 | 正式 zhèngshì 혱 정식의, 공식의 | 显得 xiǎnde 동 ~하게 보이다 | 身材* shēncái 몡 몸매 | 棒 bàng 혱 뛰어나다, 훌륭하다 | 够 gòu 혱 충분하다 | 鲜艳* xiānyàn 혱 (색이) 화려하다

| 풀이 | C 남자의 말 '显得身材特别棒(몸매가 아주 좋아 보인다)'과 보기 C '显得身材好(몸매가 좋아 보인다)'의 내용이 일치합니다. '棒'은 '好'의 뜻입니다.

16 ★★

男： 喂，这儿有人晕倒了，请赶快派辆救护车过来。	남: 여보세요, 여기 어떤 사람이 쓰러졌어요. 빨리 구급차를 보내주세요.
女： 请将具体地址告诉我们，我们马上过去。	여: 정확한 주소를 알려주세요. 저희가 바로 가겠습니다.

问： 男的为什么打电话？	질문: 남자는 왜 전화했는가?
A 被人骗了	A 누군가에게 사기당했다
B 有人受伤了	B 어떤 사람이 부상당했다
C 发现过敏了	C 알레르기 증상이 나타났다
D 有人晕倒了	D 어떤 사람이 쓰러졌다

晕倒 yūndǎo 통 기절하여 쓰러지다 | 赶快* gǎnkuài 분 빨리, 얼른 | 派* pài 통 파견하다 | 救护车* jiùhùchē 명 구급차 | 具体 jùtǐ 형 구체적이다 | 地址 dìzhǐ 명 주소 | 骗 piàn 통 속이다 | 受伤* shòushāng 통 상처를 입다, 부상을 당하다 | 过敏* guòmǐn 명 알레르기

| 풀이 | D 보기의 어휘가 녹음에 그대로 나와 비교적 쉽게 풀 수 있는 문제입니다. '这儿有人晕倒了(여기 어떤 사람이 쓰러졌어요)'라는 남자의 말에서 D가 정답임을 알 수 있습니다. 쓰러진 이유는 녹음 내용만으로 알 수 없으므로, B의 '受伤'을 보고 사람이 부상을 당해서 쓰러졌다고 추측해서 정답으로 고르면 안 됩니다.

17 ★★★

女: 你们的婚纱照拍得太有感觉了，非常浪漫。
男: 这多亏了我们的摄影师，他特别专业，也很会抓拍我们的表情。

问: 男的是什么意思?
　　A 表情不自然
　　B 很感谢摄影师
　　C 拍婚纱照很辛苦
　　D 喜欢浪漫的照片

여: 당신들의 웨딩사진 매우 느낌이 있네요. 아주 로맨틱해요.
남: 우리 사진작가님 덕분이죠. 그는 굉장히 프로페셔널하고, 우리의 표정도 잘 포착해서 찍으세요.

질문: 남자는 무슨 의미인가?
　　A 표정이 부자연스럽다
　　B 사진작가에게 감사한다
　　C 웨딩사진 찍는 것은 힘들다
　　D 로맨틱한 사진을 좋아한다

婚纱照 hūnshāzhào 명 웨딩사진 | 浪漫 làngmàn 형 낭만적이다 | 多亏* duōkuī 통 은혜를 입다, 덕분이다 | 摄影师* shèyǐngshī 명 사진작가 | 专业 zhuānyè 형 전문의, 프로의 | 抓拍 zhuāpāi 통 순간 포착하여 사진을 찍다 | 表情* biǎoqíng 명 표정 | 辛苦 xīnkǔ 형 고생스럽다

| 풀이 | B 녹음에서 '有感觉(느낌 있다)' '浪漫(로맨틱하다)' '专业(전문적이다)' 등 긍정적인 의미의 단어들이 등장했으므로, 먼저 부정적인 내용의 A와 C를 정답에서 제외합니다. D 浪漫(로맨틱하다)은 여자의 말에서 나온 키워드이고, 질문은 남자에 관한 내용이기 때문에 정답은 B입니다. '感谢(감사하다)'와 '多亏(덕분이다)'는 감사함을 표현할 때 자주 쓰이는 표현이므로 꼭 알아두세요.

18 ★★

男: 别看姥姥年纪这么大，她的心态特别好。
女: 是啊，无论遇到多么糟糕的事，她都能微笑面对。

问: 他们在说谁?
　　A 姑姑　　　　　B 外婆
　　C 舅舅　　　　　D 孙女

남: 비록 외할머니가 연세는 많으시지만 심리 상태가 아주 좋으세요.
여: 맞아요, 어떤 힘든 일이 있어도 늘 웃으면서 대하시죠.

질문: 그들은 누구를 말하고 있는가?
　　A 고모　　　　　B 외할머니
　　C 외삼촌　　　　D 손녀

别看 biékàn 접 비록 ~지만 ['虽然'에 해당함] | 姥姥* lǎolao 명 외할머니 | 年纪* niánjì 명 나이 | 心态 xīntài 명 심리 상태 | 无论 wúlùn 접 ~에도 불구하고, ~에 관계없이 | 遇到 yùdào 통 만나다 | 糟糕 zāogāo 통 엉망이 되다, 망치다 | 微笑* wēixiào 명 미소 | 面对* miànduì 통 직면하다 | 姑姑* gūgu 명 고모 | 外婆 wàipó 명 외할머니 | 舅舅* jiùjiu 명 외삼촌 | 孙女 sūnnǚ 명 손녀

|풀이| B 녹음의 '姥姥'와 보기 B '外婆'는 동의어로 모두 '외할머니'의 뜻입니다. 정답은 B입니다. 중국 북방에서 '姥姥'를 많이 사용하고, 남방에서는 '外婆'를 많이 사용합니다. 문제의 키워드를 녹음과 보기에서 동의어나 유의어로 제시하는 경우가 많으므로, 녹음을 듣고 동의어와 유의어를 바로 찾아낼 수 있도록 평소 어휘를 많이 익혀 두어야 합니다.

---

19 ★★★

女: <u>银行贷款批下来了吗?</u>	여: <u>은행 대출은 승인 났나요?</u>
男: 我刚打电话问过，那边说就差最后一项手续了。	남: 방금 전화해서 물어봤는데, 그쪽에서 마지막 절차만 남았다고 했어요.
问: 他们在谈什么?	질문: 그들은 무엇에 대해 이야기하고 있는가?
A 贷款的流程　　B 贷款的结果 C 退休的手续　　D 项目是否批准	A 대출 절차　　B 대출 결과 C 퇴직 수속　　D 프로젝트 승인 여부

贷款* dàikuǎn 图 대출하다 | 项 xiàng 엥 가지, 항목 | 手续* shǒuxù 엥 수속, 절차 | 流程 liúchéng 엥 과정 | 退休* tuìxiū 图 퇴직하다 | 项目* xiàngmù 엥 프로젝트 | 批准* pīzhǔn 图 비준하다, 허가하다

|풀이| B 이 문제의 키워드는 '贷款(대출)'입니다. 보기 C와 D는 녹음에서 언급되지 않았으므로 먼저 소거법으로 정답에서 제외합니다. 여자가 '批下来了吗?(승인 났나요?)'라며 대출의 결과를 묻고 있는 것으로 보아 가장 관련 있는 내용은 B '贷款的结果(대출 결과)'입니다.

---

20 ★★★

男: 主任，您好，我是李经理派来，专门配合您工作的。	남: 팀장님, 안녕하세요. 저는 팀장님 업무에 전담해서 협력하도록 이 부장님이 파견한 직원입니다.
女: 你来得太及时了，我同时在做好几个项目，<u>正忙得不可开交呢</u>。	여: 때맞춰 잘 왔어요. 지금 프로젝트 몇 개를 동시에 진행하느라 <u>정말 정신이 없이 바쁜 참이었어요.</u>
问: 根据对话，下列哪项正确?	질문: 대화에 근거해 다음 중 옳은 것은?
A 李经理辞职了 B 女的需要胶水 C 女的工作很繁忙 D 男的是公司主任	A 이 부장은 사직했다 B 여자는 풀이 필요하다 C 여자는 일이 바쁘다 D 남자는 회사의 팀장이다

主任* zhǔrèn 엥 주임, 책임자 | 经理 jīnglǐ 엥 책임자 | 派* pài 图 파견하다 | 专门 zhuānmén 閅 전문적으로 | 配合* pèihé 图 협력하다 | 及时 jíshí 혱 시기적절하다 | 项目* xiàngmù 엥 프로젝트 | 不可开交 bù kě kāi jiāo 엥 벗어날 방법이 없다, 해결할 수 없다 | 辞职* cízhí 图 사직하다 | 胶水* jiāoshuǐ 엥 풀 | 繁忙 fánmáng 혱 번거롭고 바쁘다

|풀이| C '不可开交'는 '得' 뒤에서 보어로만 쓰이며, 정도가 심한 것을 나타냅니다. 여자의 말 '忙得不可开交'는 '정신없이 바쁘다'라는 뜻입니다. 대화에서 남자는 팀장이 아니라 여자의 팀에 파견된 직원임을 알 수 있으며, '李经理'가 사직을 했다는 정보 역시 없으므로 A와 D는 정답이 될 수 없습니다. 녹음의 내용과 가장 일치하는 것은 C입니다.

21 ★★

女: 你们老家有什么特色小吃吗?	여: 당신 고향에는 어떤 별미가 있나요?
男: 云南的小吃种类很多, 我最喜欢鲜花饼, 既营养又好吃。	남: 윈난의 먹거리는 종류가 많아요, 저는 '꽃떡'을 제일 좋아해요, 영양도 있고 맛있어요.
女: 鲜花饼, 是真的鲜花吗?	여: '꽃떡'은 정말 꽃으로 만든 건가요?
男: 是啊, 还有鲜花做成的菜呢, 云南的鲜花宴就很有名。	남: 맞아요, 그리고 꽃으로 만든 요리도 있어요. 윈난의 '꽃 정식'도 아주 유명해요.
问: 他们在谈论什么?	질문: 그들은 무엇을 이야기하고 있는가?
A 云南的特色小吃	A 윈난의 별미
B 种植鲜花的方法	B 꽃을 재배하는 방법
C 如何有效的减肥	C 어떻게 효과적으로 다이어트하는가
D 各地的传统节日	D 각지의 전통 명절

特色* tèsè 명 특색 | 小吃 xiǎochī 명 간단한 먹거리, 간식거리 | 种类 zhǒnglèi 명 종류 | 鲜花 xiānhuā 명 생화, 꽃 | 饼 bǐng 명 과자, 전병 | 营养* yíngyǎng 명 영양 | 种植 zhòngzhí 통 재배하다 | 有效 yǒuxiào 형 효과가 있다, 유효하다 | 减肥 jiǎnféi 통 다이어트하다 | 传统* chuántǒng 명 전통 | 节日 jiérì 명 명절

| 풀이 | A 녹음 첫 부분에 정답의 근거가 되는 핵심 표현이 나오는 경우가 많으므로 처음부터 집중해서 들어야 합니다. 처음에 여자의 말 '有什么特色小吃吗?(어떤 별미가 있나요?)'를 잘 들었다면 '小吃(먹거리)'에 관한 대화를 하고 있음을 어렵지 않게 파악할 수 있습니다. 이어서 남자가 '云南的小吃(윈난의 먹거리)'라고 언급했으므로, 보기 중 내용이 일치하는 것은 A입니다. 녹음에서 '鲜花(꽃)'라는 단어가 자주 들린다고 하여 보기 B에서 '鲜花'를 보고 정답으로 고르면 함정에 빠지는 것입니다.

22 ★★

男: 你慌慌张张地在找什么呢?	남: 허둥지둥 뭘 찾고 있어?
女: 我和老师约好了, 下午请他帮我修改一下毕业论文, 但论文不见了。	여: 선생님이랑 약속 잡았거든. 오후에 선생님께 내 졸업 논문을 좀 수정해 달라고 부탁드렸는데, 논문이 없어졌어.
男: 你总是马马虎虎的, 是不是放抽屉里了?	남: 넌 항상 꼼꼼하질 못해. 서랍에 둔 거 아냐?
女: 这几个抽屉我都翻遍了, 没找到。	여: 여기 서랍들 다 뒤져 봤는데, 못 찾았어.
问: 女的在找什么?	질문: 여자는 무엇을 찾고 있는가?
A 毕业论文　　B 谈判的资料	A 졸업 논문　　B 협상 자료
C 新买的小说　D 修改好的作业	C 새로 산 소설　D 수정을 마친 과제

慌张* huāngzhāng 형 허둥대다 | 修改 xiūgǎi 통 (원고를) 고치다, 수정하다 | 毕业 bìyè 통 졸업하다 | 论文* lùnwén 명 논문 | 马马虎虎 mǎmǎhūhū 형 부주의하다, 세심하지 못하다 | 抽屉* chōuti 명 서랍 | 谈判* tánpàn 통 협상하다 | 资料* zīliào 명 자료 | 小说 xiǎoshuō 명 소설

| 풀이 | A 보기를 먼저 확인했다면, '小说' '资料' '论文' 등의 단어를 보고 어떤 '문건이나 책'에 대해 주의 깊게 들어야 함을 예상하고 준비할 수 있습니다. 남자가 여자에게 무엇을 찾고 있는지 물었고, 여자는 '论文不见了(논문이 없어졌다)'라고 대답했으므로, 정답은 A입니다. 녹음에 '修改(수정하다)'가 언급되기는 했지만, 수정하려는 것은 논문이지, '作业(숙제)'는 아닙니다.

23 ★★

女: 这次大赛的开幕式在招志愿者，你报名了吗？	**여**: 이번 대회 개막식에 자원봉사자를 모집하고 있는데, 너 신청했어?
男: 还没呢，志愿者的工作都包含哪些内容？	**남**: 아직. 자원봉사자의 업무는 어떤 내용들이 있는데?
女: 我咨询过了，主要是迎接嘉宾和做一些简单的翻译，上岗前还有一个培训。	**여**: 문의해 봤지. 주로 귀빈을 맞이하는 것과 간단한 통역을 하는 거래. 배치 전에 연수가 한번 있어.
男: 听起来挺有意义的，<u>我想尝试一下</u>。	**남**: 들어보니 의미 있을 것 같다. <u>나 한번 해 보고 싶어</u>.
问: 男的是什么意思？	**질문**: 남자는 무슨 의미인가?
A 不会做翻译	A 통역을 할 줄 모른다
B 暂时还没想好	B 우선 결정하지 못했다
C 更适合女孩儿	C 여성에게 더 적합하다
D 想报名志愿者	D 자원봉사자를 지원하고 싶다

开幕式* kāimùshì 몡 개막식 | 志愿者* zhìyuànzhě 자원봉사자 | 报名 bàomíng 통 신청하다, 지원하다 | 包含 bāohán 통 포함하다 | 咨询 zīxún 통 물어보다, 상담하다 | 上岗 shànggǎng 통 근무지로 나가다, 임무를 수행하다 | 培训* péixùn 통 훈련하다 | 迎接* yíngjiē 통 영접하다, 맞이하다 | 嘉宾* jiābīn 몡 귀빈, 귀한 손님 | 翻译 fānyì 통 번역하다, 통역하다 | 意义* yìyì 몡 의미 | 尝试* chángshì 통 시도해 보다 | 暂时 zànshí 몡 잠시 | 适合 shìhé 통 적합하다

| **풀이** | D 마지막에 남자의 '有意义(의미 있다)' '想尝试一下(해 보고 싶다)'라는 말에서 자원봉사자를 지원하고 싶어 하는 것을 알 수 있습니다. 정답은 D입니다.

✦고득점 Tip

尝 cháng 맛보다, 해 보다 + 试 shì 시도하다, 해 보다 ➡ 尝试 chángshì 시도해 보다, 경험해 보다

24 ★★

男: 公司决定年末组织员工去旅行。	**남**: 회사에서 연말에 직원들을 모아 여행 가기로 결정했어요.
女: 真的吗？咱们确实好久没有集体出去玩儿了，这次要去哪儿啊？	**여**: 정말요? 우리 정말 한참 동안 단체로 놀러 가지 않았네요. 이번에 어디로 간대요?
男: 欧洲或者东南亚，领导说下午开会，征求咱们的意见。	**남**: 유럽이나 동남아래요. 사장님이 오후에 회의를 열어서 우리 의견을 들으시겠대요.
女: 上次去的泰国，<u>这次我更想去欧洲</u>。	**여**: 지난번에 태국을 갔죠. <u>이번에 저는 유럽을 더 가고 싶어요</u>.
问: 女的最可能会选择去哪儿旅行？	**질문**: 여자는 어디로 여행 가는 것을 선택할 가능성이 가장 큰가?
A 欧洲　　　　B 泰国	A 유럽　　　　B 태국
C 南方　　　　D 东南亚	C 남방　　　　D 동남아

组织* zǔzhī 통 조직하다 | 员工 yuángōng 몡 직원 | 确实 quèshí 뷔 확실히 | 集体* jítǐ 몡 단체 | 欧洲* Ōuzhōu 몡 유럽주 | 领导* lǐngdǎo 몡 리더, 지도자, 보스 | 征求* zhēngqiú 통 (의견 등을) 구하다 | 意见 yìjiàn 몡 의견 | 东南亚 Dōngnán Yà 몡 동남아시아

| **풀이** | A 보기를 먼저 확인한 후 '장소'에 집중에서 녹음을 들어야 합니다. 여자가 마지막에 '我更想去欧洲(나는 유럽에 더 가고 싶

다)'라며 가고 싶은 여행 장소를 직접적으로 언급했습니다. 녹음에 '东南亚(동남아)'와 '泰国(태국)'도 언급되었지만 여자가 가고 싶은 곳으로 언급한 것은 아닙니다.

25 ★★★

女：我乘坐的高铁还有二十分钟就要开了，能来得及吗?
男：别着急，前面拐弯儿就到站前广场了。
女：主要是我还没取票呢。
男：高铁现在直接刷身份证就能上车，不用取票。

问：女的为什么那么着急?

　　A 车开得太慢
　　B 身份证丢了
　　C 怕赶不上高铁
　　D 路上一直堵车

여：제가 타는 고속 열차가 20분 후면 떠나는데, 제시간에 갈 수 있을까요?
남：조급해할 것 없어요. 앞에서 코너만 돌면 바로 역 앞 광장이에요.
여：중요한 건 아직 표를 받지 않은 거예요.
남：고속 열차는 이제 신분증만 찍으면 승차할 수 있어서 표 안 받아도 돼요.

질문: 여자는 왜 그렇게 초조한가?

　　A 차를 너무 천천히 몰아서
　　B 신분증을 잃어버려서
　　C 고속 열차를 놓칠까 봐
　　D 길이 계속 막혀서

乘坐 chéngzuò 圖 (탈 것에) 타다 | 高铁 gāotiě 圖 고속 열차 | 来得及 láidejí 늦지 않다 | 着急 zháojí 圖 조급해하다, 초조해하다 | 拐弯儿* guǎiwānr 圖 커브를 돌다, 방향을 틀다 | 广场* guǎngchǎng 圖 광장 | 刷 shuā (카드를) 대다, 찍다 | 身份证 shēnfènzhèng 圖 신분증 | 丢 diū 圖 잃어버리다 | 赶不上 gǎn bu shàng 제 시간에 댈 수 없다 | 一直 yìzhí 圖 계속 | 堵车 dǔchē 圖 차가 막히다, 교통이 체증되다

| 풀이 | C 녹음 첫마디에 나오는 '能来得及吗?(제시간에 갈 수 있을까요?)'가 여자의 심정을 유추할 수 있는 핵심 표현입니다. '高铁(고속 열차)'가 20분 후면 떠나고, '还没取票(표도 받지 못했다)'라고 하는 여자의 말에서 열차를 놓칠까 봐 초조해하는 것을 알 수 있습니다.

26 ★★

男：我以前就住在这个胡同里，真怀念那时的日子。
女：那后来为什么搬出去了呢?
男：毕业后，这儿离工作单位太远了，所以就在市区买了套房子。
女：原来是这样啊。

问：男的为什么搬家了?

　　A 上学距离远
　　B 出国留学了
　　C 公司在市内
　　D 胡同拆迁了

남：저 예전에 바로 이 골목에 살았어요. 정말 그때 시절이 그립네요.
여：그럼 나중에 왜 이사를 가셨어요?
남：졸업하고 직장이랑 거리가 너무 멀어서 시내에 집을 샀죠.
여：그렇군요.

질문: 남자는 왜 이사를 갔는가?

　　A 등교할 때 거리가 멀었다
　　B 외국으로 유학을 갔다
　　C 회사가 시내에 있었다
　　D 골목이 철거되었다

胡同* hútòng 圖 골목 | 怀念* huáiniàn 圖 그리워하다 | 搬(家) bān(jiā) 圖 이사하다 | 单位 dānwèi 圖 직장, 기관, 단체 | 市区 shìqū 圖 시내 지역 | 距离 jùlí 圖 거리 | 留学 liúxué 圖 유학하다 | 拆迁 chāiqiān 圖 철거하고 다른 곳으로 옮기다

풀이 | C 남자의 말 '这儿离工作单位太远了，所以就在市区买了套房子'에서 정답을 찾을 수 있습니다. 직장이랑 거리가 멀어서 시내에 집을 샀다는 내용으로 볼 때, 회사가 시내에 있었다는 것을 알 수 있습니다. 이처럼, '所以' 뒤에는 정답의 단서가 되는 문장이 자주 등장하니 주의해서 들어야 합니다.

27 ★★

女：你好，我想挂皮肤科的专家号。	여: 안녕하세요. 피부과 특진 접수하려고요.
男：抱歉，今天专家预约已经满了。	남: 죄송합니다. 오늘 특진 예약은 이미 마감되었습니다.
女：那请帮我挂一个普通号吧。	여: 그러면 일반으로 접수해 주세요.
男：好的，麻烦您把身份证给我一下。	남: 네, 신분증 좀 주세요.
问：根据对话下列哪项正确？	질문: 대화에 근거해 다음 중 옳은 것은?
A 女的在医院	A 여자는 병원에 있다
B 专家今天休息	B 오늘은 전문의가 쉬는 날이다
C 挂号需要排队	C 접수할 때 줄을 서야 한다
D 男的没带身份证	D 남자는 신분증을 가져오지 않았다

挂号* guàhào 图 접수하다 | 皮肤科 pífūkē 閱 피부과 | 专家* zhuānjiā 閱 전문가 | 预约 yùyuē 图 예약하다 | 普通 pǔtōng 閱 보통이다 | 麻烦 máfan 图 귀찮게 하다, 폐를 끼치다 | 身份证 shēnfènzhèng 閱 신분증 | 排队 páiduì 图 줄을 서다

풀이 | A 대화를 통해 알 수 있는 '사실 여부'를 묻는 문제 유형은 보기와 녹음을 하나씩 대응해서 답을 찾아야 합니다. '皮肤科(피부과)' '挂号(접수하다)' '预约已经满了(예약이 꽉 찼다)' 등의 표현을 통해 대화가 병원에서 이루어지고 있음을 알 수 있습니다. 정답은 A입니다. '挂号'는 이합사로 특진 외래 접수는 '挂专家号', 일반 외래 접수는 '挂普通号'라고 표현합니다.

28 ★★★

男：妈，这次比赛的决赛在我们市体育场举行了，我想买票去现场看。	남: 엄마, 이번 경기의 결승전은 우리 시 체육관에서 개최한대요. 표를 사서 현장에서 보고 싶어요.
女：电视上不是有直播吗？在家看也没什么区别。	여: TV에서 생중계하잖아. 집에서 봐도 별 차이 없어.
男：那能一样吗？现场的气氛更激烈、更刺激。	남: 그게 같을 수 있어요? 현장 분위기가 더 열띠고 더 흥분돼요.
女：好吧，那趁这个机会，全家人一起去看吧。	여: 좋아, 그럼 이번 기회에 온 가족이 함께 보러 가자.
问：男的为什么想去现场看比赛？	질문: 남자는 왜 현장에 가서 경기를 보고 싶은가?
A 现场气氛好	A 현장 분위기가 좋다
B 电视不直播	B TV에서 생중계하지 않는다
C 想和家人一起看	C 가족들과 함께 보고 싶다
D 家里网络信号差	D 집에 인터넷 신호가 좋지 않다

决赛* juésài 閱 결승전 | 现场 xiànchǎng 閱 현장 | 直播 zhíbō 图 생중계하다 | 气氛* qìfēn 閱 분위기 | 激烈* jīliè 閱 격렬하다 | 刺激* cìjī 图 자극하다, 흥분시키다 | 趁* chèn 께 (때·기회를) 이용해서 | 网络* wǎngluò 閱 인터넷 | 信号* xìnhào 閱 신호

풀이 | A 대화와 질문을 끝까지 다 듣고 답을 선택해야 실수를 피할 수 있습니다. 남자의 심정을 묻고 있는데, 남자는 현장의 분위기를 '激烈(격렬하다)' '刺激(흥분시키다)' 등의 단어로 묘사했으므로 A가 답으로 적절합니다. 보기 C '想和家人一起看(가족들과 함께 보고 싶다)'의 경우 여자의 생각이지 남자의 생각이 아니므로 이는 함정입니다. 또한 여자의 말 '电视上不是有直播吗?(TV에서 생중계하잖아)'는 반어문 형식 '不是……吗?'를 사용한 강조 표현으로, B의 내용과 일치하지 않습니다.

29 ★★★

女: 您好，请问您要办理什么业务？
男: 我想重新设置一下手机银行的密码。
女: 您可以直接用手机应用或打客服电话办理，不需要排队等候。
男: 好的，谢谢。

问: 男的想办理哪项业务？

 A 更换手机套餐
 B 下载手机应用
 C 购买大流量包
 D 修改电子银行密码

여: 안녕하세요, 고객님 무슨 일로 오셨나요?
남: 저는 모바일 뱅킹의 비밀번호를 다시 설정하고 싶어요.
여: 휴대폰 앱을 이용하거나 고객센터로 전화하셔서 처리하시면 됩니다. 줄서서 기다리실 필요 없어요.
남: 네, 감사합니다.

질문: 남자는 어떤 업무를 처리하고 싶어하는가?

 A 휴대폰 요금제를 변경하다
 B 휴대폰 앱을 다운로드하다
 C 대용량 데이터를 구매하다
 D 온라인 뱅킹 비밀번호를 변경하다

业务* yèwù 몡 업무 | 设置 shèzhì 동 설치하다, 설정하다 | 密码 mìmǎ 몡 비밀번호 | 更换 gēnghuàn 동 변경하다 | 应用* yìngyòng 몡 애플리케이션, 앱 | 客服 kèfú 몡 고객 서비스 ['客户服务'의 준말] | 办理* bànlǐ 동 처리하다 | 排队 páiduì 동 줄을 서다 | 等候 děnghòu 동 기다리다 | 手机套餐 shǒujī tàocān 휴대폰 요금제 | 下载* xiàzài 동 다운로드하다 | 购买 gòumǎi 동 구매하다 | 流量包 liúliàng bāo 몡 데이터 패키지 | 修改 xiūgǎi 동 고치다 | 电子银行 diànzǐ yínháng 몡 온라인 뱅킹

| 풀이 | D 남자가 '想重新设置一下手机银行的密码(모바일 뱅킹 비밀번호를 다시 설정하고 싶다)'라며 처리하고 싶은 업무를 직접적으로 언급했습니다. 여기서 '手机银行(모바일 뱅킹)'과 '电子银行(온라인 뱅킹)'은 같은 맥락에서 이해할 수 있으므로 정답은 D입니다. '流量(데이터)' '套餐(요금제)' 등 전자·IT 관련 용어들이 종종 출제되므로 관련 어휘를 잘 익혀두는 것이 중요합니다.

30 ★★★

男: 你小时候的梦想是什么啊？
女: 我那时想当一名模特儿，穿各种时髦的衣服。
男: 你个子高，身材确实也很适合，那后来为什么没走这条路呢？
女: 因为在一次练习中，我小腿的肌肉拉伤了，当时承受了很大压力，所以就放弃了。

问: 关于女的可以知道什么？

 A 是一名模特
 B 胳膊摔伤了
 C 无奈放弃了梦想
 D 身体恢复得很好

남: 어렸을 때의 꿈이 무엇이었나요?
여: 그때는 모델이 되어서 많은 트렌디한 옷을 입고 싶었어요.
남: 당신은 키도 크고 몸매도 확실히 모델로서 적당하시네요. 그럼 나중에 왜 그 길로 가지 않았나요?
여: 연습하다가 한 번은 제 종아리 근육 인대가 늘어났어요. 그때 너무 큰 스트레스를 받았고, 그래서 포기했죠.

질문: 여자에 관하여 무엇을 알 수 있는가?

 A 모델이다
 B 팔을 다쳤다
 C 부득이하게 꿈을 포기했다
 D 몸이 잘 회복되었다

模特* mótè 몡 모델 | 时髦* shímáo 휑 유행이다, 현대적이다 | 身材* shēncái 몡 몸매, 몸집 | 适合 shìhé 동 적절하다, 적합하다 | 腿 tuǐ 몡 다리 | 肌肉* jīròu 몡 근육 | 承受* chéngshòu 동 견디다, 감당하다 | 压力 yālì 몡 스트레스 | 放弃 fàngqì 동 포기하다 | 胳膊 gēbo 몡 팔 | 摔 shuāi 동 넘어지다 | 无奈* wúnài 동 할 수 없다, 부득이하다 | 梦想* mèngxiǎng 몡 꿈, 소원 | 恢复 huīfù 동 회복하다

| 풀이 | C 대화 마지막 부분 '因为 A 所以 B(A 때문에 B 하다)' 구문에서 정답을 찾을 수 있는 핵심 내용이 나왔습니다. 여자가 '所以 就放弃了(그래서 포기했다)'라며 '肌肉拉伤(인대가 늘어나는)' 부상 때문에 모델 꿈을 포기했다고 밝혔고, 보기 C에 '放弃了 (포기했다)'가 그대로 제시되었습니다. 현재가 아니라 어릴 때의 꿈이 모델(模特儿)이었고, 팔(胳膊)이 아니라 종아리(小腿)를 다쳤다고 했으므로, A와 B는 정답이 아닙니다. D의 내용 또한 녹음에서 언급되지 않았으므로 정답이 될 수 없습니다.

31-32

第31到32题是根据下面一段话:

　　与一般植物不同，木兰的生长有些特殊，³¹它是先开花后长叶的。这是因为木兰的花芽和叶芽是分开的，³²花芽在低温下即可开花，而叶芽要求的温度则比较高。因此在初春时花芽就逐渐长大并且开花。但对于叶芽来说，这时的气温还太低，不能满足它的生长需要，之后随着气温逐渐升高，它才会慢慢长出叶子。

31~32번 문제는 다음 내용에 근거한다.

　　일반적인 식물과 달리, 목란꽃의 성장은 좀 특별하다. ³¹목란은 꽃을 먼저 피우고 잎이 난다. 이는 목란의 꽃눈과 잎눈은 분리되어 있는데, ³²꽃눈은 낮은 온도에서 필 수 있지만, 잎눈이 필요로 하는 온도는 비교적 높기 때문이다. 그래서 초봄부터 꽃눈은 점차 자라고 또 꽃을 피우지만 잎눈으로서는 이때 온도는 너무 낮아서 그 성장 조건을 충족시키지 못한다. 후에 기온이 점차 높아지면서 잎눈도 비로소 천천히 잎이 돋아난다.

植物 zhíwù 몡 식물 | 特殊* tèshū 혱 특별하다 | 开花 kāihuā 통 꽃이 피다 | 叶(子) yè(zi) 몡 잎 | 花芽 huāyá 몡 꽃눈 | 叶芽 yèyá 잎눈 | 要求 yāoqiú 통 요구하다 | 比较 bǐjiào 뿐 비교적 | 逐渐* zhújiàn 뿐 점차 | 并且 bìngqiě 젭 그리고 | 满足* mǎnzú 혱 만족하다, 만족시키다 | 随着 suízhe 통 ~에 따르다 | 升高 shēnggāo 통 높아지다, 상승하다

31 ★★

为什么说木兰的生长有些特殊?	왜 목란의 성장이 좀 특별하다고 하는가?
A 不能开花	A 꽃을 못 피운다
B 不易凋谢	B 쉽게 시들지 않는다
C 先开花后长叶	C 꽃 먼저 피고 잎이 나중에 난다
D 需要每天浇水	D 매일 물을 줘야 한다

凋谢 diāoxiè 통 (초목·꽃잎이) 시들어 떨어지다 | 浇水 jiāoshuǐ 통 물을 뿌리다

| 풀이 | C 설명문은 많은 정보를 포함하고 있으므로, 녹음을 듣기 전 반드시 보기를 먼저 확인하고, 녹음을 들으면서 키워드나 핵심 표현을 간략하게 메모하는 것이 좋습니다. 녹음에서 '它是先开花后长叶的(목란은 꽃을 먼저 피우고 잎이 난다)'라며 목란의 특징을 설명했고, C의 '先开花后长叶'와 내용이 일치합니다.

32 ★★

木兰的特殊生长情况与什么有关?		목란의 특수한 생장 상황은 무엇과 관련이 있는가?	
A 温度	B 光照	A 온도	B 일조
C 湿润程度	D 土壤质量	C 습윤한 정도	D 토양의 질

湿润* shīrùn 혱 습윤하다, 축축하다 | 程度* chéngdù 몡 정도 | 土壤 tǔrǎng 몡 토양 | 质量 zhìliàng 몡 질, 품질

| 풀이 | A 녹음에서 역접 접속사 '而'을 사용해 '花芽(꽃눈)'과 '叶芽(잎눈)'를 비교 설명했습니다. '花芽(꽃눈)'은 저온 환경에서 필 수 있지만 '叶芽(잎눈)'은 좀 더 높은 온도를 필요로 한다고 언급했으므로 '温度(온도)'가 특수한 생장 상황의 주요 요소라는 것을 알 수 있습니다. 정답은 A입니다.

33-35

第33到35题是根据下面一段话：

³³叠音是指音节的重复，是一种常见的语言形式，比如"明明"、"宝宝"等。³⁴这种语言形式可以传递给我们亲密、温暖的感觉，且普遍存在于日常称呼语和网络语言之中。叠音也广泛用于婴幼儿的语言中，如"吃饭饭"、"睡觉觉"。在婴幼儿语言发展的特定阶段，家长与其交流时使用叠音，有助于婴幼儿语言能力的发展。但是³⁵婴幼儿可以相对连贯地说出句子时，家长如果仍然过多地使用叠音词，其积极作用就会消失，甚至产生负面影响。

33~35번 문제는 다음 내용에 근거한다.

³³중첩음은 음절의 반복을 말한다. 흔히 볼 수 있는 언어 형식으로, 예를 들면 '밍밍' '바오바오' 등이 있다. ³⁴이런 언어 형식은 우리에게 친밀하고 따뜻한 느낌을 전달할 수 있다. 그리고 일상에서의 호칭과 인터넷 용어에 많이 사용한다. 중첩음은 또 유아 언어에서 널리 사용되고 있는데, 예를 들면 '맘마 먹자' '코코 자자'와 같은 경우다. 유아 언어 발전의 특정 단계에서 부모가 아기와 소통할 때 중첩음을 사용하면 유아의 언어 능력 발전에 도움이 된다. 그러나 ³⁵유아가 상대적으로 연결된 단어로 문장을 말할 수 있을 때, 부모들이 만약 여전히 중첩음을 사용하면 이의 긍정적인 효과는 사라지고 심지어 부정적인 영향이 나타날 수 있다.

音节 yīnjié 몡 음절 | 重复* chóngfù 동 중복하다, 반복하다 | 形式* xíngshì 몡 형식 | 比如 bǐrú 젭 예를 들면 | 传递 chuándì 동 전달하다 | 亲密 qīnmì 혱 친밀하다 | 温暖* wēnnuǎn 혱 따뜻하다 | 普遍 pǔbiàn 혱 보편적이다, 널리 퍼져 있다 | 存在* cúnzài 동 존재하다 | 称呼* chēnghu 몡 호칭 | 广泛* guǎngfàn 혱 광범위하다 | 发展 fāzhǎn 동 발전하다 | 特定 tèdìng 혱 특정한 | 阶段* jiēduàn 몡 단계 | 交流 jiāoliú 동 교류하다 | 有助于 yǒuzhùyú ~에 도움이 되다 | 仍然 réngrán 뮈 여전히 | 积极 jījí 혱 적극적인, 긍정적인 | 作用 zuòyòng 몡 작용, 영향 | 消失* xiāoshī 동 사라지다 | 甚至 shènzhì 젭 심지어 | 负面 fùmiàn 몡 부정적인 면

33 ★★

下列哪项属于叠音？

A 小明　　　　　B 姥姥
C 亲戚　　　　　D 孩子

다음 중 중첩음에 속하는 것은?

A 샤오밍　　　　B 외할머니
C 친척　　　　　D 아이

姥姥* lǎolao 몡 외할머니 | 亲戚 qīnqī 몡 친척

풀이 | B 녹음 앞부분에서 '叠音(diéyīn)'은 음절의 반복(音节的重复)이라고 말했는데, 보기에서 같은 음절이 반복되는 것은 '姥姥' 밖에 없으므로 정답은 B입니다. '叠(dié)'는 '중첩하다, 중복하다'라는 뜻의 동사로, '叠音'은 '중첩음'을 말합니다. 생소한 어휘가 등장하더라도 앞뒤 내용을 파악하면 그 뜻을 유추할 수 있습니다.

34 ★★★

叠音会给人们带来什么样的感觉？

A 温馨　　　　　B 冷漠
C 激情　　　　　D 可爱

중첩음은 사람들에게 어떤 느낌을 줄 수 있는가?

A 따스함　　　　B 냉정함
C 격정적임　　　D 귀여움

温馨 wēnxīn 혱 온화하고 향기롭다, 따스하다 | 冷漠 lěngmò 혱 냉담하다 | 激情 jīqíng 몡 열정, 격정 | 可爱 kě'ài 귀엽다

풀이 | A 두 번째 밑줄 친 부분에서 '传递给我们亲密、温暖的感觉(우리에게 친밀하고 따뜻한 느낌을 준다)'라고 중첩음에 대해 설명했습니다. '亲密' '温暖'과 의미가 통하는 것은 보기 A의 '温馨(따스함)'입니다. '温馨'의 정확한 뜻을 몰라도 '冷漠' '激情' 등 확실히 아닌 보기를 먼저 소거하면서 정답을 찾을 수 있습니다.

哪种情况下，家长使用叠音可能会对婴幼儿产生负面作用?	어떤 상황에서 부모가 중첩음을 사용하면 유아에게 부정적인 영향이 나타나는가?
A 情绪不好时	A 기분이 좋지 않을 때
B 上幼儿园后	B 유치원에 다닌 후
C 学习外语时	C 외국어를 배울 때
D 能组织语言时	D 문장을 구성할 수 있을 때

情绪* qíngxù 명 기분 | 幼儿园* yòu'éryuán 명 유치원 | 组织* zǔzhī 통 조직하다, 구성하다

| 풀이 | D 녹음 앞부분에서 중첩음의 긍정적인 효과를 설명하다가 뒤에서 전환 접속사 '但是'를 사용해 '可以相对连贯的说出句子时(상대적으로 연결된 단어로 문장을 말할 수 있을 때)' 중첩음을 사용하면 부정적인 영향이 나타날 수 있다고 언급했습니다. 보기 중 가장 관련 있는 내용은 D입니다.

第36到38题是根据下面一段话:

　　一位父亲，36在公司受到了老板的批评，回到家把儿子臭骂了一顿。儿子觉得委屈就踢了一下身边的猫，猫逃到街上，一辆汽车正好开过来，司机为了避让这只猫，把路边的行人撞伤了。这就是心理学上著名的"踢猫效应"。37根据"踢猫效应"负能量是可以传染的，而且它一般是由地位高的传向地位低的，由强者传向弱者，沿着社会关系的链条依次传递的。在现代社会中，人们工作与生活的压力越来越大。38如果不能及时调整心态，就会身不由己地变成踢猫的一员。

36～38번 문제는 다음 내용에 근거한다.

　　한 아빠가 36회사에서 사장의 질책을 받고 집에 돌아와서는 아들을 엄청 혼냈다. 아들은 억울해서 옆에 있는 고양이를 걷어찼다. 고양이는 거리로 도망갔다. 이때 마침 자동차가 지나가고 있었는데, 운전자는 이 고양이를 피하려다 길가의 행인을 치어서 다치게 했다. 이것이 바로 심리학에서 유명한 '고양이 킥 효과'이다. 37'고양이 킥 효과'에 따르면 부정적인 에너지는 전염될 수 있고, 일반적으로 높은 지위로부터 낮은 지위로, 강자로부터 약자로, 사회관계 고리를 따라서 순서대로 전달된다. 현대 사회에서 사람들의 업무와 생활 스트레스는 갈수록 커진다. 38만약 제때에 심리 상태를 조정하지 못하면, 우리는 자기도 모르게 '고양이 킥'을 하는 일원이 될 것이다.

老板 lǎobǎn 명 사장 | 批评 pīpíng 통 질책하다 | 臭骂 chòumà 통 호되게 꾸짖다 | 委屈* wěiqu 형 억울하다 | 逃* táo 통 도망치다 | 避让 bìràng 통 피하다 | 撞* zhuàng 통 부딪치다 | 著名 zhùmíng 형 유명하다 | 效应 xiàoyìng 명 효과 | 负能量 fù néngliàng 부정적 에너지 | 传染* chuánrǎn 통 전염하다 | 地位* dìwèi 명 지위 | 强者 qiángzhě 명 강자 | 弱者 ruòzhě 명 약자 | 沿着 yánzhe 개 ~을 따라서 | 链条 liàntiáo 명 체인 | 依次 yīcì 통 순서에 따르다 | 传递 chuándì 통 전달하다 | 压力 yālì 명 스트레스 | 及时 jíshí 형 제때에 | 调整 tiáozhěng 통 조정하다 | 身不由己 shēn bù yóu jǐ 성 무의식적으로, 자기도 모르게

父亲为什么骂儿子?	아빠는 왜 아들을 혼냈는가?
A 猫逃跑了	A 고양이가 도망갔다
B 孩子不听话	B 아이가 말을 듣지 않았다
C 被上司批评了	C 상사에게 질책을 받았다
D 被公司辞退了	D 회사에서 해고당했다

逃跑 táopǎo 통 도망가다 ┃ 上司 shàngsi 명 상사 ┃ 辞退 cítuì 통 해고하다

┃ 풀이 ┃ C 녹음 첫 부분의 '在公司受到了老板的批评(회사에서 사장의 질책을 받았다)'과 보기 B의 '被上司批评了(상사에게 질책을 받았다)'의 내용이 서로 일치하므로 정답은 B입니다. 아빠가 해고당했다는 정보는 녹음에서 언급되지 않았고, '猫逃跑了(고양이가 도망갔다)' 또한 아이가 고양이를 찬 다음 일어난 일입니다.

37 ★★

对踢猫效应，可以知道什么？	고양이 킥 효과에 대해 알 수 있는 것은?
A 是不可避免的	A 피할 수 없는 것이다
B 是依次传递的	B 차례대로 전달된다
C 能改善人际关系	C 인간관계를 개선할 수 있다
D 上司的脾气都不好	D 상사들은 다 성격이 안 좋다

避免* bìmiǎn 통 피하다 ┃ 依次 yīcì 통 순서에 따르다 ┃ 传递 chuándì 통 전달하다 ┃ 改善* gǎishàn 통 개선하다 ┃ 人际关系 rénjì guānxì 명 대인관계, 인간관계 ┃ 脾气 píqi 명 성격

┃ 풀이 ┃ B 녹음에서 '沿着社会关系的链条依次传递的(사회관계 고리를 따라서 순서대로 전달된다)'라고 언급했으므로 B의 내용과 일치합니다. 문제의 키워드인 '依次传递的'가 보기에 그대로 제시되었습니다.

38 ★★

根据这段话，我们应该怎么做？	이 글에 따르면 우리는 어떻게 해야 하는가?
A 及时缓解压力	A 제때 스트레스를 해소한다
B 要热爱小动物	B 동물을 사랑해야 한다
C 遵守交通规则	C 교통 규칙을 준수한다
D 应该看到别人的长处	D 다른 사람의 장점을 봐야 한다

缓解* huǎnjiě 통 완화시키다, 개선시키다 ┃ 压力 yālì 명 스트레스 ┃ 热爱* rè'ài 통 열렬히 사랑하다 ┃ 遵守* zūnshǒu 통 준수하다 ┃ 交通规则 jiāotōng guīzé 명 교통 규칙 ┃ 长处 chángchu 명 장점

┃ 풀이 ┃ A 듣기 문제에서 '주제'가 주로 등장하는 위치는 설명문의 경우 녹음의 첫 부분, 논설문의 경우 녹음의 끝부분입니다. 녹음 마지막 부분에서 업무와 생활의 스트레스가 갈수록 커지므로(工作与生活的压力越来越大) 제때 풀지 못하면 '고양이 킥' 효과의 일원이 될 수 있다(会身不由己地变成踢猫的一员)라고 언급한 것으로 보아, '스트레스를 제때에 풀어야 한다'는 것이 화자의 논점입니다.

39-41

第39到41题是根据下面一段话：

　　每次飞行中，无论座位上是坐满了人，还是只坐了百分之五十，³⁹航空公司的总成本，几乎都是固定的，所以每一个航空公司总是尽力填满每一个座位。⁴¹根据统计，平均每一趟航程中，大约有百分之五预定了机票的乘客会退票改签甚至误机。于是，为了填补这些空缺

39~41번 문제는 다음 내용에 근거한다.

　　매번 비행 중에 자리에 승객이 가득 찼든 50%만 찼든 ³⁹항공사의 총비용은 거의 고정적이다. 그래서 모든 항공사들은 늘 최선을 다하여 모든 자리를 채우려고 한다. ⁴¹통계에 따르면, 평균 한 번의 운항에서 항공권을 예약한 승객 중 대략 5%는 환불하고 표를 변경하거나 심지어 비행기를 놓친다. 그래서 이 빈자리를 메워 이윤을 극대화하기 위해 ⁴⁰항공사들은 항공권을 5% 초과 판매한다.

最大程度的增加利润，⁴⁰航空公司会超售百分之五的机票，如果最后出现因没有座位而导致乘客无法登机的情况，航空公司会付给那些无法登机的乘客一定的赔偿。相比于超售机票所带来的利润，这个赔偿根本不值一提。

만약 마지막에 자리가 없어서 탑승객이 타지 못하는 상황을 초래한다면, 항공사는 탑승하지 못한 승객에게 어느 정도의 배상을 한다. 초과 판매가 가져온 이윤에 비하면, 이 배상액은 말할 거리도 안 된다.

无论 wúlùn 접 ~에 관계없이 | 座位 zuòwèi 명 좌석 | 成本 chéngběn 명 원가 | 几乎 jīhū 부 거의 | 固定 gùdìng 형 고정된 | 尽力 jìnlì 동 힘을 다하다, 전력을 다하다 | 预定 yùdìng 동 예정하다 | 退票 tuìpiào 동 표를 환불하다 | 改签* gǎiqiān 표를 변경하다 | 误机 wùjī 비행기를 놓치다 | 填补 tiánbǔ 동 메우다, 보충하다 | 空缺 kòngquē 명 공석 | 利润* lìrùn 명 이윤 | 导致* dǎozhì 동 초래하다 | 登机 dēngjī 탑승하다 | 情况 qíngkuàng 명 상황 | 赔偿 péicháng 배상하다 | 不值一提 bù zhí yì tí 성 언급할 가치가 없다

---

39 ★★

关于航空公司每次飞行的总成本，可以知道什么?

A 基本相同　　　　B 差异很大
C 变化无常　　　　D 不能估计

항공사가 매번 운항하는 총비용에 관하여 무엇을 알 수 있는가?

A 기본적으로 같다　　　B 차이가 매우 크다
C 변화무상하다　　　　D 예측할 수 없다

基本* jīběn 부 기본적으로 | 相同 xiāngtóng 형 서로 같다 | 差异 chāyì 명 차이 | 变化无常 biànhuà wúcháng 성 변화무상하다 | 估计 gūjì 동 예측하다

| 풀이 | A 녹음 앞부분 '总成本(총비용)'에 관한 내용에서 '几乎都是固定的(거의 고정적이다)'라고 언급했으므로, 가장 일치하는 내용은 보기 A '基本相同(기본적으로 같다)'입니다.

---

40 ★★

航空公司一般会采取什么措施来增加利润?

A 裁员　　　　　　B 超售机票
C 增加航班　　　　D 取消飞机餐

항공사는 일반적으로 어떤 조치를 취해서 이윤을 증가시키는가?

A 인력을 감축한다　　　B 항공권을 초과 판매한다
C 항공편을 늘린다　　　D 기내식을 취소한다

裁员 cáiyuán 동 감원하다, 인원을 줄이다 | 超售 chāo shòu 초과 판매 | 增加 zēngjiā 동 증가하다, 늘리다 | 航班 hángbān 명 항공편 | 取消* qǔxiāo 동 취소하다 | 飞机餐 fēijīcān 기내식

| 풀이 | B '为了A(목적), B(행동)' 구문은 'A 하기 위하여 B 하다'의 의미를 나타냅니다. 항공사들은 이윤을 극대화하기 위해(为了……最大程度的增加利润) 5%의 항공권을 초과 판매한다(超售百分之五的机票)고 했으므로, 보기 중 가장 관련 있는 내용은 B입니다. A, C, D는 녹음에서 언급되지 않은 내용입니다.

---

41 ★★★

根据这段话，下列哪项正确?

A 天气影响起降
B 供求影响价格
C 推进新能源建设
D 退票改签很常见

이 글에 따르면 다음 중 옳은 것은?

A 날씨는 비행기 이착륙에 영향을 미친다
B 공급과 수요가 가격에 영향을 미친다
C 대체 에너지 건설을 추진한다
D 티켓 환불과 변경은 흔하다

起降 qǐjiàng 통 (비행기가) 이착륙하다 | 供求 gōngqiú 명 공급과 수요 | 价格 jiàgé 명 가격 | 推进 tuījìn 통 추진하다 | 新能源 xīnnéngyuán 명 새로운 애너지, 대체 에너지 | 建设* jiànshè 통 창립하다, 건설하다 | 常见 chángjiàn 통 자주 보다, 흔히 있다

| 풀이 | D 보기 중 A, B, C는 모두 상식적으로는 그럴듯하지만 녹음에서 언급한 내용이 아닙니다. 녹음에서 '大约有百分之五预定了机票的乘客会退票改签(항공권을 예약한 승객 중 대략 5%는 환불하고 표를 변경한다)'이라고 한 것으로 보아 이런 현상이 '흔히 있다(常见)'는 것을 알 수 있습니다. 키워드인 '退票改签'이 보기 D에 그대로 제시되었습니다.

듣기

42-43

第42到43题是根据下面一段话:

有一次，剧院正在上演《三国演义》这部话剧，曹操在台上一拍桌子喊道："库吏在哪里？"出演库吏的话剧演员，原以为这里没有自己的戏份便摘了假胡子，在后台吃包子。听到曹操喊自己，42他急急忙忙地上了台，但忘了把假胡子戴上，曹操一看他下巴处光溜溜的，又大喊道："你是库吏的儿子吧？快叫你父亲过来。"43库吏这才发现了自己的失误，连忙下台把假胡子带好再上来，台下的观众都没有看出来这个失误，表演也顺利完成了。

42~43번 문제는 다음 내용에 근거한다.

한 번은 극장에서 〈삼국연의〉 연극을 하고 있었다. 무대에서는 조조가 탁자를 두드리며 외쳤다. "창고 담당 관리는 어디 있는가?" 창고 담당 관리 역할의 연극배우는 이 대목에 자기의 출연 분량이 없다고 생각해서 가짜 수염을 떼고 무대 뒤에서 만두를 먹고 있었다. 조조가 자신을 부르는 것을 듣고 42그는 허둥지둥 무대에 올라섰다. 그런데 가짜 수염을 붙이는 것을 깜빡했다. 조조는 그의 턱이 반들반들한 것을 보고 또 큰소리로 외쳤다. "네놈은 창고 관리의 아들이구나. 빨리 네 아비를 불러오너라." 43 창고 관리는 그제서야 자신의 실수를 알고 허둥지둥 무대를 내려가서 가짜 수염을 붙이고 돌아왔다. 무대 아래에 있던 관객들은 이 실수를 알아채지 못했고 공연도 순조롭게 끝났다.

剧院 jùyuàn 명 극장 | 上演 shàngyǎn 통 공연하다 | 三国演义 Sānguó Yǎnyì 〈삼국연의〉 [나관중이 쓴 장편소설] | 话剧 huàjù 명 연극 | 曹操 Cáo Cāo 고유 조조 [인명] | 喊* hǎn 통 큰 소리로 부르다 | 库吏 kùlì 명 창고를 지키는 사람 | 出演 chūyǎn 통 출연하다 | 演员 yǎnyuán 명 배우, 출연자 | 摘* zhāi 통 떼다, 벗다 | 胡子 húzi 명 수염 | 包子 bāozi 명 만두 | 急急忙忙 jíjí mángmáng 형 허둥지둥, 서둘러 | 下巴 xiàba 명 턱 | 光溜溜 guāngliūliū 형 매끈매끈한 모양 | 失误 shīwù 명 실수 | 连忙* liánmáng 부 급히, 재빨리 | 表演 biǎoyǎn 명 공연 | 顺利 shùnlì 형 순조롭다

42 ★★★

听到"曹操"喊自己，扮演库吏的演员有什么表现？

A 惊喜   B 慌张

C 严肃   D 没答应

'조조'가 자신을 불렀을 때 창고 담당 관리 역할을 맡은 배우는 어떻게 행동했는가?

A 놀라면서 기뻐했다   B 허둥댔다

C 엄숙했다   D 대답하지 않았다

扮演 bànyǎn 통 ~의 역을 맡아하다 | 惊喜 jīngxǐ 놀라고도 기뻐하다 | 慌张* huāngzhāng 형 당황하다, 허둥대다 | 严肃* yánsù 형 엄숙하다 | 答应* dāying 통 대답하다, 응답하다

| 풀이 | B 조조가 부르는 것을 듣고, '他急急忙忙地上了台(그는 허둥지둥 무대에 올랐다)'라며 창고 담당 관리 역을 맡은 배우의 행동을 묘사했습니다. 표현으로 보아 매우 '허둥댔다'는 것을 알 수 있습니다. 녹음 속 '急急忙忙(허둥지둥)'이 보기 B에서 '慌张(허둥대다)'으로 표현되었습니다. 정답은 B입니다.

43 ★★

这段话中的"失误"指的是什么?	이 이야기에서 '실수'는 무엇을 가리키는가?
A 认错人了	A 사람을 잘못 알아봤다
B 忘记台词	B 대사를 잊어버렸다
C 没戴假胡子	C 가짜 수염을 붙이지 않았다
D 有观众离场	D 극장을 떠난 관객이 있다

认错 rèncuò 통 잘못 보다 | 忘记 wàngjì 통 잊다, 망각하다 | 台词 táicí 몡 대사 | 戴 dài 통 착용하다 | 胡子 húzi 몡 수염 | 观众 guānzhòng 몡 관중

| 풀이 C '忘了把假胡子戴上(가짜 수염 붙이는 것을 잊었다)'과 '连忙下台把假胡子带好再上来(급히 무대를 내려가서 가짜 수염을 붙이고 돌아왔다)' 이 두 부분에서 조조의 부름에 창고 관리역을 맡은 배우가 가짜 수염을 착용하지 않고 무대에 올라갔다는 것을 알 수 있습니다. 보기 C의 내용과 일치합니다.

44-45

第44到45题是根据下面一段话:

　　不少上班族有自带午餐的习惯,从健康的角度考虑,午餐的食物分配最好是一二三比例,六分之一是肉或蛋类,六分之二是蔬菜,44六分之三是米饭或面食。而且上班族的早上时间都比较紧张,他们一般会在前一天晚上准备好第二天的午餐,所以怎么保证营养是关键,营养专家建议,45将菜烹调至七八分熟。这样可以减少第二天微波加热时营养成分被破坏。

44~45번 문제는 다음 내용에 근거한다.

　　많은 직장인들이 점심을 싸 오는 습관이 있다. 건강의 측면에서 생각하면 점심식사 때 음식물 배합은 123 비율이 제일 좋다. 6분의 1은 고기 혹은 달걀류, 6분의 2는 채소, 446분의 3은 쌀밥 혹은 밀가루 음식이다. 게다가 직장인들의 아침 시간은 바쁜 편이라 일반적으로 전날 저녁에 이튿날의 점심을 준비해두기 때문에 어떻게 영양을 확보하는지가 관건이다. 영양 전문가는 45요리를 70~80%만 익히면 이튿날 전자레인지로 가열할 때 영양 성분이 파괴되는 것을 줄일 수 있다고 건의한다.

上班族 shàngbānzú 몡 직장인 | 习惯 xíguàn 몡 습관 | 角度* jiǎodù 몡 각도, 관점 | 考虑 kǎolǜ 통 고려하다 | 分配* fēnpèi 통 분배하다 | 比例* bǐlì 몡 비율 | 蔬菜* shūcài 몡 채소 | 比较 bǐjiào 몜 비교적 | 紧张 jǐnzhāng 혱 바쁘다, 긴박하다 | 保证 bǎozhèng 통 보증하다 | 营养 yíngyǎng 몡 영양 | 关键 guānjiàn 몡 관건, 키포인트 | 专家* zhuānjiā 몡 전문가 | 建议 jiànyì 통 건의하다 | 烹调 pēngtiáo 통 요리하다 | 至 zhì 통 ~의 정도에 이르다 | 减少 jiǎnshǎo 통 감소하다 | 微波(炉) wēibō(lú) 몡 전자레인지 | 成分* chéngfèn 몡 성분 | 破坏* pòhuài 통 파괴하다

44 ★★

午餐中哪种食物应该占六分之三?	점심식사 때 어떤 음식물이 6분의 3을 차지해야 하는가?
A 肉类　　　　B 汤类	A 고기류　　　　B 탕류
C 米饭　　　　D 蔬菜类	C 쌀밥　　　　D 채소류

占* zhàn 통 차지하다, 점유하다 | 蔬菜* shūcài 몡 채소 | 汤 tāng 몡 탕, 국

| 풀이 C 녹음에서 '六分之一(6분의 1)' '六分之二(6분의 2)' 등과 같은 숫자가 나오면 빠르게 메모를 하면서 들어야 합니다. 수치·숫자 관련 문제는 질문도 주의 깊게 들어야 합니다. 질문에서 '六分之三(6분의 3)' 비율을 차지해야 하는 음식물을 물었고, 그것은 '米饭或面食(쌀밥 혹은 밀가루 음식)'이므로 정답은 C입니다.

45 ★★★

为什么要将菜做至七八分熟?	왜 요리를 70~80%만 익혀야 하는가?
A 味道更好	A 맛이 더 좋아서
B 不易变质	B 쉽게 변질되지 않아서
C 更易吸收	C 더 흡수하기 쉬워서
D 避免营养损失	D 영양 손실을 피하기 위해서

味道 wèidao 몡 맛 │ 变质 biànzhì 동 변질되다 │ 吸收* xīshōu 동 흡수하다 │ 避免* bìmiǎn 동 피하다 │ 营养* yíngyǎng 몡 영양 │ 损失 sǔnshī 동 손실되다

| 풀이 | D 마지막 부분에서 덜 익히면 이튿날 재가열 했을 때 '可以减少……营养成分被破坏(영양 성분이 파괴되는 것을 줄일 수 있다)'라고 언급했으므로 내용과 일치하는 것은 보기 중 D입니다.

二、阅读 독해

제1부분 46~60번은 빈칸에 들어갈 알맞은 단어나 문장을 보기에서 고르는 문제입니다.

46-48

中国南方的住宅一般面积小，楼房多，正方形，这种住宅在南方各省 **46** 分布很广。但客家人常居住大型集团住宅，这种住宅叫土楼。它独具 **47** 特色，有方形、圆形、八角形和椭圆形等形状。福建永定县共有8000余座土楼，规模大，造型美，既科学又 **48** 实用，构成了一个奇妙的民居世界。

중국 남방의 주택은 일반적으로 면적이 작고, 다층 건물이 많으며, 정방형이다. 이런 주택은 남방의 여러 지역에 **46** 분포가 널리 되어 있다. 그러나 객가인(客家人)은 주로 커다란 공동주택에 모여 사는데, 이런 주택을 토루(土樓)라고 부른다. 토루는 독자적인 **47** 특색을 가지고 있고, 사각형, 원형, 팔각형, 타원형 모양이 있다. 푸젠성 용딩현에는 모두 8,000여 개의 토루가 있는데 규모가 크고, 형태가 아름다우며, 과학적이면서 **48** 실용적이며 신비한 민가의 세상을 이루고 있다.

住宅 zhùzhái 몡 주택 │ 面积* miànjī 몡 면적 │ 楼房 lóufáng 몡 (2층 이상의) 다층 건물 │ 正方形 zhèngfāngxíng 몡 정방형, 정사각형 │ 广 guǎng 혱 넓다 │ 客家人 kèjiārén 몡 객가인 │ 居住 jūzhù 동 거주하다 │ 大型* dàxíng 몡 대형 │ 集团 jítuán 몡 집단, 단체 │ 独具 dújù 동 홀로 갖추다, 독자적으로 가지고 있다 │ 圆* yuán 혱 둥글다 │ 八角形 bājiǎoxíng 몡 팔각형 │ 椭圆 tuǒyuán 몡 타원 │ 形状 xíngzhuàng 몡 형상 │ 福建 Fújiàn 고유 푸젠성 [지명] │ 余 yú 주 ~여, 남짓 ['多'에 상당함] │ 规模* guīmó 몡 규모 │ 造型 zàoxíng 몡 조형, 형상 │ 科学 kēxué 혱 과학적이다 │ 构成* gòuchéng 동 구성하다, 이루다 │ 奇妙 qímiào 혱 신기하다, 신비하다 │ 民居 mínjū 몡 민가

✦고득점 Tip │ 민족 문화

客家人 kèjiārén 객가인. 객가인은 '타향에 사는 사람들'이라는 뜻으로, 서진(西晉) 때부터 서서히 북방에서 남방으로 이주한 중국 한족(漢族)의 지계(支系)를 말한다. 현재 푸젠, 장시, 후난, 쓰촨, 광둥, 광시, 하이난과 세계 각지에 분포하고 있다.

✦고득점 Tip

单独* dāndú 단독으로, 혼자서 + 具备* jùbèi 구비하다, 갖추다 ➡ 独具 dújù 홀로 갖추다, 독자적으로 가지고 있다

46 ★★

A 安慰	B 分布	A 위로	B 분포
C 威胁	D 发生	C 위협	D 발생

安慰* ānwèi 명 위로 | 分布* fēnbù 통 분포하다, 널려 있다 | 威胁* wēixié 명 위협

풀이 | B 这种住宅在南方各省<u>分布</u>很广。

2음절 동사는 대부분 동명사로 쓸 수 있습니다. '이런 주택은 남방 여러 지역에 ○○가 넓다'에 들어갈 수 있는 것은 B '分布'뿐입니다. '安慰(위로)'나 '威胁(위협)'은 '넓을(广)' 수 없고, '发生(발생)'도 문맥상 '주택'에 어울리지 않기 때문에 정답이 아닙니다.

47 ★★

A 特色	B 概念	A 특색	B 개념
C 财产	D 独特	C 재산	D 독특하다

特色* tèsè 명 특색, 특징 | 概念* gàiniàn 명 개념 | 财产* cáichǎn 명 재산 | 独特* dútè 형 독특하다

풀이 | A 它独具<u>特色</u>，有方形、圆形、八角形和椭圆形等形状。

'토루(객가인의 공동주택)는 독자적인 ○○을 가지고 있다'에 적합한 답은 보기 A의 '特色(특색)'입니다. 주택이 개념이나 재산을 가질 수는 없으므로 B와 C는 답이 아니고, '独特(독특하다)'는 형용사이므로 '有'나 '具' 뒤에 목적어로 쓸 수 없습니다.

48 ★★

A 单调	B 突出	A 단조롭다	B 두드러지다
C 平等	D 实用	C 평등하다	D 실용적이다

单调* dāndiào 형 단조롭다 | 突出* tūchū 형 (특징, 행동 등이) 두드러지다, 뚜렷하다 | 平等* píngděng 형 평등하다 명 평등 | 实用 shíyòng 형 실용적이다

풀이 | D 规模大，造型美，既科学又<u>实用</u>，构成了一个奇妙的民居世界。

'토루는 과학적이며 ○○하다'에서 문맥상 어울리는 단어는 '实用(실용적이다)'뿐입니다. 보기 A, B, C는 각각 '生活很单调(생활이 단조롭다)' '表现非常突出(활약이 두드러지다)' '收入不平等(수입이 불평등)'과 같이 씁니다.

49-52

　　游泳世锦赛刚刚结束。本次大会中，中国游泳队的奖牌总数比上一 **49** <u>届</u>有所减少，可是几位00后运动员的表现 **50** <u>引起了观众热烈的反应</u>。

　　这次大会新增了男女4X100米混合接力等项目。这项目是新生事物，各国都还在摸索当中。比赛 **51** <u>规则</u>与自由泳接力相同。但男女选手的出场顺序是"女男女男"、"男女男女"、"男男女女"、"男女女男"，可谓五花八门，因为每个队男女实力情况不同，需要教练根据

　　수영 세계 선수권 대회가 막 끝났다. 이번 대회에서 중국 수영팀의 메달 총수는 지난 **49** 회 대비 조금 감소했다. 그러나 일부 2000년 이후 출생한 젊은 선수들의 활약이 **50** <u>관객들의 뜨거운 반응을 이끌었다</u>.

이번 대회는 400m 남녀 혼계영 등 종목이 새로 채택되었다. 이 종목은 새로운 것으로 각국은 아직 새 종목에 대해 탐색 중이다. 시합 **51** <u>규칙</u>은 자유형 계영과 똑같다. 그러나 남녀 선수의 출전 순서는 '여남여남', '남녀남녀', '남남여여', '남녀여남' 등 그야말로 각지각색으로 코치가 구체적인 상황에 따라 적절하게 배정할 필요가 있다. 그러나 더욱 중요한 것은 남녀 선수 간의 실력 균형을 반드

具体情况灵活安排。但更重要的是，必须得 시 52 중시해야 한다.
__52 注重__男女之间的实力平衡。

世锦赛 shìjǐnsài 명 세계 선수권 대회 | 本次 běncì 이번 | 队 duì 명 팀 | 奖牌 jiǎngpái 명 메달 | 00后 línglínghòu 신조어 링링허우 [2000년 이후 태어난 세대를 가리킴] | 表现* biǎoxiàn 명 활약, 표현, 태도 | 热烈* rèliè 형 열렬하다 | 反应* fǎnyìng 명 반응 | 混合 hùnhé 통 혼합하다 | 接力 jiēlì 통 릴레이하다, 계주하다 | 项目* xiàngmù 명 종목, 항목 | 新生 xīnshēng 형 새로 생긴 | 摸索 mōsuǒ 통 (방법·경험·요령 따위를) 모색하다, 탐색하다 | 当中 dāngzhōng 명 그중, 그 가운데 | 自由* zìyóu 명 자유 | 五花八门 wǔ huā bā mén 성 각양각색, 형형색색 | 实力 shílì 명 실력 | 教练* jiàoliàn 명 코치, 감독 | 具体* jùtǐ 형 구체적이다 | 灵活* línghuó 형 (일처리가) 융통성이 있다 | 安排 ānpái 통 안배하다, 배정하다 | 平衡* pínghéng 명 균형

49 ★★★

| A 届 | B 圈 | A 회 | B 바퀴 |
| C 片 | D 幅 | C 개 | D 폭 |

届* jiè 양 회(回), 기(期), 차(次) [정기적인 회의 또는 졸업 연차에 쓰임] | 圈* quān 양 바퀴 [회전하는 동작에 쓰임] | 片* piàn 양 1 조각 [평평하고 얇은 모양의 사물에 쓰임] 2 지역, 구역 [지면·수면에 쓰임] | 幅* fú 양 폭 [종이·그림·옷감 등에 쓰임]

| 풀이 | A 中国游泳队的奖牌总数比上一__届__有所减少，

'世锦赛(세계 선수권)' '大会(대회)' 등을 세는 양사는 '届'입니다. 양사는 반드시 함께 쓰이는 명사와 묶어서 공부해야 합니다. 보기 B, C, D는 각각 '跑了三圈(세 바퀴를 달렸다)' '一片树叶(나뭇잎 한 개)' 혹은 '一片雪景(널리 펼쳐진 설경)' '一幅山水画(산수화 한 폭)' 등으로 씁니다.

50 ★★★

A 令有关人员议论纷纷	A 관계자들의 의견을 분분하게 했다
B 让中国队的成绩更好	B 중국팀의 성적이 더 좋아지게 했다
C 导致其他选手心怀不满	C 다른 선수들이 불만을 품게 했다
D 引起了观众热烈的反应	D 관객들의 뜨거운 반응을 이끌었다

令 lìng 통 ~하게 하다, ~을 시키다 | 有关人员 yǒuguān rényuán 관계자 | 议论* yìlùn 명 의론, 의견 | 纷纷* fēnfēn 형 분분하다, 어수선하게 많다 | 导致 dǎozhì 통 (어떤 사태를) 야기하다, 초래하다 | 选手 xuǎnshǒu 명 선수 | 心怀不满 xīn huái bùmǎn 불만을 품다 | 引起 yǐnqǐ 통 야기하다, 초래하다 | 热烈* rèliè 형 열렬하다 | 反应* fǎnyìng 명 반응

| 풀이 | D 可是几位00后运动员的表现__引起了观众热烈的反应__。

빈칸이 포함된 문장이 접속사 '可是(그러나)'로 연결되어 있습니다. 즉 '메달의 총수는 줄었다. 그러나' 뒤에는 긍정적인 내용이 나와야 하므로 A와 C는 정답이 될 수 없습니다. B는 긍정적인 내용이기는 하지만 앞의 내용과 모순이 되기 때문에 문맥상 적합하지 않습니다. 정답은 D입니다.

✦고득점 Tip

放心 fàngxīn 마음을 놓다 + 怀疑 huáiyí 의심을 품다 + 不 bù ~ 아니다 + 满意 mǎnyì 만족하다 ➡ 心怀不满 xīn huái bù mǎn 마음에 불만을 품다

51 ★★

| A 样式 | B 证据 | A 양식 | B 증거 |
| C 脑袋 | D 规则 | C 머리 | D 규칙 |

样式 yàngshì 뗑 양식, 형식, 모양 | 证据 zhèngjù 뗑 증거 | 脑袋 nǎodai 뗑 머리, 두뇌 | 规则* guīzé 뗑 규칙

| 풀이 | D 比赛<u>规则</u>与自由泳接力相同。

'시합 ○○은 자유형 계영과 똑같다'에 어울리는 명사는 보기 D의 '规则(규칙)'뿐입니다. '样式'는 '衣服的样式(옷의 디자인)' '建筑样式(건축 양식)' 등 시각적인 모양, 형태에만 쓸 수 있습니다. 보기에는 없지만 5급 단어 '形式(형식)'는 시합, 회의, 업무 등 추상적인 형식, 형태를 뜻하기 때문에 '比赛形式(시합 형식)'로 쓸 수 있습니다.

52 ★★

| A 保存 | B 注重 | A 보존하다 | B 중시하다 |
| C 赞成 | D 忽视 | C 찬성하다 | D 소홀히 하다 |

保存* bǎocún 뙵 (물건을) 보존하다 | 注重* zhùzhòng 뙵 중시하다 | 赞成* zànchéng 뙵 찬성하다 | 忽视* hūshì 뙵 소홀히 하다, 중시하지 않다

| 풀이 | B 必须得<u>注重</u>男女之间的实力平衡。

'남녀 선수 간의 실력 균형을 반드시 ○○해야 한다'에 적절한 동사는 보기 B '注重(중시하다)'입니다. 6급 단어이지만 5급 시험에서도 자주 출제되는 단어이니 꼭 외워 두세요. '保存'은 '保存食品(식품을 보존하다)' '保存文件(파일을 저장하다)'와 같이 씁니다. 보기에는 없지만 5급 단어 '保持(유지하다)'는 '保持平衡(균형을 유지하다)'으로 쓸 수 있습니다.

✦ 고득점 Tip

注意 zhùyì 주의하다, 조심하다 + 重视 zhòngshì 중시하다 ➡ 注重 zhùzhòng 중시하다

53-56

"摩擦性失业"是劳动者在正常流动过程中所产生的失业。例如：因为想换工作环境 53 辞职后，不能立刻找到工作，你就在两个工作之间处于失业状态。摩擦性失业是一种正常性的失业，是竞争性劳动力市场的一个自然特征，它的存在与充分就业并不 54 矛盾。尽管如此，如果求职者与岗位相互寻找的时间过长，仍会给求职者本人和 55 整个社会造成伤害。这对求职者而言是收入的损失，56 对社会而言则是资源的浪费。

'마찰적 실업'이란 노동자가 정상으로 움직이는 과정에서 생기는 실업이다. 예를 들어 업무 환경을 바꾸고 싶어서 53 사직한 후, 바로 일자리를 찾을 수 없으면 당신은 두 일자리 사이에서 실업 상태에 놓이게 된다. 마찰적 실업은 일종의 정상적인 실업으로, 경쟁적인 노동력 시장의 자연적인 특징이다. 이러한 실업 형태의 존재와 완전 고용은 서로 54 모순되지 않는다. 그렇지만 만약에 구직자와 일자리가 서로를 찾아내는 데 시간이 지나치게 길어진다면 여전히 구직자 본인과 사회 55 전체에 피해를 일으킬 수 있다. 이는 구직자에게 있어 수입의 손실이고, 56 사회에 있어서는 자원의 낭비이다.

摩擦 mócā 뙵 마찰하다 | 失业* shīyè 뙵 직업을 잃다, 실업하다 | 劳动* láodòng 뗑 노동 | 流动 liúdòng 뙵 흐르다, 움직이다 | 产生* chǎnshēng 뙵 발생하다, 생기다 | 例如 lìrú 젭 예를 들어 | 立刻* lìkè 뙩 즉시, 바로 | 处于 chǔyú 뙵 (어떤 지위나 상태)에 처하다 | 状态* zhuàngtài 뗑 상태 | 特征 tèzhēng 뗑 특징 | 充分* chōngfèn 뙴 충분하다 | 就业 jiùyè 뙵 취직하다, 취업하다 | 并不 bìngbù 뙩 결코 ~이 아니다 | 尽管 jǐnguǎn 젭 비록 ~라 하더라도 | 如此 rúcǐ 떼 이와 같다, 이러하다 | 求职者 qiúzhízhě 뗑 구직자, 나 | 岗位 gǎngwèi 뗑 일자리, 직장 | 寻找 xúnzhǎo 뙵 찾다 | 仍 réng 뙩 여전히 | 本人 běnrén 떼 본인, 나 | 造成* zàochéng 뙵 야기하다, 초래하다 | 伤害* shānghài 뙵 상하게 하다, 손상시키다 | 对……而言 duì……éryán ~에게 있어서, ~로서는 | 损失* sǔnshī 뗑 손실, 손해

53 ★★★

| A 兼职 | B 推辞 | A 겸직하다 | B 거절하다 |
| A 辞职 | D 违反 | C 사직하다 | D 위반하다 |

兼职* jiānzhí 통 겸직하다 | 推辞* tuīcí 통 사양하다, 거절하다 | 辞职* cízhí 통 사직하다 | 违反* wéifǎn 통 위반하다

풀이 C 因为想换工作环境辞职后，不能立刻找到工作，你就在两个工作之间处于失业状态。

업무 환경을 바꾸고 싶어서 할 수 있는 행위이자 (새) 일자리를 찾아야 하는 상황은 보기 C의 '辞职(사직하다)'뿐입니다. '推辞(거절하다)'는 '推辞邀请(초대를 거절하다)' 등의 표현으로 쓰입니다.

54 ★★★

| A 冒险 | B 矛盾 | A 위험하다 | B 모순되다 |
| A 形象 | D 地道 | C 생동적이다 | D 제대로다 |

冒险 màoxiǎn 형 위험하다 통 모험하다, 위험을 무릅쓰다 | 矛盾 máodùn 형 모순되다 | 形象 xíngxiàng 형 생동적이다, 구체적이다 | 地道 dìdao 형 진짜의, 정통의

풀이 B 它的存在与充分就业并不矛盾。

'矛盾'은 명사로 '모순', 형용사로 '모순되다'의 의미로 쓰입니다. 지문의 'A与B并不……(A와 B는 ~하지 않는다)'의 표현에 들어갈 가장 적절한 단어는 '矛盾'입니다. '冒险'은 동사로는 '모험하다', 형용사로 '위험하다'의 뜻으로 쓰이고, '形象'은 명사로는 '형상', 형용사로 '생동적이다'의 뜻으로 쓰입니다. '地道'는 형용사로 '진짜의, 본토의'라는 의미로 씁니다.

55 ★★★

| A 整个 | B 所有 | A 전체의 | B 모든 |
| A 彼此 | D 个别 | C 서로 | D 개개의 |

整个 zhěnggè 형 전체의, 전부의 | 所有 suǒyǒu 형 모든, 일체의 | 彼此* bǐcǐ 대 피차, 서로 | 个别* gèbié 형 개개의, 개별적인

풀이 A 仍会给求职者本人和整个社会造成伤害。

'给A和B造成伤害(A와 B에게 피해를 입히다)'의 문장에서 A는 '求职者本人(구직자 본인)'이고 B는 '○○社会'입니다. '整个'는 '整个学校(학교 전체)' '整个过程(과정 전체)'과 같이 덩어리 전체를 뜻하고, '所有'는 '所有的学生(모든 학생)' '所有的问题(모든 문제)'처럼 개체 모두를 뜻합니다. 빈칸은 '社会(사회)'라는 덩어리 전체를 수식하므로 정답은 A입니다.

56 ★★

A 会彻底放弃求职的努力	A 구직의 노력을 완전히 포기할 것이다
B 很快就被其他公司录取	B 금방 다른 회사에 채용이 된다
C 对社会而言则是资源的浪费	C 사회에 있어서는 자원의 낭비이다
D 积极乐观的态度比什么都重要	D 긍정적이고 낙관적인 태도가 무엇보다 중요하다

彻底* chèdǐ 부 철저히 | 录取* lùqǔ 통 채용하다, 합격시키다 | 则* zé 부 바로 ~이다 | 资源* zīyuán 명 자원 | 乐观* lèguān 형 낙관적이다, 낙천적이다

풀이 C 这对求职者而言是收入的损失，对社会而言则是资源的浪费。

앞 문장에서 구직자와 사회 둘 다에 피해를 줄 수 있다고 언급했습니다. 이어서 '구직자의 손실'에 대해 이야기했으므로 글의 문맥상 다음에는 '사회의 손실은 무엇인지'에 대해 말하는 것이 자연스럽습니다. 따라서 정답은 C입니다. '则'는 '就(是)'의 의미입니다.

很多人长大成人成家立业了，却很 57 <u>想念</u>母亲的声音。这是为什么？

事实上，在胎儿7个月时，听觉系统就已经发挥作用了。与视觉相比，58 <u>听觉已经相当发达了</u>。新生儿大脑对妈妈的声音有强烈反应，这说明母亲的声音对婴儿具有 59 <u>特殊</u>意义。因此，当孩子要抱抱时，妈妈可以用温柔的声音跟宝贝说话，帮助他的情绪 60 <u>稳定</u>，不一定每次都要立刻就去抱他。

많은 사람들은 어른이 되어 가정을 이루고 사업에서 성공을 하고 나서도 어머니의 목소리를 57 그리워합니다. 이건 무엇 때문일까요?

사실상, 태아가 7개월 때, 청각 시스템은 이미 기능을 발휘하기 시작합니다. 시각과 비교해 볼 때 58 <u>청각은 이미 상당히 발달되어 있습니다.</u> 신생아의 뇌는 엄마의 목소리에 강한 반응을 합니다. 이는 어머니의 목소리가 갓난아기에게 59 특별한 의미가 있음을 설명해 줍니다. 이 때문에 아이들이 안아 달라고 할 때 엄마가 부드러운 목소리로 아기와 이야기를 하는 것은 아기의 정서가 60 <u>안정되는</u> 데 도움이 되며, 매번 바로 아기를 안아 주러 달려가야 하는 것은 아닙니다.

成人* chéngrén 통 어른이 되다 | 成家 chéngjiā 통 가정을 이루다, 결혼하다 | 立业 lìyè 통 사업을 일으키다 | 胎儿 tāi'ér 명 태아 | 系统* xìtǒng 명 시스템 | 发挥* fāhuī 통 발휘하다 | 与……相比 yǔ……xiāngbǐ ~과 비교하면 | 相当* xiāngdāng 부 상당히, 제법 | 发达* fādá 형 발달하다 | 强烈* qiángliè 형 강렬하다 | 反应* fǎnyìng 명 반응 | 婴儿 yīng'ér 명 갓난아기, 영아 | 意义* yìyì 명 의의, 의미 | 温柔* wēnróu 형 부드럽고 순하다, 온유하다 | 宝贝* bǎobèi 명 아기 | 情绪* qíngxù 명 정서, 감정 | 立刻* lìkè 부 즉시, 바로

고득점 Tip

听 tīng 듣다 + 感觉 gǎnjué 감각 ➡ 听觉 tīngjué 청각 | 电视 diànshì 텔레비전 + 感觉 gǎnjué 감각 ➡ 视觉 shìjué 시각

57 ★★

| A 想念 | B 梦想 | A 그리워하다 | B 꿈꾸다 |
| C 躲藏 | D 讲究 | C 피하다 | D 중요시하다 |

想念* xiǎngniàn 통 그리워하다 | 梦想* mèngxiǎng 통 몽상하다, 꿈꾸다 | 躲藏* duǒcáng 통 숨다, 피하다 | 讲究* jiǎngjiu 통 중요시하다, 소중히 하다

| 풀이 | A 很多人长大成人成家立业了，却很<u>想念</u>母亲的声音。

'어른이 되어서도 어머니의 목소리를 ○○한다'에 어울리는 단어는 A의 '想念(그리워하다)'입니다. '梦想'은 '꿈이 이루어지기를 바란다'는 뜻이지 그리워한다는 뜻이 아닙니다.

58 ★★

A 听觉已经相当发达了	A 청각은 이미 상당히 발달되었다
B 声音作用于听觉器官	B 소리는 청각기관에 작용한다
C 可以确定声音传来的方向	C 소리가 들린 방향을 확정할 수 있다
D 听觉系统就很自然地准备好	D 청각 시스템이 자연스럽게 준비되었다

作用于 zuòyòngyú 통 ~에 작용하다, ~에 영향을 미치다 | 器官 qìguān 명 (생물의) 기관 | 确定* quèdìng 통 확정하다

| 풀이 | A 与视觉相比，<u>听觉已经相当发达了</u>。

빈칸 앞에 '与视觉相比(시각과 비교해 볼 때)'가 붙은 비교문 형식입니다. 빈칸에는 '视觉(시각)'와 비교할 수 있는 '听觉(청각)', 그리고 술어는 '相当发达(상당히 발달하다)'가 적절합니다. 따라서 정답은 A입니다.

59 ★★

A 特色	B 紧急	A 특색	B 긴급하다
C 特殊	D 迫切	C 특별하다	D 절실하다

特色* tèsè 몡 특색, 특징 │ 紧急* jǐnjí 톙 긴급하다, 긴박하다 │ 特殊* tèshū 톙 특수하다, 특별하다 │ 迫切* pòqiè 톙 절실하다, 절박하다

│풀이│ C 这说明母亲的声音对婴儿具有<u>特殊</u>意义。

'엄마의 목소리는 갓난아기에게 ○○한 의미가 있다'라는 문장에서 빈칸에 어울리는 단어는 보기 C '**特殊**(특별하다)'뿐입니다. '**特色**(특색)'은 '**很有特色**(매우 특색 있다)'처럼 목적어로 쓰기도 하고, 다른 명사를 꾸며주는 수식어로 '**特色菜**(이색 요리), **特色咖啡厅**(이색 카페)'와 같이 쓸 수 있습니다.

60 ★★★

A 安慰	B 恶劣	A 위로하다	B 나쁘다
C 合理	D 稳定	C 합리적이다	D 안정되다

安慰* ānwèi 톤 위로하다 톙 (마음에) 위로가 되다 │ 恶劣* èliè 톙 (환경, 성품 등이) 나쁘다, 열악하다 │ 合理* hélǐ 톙 합리적이다 │ 稳定* wěndìng 톙 안정되다

│풀이│ D 妈妈可以用温柔的声音跟宝贝说话，帮助他的情绪<u>稳定</u>，……

빈칸 앞의 '**情绪**(정서)'와 호응되는 단어는 보기 중 '**恶劣**(나쁘다)'와 '**稳定**(안정되다)'입니다. 이 중에 의미상 '엄마의 부드러운 목소리를 들었을 때' 아기의 정서 반응으로 적절한 것은 '**稳定**'입니다.

제2부분 61~70번은 단문을 읽고 일치하는 내용을 보기에서 고르는 문제입니다.

61 ★★★

最近中国的一家企业发布了智能无人机送货的方案，并且成功完成了首次试飞。送货时，无人机直接飞往离客户最近的站点，而我们取包裹时只需要拿身份证一刷就可以了。有了无人机送货，<u>配送的效率可提高不少，大大减少了配送时间</u>。

A 无人机送货速度快
B 该服务需要智能手机
C 无人机可以送到门前
D 该服务正式投入运营

최근 중국의 한 기업에서 스마트 드론으로 물건을 배송하는 설루션을 발표하고, 1차 시험 비행을 성공적으로 마쳤다. 상품을 보낼 때 드론은 고객으로부터 가장 가까운 '팩스테이션(Packstation)'으로 날아간다. 우리가 택배를 찾을 때는 신분증으로 한번 스캔하기만 하면 된다. <u>드론 택배가 생기고 나면 배송의 효율은 많이 향상되고 배송 시간은 크게 줄어든다.</u>

A 드론 배송은 속도가 빠르다
B 이 서비스는 스마트폰이 필요하다
C 드론이 문 앞까지 배송해 준다
D 이 서비스는 정식으로 운영에 들어갔다

企业 qǐyè 몡 기업 │ 发布 fābù 톤 발표하다, 선포하다 │ 智能 zhìnéng 몡 지능, 스마트 │ 无人机 wúrén jī 드론, 무인비행기 ['无人驾驶飞机'의 준말] │ 送货 sònghuò 톤 상품을 보내다 │ 方案* fāng'àn 몡 방안, 계획 │ 首次 shǒucì 몡 최초, 첫 번째, 제1회 │ 试飞 shìfēi 톤 시험 비행하다 │ 该 gāi 때 이, 저 │ 飞往 fēiwǎng 톤 (비행기로) ~로 날아가다 │ 客户 kèhù 몡 고객 │ 站点 zhàndiǎn 몡 정류장, 센터 │ 包裹* bāoguǒ 몡 소포, 택배 │ 身份证 shēnfènzhèng 몡 신분증 │ 刷 shuā 톤 스캔하다 │ 配送 pèisòng 톤 배송하다, 배달하다 │ 效率* xiàolǜ 몡 효율 │ 投入* tóurù 톤 돌입하다, 개시하다 │ 运营 yùnyíng 톤 운영하다

고득점 Tip

刷牙 shuāyá 양치하다, 칫솔질하다 ➡ 刷 shuā 솔질하다, 스캔하다 | 身份* shēnfèn 신분 + 证据* zhèngjù 증거 ➡ 身份证 shēnfènzhèng 신분증 | 分配* fēnpèi 분배하다 + 送 sòng 보내다 ➡ 配送 pèisòng 배송하다

---

62 ★★★

鳡鱼是一种淡水经济鱼类，分布非常广泛，中国自北至南的很多水系都有鳡鱼的身影，其肉质鲜美，蛋白质和脂肪含量高。它游泳能力极强，常袭击其他鱼类，比人们熟悉的其他食肉鱼更为凶猛。估计成鱼之后没什么鱼能惹得起它。	감어(밤부사 옐로우치크)는 민물에 사는 경제 어류로 매우 널리 분포하고 있다. 중국의 북에서 남까지 많은 수계에서 감어의 모습을 볼 수 있다. 육질이 맛있으며 단백질과 지방의 함량이 높다. 이 물고기는 유영 능력이 뛰어나며 다른 어류를 습격하는 경우가 많다. 사람들이 아는 다른 육식성 물고기보다 더 흉포하다. 성어가 되고 나면 감어를 건드릴 수 있는 물고기는 없을 것이다.
A 鳡鱼攻击性很强	A 감어는 공격성이 강하다
B 鳡鱼价格很便宜	B 감어는 가격이 저렴하다
C 鳡鱼很快就成长	C 감어는 금방 성장한다
D 鳡鱼只分布于中国	D 감어는 중국에만 분포한다

鳡鱼 gǎnyú 감어 | 淡水 dànshuǐ 명 담수, 민물 | 经济 jīngjì 형 경제적이다 | 鱼类 yúlèi 명 어류 | 分布* fēnbù 동 분포하다 | 广泛* guǎngfàn 형 광범위하다 | 自……至…… zì……zhì…… ~에서 ~까지 | 水系 shuǐxì 명 수계 [지리] | 身影 shēnyǐng 명 모습, 형체 | 鲜美 xiānměi 형 맛이 대단히 좋다 | 蛋白质 dànbáizhì 명 단백질 | 脂肪 zhīfáng 명 지방 | 含量 hánliàng 명 함량 | 袭击 xíjī 동 습격하다 | 更为 gèngwéi 부 더욱, 게다가 | 凶猛 xiōngměng 형 사납다, 흉악하다 | 估计 gūjì 동 예측하다, 추측하다 | 惹得起 rědeqǐ 동 건드릴 수 있다 | 攻击 gōngjī 동 공격하다

고득점 Tip

鱼 yú 물고기 + 类型* lèixíng 종류, 유형 ➡ 鱼类 yúlèi 어류 | 包含* bāohán 포함하다, 함유하다 + 数量 shùliàng 수량 ➡ 含量 hánliàng 함량

---

63 ★★

塔里木沙漠公路是在流动性沙漠中修建的世界上最长的公路，南北贯穿塔里木盆地，全长522公里。它的建成为当地的险旅游创造了良好的条件。公路还途径多个油田，对当地的能源开发也发挥着积极作用。	타리무 사막 도로는 유동성 사막에 건설된 세계에서 가장 긴 도로다. 타리무 분지를 남북으로 관통하고 있으며, 전체 길이는 522Km이다. 이 도로의 건설은 현지의 탐험 여행을 위한 좋은 여건을 만들어 주었다. 도로는 또 여러 유전을 거쳐서 현지의 에너지 개발에도 긍정적인 역할을 하고 있다.

A 该公路年久失修	A 이 도로는 오래도록 수리되지 않았다
B 该公路是免费公路	B 이 도로는 무료 도로이다
C 该公路建在沙漠中	C 이 도로는 사막에 지어졌다
D 该公路建有很多加油站	D 이 도로에는 많은 주유소가 지어져 있다

沙漠* shāmò 명 사막 | 流动 liúdòng 통 유동하다, 옮겨 다니다 | 修建 xiūjiàn 통 건설하다 | 贯穿 guànchuān 통 관통하다 | 盆地 péndì 명 분지 | 建成 jiànchéng 명 완성하다, 준공하다 | 探险 tànxiǎn 통 탐험하다 | 创造* chuàngzào 통 창조하다, 만들다 | 良好* liánghǎo 형 양호하다, 좋다 | 途径 tújìng 명 경로, 절차 통 (길을) 거치다 | 油田 yóutián 명 유전 | 能源* néngyuán 명 에너지 | 开发* kāifā 통 개발하다 | 发挥* fāhuī 통 발휘하다 | 积极 jījí 형 긍정적인, 적극적인 | 加油站 jiāyóuzhàn 명 주유소

| 풀이 | C 보기를 먼저 보고 도로에 관한 내용임을 파악한 후 지문을 읽으면 시간을 단축할 수 있습니다. 첫 문장에서 '塔里木沙漠公路(타리무 사막 도로)'가 사막에 지어진 도로임을 알 수 있습니다. 보기 A의 '年久失修'는 오래도록 수리되지 않고 장기간 방치된 상태를 나타냅니다.

✦고득점 Tip

修理 xiūlǐ 수리하다, 고치다 + 建筑* jiànzhù 건축하다 ➡ 修建 xiūjiàn 건설하다, 건축하다 | 盆* pén 대야나 화분처럼 생긴 그릇 + 地区* dìqū 지구, 지역 ➡ 盆地 péndì 분지

64 ★★

过去回头客被认为是对企业有益的，但某研究者调查消费者的消费习惯后发现，回头客除重复购买外，还有其他消费习惯。这些顾客中有非常多的人喜欢退货，或是只在打折时才来购物，因此，事实上他们对企业有着不良影响。

신입 사원이 막 입사하면 회사나 동료에 대해 아는 것이 적습니다. 그러나 한 연구자가 소비자의 소비 습관을 조사한 후에 단골 고객은 구매를 반복하는 것 외에도 다른 소비 습관이 있다는 것을 발견했다. 이런 고객들 가운데 많은 사람들은 반품을 잘하거나 혹은 세일할 때만 쇼핑하러 온다. 따라서 사실 그들은 기업에 좋지 않은 영향을 준다.

A 回头客退货率高	A 단골 고객은 반품률이 높다
B 应该趁打折时购物	B 세일할 때를 이용해서 쇼핑해야 한다
C 回头客对企业有益	C 단골 고객은 기업에 도움이 된다
D 要养成良好的消费习惯	D 좋은 소비 습관을 길러야 한다

回头客 huítóukè 명 단골 고객 | 企业* qǐyè 명 기업 | 有益 yǒuyì 통 유익하다, 도움이 되다 | 某* mǒu 대 어느, 아무 | 消费* xiāofèi 통 소비하다 | 重复* chóngfù 통 반복하다 | 退货 tuìhuò 통 반품하다, 물건을 물리다 | 不良 bùliáng 형 불량하다, 좋지 않다 | 趁* chèn 개 (때·기회를) 이용해서, 틈타서

| 풀이 | A 밑줄 친 부분의 '喜欢退货(반품을 잘한다)'가 보기에서 '退货率高(반품률이 높다)'로 표현되었으므로 정답은 A입니다. 첫 문장에서 '对企业有益的(기업에 도움이 된다)'를 보고 바로 C를 답으로 고르면 안 됩니다. '但(是)'와 같은 전환의 의미를 나타내는 접속사를 놓치지 않도록 주의하세요. 마지막 문장 '因此' 뒤에 오는 '事实上他们对企业有着不良影响(사실 단골 고객은 기업에 좋지 않은 영향을 준다)'이 이 글의 요지입니다.

65 ★★

职场新人刚刚入职，对公司和同事的了解都很少。如果你想要更快地融入职场，主动

신입 사원이 막 입사하면 회사나 동료에 대해 아는 것이 적습니다. 만약에 더 빨리 직장에 융화되고 싶다면 적

要求工作或者主动去帮助同事是很有必要的。首先，这样既能增进同事之间的了解，也能让你对各项工作更加熟悉，为以后进一步发展做准备。其次，这样能证明你有更进一步的能力了，领导自然也会比较欣赏你。

A 职场新人一定要主动
B 有能力的人都很主动
C 公司的工作环境很重要
D 新人主动容易引起误会

극적으로 업무를 요구하거나 적극적으로 동료를 돕는 것이 필요합니다. 첫째로, 이렇게 하면 동료 간의 이해가 증진되고, 또 당신이 여러 업무에 더 익숙해져서 후에 한 단계 나아가기 위한 준비를 할 수 있습니다. 둘째로, 당신이 한 단계 나아갈 능력이 있음을 증명할 수 있고, 상사는 자연스럽게 당신을 좀 더 높이 평가하게 될 것입니다.

A 신입 사원은 반드시 적극적이어야 한다
B 능력이 있는 사람은 모두 적극적이다
C 회사의 업무 환경이 매우 중요하다
D 신입 사원의 적극성은 오해를 사기 쉽다

职场 zhíchǎng 몡 직장 │新人 xīnrén 몡 신참, 신입 사원 │刚刚 gānggāng 분 막, 방금 │入职 rùzhí 입사 │融入 róngrù 동 융합되다, 녹아들다 │主动* zhǔdòng 혱 능동적이다, 적극적이다 │必要* bìyào 혱 필요하다 │首先 shǒuxiān 떼 첫째, 먼저 [열거에 쓰임] │项* xiàng 양 가지, 항목 │其次 qícì 떼 그 다음, 두 번째 │领导* lǐngdǎo 몡 리더, 상사, 지도자 │欣赏* xīnshǎng 동 마음에 들다, 높게 평가하다

| 풀이 | A 이 문제의 키워드는 '主动'입니다. 신입 사원이 갖춰야 할 자세로 '主动要求工作(적극적으로 업무를 요구하다)' '主动去帮助同事(적극적으로 동료를 돕다)'를 꼽았으므로, 정답은 A입니다. 보기 C와 D는 언급하지 않은 내용이고, B와 같이 부사 '都'를 써서 예외가 없음을 나타낼 경우 정답이 아닐 가능성이 높습니다.

66 ★★★

中国茶叶研究所最近在云南省玉溪市某地发现了一棵约20米高的茶树。据初步了解，这棵古茶树的树龄在1000岁以上。这一发现不仅扩展人们对云南野生茶树区的认识，也填补了云南茶树在扩散和迁徙过程中的空白。

A 这棵树发现于四川
B 这棵树树叶又宽又厚
C 这棵树的发现有科研价值
D 这棵树是茶叶研究所种植的

중국 찻잎 연구소는 최근에 윈난성 위시현 모처에서 약 20m 높이의 차 나무를 발견했다. 현재까지 알려진 바에 따르면 이 오래된 차 나무의 수령은 1,000살 이상이라고 한다. 이런 발견은 윈난의 야생 차 나무 서식지에 대한 사람들의 인식을 넓혀주었을 뿐 아니라 윈난 차 나무의 확산과 이동 과정에서의 공백을 메워 주었다.

A 그 나무는 쓰촨에서 발견되었다
B 그 나무는 잎사귀가 넓고 두껍다
C 그 나무의 발견은 과학적인 가치가 있다
D 그 나무는 찻잎 연구소가 심은 것이다

茶叶 cháyè 몡 찻잎 │棵 kē 양 그루, 포기 [식물을 세는 단위] │据 jù 개 ~에 따르면 │初步 chūbù 혱 처음 단계의, 초보적인 │树龄 shùlíng 몡 수령, 나무의 나이 │扩展 kuòzhǎn 동 넓히다, 확장하다 │填补 tiánbǔ 동 메우다, 보충하다 │扩散 kuòsàn 몡 확산 동 확산하다 │迁徙 qiānxǐ 동 이동하다, 옮겨 가다 │空白 kòngbái 몡 공백 │宽* kuān 혱 넓다 │厚 hòu 혱 두껍다 │科研 kēyán 몡 과학 연구 ['科学研究'의 준말] │种植 zhòngzhí 동 심다, 재배하다

| 풀이 | C 주제와 관련 없거나 지문에서 언급되지 않은 보기를 먼저 정답에서 제외합니다. '在云南省玉溪市某地发现了(윈난성 위시현 모처에서 발견했다)'라고 했으므로 A는 정답이 아니고, 찻잎의 형태에 대해 언급한 적 없으므로 B도 정답이 아닙니다. '野生茶树区(야생 차 나무 서식지)'라고 했으므로 D도 정답이 될 수 없습니다. 밑줄 친 내용으로 보아 C가 정답에 가장 적합합니다.

✦고득점 Tip

树 shù 나무 + 年龄 niánlíng 나이 ➡ 树龄 shùlíng 수령, 나무의 나이 │ 填空 tiánkōng 빈칸에 써 넣다, 괄호를 채우다 + 补充* bǔchōng 보충하다 ➡ 填补 tiánbǔ 메우다, 보충하다 │ 种 zhòng 심다 + 植物 zhíwù 식물 ➡ 种植 zhòngzhí 심다, 재배하다

　　不久前，一家网站发表，100克玉米的热量是106千卡，消耗一根玉米棒的热量就要跑2.38公里。从这个角度来看，它的热量的确不算低。不过玉米中含有较多的纤维素，比大米高4倍左右，这个成分促进机体废物的排泄，从而对于减肥非常有利。

A 玉米的热量很低
B 玉米有助于减肥
C 大米的纤维素更多
D 一根玉米的热量是106卡

얼마 전 한 웹사이트에서 옥수수 100g의 칼로리는 106㎉이고, 통옥수수 하나의 칼로리를 소모하려면 2.38㎞를 달려야 한다고 발표했다. 이런 관점에서 보면 옥수수의 칼로리는 확실히 낮지 않다. 그러나 옥수수는 많은 섬유질을 함유하고 있는데, 쌀보다 4배 가량 많다. 이 성분은 유기체의 노폐물 배출을 촉진하므로 <u>다이어트에 매우 도움이 된다.</u>

A 옥수수의 칼로리는 매우 낮다
B 옥수수는 다이어트에 도움이 된다
C 쌀의 섬유질이 더 많다
D 옥수수 하나의 칼로리는 106cal이다

克* kè 명 그램 ｜ 玉米* yùmǐ 명 옥수수 ｜ 热量 rèliàng 명 열량, 칼로리 ｜ 千卡 qiānkǎ 명 킬로칼로리(㎉) ｜ 消耗 xiāohào 동 소모하다 ｜ 根* gēn 양 개, 대, 가닥 [초목이나 기다란 물건을 세는 단위] ｜ 角度* jiǎodù 명 관점, 각도 ｜ 的确* díquè 부 확실히, 분명히 ｜ 不算 búsuàn 동 ~한 편은 아니다, ~라고 할 수 없다 ｜ 纤维素 xiānwéisù 명 섬유소 ｜ 大米 dàmǐ 명 쌀 ｜ 成分* chéngfèn 명 성분 ｜ 促进 cùjìn 동 촉진하다 ｜ 机体 jītǐ 명 유기체, 생물체 ｜ 废物 fèiwu 명 폐기물, 노폐물 ｜ 排泄 páixiè 동 배출하다, 배설하다 ｜ 有助于 yǒuzhùyú 동 ~에 도움이 되다 ｜ 卡 kǎ 양 칼로리(cal)

┃풀이┃ B '对于减肥非常有利(다이어트에 매우 도움이 된다)'라는 지문의 마지막 문장과 보기 B '有助于减肥(다이어트에 도움이 된다)'의 의미가 같습니다. 정답은 B입니다. '它的热量的确不算低(옥수수의 칼로리는 낮지 않다)' '比大米高4倍左右(섬유질이 쌀보다 4배 가량 많다)'라고 했으므로 A와 C는 오답입니다. 또한 지문에서는 옥수수 '100g'의 칼로리가 106㎉라고 했는데, 보기에서는 옥수수 '하나(一根)'의 칼로리가 106cal라고 했으므로, D도 정답이 될 수 없습니다.

✦ 고득점 Tip

玉米 yùmǐ 옥수수 + 棒 bàng 방망이 ➡ 玉米棒 yùmǐbàng 통옥수수 ｜ 废话* fèihuà 쓸모 없는 말, 헛소리 + 购物 gòuwù 물건을 사다 ➡ 废物 fèiwù 쓸모 없는 물건, 폐기물, 노폐물

　　唐朝是中国朝代中最繁荣的时期。因此，中国人的传统服装被称为"唐装"。<u>事实上，现在所说的"唐装"并不是唐朝的服装，而是起源于清朝的马褂。</u>唐装的颜色多种多样，最常见的是红色、蓝色、绿色、金色和黑色。其上面通常有表达祝福的汉字。今天，仍然有很多人会在传统节日穿唐装。

A 唐装起源于清朝
B 唐装制作程序复杂
C 唐装只在传统节日穿
D 唐装上一般有各种花纹

당나라는 중국 왕조 가운데 가장 번영한 시기이다. 이 때문에 중국인의 전통 의상은 '당장(唐装)'이라고 불린다. 사실 현재 말하는 '당장'은 당나라 때의 옷이 아니라 청나라 때 기원된 '마과(马褂)'라는 옷이다. 당장의 색은 다양한데 가장 흔한 것은 빨간색, 파란색, 초록색, 황금색 그리고 검은색이다. 옷 위에는 보통 복을 기원하는 한자가 있다. 오늘날 여전히 많은 사람들이 전통 명절에 당장을 입는다.

A 당장은 청나라에서 기원했다
B 당장은 제작 과정이 복잡하다
C 당장은 전통 명절에만 입는다
D 당장에는 보통 다양한 무늬가 있다

唐朝 Tángcháo 명 당조, 당 왕조 | 朝代 cháodài 명 왕조, 시대 | 繁荣* fánróng 형 번영하다 | 时期* shíqī 명 시기 | 服装* fúzhuāng 명 복장 | 并不 bìngbù 부 결코 ~이 아니다 | 起源于 qǐyuányú ~에서 기원하다 | 清朝 Qīngcháo 명 청대, 청 왕조 | 马褂 mǎguà 명 마과, 마고자 [의류] | 常见 chángjiàn 형 흔한, 자주 보는 | 通常* tōngcháng 형 통상적이다 | 表达* biǎodá 동 표현하다 | 祝福* zhùfú 명 축복 | 制作* zhìzuò 동 제작하다, 만들다 | 程序* chéngxù 명 절차, 단계 | 花纹 huāwén 명 무늬, 문양

| 풀이 | A 지문에서 '事实上(사실상)' '实际上(실제로는)' '其实(사실은)' 등의 표현이 나오면 그 앞의 내용은 함정이고 뒤에 나오는 내용이 정답인 경우가 많습니다. 앞에서는 사람들이 잘못 알고 있던 통념을 언급하고, 뒤에서 원래의 정확한 사실이나 개념을 설명하기 때문입니다. 밑줄 친 내용에 따르면 '唐装(당장)'은 당나라 때의 옷이 아니라 청나라에서 기원한 '马褂(마과)'라는 옷이라는 것을 알 수 있습니다.

69 ★★

性格内向的孩子往往腼腆胆小，甚至敏感。他们喜欢躲在家里，容易被孤立。所以，<u>家长应该多给他们关注</u>，倾听他们心里话，同时也不能忘记尊重才是孩子的重中之重，这样才能让孩子鼓起勇气面对世界。

A 内向的孩子很听话
B 内向的孩子都很敏感
C 内向的孩子更需要关注
D 内向的孩子善于尊重他人

성격이 내성적인 아이는 종종 수줍고 겁이 많으며 예민하기도 하다. 그들은 집에 틀어박혀 있는 것을 좋아하여 쉽게 고립된다. 그래서 <u>부모는 그들에게 많은 관심을 주어야 한다.</u> 그들의 내면의 소리를 경청해야 하며, 아이를 존중하는 것이 가장 중요한 것임을 잊으면 안 된다. 이렇게 해야만 아이들로 하여금 세상을 마주할 용기를 내게 할 수 있다.

A 내성적인 아이는 착하다
B 내성적인 아이는 모두 예민하다
C 내성적인 아이는 더욱 관심이 필요하다
D 내성적인 아이는 다른 사람을 잘 존중한다

内向 nèixiàng 형 내성적이다 | 腼腆 miǎntiǎn 형 부끄러워하다, 수줍어하다 | 胆小 dǎnxiǎo 형 겁이 많다 | 敏感* mǐngǎn 형 민감하다, 예민하다 | 躲在 duǒ 동 숨다 | 孤立 gūlì 동 고립하다, 고립시키다 | 倾听 qīngtīng 동 경청하다 | 重中之重 zhòng zhōng zhī zhòng 가장 중요한 것 | 鼓起 gǔqǐ 동 (용기를) 불러일으키다 | 勇气* yǒngqì 명 용기 | 面对* miànduì 동 직면하다, 마주 보다 | 善于* shànyú 동 ~에 능숙하다, ~을 잘하다

| 풀이 | C 첫 번째 문장에서 '往往腼腆胆小，甚至敏感(종종 수줍고 겁이 많으며 예민하다)'이라며 내성적인 아이의 특징에 대해 설명했습니다. 여기서 '往往(종종)'은 그런 경우가 많다는 말이지 모두 그런 것은 아니므로 B는 함정입니다. A는 언급되지 않은 내용이고, '尊重才是孩子的重中之重(아이를 존중하는 것이 가장 중요하다)'이라고 했으므로 D도 정답이 아닙니다. 밑줄 친 '家长应该多给他们关注(부모는 그들에게 많은 관심을 주어야 한다)'와 보기 C의 의미가 서로 통하므로 정답은 C입니다.

70 ★★

炎热的夏季，人们喜欢吃西瓜来消暑，因为西瓜味道甘甜多汁，清爽解渴。西瓜顾名思义，就是"来自西域的瓜果类植物"。其实在古代西瓜还有另外一个名字。《本草纲目》上说，西瓜性寒，可以消除暑气，因此<u>它被称为"寒瓜"</u>。

더운 여름철 사람들은 수박을 먹어 더위를 식히곤 한다. 수박은 맛이 달고 수분이 많으며 시원해서 갈증을 해소하기 때문이다. 수박이라는 이름은 '서역에서 온 호박류 식물'이라는 뜻이다. <u>사실 고대에는 수박에 또 다른 이름도 있었다.</u> 〈본초강목〉에서 말하길, 수박은 성질이 차서 더운 기운을 없앨 수 있는데, 이 때문에 <u>수박은 '한과(寒瓜)'라고 불렸다.</u>

A 西瓜有助于消化
B 古人称西瓜为寒瓜
C 夏天不适合种西瓜
D 西瓜的原产地是西域

A 수박은 소화를 돕는다
B 옛사람은 수박을 '한과'라고 불렀다
C 여름은 수박을 심기에 적합하지 않다
D 수박의 원산지는 서역이다

炎热 yánrè 톙 (날씨가) 무덥다 ｜ 夏季 xiàjì 톙 여름철 ｜ 消暑 xiāoshǔ 동 더위를 식히다 ｜ 甘甜 gāntián 톙 (맛, 향기가) 달다 ｜ 清爽 qīngshuǎng 톙 시원하다, 맑고 상쾌하다 ｜ 解渴 jiěkě 동 갈증을 풀다 ｜ 顾名思义 gù míng sī yì 톙 이름을 보고 그 뜻을 생각하다 ｜ 西域 xīyù 톙 서역 [한나라 때부터 실크로드 인근 지역을 통칭함] ｜ 古代* gǔdài 톙 고대 ｜ 本草纲目 Běncǎo gāngmù 〈본초강목〉[명(明)대 이시진(李時珍)이 편찬한 의학 서적] ｜ 性寒 xìnghán 성질이 차다 ｜ 消除 xiāochú 동 없애다, 제거하다 ｜ 暑气 shǔqì 톙 더위 ｜ 消化* xiāohuà 동 소화하다 ｜ 原产地 yuánchǎndì 톙 원산지

풀이 ｜ B '其实(사실은)' 뒤에 나오는 내용에 답이 있습니다. 마지막 문장의 '它被称为"寒瓜"(수박은 '한과'라고 불렀다)'와 보기 B의 '称西瓜为寒瓜(수박을 '한과'라고 불렀다)'의 의미가 일치하므로, 답은 B입니다. 수박이 '서역에서 전해졌다(来自西域)'는 것이 반드시 '서역이 수박의 원산지'라는 것은 아니므로 D는 함정입니다.

✦고득점 Tip

解决 jiějué 해결하다 + 渴 kě 갈증나다 ➡ 解渴 jiěkě 갈증을 해소하다 ｜ 性质* xìngzhì 성질 + 寒 hán 차다 ➡ 性寒 xìnghán 성질이 차다

제3부분 71~90번은 장문을 읽고 질문에 알맞은 답을 보기에서 고르는 문제입니다.

71-74

李瑞在一家贸易公司工作已经3年了，国际贸易专业毕业的她在公司的表现一直平平。原因是她的上司贾明对李瑞的所有工作总是泼些冷水。一次，李瑞主动搜集了一些国外的信息，71但是贾明知道了，不但不赞赏她，反而批评她不专心做本职工作，后来74李瑞再也不敢关注自己的业务范围之外的工作了，变得沉默寡言了。

直到后来，公司新调来主管进出口工作的张龙，新上司有新的工作风格，从国外回来的张龙性格开朗，对同事经常加以赞赏，72特别提倡大家想说什么就说什么，不要太考虑部门和职责限制。在他的带动下，李瑞也积极地发表自己的看法了。李瑞对工作的热情空前高涨，她也不断学会新东西……李瑞非常惊讶，原来自己还有这么多的潜力，想不到以前那个沉默害羞的女孩，今天能够跟外国客户为报价争论得面红耳赤。

리루이가 한 무역회사에서 일한 지 벌써 3년이 흘렀다. 국제무역 전공인 그녀가 회사에서 보여준 업무 성과는 줄곧 평범했다. 원인은 그녀의 상사인 쟈밍이 리루이의 모든 업무에 늘 찬물만 끼얹었기 때문이었다. 한번은 리루이가 자발적으로 외국 정보들을 수집했지만 71쟈밍이 알고 나서는 그녀를 칭찬하기는커녕 오히려 그녀가 본연의 업무에 전념하지 않는다고 야단쳤다. 그 후로 74리루이는 더 이상 자신의 업무 범위 외의 일에 신경을 쓰지 못했고 말수도 적어졌다.

후에 회사에서 수출입 업무를 담당하는 장룽을 새로 발령했는데, 새 상사는 새로운 업무 스타일을 가지고 있었다. 외국에서 돌아온 장룽은 성격이 밝고 동료들에게 자주 칭찬을 했다. 72특히 모두에게 하고 싶은 말이 있으면 다 하라고 했고, 부서나 직책의 제한을 너무 신경 쓸 필요 없다고 했다. 그의 독려 속에 리루이도 적극적으로 자신의 의견을 발표했다. 리루이의 업무에 대한 열정은 전에 없이 높아졌으며, 그녀는 끊임없이 새로운 것을 배웠다…… 리루이는 매우 놀랐다. 알고 보니 자신이 이렇게 많은 잠재력을 가지고 있었던 것이다. 예전에 말수 적고 수줍음 타던 아가씨가 이제는 외국 바이어와 오퍼 때문에 얼굴을 붉히면서 논쟁을 벌일 수 있게 될줄은 생각도 못했다.

其实，李瑞的变化，就是我们说的"皮格马利翁效应"起了作用。在不被重视和激励、甚至[73]充满负面评价的环境中，人往往会被这些负面信息所左右，对自己做比较低的评价。而在充满信任和赞赏的环境中，人则容易受到启发和鼓励，往更好的方向努力，随着心态的改变，行动也越来越积极，最终做出更好的成绩。

사실 리루이의 변화는 바로 우리가 말하는 '피그말리온 효과'가 일어난 것이다. 존중과 격려를 받지 못하고, 심지어[73]부정적인 평가로 가득한 환경에서 사람들은 종종 이런 부정적인 정보에 좌우되고, 자신에 대해 낮은 평가를 하게 된다. 반면에 신뢰와 칭찬으로 가득한 환경에서 사람들은 오히려 깨우침과 격려를 받을 수 있고, 더 나은 방향으로 노력할 수 있다. 심리 상태의 변화에 따라 행동도 점점 더 적극적으로 변하고 결국에는 더 좋은 성과를 거둘 수 있다.

贸易* màoyì 명 무역 | 表现 biǎoxiàn 통 보여주다, 표현하다 | 上司 shàngsi 명 상사 | 泼冷水 pō lěngshuǐ 찬물을 끼얹다 | 搜集 sōují 통 수집하다 | 赞赏 zànshǎng 통 칭찬하다, 높이 평가하다 | 反而* fǎn'ér 부 오히려, 도리어 | 专心* zhuānxīn 형 전념하다, 열중하다 | 本职 běnzhí 명 본직, 자신의 직무 | 业务* yèwù 명 업무 | 范围* fànwéi 명 범위 | 沉默 chénmò 형 말수가 적다, 조용하다 | 寡言 guǎyán 형 과묵하다, 말수가 적다 | 调来 diàolai 전근해 오다 | 主管 zhǔguǎn 통 주관하다, 책임지고 관리하다 | 进出口 jìnchūkǒu 수출입 | 风格* fēnggé 명 스타일, 풍격 | 开朗 kāilǎng 형 명랑하다 | 加以 jiāyǐ 통 ~을 가하다, ~하다 | 特别 tèbié 부 (그 중에서도) 특히 | 提倡 tíchàng 통 제창하다, 장려하다 | 职责 zhízé 명 직책 | 限制* xiànzhì 명 제한, 한계 | 空前 kōngqián 형 공전의, 전례 없는 | 高涨 gāozhǎng 통 (정서·물가 등이) 급상승하다, 뛰어오르다 | 惊讶 jīngyà 통 놀랍고 의아하다 | 潜力 qiánlì 명 잠재력 | 客户 kèhù 명 고객, 바이어 | 报价 bàojià 통 오퍼, 견적 | 가격을 제시하다, 오퍼(offer)를 내다 | 争论 zhēnglùn 통 논쟁하다 | 面红耳赤 miàn hóng ěr chì 성 (흥분하거나 부끄러워) 얼굴이 귀밑까지 빨개지다 | 激励 jīlì 통 격려하다 | 充满* chōngmǎn 통 충만하다, 가득차다 | 负面 fùmiàn 명 부정적인 면, 나쁜 면 | 被……所…… bèi…… suǒ…… ~에 의해 ~되다 | 信任* xìnrèn 통 신뢰하다 | 启发* qǐfā 명 깨우침, 영감 | 心态 xīntài 명 심리 상태

71 ★★

对李瑞的主动工作，贾明是什么反应?

A 大加赞赏
B 不太在乎
C 严肃责备
D 保持沉默

리루이의 자발적인 업무에 대해 쟈밍은 어떤 반응이었는가?

A 크게 칭찬했다
B 별로 신경쓰지 않았다
C 엄격하게 질책했다
D 침묵을 지켰다

在乎* zàihū 통 마음에 두다, 신경 쓰다 | 严肃* yánsù 형 (표정, 태도 등이) 엄숙하다, 근엄하다 | 责备* zébèi 통 질책하다, 책망하다 | 保持* bǎochí 통 유지하다

풀이 | C 첫 번째 밑줄 친 '不但不赞赏她，反而批评她不专心做本职工作(그녀를 칭찬하기는커녕 오히려 그녀가 본연의 업무에 전념하지 않는다고 야단쳤다)'라는 문장에서 답을 찾을 수 있습니다. 지문의 '批评(야단치다)'을 보기에서 '责备(질책하다)'로 바꾸어 표현했습니다. 정답은 C입니다. '不但A，反而B'는 'A 하기는커녕, 도리어 B 하다'라는 뜻으로, 예상과는 다른 사실을 말하고자 할 때 씁니다.

72 ★★

张龙的工作风格如何?

A 对自己有较高的评价
B 不要被部门、职责所限制
C 认为在国外的经验很重要
D 不太重视部门之间的合作

장룽의 업무 스타일은 어떠한가?

A 자신에 대해 높이 평가한다
B 부서와 직책에 제한받지 마라
C 외국에서의 경험이 중요하다고 생각한다
D 부서 간 협력을 중요시하지 않는다

限制* xiànzhì 통 제한하다, 제약하다 | 合作* hézuò 통 합작하다, 협력하다

풀이 | B 두 번째 단락에서 새로 온 상사 '张龙(장룽)'에 대해 말하고 있습니다. '不要太考虑部门和职责限制(부서와 직책의 제한을 너무 신경 쓸 필요 없다)'라는 내용에서 B가 정답임을 알 수 있습니다. '从国外回来的张龙(외국에서 돌아온 장룽)'에서 그가 해외파임을 짐작할 수 있지만, 그렇다고 외국에서의 경험을 중시한다는 정보는 없기 때문에 C는 답으로 적절하지 않습니다.

73 ★★★

"皮格马利翁效应"告诉我们：	'피그말리온 효과'는 우리에게 무엇을 말해주는가?
A 主动的人才能成功	A 적극적인 사람만 성공할 수 있다
B 工作时不能太激动	B 일할 때 너무 흥분하면 안 된다
C 环境影响人们的表现	C 환경이 사람들의 태도에 영향을 준다
D 要调整好自己的心态	D 자신의 심리 상태를 잘 조절해야 한다

激动 jīdòng 형 감격하다, 흥분하다 | 调整* tiáozhěng 통 조정하다, 조절하다

풀이 | C 마지막 단락에서 '在……的环境中，人……，而在……环境中，人则……(~한 환경에서 사람은 ~하지만, 반면에 ~ 환경에서는 오히려 ~하다)'라는 내용을 보면 환경이 사람들의 태도에 영향을 미친다는 것을 알 수 있습니다. 정답은 C입니다. 피그말리온 효과의 예시로 든 리루이의 이야기를 봐도 어떤 상사를 만나는가에 따라 달라진 모습을 보였으므로 바로 답을 찾을 수 있습니다.

74 ★★★

根据上文，下面哪项是正确的?	윗글에 근거해 다음 중 옳은 것은 무엇인가?
A 李瑞的专业是经营管理	A 리루이의 전공은 경영관리이다
B 贾明很欣赏李瑞的表现	B 쟈밍은 리루이의 태도를 좋게 평가했다
C 张龙本来就是很沉默的	C 장룽은 원래 말수가 적다
D 负面评价限制了李瑞的积极性	D 부정적인 평가가 리루이의 적극성을 제한했다

专业 zhuānyè 명 전공 | 积极性 jījíxìng 명 적극성

풀이 | D 제시문 전체에 흩어진 세부 정보에 대한 문제입니다. 이런 문제의 경우, 순서상 마지막 문제이지만 정답은 제시문 앞뒤 어디에나 있을 수 있습니다. 첫 번째 단락 두 번째 밑줄에서 야단을 맞은 리루이가 자신의 업무 외의 일에 신경을 쓰지 못하고 말수도 적어졌다는 내용으로 보아 정답이 D가 적절합니다. 리루이의 전공은 '国际贸易(국제무역)'이고, 쟈밍은 리루이를 비판(批评)했으며, 말수가 적어진(变得沉默寡言了) 사람은 리루이이므로, A, B, C 모두 정답이 될 수 없습니다.

75-78

在众多的运动方式中，走路是绝大多数人都很喜欢的一种，因为这种运动方式很方便，不会受到场地和器材的限制，也不会让自己变得很累。每天多走一点路对健康是有好处的。[73]再加上，下载了一个计步应用，就可以知道你每天走了多少步，也就是可以记录你的运动强度了。

수많은 운동 방식 가운데 걷기는 절대다수의 사람들이 모두 좋아하는 것이다. 왜냐하면 이런 운동 방식은 아주 편리해서 장소나 기구의 제약을 받지 않고, 또 스스로를 너무 지치게 하지도 않기 때문이다. 매일 걷기를 조금 더 하면 건강에 좋고, [75]게다가 걸음 측정 앱을 다운로드하면 당신이 매일 얼마나 걸었는지 알 수 있다. 다시 말해 당신의 운동 강도를 기록할 수 있다.

走路的效果很明显，⁷⁶每天大步快走，能够加快心脏跳动与血流速度，能达到改善血液循环、降低有关疾病的风险。此外，步行也能帮助改善人的记忆力，因为它让身体很多部位都受到刺激，脑部也不例外。

⁷⁷在走路之前，我们首先必须做好3项准备工作：首先，穿着要正确。穿一双软底跑鞋，保护脚踝关节免受伤害，穿一身舒适的运动装，有利于身体活动。其次，热身要充分。做做拉伸四肢的运动，防止肌肉受伤。最后，带瓶水，运动时少次多量地补充水分可以防止脱水。

那么什么时候走最好呢？早晨人体血压偏高，气温较低、空气污染较大，对于上班族来说，还有时间问题，所以并不是最适合的时间。而晚饭后的时间段，无论在气温、空气、人体功能等方面都相对较好，时间也较宽松，所以对很多人来说晚饭后是走路最好的时间。⁷⁸可是晚饭后不能立即步行，休息15-30分钟，然后悠闲地散散步，可以帮助消化。

걷기의 효과는 뚜렷하다. ⁷⁶매일 큰 걸음으로 빨리 걸으면 심장 박동과 혈류 속도를 빠르게 할 수 있어, 혈액 순환 개선과 관련 질병의 위험을 낮출 수 있다. 이 밖에도 걷기는 사람의 기억력 개선도 돕는다. 왜냐하면 걷기는 몸의 여러 부위가 자극을 받게 하는데, 뇌도 예외가 아니기 때문이다.

⁷⁷걷기 전에 우리는 먼저 세 가지 준비를 해야 한다. 먼저 옷차림이 맞아야 한다. 부드러운 밑창의 러닝화를 신어서 복사뼈 관절이 부상을 입지 않게 해야 하고, 편안한 운동복을 입는 것이 신체 활동에 도움이 된다. 그다음으로 준비 운동이 충분해야 한다. 팔다리를 쭉 펴주는 운동을 해서 근육 부상을 방지한다. 마지막으로 물을 한 병 휴대해야 한다. 운동할 때 조금씩 자주 수분을 보충하면 탈수를 예방할 수 있다.

그렇다면 언제 걷는 것이 가장 좋을까? 아침은 인체의 혈압이 높은 편이고, 기온은 낮은 편이며, 공기오염도 심한 편이다. 직장인에게는 시간 문제도 있다. 그렇기 때문에 가장 적합한 때는 아니다. 반면에 저녁을 먹고 난 시간대는 기온, 공기, 신체 기능 등 여러 면에서 상대적으로 좋고 시간도 여유가 있다. 따라서 많은 이들에게 저녁 식사 후는 걷기 가장 좋은 때이다. ⁷⁸그러나 저녁을 먹고 나서 바로 걸으면 안 된다. 15~30분 정도 휴식한 다음 여유롭게 산책하는 것이 소화에 도움이 된다.

场地 chǎngdì 명 (시합, 공연 등을 하는) 장소 | 器材 qìcái 명 기자재, 기구 | 限制* xiànzhì 명 제한, 제약 | 下载* xiàzài 동 다운로드하다 | 应用* yìngyòng 명 애플리케이션, 앱 | 强度 qiángdù 명 강도 | 明显* míngxiǎn 형 뚜렷하다 | 加快 동 jiākuài 속도를 올리다, 빠르게 하다 | 心脏* xīnzàng 명 심장 | 跳动 tiàodòng 동 박동하다, (심장이) 뛰다 | 血流 xuèliú 명 혈류 | 达到* dádào 동 이루다, 달성하다 | 血液 xuèyè 명 혈액 | 循环 xúnhuán 동 순환하다 | 疾病 jíbìng 명 질병 | 风险* fēngxiǎn 명 리스크, 위험 | 部位 bùwèi 명 (인체의) 부위 | 刺激* cìjī 동 자극하다 | 例外 lìwài 동 예외로 하다 | 项 xiàng 명 가지, 항목, 조항 | 穿着 chuānzhuó 명 옷차림, 차림새 | 脚踝 jiǎohuái 명 복사뼈 | 关节 guānjié 명 관절 | 伤害* shānghài 동 상하게 하다, 손상시키다 | 舒适* shūshì 형 쾌적하다 | 热身 rèshēn 명 준비 운동, 몸풀기 운동 | 充分* chōngfèn 형 충분하다 | 伸* shēn 동 (신체나 물체의 일부를) 펼치다, 늘이다 | 四肢 sìzhī 명 사지, 팔다리 | 防止 fángzhǐ 동 방지하다 | 肌肉* jīròu 명 근육 | 受伤* shòushāng 동 상처를 입다, 부상을 당하다 | 血压 xuèyā 명 혈압 | 偏 piān 동 ~한 축에 속하다 | 宽松 kuānsōng 형 널찍하다, 여유가 있다 | 立即* lìjí 부 즉시, 바로 | 悠闲 yōuxián 형 한가하다, 여유롭다 | 消化 xiāohuà 동 소화하다

75 ★★★

计步应用有什么帮助?	걸음 측정 앱은 무슨 도움이 되는가?
A 让运动更轻松	A 운동이 더 수월해진다
B 对健康有好处	B 건강에 좋다
C 加大运动强度	C 운동 강도를 높인다
D 知道步行的距离	D 걸은 거리를 안다

加大 jiādà 동 (수량·정도를) 더하다, 확대하다

| 풀이 | D 질문에서 언급한 '计步应用'을 첫 번째 단락에서 찾을 수 있습니다. '下载了一个计步应用，就可以知道你每天走了多少步(걸음 측정 앱을 다운로드하면 당신이 매일 얼마나 걸었는지 알 수 있다)'라고 설명했습니다. '知道走了多少步'와 보기 D의 '知道步行的距离(걸은 거리를 안다)'의 내용이 일치합니다. 반면 지문에 '运动强度(운동 강도)'가 언급됐지만 기록하는 (记录) 것이지, 정도를 더하는(加大) 것이 아니므로 C는 정답이 아닙니다.

76 ★★

下面哪项是走路运动的效果?	다음 중 걷기 운동의 효과는 무엇인가?
A 预防心脏病	A 심장병을 예방한다
B 治疗高血压	B 고혈압을 치료한다
C 帮助孩子长高	C 아이의 키 성장을 돕는다
D 扩大交往范围	D 교제 범위를 넓혀준다

预防* yùfáng 통 예방하다 | 治疗* zhìliáo 통 치료하다 | 扩大* kuòdà 통 확대하다 | 交往* jiāowǎng 통 왕래하다, 교제하다 | 范围* fànwéi 명 범위

| 풀이 | A 두 번째 단락에서 심장, 혈류, 혈액 순환에 대한 이야기가 나오고, 이어서 '降低有关疾病的风险(관련 질병의 위험을 낮춘다)'이라는 내용이 있으므로 정답은 A입니다. 이에 반해 '治疗(치료하다)'는 병이 발생한 후 고치는 것이기 때문에 질병의 위험을 낮추는 것과 의미상 차이가 있으므로 B는 오답입니다.

77 ★★

下面哪项不是走路前必需的?	다음 중 걷기 전에 꼭 필요한 것이 아닌 것은 무엇인가?
A 带一瓶水	A 물을 한 병 가지고 간다
B 确定散步路线	B 산책 코스를 정한다
C 做好热身运动	C 준비 운동을 한다
D 穿运动服和跑鞋	D 운동복을 입고 러닝화를 신는다

必需 bìxū 통 반드시 필요하다 | 确定* quèdìng 통 확정하다 | 路线 lùxiàn 명 노선

| 풀이 | B 세 번째 단락에서 '必须做好3项准备工作(세 가지 준비를 해야 한다)'라고 밝히고, '首先……, 其次……, 最后……'의 문장 구조를 사용해 '옷과 신발', '준비 운동' 그리고 '물'에 대해 말하고 있습니다. 보기 중 언급하지 않은 내용은 B입니다.

78 ★★★

根据上文，下面哪项是正确的?	윗글에 근거해 다음 중 옳은 것은 무엇인가?
A 步行对大脑没有作用	A 걷기는 뇌에 영향이 없다
B 走路时水喝得越多越好	B 걸을 때 물을 많이 마실수록 좋다
C 晚饭后最好别马上步行	C 저녁식사 후 바로 걷지 않는 것이 좋다
D 走路是缓解压力的最好方法	D 걷기는 스트레스를 푸는 가장 좋은 방법이다

缓解* huǎnjiě 통 완화시키다, 호전시키다 | 压力 yālì 명 스트레스

| 풀이 | C 마지막 문장에서 '晚饭后不能立即步行(저녁식사 후 바로 걸으면 안 된다)'이라는 내용으로 보아 C가 정답으로 적절합니다. 질문의 '不能'과 '立即'를 보기에서는 '最好别'와 '马上'으로 바꾸어 표현했지만 의미는 같습니다. 산책하기 전 물을 챙기라는 말은 있지만, '喝得越多越好(많이 마실수록 좋다)'라고 하지는 않았기 때문에 B는 정답이 아닙니다. 두 번째 단락에서 '步行也能帮助改善人的记忆力(걷기는 사람의 기억력 개선도 돕는다)'라고 했으므로 A도 오답입니다. D의 '压力(스트레스)' 에 대해서는 지문에서 언급되지 않았습니다.

一位心理学家曾做过这样一个试验，他把四段采访录像分别放给被测试者：在第一段录像里接受访谈的是个成功人士，录像中，他态度非常自然，非常有自信，他的精彩表现，不时赢得观众的阵阵掌声；第二段录像中接受访谈的也是个成功人士，不过主持人向观众介绍他的成就时，他表现得非常紧张，竟把桌上的咖啡杯碰倒了，还将主持人的裤子淋湿了；⁷⁹第三段录像中接受访谈的是个非常普通的人，整个采访过程中，他虽然不太紧张，但也没有什么吸引人的发言；第四段录像中接受访谈的也是个很普通的人，他表现得非常紧张，和第二个人一样，他也把身边的咖啡杯弄倒了，淋湿了主持人的衣服。测试对象看完这四段录像，心理学家让他们从这四个人中选出一位他们最喜欢的，选出一位他们最不喜欢的。

最不受被测试者喜欢的当然是第四段录像中的那位先生了，几乎所有的被测试者都选择了他，⁸⁰可奇怪的是，他们最喜欢的不是第一段录像中的那位表现完美的成功人士，而是第二段录像中打翻了咖啡杯的那位，有95%的被测试者选择了他。

从这个实验里我们看到了心理学里著名的"出丑效应"。⁸¹就是对于那些取得过突出成就的人来说，一些微小的失误比如打翻咖啡杯，不仅不会影响人们对他的好感，相反，还会让人们从心理感觉到他很真诚，值得信任。而如果一个人表现得完美无缺，我们从外面看不到他的任何缺点，反而会让人觉得不够真实，恰恰会降低别人心目中的信任度，因为一个人不可能是没有任何缺点的。

한 심리학자가 다음과 같은 실험을 했다. 그는 네 개의 인터뷰 영상을 피실험자에게 각각 틀어주었다. 첫 번째 영상에서는 한 성공한 사람을 인터뷰했는데, 영상 속에서 그는 태도가 자연스럽고 매우 자신 있었다. 그의 훌륭한 인터뷰는 자주 관객들의 박수를 이끌어냈다. 두 번째 영상에서도 성공한 사람을 인터뷰했는데 사회자가 관객들에게 그의 성과를 소개할 때 그는 매우 긴장되어 보였고, 뜻밖에도 탁자 위의 커피잔을 엎어 사회자의 바지를 젖게 만들었다. ⁷⁹세 번째 영상에서는 매우 평범한 사람을 인터뷰했는데, 인터뷰 전 과정에서 그는 비록 그다지 긴장하지는 않았지만 사람들의 관심을 끄는 어떤 발언도 딱히 없었다. 네 번째 영상에서도 평범한 사람을 인터뷰했는데, 그는 아주 긴장한 모습을 보여줬고 두 번째 사람과 마찬가지로 옆에 있던 커피잔을 엎어서 사회자의 바지를 젖게 했다. 실험 대상자들이 이 네 개의 영상을 본 다음, 심리학자는 그들에게 이 네 명 가운데 가장 마음에 드는 사람을 한 명 고르고, 가장 마음에 안 드는 사람을 한 명 고르게 했다.

가장 피실험자들의 호감을 사지 못한 사람은 당연히 네 번째 영상의 그 남자였다. 거의 모든 피실험자들은 그를 선택했다. ⁸⁰그러나 이상하게도 그들이 가장 좋아한 사람은 첫 번째 영상 속의 그 완벽한 모습을 보여준 성공한 사람이 아니라 두 번째 영상 속의 커피잔을 엎은 사람이었다. 95%의 피실험자가 그를 선택했다.

이 실험에서 우리는 심리학의 유명한 '실수 효과(Pratfall Effect)'를 볼 수 있다. 즉 ⁸¹두드러진 성과를 거둔 사람에게 있어서 커피잔을 엎는 것 같은 작은 실수는 사람들의 그에 대한 호감에 악영향을 주기는커녕 반대로 사람들이 속으로 그가 진실하고 신뢰할 만하다고 느끼게 한다. 그러나 만약 어떤 사람이 보여준 모습이 완전무결하여 우리가 겉으로 볼 때 그의 결점을 찾을 수 없다면, 오히려 사람들은 가식적으로 느끼고 공교롭게도 사람들 마음속의 신뢰도가 하락하게 된다. 사람이 아무 결점도 없을 수는 없기 때문이다.

曾* céng 힁 일찍이 ｜ 试验 shìyàn 됭 시험하다, 실험하다 ｜ 采访* cǎifǎng 됭 취재하다, 인터뷰하다 ｜ 录像 lùxiàng 몡 녹화, 녹화 영상 ｜ 测试者 cèshìzhě 몡 시험자 ｜ 访谈 fǎngtán 됭 인터뷰하다, 방문 취재하다 ｜ 表现* biǎoxiàn 몡 행동, 표현, 태도 ｜ 不时 bùshí 힁 자주, 종종 ｜ 赢得 yíngdé 됭 (갈채·찬사를) 얻다, 획득하다 ｜ 阵* zhèn 몡 번, 바탕, 차례 ｜ 掌声 zhǎngshēng 몡 박수 소리 ｜ 主持* zhǔchí 됭 주관하다, 진행을 맡다 ｜ 成就* chéngjiù 몡 성취, 성과, 업적 ｜ 碰* pèng 됭 부딪치다, 충돌하다 ｜ 淋 lín 됭 (물이나 액체에) 젖다 ｜ 普通 pǔtōng 힁 보통이다 ｜ 对象* 몡 대상 ｜ 完美 wánměi 힁 매우 훌륭하다, 완전하여 결함이 없다 ｜ 翻* fān 됭 뒤집다, 뒤엎다 ｜ 丑* chǒu 힁 추하다, 꼴불견이다 ｜ 效应 xiàoyìng 몡 효과 ｜ 突出* tūchū 힁 돋보이다, 두드러지다 ｜ 微小 wēixiǎo 힁 작다, 미미하다 ｜ 失误 shīwù 됭 실수를 하다 ｜ 真诚 zhēnchéng 힁 진실하다, 성실하다 ｜ 信任* xìnrèn 됭 신뢰하다 ｜ 真实* zhēnshí 힁 진실하다 ｜ 恰恰 qiàqià 힁 바로, 꼭

고득점 Tip

湿 shī 축축하다, 습하다 ➡ 潮湿* cháoshī 축축하다, 눅눅하다 | 湿润* shīrùn 촉촉하다, 축축하다

出 chū 내보이다 + 丑* chǒu 추하다 ➡ 出丑 chūchǒu 추태를 보이다, 망신을 당하다 | 完美* wánměi 완벽하다 + 无
wú 없다 + 缺点 quēdiǎn 결점 ➡ 完美无缺 wánměi wúquē 완전무결하다

---

79 ★★

关于第三个人，可以知道什么？	세 번째 사람에 관하여 무엇을 알 수 있는가?
A 事业上很有成就	A 사업상 큰 성공을 했다
B 他是心理学教授	B 그는 심리학 교수이다
C 他表现比较自然	C 인터뷰가 비교적 자연스러웠다
D 打翻了桌上的咖啡杯	D 탁자 위의 커피잔을 엎었다

事业 shìyè 명 사업, 일 | 心理学 xīnlǐxué 심리학

| 풀이 | C '第三个人'은 첫 번째 밑줄의 '第三段录像中接受访谈的人(세 번째 영상에서 인터뷰한 사람)'을 가리킵니다. '不太紧张(별로 긴장하지 않다)'과 보기 C의 '表现比较自然(인터뷰가 비교적 자연스러웠다)'이 의미가 통하므로 정답은 C입니다. 첫 번째와 두 번째 사람이 '성공'한 사람이고, 두 번째와 네 번째 사람이 '커피잔을 엎은' 사람입니다. 따라서 A와 D는 정답이 아닙니다.

---

80 ★★

哪个人最受被测试者的欢迎？	가장 피실험자의 호감을 얻은 사람은 누구인가？
A 第一个人	A 첫 번째 사람
B 第二个人	B 두 번째 사람
C 第三个人	C 세 번째 사람
D 第四个人	D 네 번째 사람

受……欢迎 shòu……huānyíng ~에게 환영을 받다, 인기가 있다

| 풀이 | B 두 번째 밑줄 친 부분에서 '可奇怪的是(그러나 이상한 것은)'라고 시작하며 실험 결과를 밝혔습니다. '不是A，而是B'는 'A가 아니라 B이다'라는 전환의 의미를 나타냅니다. 그들이 가장 좋아한 사람은 첫 번째 영상 속의 사람이 아니라, 두 번째 영상 속의 사람이라고 했으므로 정답은 B입니다.

---

81 ★★

人们觉得一个人犯小失误证明什么？	사람들은 누군가의 작은 실수가 무엇을 증명한다고 생각하는가？
A 他是诚实的人	A 그는 진실한 사람이다
B 他是完美的人	B 그는 완벽한 사람이다
C 他是成功人士	C 그는 성공한 사람이다
D 他是粗心的人	D 그는 부주의한 사람이다

诚实 chéngshí 형 진실하다, 성실하다 | 粗心 cūxīn 형 세심하지 못하다, 부주의하다

| 풀이 | A 세 번째 밑줄 친 부분에서 '相反，还会让人们从心理感觉到他很真诚，值得信任(반대로 사람들이 속으로 그가 진실하고 신뢰할 만하다고 느끼게 한다)'이라고 언급했습니다. 지문의 '真诚(진실하다)'과 보기 A의 '诚实(진실하다)'는 유의어이므로 정답은 A입니다.

最适合做上文标题的是：	윗글의 제목으로 가장 적절한 것은?
A 采访的秘密	A 인터뷰의 비밀
B 成功的关键	B 성공의 열쇠
C 完美不如犯傻	C 바보처럼 구는 것이 완벽한 것보다 낫다
D 要懂得改正缺点	D 결점을 고칠 줄 알아야 한다

秘密* mìmì 图 비밀 │ 不如 bùrú 图 ~만 못하다 │ 犯傻* fànshǎ 图 바보처럼 굴다 │ 改正* gǎizhèng 图 고치다. 개정하다

▌풀이▐ C 제목이나 주제를 묻는 문제는 지문 전체의 맥락을 이해하면 쉽게 풀 수 있습니다. 실험을 통해 네 명의 인터뷰이를 비교하여 '어떤 사람이 사람들의 호감을 얻을 수 있는가'에 대해 말하고 있는 내용으로, 완벽한 사람보다 바보 같은 실수도 조금 하는 사람이 사람들에게 더 큰 호감을 얻는다는 것이 이 글의 결론입니다. 따라서 C가 정답입니다.

83-86

春秋时期，梁国是一个小国，83不过梁惠王雄心勃勃想有一番作为。因此他陆续召见有本领的人，有人多次向他推荐淳于髡，说淳于髡是个难得的人才。于是，梁惠王单独召见了淳于髡两次，可是他始终不说一句话。

惠王感到很奇怪，就责备那个推荐他的人说："你称赞淳于先生，说他有与众不同的才能，可是见了他，我一点收获也没得到啊。难道是我不配跟他谈话吗？"推荐的人把梁惠王的话告诉了淳于髡，淳于髡答道：

"84我第一次见大王时，他正看着一匹好马，我的到来使他不得不让人把马牵走，但是心思还在马上。第二次，他刚刚看过几个美貌的歌妓，还没来得及欣赏她们跳舞，我就来了，他虽然让舞女退了下去，但是，心里还在想着舞女，所以我什么也没有说。"举荐人把这番话告诉了梁惠王，梁惠王惊讶地说："哎呀，淳于髡真是个圣人啊！第一次淳于髡来见我，我心里确实还想着骑马的样子；第二次淳于髡来见我，心思还在那几个美貌歌妓身上。"

85后来淳于髡再次会见惠王的时候，两人专心交谈，一连三天三夜都不觉得困。

춘추시대에 양나라는 작은 나라였다. 83그러나 양혜왕은 야심만만하게 대업을 이루고자 했다. 이 때문에 그는 끊임없이 능력 있는 사람을 불러 모았다. 한 사람이 여러 차례 그에게 순우곤을 추천하면서 귀한 인재라고 했다. 그래서 양혜왕은 홀로 순우곤을 불러 두 번 만났다. 그러나 그는 시종 한 마디 말도 하지 않았다.

양혜왕은 이상하다고 여겼고, 그를 추천한 사람을 책망하여 말했다. "너는 순우 선생을 칭찬하기를 그가 남들과 다른 재능이 있다고 했다. 그러나 그를 만나고 나는 조금의 수확도 얻지 못했다. 설마 내가 그와 이야기를 나누기에도 부족하다는 것인가?" 추천했던 사람은 양혜왕의 말을 순우곤에게 전했고, 순우곤은 이렇게 대답했다.

"84내가 처음 대왕을 만났을 때, 대왕께서는 마침 좋은 말 한 필을 보고 있었는데, 내가 도착하자 부득이하게 그 말을 끌고 가게 했지요. 그러나 마음은 말에게 있었습니다. 두 번째에는 대왕께서 막 아름다운 가기 몇을 보았고, 그들의 춤을 감상할 겨를 없이 내가 도착했지요. 대왕은 비록 가기들을 물러가게 했지만 마음속에는 여전히 무녀를 생각하고 있었습니다. 그래서 저는 아무런 말도 하지 않았습니다." 추천했던 이는 이 말을 양혜왕에게 전했고, 양혜왕은 깜짝 놀라 말했다. "아이코, 순우곤은 정말 성인이로다! 처음 순우곤이 나를 보러 왔을 때 나는 속으로 말 타는 모습을 생각하고 있었고, 두 번째 순우곤이 나를 만나러 왔을 때 내 마음은 그 몇몇 아름다운 가기에게 가 있었소."

85후에 순우곤이 다시 양혜왕을 만났을 때, 두 사람은 열중해서 이야기를 나누었고, 삼일 밤낮 동안 피곤한 줄 몰랐다.

梁惠王 Liáng Huìwáng 양혜왕, 양나라 혜왕 | 雄心勃勃 xióngxīn bóbó 웹 포부가 크다, 이상이 높다, 야심만만하다 | 一番 yìfān 수량 한바탕, 한차례, 한번 | 作为* zuòwéi 명 성과, 위업 | 陆续* lùxù 부 끊임없이, 계속하여 | 召见 zhàojiàn 동 불러서 만나다 | 本领* běnlǐng 명 능력, 실력 | 推荐* tuījiàn 동 추천하다 | 淳于髡 Chún Yúkūn 순우곤 [인명] | 难得 nándé 형 얻기 어렵다, 귀중하다 | 人才* réncái 명 인재 | 于是 yúshì 접 그래서 | 单独* dāndú 부 단독으로, 혼자서 | 始终* shǐzhōng 부 한결같이, 시종일관 | 责备* zébèi 동 책망하다, 질책하다 | 称赞* chēngzàn 동 칭찬하다 | 与众不同 yǔ zhòng bù tóng 웹 남다르다, 남보다 뛰어나다 | 收获* shōuhuò 명 수확, 성과 | 难道 nándào 부 설마 ~하겠는가? 그래 ~란 말인가? | 不配 búpèi 형 어울리지 않다, 걸맞지 않다 | 匹 pǐ 양 필, 마리 [가축을 세는 단위] | 不得不 bùdébù 부 부득이, 어쩔 수 없이 | 牵 qiān 동 끌다, 이끌다 | 心思 xīnsi 명 마음, 심정 | 美貌 měimào 형 용모가 아름답다 | 歌妓 gējì 명 가기, 기녀 | 欣赏* xīnshǎng 동 마음에 들다, 높게 평가하다 | 举荐 jǔjiàn 동 추천하다 | 惊讶 jīngyà 동 경악하다, 놀라다 | 圣人 shèngrén 명 성인, 성현 | 会见 huìjiàn 동 회견하다, 만나다 | 专心* zhuānxīn 형 전념하다, 집중하다 | 交谈 jiāotán 동 이야기를 나누다 | 一连 yìlián 부 계속해서, 잇따라 | 三天三夜 sān tiān sān yè 삼일 밤낮

---

83 ★★★

关于梁惠王，下列哪项正确？	양혜왕에 관해서 다음 중 옳은 것은?
A 要干一番成就	A 큰 업적을 이루고자 했다
B 是个难得的人才	B 귀한 인재였다
C 是战国时期的国王	C 전국 시기의 국왕이었다
D 给人推荐有本领的人	D 사람들에게 능력 있는 사람을 추천했다

成就* chéngjiù 명 성과, 업적 | 战国时期 Zhànguó shíqī 전국 시기

풀이 A 첫 번째 문장에서 '梁惠王雄心勃勃想有一番作为(양혜왕은 야심만만하게 대업을 이루고자 했다)'라고 했습니다. 지문의 '一番作为'가 보기 A에서 '一番成就'로 표현되었는데, '作为'와 '成就'는 둘 다 '성과, 업적'이라는 뜻을 가지고 있습니다. 정답은 A입니다. 양혜왕은 춘추시기(春秋时期)의 왕이었고, 귀한 인재를 추천받아 순우곤(淳于髡)을 만나게 되었습니다. 따라서 B, C, D 모두 정답이 아닙니다.

---

84 ★★

前两次，淳于髡为什么不说话？	앞의 두 번, 순우곤은 왜 말을 하지 않았는가?
A 从远方来太累了	A 멀리서 와서 너무 힘들었다
B 觉得推荐人不老实	B 추천인이 정직하지 않다고 생각했다
C 抱怨梁惠王不专心	C 양혜왕이 집중하지 않아서 불만이었다
D 想得到好马和舞女	D 좋은 말과 무녀를 얻고 싶었다

远方 yuǎnfāng 명 먼 곳 | 老实* lǎoshi 형 정직하다, 솔직하다 | 抱怨* bàoyuàn 동 원망을 품다, 원망하다 | 专心* zhuānxīn 형 몰두하다, 열중하다

풀이 C 세 번째 단락 순우곤의 말에서 이 문제의 정답을 찾을 수 있습니다. 두 번째 밑줄 친 부분을 보면 순우곤이 처음 왕을 만났을 때 왕은 속으로 말을 생각하고 있었고(心思还在马上), 두 번째 만났을 때는 무녀를 생각하고 있었다(心里还在想着舞女)고 했습니다. 순우곤은 왕이 다른 생각을 하고 있어서 아무런 말도 하지 않은 것이므로, 보기 중 가장 관련 있는 내용은 C입니다.

---

85 ★★

第三次会见时，他们：	세 번째 만났을 때, 그들은 어떠했는가?
A 觉得很困	A 매우 피곤했다
B 感到很奇怪	B 매우 이상하다고 느꼈다

C 梁惠王拜淳于髡为师

D 集中精神谈了很长时间

C 양혜왕이 순우곤을 스승으로 모셨다

D 정신을 집중하여 오랜 시간 이야기를 나누었다

拜……为师 bài……wéishī ~를 스승으로 모시다 │ 集中* jízhōng 퉁 집중하다 │ 精神* jīngshén 몡 정신

┃풀이┃ D 앞 문제에서 앞선 두 번의 만남에 관한 내용이 나오기 때문에, 마지막 단락의 밑줄 친 부분이 세 번째 만남이라는 것을 알 수 있습니다. '两人专心交谈，一连三天三夜都不觉得困(두 사람은 열중해서 이야기를 나누었고, 삼일 밤낮 동안 피곤한 줄 몰랐다)'이라는 내용으로 보아 정답은 D입니다.

86 ★★★

下面哪项最适合做标题?

A 聪明在于勤奋

B 重复是学习之母

C 不怕慢，只怕站

D 诚恳待人才会取得信任

다음 중 제목으로 가장 적절한 것은?

A 똑똑함은 부지런함에 있다

B 반복이 학습의 어머니이다

C 느린 것을 걱정하지 말고 멈추는 것을 걱정하라

D 진심으로 사람을 대해야 신뢰를 얻을 수 있다

在于* zàiyú 퉁 ~에 달려 있다 │ 勤奋 qínfèn 톙 부지런하다 │ 重复* chóngfù 퉁 반복하다 │ 诚恳* chéngkěn 톙 진실하다, 간절하다 │ 信任* xìnrèn 퉁 신뢰하다

┃풀이┃ D 이야기 지문의 제목으로는 지문 전체가 주는 주제 혹은 교훈, 그리고 이야기의 핵심 소재가 적절합니다. 보기 A는 진정한 똑똑함은 부지런함에 있다는 뜻이고, B는 학습에서 반복의 중요성을 강조하는 관용구로 지문 내용과 관련이 없습니다. C 또한 빠른 성공을 바라지 말고 끝까지 포기하면 안 된다는 뜻으로, 지문 내용과 일치하지 않습니다. 이 이야기는 인재를 찾던 양혜왕이 세 번째 만남에서야 비로소 순우곤의 마음을 얻게 된 내용으로, D가 정답으로 가장 적절합니다.

87-90

一位作家说过："如果有天堂，那应是图书馆的模样。"打造"图书馆之城"，让人们在天堂里漫游，是广州的城市规划的一个重要目标。

广州正在建立现代化的公共图书馆服务体系，各级公共图书馆馆藏总量达到1871万册。广州的公共图书馆共122所，这些图书馆都已实现通借通还。

87广州在打造"图书馆之城"的道路上不仅注重"量"的增加，更注重"质"的提升。"你选书，我结账"，广州图书馆将主动权交给了读者。广州图书馆一改"填鸭式"服务方式。88这样的变化既满足了读者个性化、多元化的阅读需求，又避免了图书馆在采购过程中的盲目性。

此外，广州公共图书馆还89开展名人讲座、艺术沙龙、课程培训等活动，成为丰富群众文化生活的重要平台。据统计，2016年广州

한 작가가 이렇게 말했다. "만약 천국이 있다면 분명히 도서관의 모양일 것이다." '도서관의 도시'를 만들어 사람들이 천국을 노닐게 하는 것은 광저우시 도시 계획에서 중요한 목표이다.

광저우시는 현대화된 공공 도서관 서비스 시스템을 만들고 있다. 각급 공공 도서관의 장서량은 1871만 권에 달한다. 광저우의 공공 도서관은 모두 122곳으로, 이 도서관들은 이미 어디서나 대여와 반납이 가능하다.

87광저우시는 '도서관의 도시'를 만들어 가는 길에서 '양'적인 증가도 중시하지만 '질'적인 향상을 더욱 중시하고 있다. "책을 고르시면 책값은 저희가 냅니다." 광저우 도서관은 주도권을 독자에게 넘겼다. 광저우 도서관은 '주입식' 서비스 방식을 완전히 바꾸었다. 88이런 변화는 독자들의 개성화, 다원화된 독서 수요를 충족시킬 수 있으며, 또한 (책을) 구매하는 과정에 존재하던 도서관의 맹목성도 피할 수 있다.

이 밖에도 광저우 공공 도서관은 89유명 인사의 강좌, 예술 살롱, 교육 프로그램 등의 활동을 벌이고 있으며, 이는 대중의 문화생활을 풍성하게 하는 중요한 플랫폼이

各级图书馆举办活动5317场，参与活动358万人次。

近年来，广州公共图书馆事业在迈向发展的"快车道"，但建设过程中还面临一些问题，⁹⁰比如城乡发展不平衡。市区的图书馆购书经费去年达700万元，而农村人口较多的郊区的图书馆仅有90万元。

되고 있다. 통계에 따르면 2016년에 광저우 각급 도서관에서 5,317회의 활동을 개최했으며, 활동에 참여한 사람이 358만 명에 이른다.

최근 몇 년 광저우 공공도서관 사업은 '빠른 속도'로 발전해 나가고 있지만, 건설 과정에서 일부 문제에 직면하고 있다. ⁹⁰예를 들어 도시와 농촌의 발전이 불균형하다. 시내 지역 도서관의 도서 구매 비용은 작년의 경우 700만 위안에 달하는데, 농촌 인구가 많은 편인 시외 지역 도서관은 90만 위안에 불과하다.

天堂 tiāntáng 명 천당, 천국 | 模样 múyàng 명 모양 | 打造 dǎzào 통 만들다 | 漫游 mànyóu 통 기분 나는 대로 노닐다 | 规划 guīhuà 명 계획, 기획 | 目标* mùbiāo 명 목표 | 建立* jiànlì 통 건립하다, 설치하다 | 体系 tǐxì 명 체계 | 馆藏 guǎncáng 통 (도서관이나 박물관에서) 소장하다 | 册 cè 양 책, 권 | 通借通还 tōng jiè tōng huàn 어디서나 대여하고 어디서나 반납하다 | 提升 tíshēng 통 끌어올리다 | 结账* jiézhàng 통 계산하다 | 主动权 zhǔdòngquán 명 주도권 | 填鸭式 tiányāshì 형 주입식의 | 满足* mǎnzú 통 (요구, 기대 등을) 만족시키다, 충족시키다 | 需求 xūqiú 명 수요, 필요 | 避免* bìmiǎn 통 피하다, 면하다 | 采购 cǎigòu 통 (기업, 기관에서) 구매하다, 구입하다 | 盲目性 mángmùxìng 명 맹목성 | 开展 kāizhǎn 통 (활동이) 전개되다, 벌어지다 | 讲座 jiǎngzuò 명 강좌 | 沙龙 shālóng 명 살롱 | 课程* kèchéng 명 과정, 커리큘럼 | 培训* péixùn 통 키우다, 양성하다, 훈련하다 | 丰富 fēngfù 풍부하게 하다 | 群众 qúnzhòng 명 군중, 대중 | 平台 píngtái 명 플랫폼 | 统计 tǒngjì 명 통계 | 参与* cānyù 통 참여하다 | 人次 réncì 명 연인원 | 迈 mài 통 내딛다, 나아가다 | 建设* jiànshè 통 건설하다 | 面临* miànlín 통 직면하다, 당면하다 | 城乡 chéngxiāng 명 도시와 농촌 | 平衡* pínghéng 명 균형 | 经费 jīngfèi 명 경비

✦고득점 Tip

主动 zhǔdòng 주동적이다 + 权利* quánlì 권리 ➡ 主动权 zhǔdòngquán 주도권

---

87 ★★★

"图书馆之城"计划有什么特点？	'도서관의 도시' 계획은 어떤 특징이 있는가?
A 全国各大城市都参加	A 전국 각지의 대도시가 모두 참가한다
B 既注重"量"又注重"质"	B '양'을 중시할 뿐 아니라 '질'도 중시한다
C 读者的购书费用降低了	C 독자의 책 구매 비용이 인하되었다
D 广州的图书馆共有1871所	D 광저우 도서관이 모두 1,871곳이다

注重 zhùzhòng 통 중시하다

│ 풀이 │ B 첫 번째 밑줄 친 부분에서 '不仅A更B(A할 뿐 아니라 더 B하다)'와 보기 B의 '既A又B(A이기도 하고, B이기도 하다)'는 모두 병렬관계 접속사입니다. 양과 질을 모두 중시한다는 내용이 일치하므로 정답은 B입니다. 지문과 보기에 똑같은 숫자가 나와도 앞뒤 내용을 꼼꼼히 확인해야 합니다. 지문에서 도서관 장서량(馆藏总量)이 1871만 권이라고 했고, 광저우의 공공 도서관은 모두 122곳이라고 했으므로 D는 함정입니다.

---

88 ★★★

改变"填鸭式"服务方式，有什么作用？	'주입식' 서비스 방식의 변화는 어떤 효과가 있는가？
A 方便市民借书还书	A 시민들이 책을 대여하고 반납하기 편해졌다
B 大大增加文化投资	B 문화 투자가 크게 늘었다
C 减少图书馆购书的盲目性	C 도서관 책 구매의 맹목성을 줄였다
D 消费者有了更多的读书方式	D 소비자에게 더 많은 독서 방법이 생겼다

投资* tóuzī 图 투자

| 풀이 | C 문제에 "填鸭式"와 같이 쌍따옴표가 있는 경우, 대부분 지문에도 쌍따옴표가 있기 때문에 정답과 관련된 내용이 있는 위치를 쉽게 찾을 수 있습니다. 두 번째 밑줄 친 부분에서 '주입식' 서비스 방식의 변화에 대해 설명하고 있습니다. '这样的变化既……又避免了图书馆在采购过程中的盲目性(이런 변화는 ~하며, 도서관이 책을 구매하는 과정에 존재하던 맹목성도 피할 수 있다)'이라는 내용으로 보아 C가 정답으로 적절합니다.

---

89 ★★★

为了丰富市民的文化生活，广州市做什么？	시민의 문화생활을 풍성하게 하기 위해 광저우시는 무엇을 했는가?
A 开展各种有关活动	A 다양한 관련 행사를 벌였다
B 建立通借通还的系统	B 어디서나 대여하고 반납할 수 있는 시스템을 만들었다
C 加快图书馆的建设速度	C 도서관 건설 속도를 높였다
D 把公共图书馆建在公园里	D 공공 도서관을 공원에 세웠다

加快 jiākuài 图 빠르게 하다, 속도를 올리다

| 풀이 | A 네 번째 단락에서 '名人讲座(유명 인사의 강좌)' '艺术沙龙(예술 살롱)' '课程培训(교육 프로그램)' 등 다양한 활동을 벌이고 있으며, 이는 '成为丰富群众文化生活的重要平台(대중의 문화생활을 풍성하게 하는 플랫폼이 되었다)'라고 했습니다. 보기 A와 의미가 통합니다.

---

90 ★★

广州公共图书馆事业遇到什么问题？	광저우 공공 도서관은 어떤 문제에 직면했는가?
A 利用人数不多	A 이용객이 적다
B 数量多而质量差	B 수량은 많은데 질이 떨어진다
C 得不到市民的支持	C 시민의 지지를 받지 못하다
D 城乡之间存在差距	D 도시와 농촌 간의 격차가 존재한다

差距* chājù 图 차이, 격차

| 풀이 | D 마지막 문장의 '城乡发展不平衡(도시와 농촌의 발전이 불균형하다)'이 보기 D에서 '城乡之间存在差距(도시와 농촌 간의 격차가 존재한다)'로 바꾸어 표현되었습니다. A는 언급되지 않은 내용이고, 도서관에서 개최한 활동에 참여한 사람이 358만 명에 이른다고 했으므로 C의 내용과도 일치하지 않습니다. 지문에서 '不仅注重"量"的增加，更注重"质"的提升('양'적인 증가도 중시하지만 '질'적인 향상을 더욱 중시한다)'이라고 했으므로 B도 정답이 될 수 없습니다.

三、书写 쓰기

제1부분 91~98번은 제시어를 어순에 맞게 배열하여 문장을 완성하는 문제입니다.

91 ★★

他　　这个学问　　接触过哲学　　从未

→ 他从未接触过哲学这个学问。그는 철학 이 학문은 한 번도 접해 보지 못했다.

从未* cóngwèi 🖺 지금까지 ~하지 않았다 | 接触* jiēchù 🖺 접촉하다, 접하다 | 哲学* zhéxué 🖺 철학 | 学问* xuéwen 🖺 학문

	대사		부사		동사+조사		명사+지시대사+양사+명사
	他	+	从未	+	接触过	+	哲学这个学问
	주어		부사어		술어+过		목적어

풀이 '从未'는 4급 부사 '从来'와 부정사 '未'가 합쳐진 '从来没有'의 준말로, '지금까지 ~하지 않았다'라는 뜻입니다. 문장에서 '从未+동사+过'의 형식으로 주로 쓰입니다. 따라서 '从未接触过哲学'를 묶을 수 있습니다. '哲学这个学问'은 '哲学(철학)'와 '这个学问(이 학문)' 두 개의 명사가 동격 구조로 쓰였습니다. '他们三个人(그들 세 사람)', '我的朋友小张(내 친구 샤오장)', '教育这个领域(교육 이 영역)' 등이 그 예입니다. 주어 '他'가 문장 맨 앞에 오면 문장이 완성됩니다.

92 ★★★

上世纪80年代　　书于　　出版　　该

→ 该书于上世纪80年代出版。이 책은 1980년대에 출판되었다.

该 gāi 🄓 이, 저 | 于 yú 🄰 ~에, ~에서 [장소나 시간을 나타냄] | 年代* niándài 🄑 연대, 시대 | 出版* chūbǎn 🄑 출판하다

	대사		명사		개사구		동사
	该	+	书	+	于上世纪80年代	+	出版
	관형어		주어		부사어		술어

풀이 '该'는 조동사 '应该'의 의미로도 쓰이지만, 이 문장에서는 대사로 쓰여 명사 앞에서 '그, 이'라는 뜻을 나타냅니다. '该书'는 '이 책'이라는 뜻입니다. 대부분의 중국어 문장에서 주어는 필수입니다. 따라서 '出版该书(이 책을 출판하다)'가 아니라 '该书出版(이 책이 출판되다)'으로 써야 합니다. 개사 '于'가 시간명사 앞에서 시간을 나타내므로 '于上世纪80年代(1980년대에)'가 됩니다. 동사 '出版'이 이 문장의 술어입니다.

93 ★★★

不少　　办理贷款的　　手续　　比原来简单

→ 办理贷款的手续比原来简单不少。대출을 처리하는 절차가 원래보다 많이 간단해졌다.

办理* bànlǐ 🖺 처리하다 | 贷款* dàikuǎn 🄑 대출 | 手续* shǒuxù 🄑 수속, 절차

동사+명사+조사		명사	개사구	형용사	부사+형용사
办理贷款的	+	手续	比原来	简单	不少
관형어+的		주어	부사어	술어	보어

│풀이│ 'A比B+형용사' 형식의 비교문 문형입니다. 比와 함께 묶여 있는 '原来简单'이 B 자리에 놓이고, A 자리에 '办理贷款的手续' 가 와야 합니다. 比 비교문에서 A와 B의 구체적인 차이를 표현하고자 할 경우, 형용사 뒤에 수량을 나타내는 말을 보어로 사용할 수 있습니다. 또한 '一点儿' '一些' 등을 써서 차이가 작음을 나타낼 수도 있고, '得多' '多了' '不少' 등을 써서 차이가 큼을 설명하기도 합니다. 이 문장에서는 '简单' 뒤에 '不少'가 보어로 쓰였습니다.

---

94 ★★

公布此消息　　请先　　不要向　　员工

→ 请先不要向员工公布此消息。 일단 직원들에게 이 소식을 발표하지 마세요.

员工* yuángōng 몡 직원 │ 公布* gōngbù 통 공표하다, 발표하다

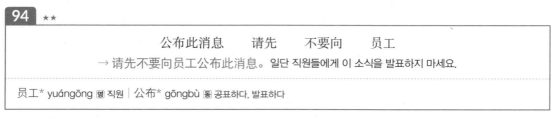

동사		대사	부사+조동사+개사구	동사	대사+명사
请	+	(您)	先不要向员工	公布	此消息
술어1		목적어/주어 (겸어)	부사어	술어2	목적어

│풀이│ 동사 '请(부탁하다)'이 들어간 부드러운 명령문에서는 '我' 등 1인칭 주어는 생략하고, 겸어인 2인칭 대사 '你' '您' '你们' '大家' 등도 생략할 수 있습니다. 이 문제에서는 주어와 겸어 둘 다 생략되었습니다. 개사 '向(~에게)' 뒤에는 행동의 대상이 와야 하므로 '不要向员工'이 함께 묶이고, 그 뒤에 '公布'가 술어2, '此消息'가 이 문장의 목적어 역할을 합니다.

---

95 ★★

观点　　你的　　有点儿　　片面

→ 你的观点有点儿片面。 너의 관점은 조금 단편적이다.

观点* guāndiǎn 몡 관점 │ 片面* piànmiàn 톙 (관점 등이) 단편적이다, 편협하다

대사+조사		명사	부사	형용사
你的	+	观点	有点儿	片面
관형어+的		주어	부사어	술어

│풀이│ '有点儿'과 '一点儿'은 둘 다 '조금, 약간'이라는 뜻이지만 문장 안에서 쓰는 위치가 다릅니다. '有点儿'은 '这几天我有点儿忙(요 며칠 나는 좀 바쁘다)'에서처럼 술어 앞에서 부사어로 씁니다. 반면에 '一点儿'은 '我买了一点儿水果(나는 과일을 조금 샀다)'처럼 명사 앞에서 관형어로 쓰던가, '今天比想象的冷一点儿(오늘은 생각한 것보다 약간 춥다)'와 같이 형용사 뒤에서 보어로 씁니다. 이 문장의 술어는 형용사 '片面(단편적이다)'이고, 주어는 명사 '观点(관점)'입니다. 정도부사 '有点儿(조금)'은 술어 앞에 위치하고, 조사 '的'가 붙은 '你的'는 주어 앞에 위치해 주어를 수식합니다.

96 ★★

一种　　不成熟的　　抱怨是　　表现

→ 抱怨是一种不成熟的表现。 불평하는 것은 성숙하지 못한 태도이다.

抱怨* bàoyuàn 图 불만을 품다, 불평하다 ┃ 成熟* chéngshú 圈 성숙하다 ┃ 表现* biǎoxiàn 圆 태도, 표현, 성과

동사	동사	수사+양사+부사+형용사+조사	명사
抱怨	**是**	**一种不成熟的**	**表现**
주어	술어	관형어+的	목적어

┃**풀이**┃ 'A是B(A는 B이다)' 형식에서 A에는 특정한 대상이 오고 B에는 A에 대한 구체적인 설명이 옵니다. 술어는 '是'이고, '是'와 묶여 있는 '抱怨'이 A 자리에 와서 주어의 역할을 합니다. '抱怨'은 동사지만, 동사가 주어나 목적어 역할을 하기도 합니다. B 자리에는 목적어인 '表现'이 오고, 一种不成熟的'가 묶여서 '表现' 앞에 위치해 목적어를 꾸며 주는 역할을 합니다.

97 ★★

配合　　那两位　　得　　队员　　相当好

→ 那两位队员配合得相当好。 그 두 팀원은 호흡이 아주 잘 맞는다.

队员 duìyuán 圆 대원, 팀원 ┃ 配合* pèihé 图 협력하다, 호흡을 맞추다 ┃ 相当* xiāngdāng 图 상당히, 꽤

대사+수사+양사	명사	동사+조사	부사+형용사
那两位	**队员**	**配合得**	**相当好**
관형어	주어	술어+得	보어

┃**풀이**┃ 이 문장의 술어는 동사 '配合'이고, 주어는 '队员'입니다. '那两位'는 주어를 수식하는 관형어로 '队员' 앞에 위치합니다. '得'는 용법이 다양합니다. 동사로 '얻다', 조동사로 '~해야 한다', 구조조사로 술어와 일부 보어 사이에 쓸 수 있습니다. 이 문장에서 '得'는 구조조사로 쓰여, '술어+得+정도보어[정도부사+형용사]' 형태를 취하는 정도보어 구문을 만듭니다.

98 ★★★

买了　　公寓　　一套　　父亲　　贷款

→ 父亲贷款买了一套公寓。 아버지는 대출해서 아파트를 한 채 사셨다.

贷款* dàikuǎn 图 대출하다 ┃ 套* tào 圈 채 [아파트, 빌라 등을 세는 단위] ┃ 公寓* gōngyù 圆 아파트, 공동 주택

명사	동사	동사	조사	수사+양사	명사
父亲	**贷款**	**买**	**了**	**一套**	**公寓**
주어	술어1	술어2	了	관형어	목적어

┃**풀이**┃ 주어는 하나인데 동사 술어가 둘 이상인 연동문 형식입니다. 연동문에서 앞의 술어는 수단, 뒤의 술어는 목적을 나타냅니다. '贷款(대출하다)'은 수단이고, '买公寓(아파트를 사다)'는 그 목적입니다.

제2부분 ┌ 99번은 제시어를 사용하여 80자 내외로 작문하는 문제입니다.
└ 100번은 제시된 사진을 보고 80자 내외로 작문하는 문제입니다.

 ★★

消费　　名牌　　收入　　实际　　承受

STEP **1** 제시어의 뜻 파악하기

消费 xiāofèi 통 소비하다 명 소비

'消费'는 동사로 '소비하다, 쓰다'라는 뜻으로, '消费了100元(100위안을 썼다)'처럼 가격과 자주 호응하여 쓰인다. '适度的消费(적당한 소비)' '消费者(소비자)' '消费习惯(소비 습관)' 등 명사로도 다양하게 활용된다.

人们的消费水平提高了。 사람들의 소비 수준이 높아졌다.
他来这里消费了几万元。 그는 여기 와서 몇 만 위안을 소비했다.

名牌* míngpái 명 유명 상표, 유명 브랜드

'牌子'는 '상표, 브랜드'라는 뜻이므로, '名牌'는 '유명 브랜드'라는 의미이다.

名牌包非常贵。 명품 가방은 매우 비싸다.
衣服不一定非要名牌才好看。 옷이 꼭 유명 브랜드여야 예쁜 것은 아니다.

收入 shōurù 명 수입 통 수납하다, 수록하다

'收入'는 동사로 '수록하다'라는 뜻이 있지만, 일반적으로 '수입, 소득'이라는 뜻으로 더 많이 쓰인다.

这本书里收入了很多真实故事。 이 책에는 실화가 많이 수록되어 있다.
刚参加工作，我的收入还不高。 막 취직해서 내 수입은 아직 많지 않다.

实际 shíjì 형 현실적이다 명 실제

'实际'는 명사로 '情况(상황)' '收入(수입)' 등의 단어와 함께 쓰이며, 형용사로 쓰여 문장의 술어가 될 수도 있다.

实际情况和你想象的不一样。 실제 상황은 네가 생각한 것과 다르다.
这个想法很实际。 이런 생각은 아주 현실적이다.

承受* chéngshòu 통 감당하다, 이겨 내다, 받아 내다

'承受'는 동사로 '(받아서) 견뎌 내다, 이겨 내다'는 뜻이다. '承'은 '(무게를) 떠받치다'는 뜻을 가지고 있으므로 '压力(스트레스)' '负担(부담)' '灾难(재난)' 등 부정적인 명사를 목적어로 쓴다. 반면 5급 단어 '享受'는 '받다, 누리다'는 뜻으로, '快乐(즐거움)' '权利(권리)' '照顾(보살핌)' 등 긍정적인 단어를 목적어로 쓴다.

因为这件事，他承受了很大压力。 이 일 때문에 그는 스트레스를 많이 받았다.
这样的负担，你能承受得了吗? 이런 부담을 네가 감당할 수 있겠니?

 제시어의 연관성을 이용하여 짧은 문장으로 만들어 보기
我看到了名牌包。 나는 명품 가방을 봤다.
实际收入不高。 실제 수입이 많지 않다.
承受高消费商品。 과소비 상품을 감당하다.

| 모범 답안 ① | ★★

		昨	天	，	我	和	朋	友	去	商	场	逛	街	的	时
候	，	看	到	了	一	个	名	牌	包	。	我	太	喜	欢	这
个	包	了	，	但	是	这	个	包	的	价	钱	很	贵	。	我
刚	入	职	不	久	，	实	际	收	入	并	不	高	，	还	不
能	承	受	这	样	的	高	消	费	商	品	。	所	以	我	打
算	先	努	力	工	作	，	以	后	再	来	买	这	个	包	。

어제 나는 친구와 백화점에 쇼핑하러 갔을 때 명품 가방 하나를 봤다. 나는 그 가방이 무척 마음에 들었지만, 그 가방은 가격이 아주 비싸다. 나는 입사한지 얼마 안 되었고, 실제 수입이 많지 않아서 아직 이런 과소비 상품을 감당할 수 없다. 그래서 나는 일단 열심히 일하고 이후에 다시 와서 이 가방을 살 계획이다.

2회
쓰기

| 활용 표현 |

(1) 刚……不久 : '~한지 얼마 되지 않다'라는 뜻으로, 중간에 동사와 함께 사용한다.
　　예 刚来不久 도착한 지 얼마 되지 않다
　　刚成立不久 설립된 지 얼마 되지 않다
(2) 先……(以后)再 : '먼저 ~한 후에 ~하다'라는 뜻으로, 두 동작의 선후 관계를 나타낼 때 쓰는 접속사이다.

商场 shāngchǎng 명 백화점 | 逛街 guàngjiē 동 쇼핑하다 | 价钱 jiàqián 명 가격

| 모범 답안 ② | ★★★

		很	多	消	费	者	在	购	买	名	牌	时	，		会	获
得	很	大	的	满	足	感	。	甚	至	也	有	一	些	人	，	
将	自	己	收	入	的	大	部	分	都	用	来	购	买	名	牌	，
从	而	满	足	自	己	的	虚	荣	心	。	这	其	实	是	不	
理	智	的	，	也	是	不	实	际	的	。	因	为	这	样	的	
行	为	只	会	让	我	们	承	受	更	大	的	生	活	压	力	。

많은 소비자들은 명품을 살 때 큰 만족감을 느낀다. 심지어 자기 수입의 대부분을 명품을 구매하여 자신의 허영심을 채우는 데 쓰는 사람도 있다. 이것은 사실 비이성적이고 현실적이지 못한 것이다. 이런 행동은 우리로 하여금 더 큰 삶의 스트레스를 받게 하기 때문이다.

| 활용 표현 |

(1) 甚至 : '심지어, ~까지도'라는 뜻으로, 문장에서 접속사와 부사로 모두 쓸 수 있다.
　　예 这件事，甚至小孩子都知道。 이 일은 심지어 어린아이도 다 안다. [부사]
　　我去过很多地方。韩国、中国，甚至南极。
　　나는 많은 곳을 가 보았다. 한국, 중국 심지어 남극까지 가 본 적 있다. [접속사]
(2) 从而 : '따라서, 그리하여'라는 뜻의 접속사로, 두 문장 사이에 놓여 문장의 앞부분이 원인이나 방법에 해당하고 뒷부분이 결과나 목적 등을 나타낼 때에 쓴다.

获得 huòdé 동 획득하다, 얻다 | 甚至 shènzhì 접 더욱이, 심지어 | 饰品 shìpǐn 명 액세서리 | 虚荣心 xūróngxīn 명 허영심 | 其实 qíshí 부 사실은, 실제는 | 理智 lǐzhì 형 이성적이다

 STEP 1 사진을 보고 상황을 가정하여 문장 만들어 보기

미용실에서 머리를 깎고 있는 사진입니다. 이 문제는 화자가 손님이 될 수도 있고, 미용사가 될 수도 있습니다. 손님의 입장에서 글을 쓴다고 가정했을 때, '나는 왜 미용실에 갔는가' '내가 원하는 헤어스타일은 무엇인가' '나는 새 헤어스타일을 어떻게 생각하는가' 등을 생각하며 문장을 만들어 봅시다.

미용실에 간 이유
我有一个重要的面试。 나는 중요한 면접이 있다.
我打算换一个新发型。 나는 새로운 헤어스타일로 바꿀 생각이다.

원하는 헤어스타일
不想烫发和染发。 파마와 염색은 하기 싫다.
短一点的头发，显得有精神。 짧은 머리카락은 활력 있어 보인다.

새로운 헤어스타일에 대한 생각
我非常满意这个发型。 나는 이 헤어스타일이 매우 마음에 든다.
希望新的发型可以给我带来幸运。 새로운 헤어스타일이 나에게 행운을 가져오면 좋겠다.

 STEP 2 위 문장들을 활용하여 스토리가 있는 문장 만들기

| 모범 답안 |

		为	了	准	备	一	场	重	要	的	面	试	，	我	打
算	换	一	个	新	发	型	。	为	此	我	特	别	预	约	了
当	地	最	有	名	的	网	红	理	发	师	。	这	个	理	发
师	推	荐	我	把	头	发	剪	短	一	点	，	这	样	会	显
得	更	精	神	。	我	觉	得	有	道	理	，	就	让	理	发
师	给	我	设	计	一	款	适	合	我	的	发	型	。	他	果
然	没	让	我	失	望	，	我	对	我	的	新	发	型	十	分
满	意	。													

중요한 면접에 참가하기 위하여 나는 새로운 헤어스타일로 바꿀 생각이었다. 그래서 특별히 현지에서 가장 유명한 인터넷 스타 헤어 디자이너에게 예약했다. 그 디자이너는 나에게 머리카락을 좀 짧게 자르면 더욱 활력 있어 보일 거라고 권했다. 나는 일리가 있다고 생각해서 나에게 어울리는 헤어스타일을 만들어 달라고 부탁했다. 그는 과연 나를 실망시키지 않았다. 나는 내 새로운 헤어스타일에 매우 만족한다.

| 활용 표현 |

⑴ 果然 : '과연'이라는 뜻으로, 형용사 앞에 놓여 '생각한 대로 되었다'라는 의미를 나타낸다.
⑵ 对⋯⋯满意 : '~에 만족하다'라는 뜻으로, 부정형식은 '对⋯⋯不满意'이다. '对'와 호응하여 쓰이는 표현들로 '对⋯⋯感兴趣(~에 관심 있다)' '对⋯⋯好奇(~에 호기심이 있다)' '对⋯⋯负责(~에 책임지다)' 등이 있다.

发型 fàxíng 몡 헤어스타일 | 特别 tèbié 뮈 특히, 각별히 | 预约 yùyuē 동 예약하다 | 网红 wǎnghóng 몡 온라인 셀럽, 인터넷 스타['网络红人'의 준말] | 推荐* tuījiàn 동 추천하다 | 剪 jiǎn 몡 자르다 | 显得* xiǎnde 동 ~해 보이다 | 精神*

jīngshen 몡 활력, 기력 │ 设计* shèjì 몡 설계하다, 디자인하다 │ 适合 shìhé 몡 적합하다, 알맞다 │ 果然* guǒrán 閂 과연, 생각한 대로 │ 满意 mǎnyì 몡 만족하다

>>> 기본 문장 활용 Tip │ 직업과 관련 있는 사진

我是一名(理发师)。我觉得优秀的(理发师)一定是全心全意地去做一件事情。所以我会根据客人的要求非常认真地(理发)。最后，看到我的客人非常满足的时候，我也感到很开心。我喜欢我的工作，我会更努力，成为每个人都喜欢的(理发师)。

나는 (미용사)이다. 나는 우수한 (미용사)라면 반드시 전심전력을 다해 일을 한다고 생각한다. 그래서 나는 고객의 요청에 따라 열심히 (이발)을 한다. 마지막에 손님이 매우 만족하는 모습을 보면 나도 매우 기쁘다. 나는 나의 일을 좋아한다. 나는 더 노력해서 모든 사람들이 좋아하는 (미용사)가 되고 싶다.

제3회
모의고사 해설

一、听力 듣기

제1부분 1~20번은 두 사람의 대화를 듣고 질문에 답하는 문제입니다.

1 ★★

女: 王老师，感谢您四年来对我的教导。
男: 不客气，恭喜你顺利毕业。以后常回学校看看。
 	
问: 他们是什么关系？
 	
  A 夫妻   B 师生
  C 司机与乘客 D 大夫与患者
	여: 왕 선생님, 4년의 동안의 가르침에 진심으로 감사드립니다.
	남: 별말을 다하네. 순조롭게 졸업하게 된 것을 축하해. 이후에도 학교에 자주 놀러 와.
	
	질문: 그들은 무슨 관계인가?
	
	  A 부부 B 스승과 제자
	  C 기사와 승객 D 의사와 환자

教导 jiàodǎo 통 가르쳐서 이끌다, 지도 교육하다 | 恭喜* gōngxǐ 통 축하하다 | 顺利 shùnlì 형 순조롭다 | 毕业 bìyè 통 졸업하다 | 夫妻 fūqī 명 부부 | 师生 shīshēng 명 스승과 제자 | 司机 sījī 명 기사, 운전사 | 乘客 chéngkè 명 승객 | 大夫 dàifu 명 의사 | 患者 huànzhě 명 환자

┃풀이┃ B 보기가 모두 인물 관계와 관련된 어휘로 이루어져 있으므로 '무슨 관계인지'에 집중해 녹음을 들어야 합니다. 녹음에서 '老师(선생님)' '毕业(졸업하다)' 등의 단어가 나오는 것으로 보아 그들의 관계는 '师生(스승과 제자)'이라는 것을 알 수 있습니다.

2 ★★

男: 隔壁怎么这么吵？
女: 他们家卫生间的水管儿漏水了，师傅正在抢修呢。
 	
问: 隔壁怎么了？
 	
  A 正在装修   B 水管漏水了
  C 邻居不在家 D 两口子吵架了
	남: 옆집 왜 이렇게 시끄럽지？
	여: 그 집 화장실 수도관이 물이 새는데 수리공이 지금 긴급 보수하는 중이래.
	
	질문: 이웃집은 어떻게 되었는가?
	
	  A 인테리어를 하는 중이다 B 수도관이 물이 샌다
	  C 이웃이 집에 없다 D 부부가 말다툼한다

隔壁* gébì 명 이웃(집), 옆집 | 吵* chǎo 형 시끄럽다 | 水管 shuǐguǎn 명 수도관 | 漏水 lòushuǐ 통 물이 새다 | 抢修 qiǎngxiū 통 긴급히 보수하다, 응급 수리하다 | 装修* zhuāngxiū 인테리어를 하다 | 邻居 línjū 명 이웃 | 吵架* chǎojià 통 말다툼하다

┃풀이┃ B 보기에 제시된 '水管漏水了(수도관이 물이 샌다)'가 녹음에 그대로 언급되어 들리는 대로 답을 고르면 되는 문제입니다. 녹음의 '吵(시끄럽다)'와 보기 D의 '吵架(말다툼하다)'의 의미를 혼동하면 안 됩니다. 녹음의 '隔壁(이웃)'와 보기의 '邻居(이웃)'는 유의어입니다.

3 ★★

| 女：我想开一家韩式饭馆，你知道需要办什么证件吗？

男：你得到相关部门，办理卫生许可证和营业执照。

问：女的想开什么店？

　　A 餐厅　　　　B 服装店
　　C 设计公司　　D 婚纱摄影楼 | 여: 저는 한식당을 차리고 싶은데, 어떤 서류가 필요한지 아세요?

남: 관련 부서에 가서 위생허가증과 영업허가증을 신청하셔야 해요.

질문: 여자는 어떤 가게를 차리려고 하는가?

　　A 식당　　　　B 옷 가게
　　C 디자인 회사　D 웨딩사진 스튜디오 |

饭馆 fànguǎn 명 식당 | 证件 zhèngjiàn 명 증명서 | 卫生 wèishēng 명 위생 | 许可证 xǔkězhèng 허가증 | 营业* yíngyè 동 영업하다 | 执照 zhízhào 명 면허증, 허가증 | 餐厅 cāntīng 명 식당 | 服装* fúzhuāng 명 복장 | 设计* shèjì 동 디자인하다 | 婚纱摄影 hūnshā shèyǐng 동 웨딩 사진을 찍다, 웨딩 촬영하다

| **풀이** | A 보기를 통해 '장소'를 묻는 질문이 나올 것임을 예상할 수 있으므로, '장소'에 집중해서 녹음을 들어야 합니다. '我想开一家韩式饭馆(나는 한식당을 차리고 싶다)'이라는 여자의 말을 통해 A가 정답임을 알 수 있습니다.

4 ★★★

| 男：你看，这位小提琴家的手指多灵活啊，演奏得太精彩了。

女：那是他多年不断练习的结果，你也可以的。

问：女的是什么意思？

　　A 努力非常重要
　　B 天分的作用大
　　C 乐器要从小练习
　　D 演奏的方法要正确 | 남: 보세요, 이 바이올리니스트의 손가락이 얼마나 유연한지, 연주하는 게 너무 멋져요.

여: 그건 그가 오랜 세월 끊임없이 연습한 결과죠. 당신도 할 수 있어요.

질문: 여자는 무슨 의미인가?

　　A 노력이 매우 중요하다
　　B 타고난 재능의 역할이 크다
　　C 악기는 어릴 때부터 연습해야 한다
　　D 연주하는 방법이 정확해야 한다 |

小提琴 xiǎotíqín 명 바이올린 | 手指* shǒuzhǐ 명 손가락 | 灵活* línghuó 형 민첩하다, 재빠르다 | 演奏 yǎnzòu 동 연주하다 | 精彩 jīngcǎi 형 훌륭하다 | 不断* búduàn 부 끊임없이 | 努力 nǔlì 동 노력하다 | 天分 tiānfèn 명 선천적인 재능 | 作用 zuòyòng 명 작용, 영향, 역할 | 乐器* yuèqì 명 악기

| **풀이** | A 의미 파악 문제에서는 같은 의미의 내용이 녹음과 보기에서 각각 다른 표현으로 제시되므로, '전체적인 의미'를 파악하는 데 집중해야 합니다. 녹음에서 여자가 '多年不断练习的结果(오랜 세월 끊임없이 연습한 결과이다)'라고 말했습니다. 즉, '노력'이 중요하다는 뜻으로 정답은 A입니다.

5 ★★

| 女：下次如果来不了，你事先告诉我，这样我才能另做安排啊。

男：实在抱歉，我耽误了工作进程，下次一定会注意的。 | 여: 다음번에 올 수 없다면 사전에 말씀해 주세요. 그래야 제가 따로 스케줄을 잡을 수 있잖아요.

남: 정말 죄송합니다. 제가 업무 진행을 지체시켰네요. 다음에는 꼭 주의하겠습니다. |

问：男的为什么道歉？	질문: 남자는 왜 사과하는가?
A 没完成任务	A 임무를 완수하지 못했다
B 延误了工作	B 일을 지연시켰다
C 上班迟到了	C 출근에 지각했다
D 合同有问题	D 계약서에 문제가 있다

另 lìng 🔢 따로 | 安排 ānpái 🔵 안배하다 | 实在 shízài 🔢 정말, 참으로 | 抱歉* bàoqiàn 🔵 미안하게 생각하다 | 耽误* dānwu 🔵 지체하다 | 进程 jìnchéng 🔢 진행 과정 | 注意 zhùyì 🔵 주의하다 | 完成 wánchéng 🔵 완성하다 | 任务 rènwu 🔢 임무 | 延误 yánwù 🔵 지연하다, 지체하다 | 迟到 chídào 🔵 지각하다 | 合同* hétong 🔢 계약서

| 풀이 | B 질문에서 남자가 사과한 이유를 묻고 있으므로 남자의 말에 집중해야 합니다. '我耽误了工作进程'이라는 말에서 남자가 '일을 지체시켰다'는 것을 알 수 있습니다. '耽误(지체하다)'와 '延误(지연하다)'는 유의어로, 보기 중 가장 관련 있는 내용은 B 입니다.

6 ★★★

男：这两个窗帘的颜色，哪个更适合咱家卧室的风格？	남: 이 두 가지 커튼 색상 중에 어떤 게 우리 집 침실 스타일이랑 더 어울릴까?
女：颜色都不错，但都太薄了，我们再逛逛吧。	여: 색상은 다 괜찮네. 그런데 다 너무 얇아. 우리 좀 더 둘러보자.
问：女的觉得那两个窗帘怎么样？	질문: 여자는 두 가지 커튼이 어떻다고 생각하는가?
A 质量好	A 품질이 좋다
B 不够厚	B 충분히 두껍지 않다
C 颜色太鲜艳	C 색상이 너무 화려하다
D 大小不合适	D 크기가 맞지 않다

窗帘* chuānglián 🔢 커튼, 블라인드 | 适合 shìhé 🔵 적절하다, 어울리다 | 咱 zán 🔢 우리(들) | 卧室* wòshì 🔢 침실 | 风格* fēnggé 🔢 풍격, 스타일 | 薄* báo 🔢 얇다 | 逛 guàng 🔵 한가롭게 거닐다, 둘러보다 | 质量 zhìliàng 🔢 품질 | 够 gòu 🔢 충분하다 | 厚 hòu 🔢 두껍다 | 颜色 yánsè 🔢 색, 색상 | 鲜艳 xiānyàn 🔢 (색이) 산뜻하고 아름답다 | 合适 héshì 🔢 적합하다

| 풀이 | B 녹음에서 여자는 두 가지 커튼에 대해 '太薄了(너무 얇다)'라고 했습니다 '薄(얇다)'가 보기 B에서 '不够厚(두껍지 않다)'로 표현되었습니다. 여자는 '颜色都不错(색상은 다 괜찮다)'라고 했지 '颜色鲜艳(색상이 화려하다)'이라는 말은 하지 않았으므로 C는 함정입니다.

7 ★★

女：这个演员只演过一部连续剧就拿到了大奖。	여: 이 배우는 단지 한 편의 드라마에만 출연했는데 대상을 받았네요.
男：主要是他的演技特别好，而且和他合作的导演也是在业内数一数二的。	남: 그의 연기가 아주 좋았다는 것이 주된 이유겠죠. 그리고 같이 일한 감독도 업계에서 손꼽히고요.
问：关于那个演员可以知道什么？	질문: 그 배우에 관하여 무엇을 알 수 있는가?

A 获得大奖	B 演技很差	A 대상을 받았다	B 연기가 엉망이다
C 做过导演	D 作品很多	C 감독을 해 봤다	D 작품이 많다

连续剧 liánxùjù 몡 연속극, 드라마 │ 主要 zhǔyào 톙 주요한, 중요한 │ 演技 yǎnjì 몡 연기 │ 特别 tèbié 틘 특별히 │ 合作* hézuò 통 합작하다, 협력하다 │ 导演* dǎoyǎn 몡 감독 │ 业内 yènèi 몡 업계 내 │ 数一数二 shǔ yī shǔ èr 솅 손꼽히다

풀이 A 녹음 중 여자의 말 '拿到大奖'과 보기 A의 '获得大奖'은 모두 '대상을 받다'라는 의미이므로 정답은 A입니다. 대화에서 '只演过一部(한 편만 출연하다)' '他的演技特别好(연기가 아주 좋았다)'라고 했으므로, B와 D는 정답이 아닙니다. '数一数二'은 '일 이등을 다투다, 손꼽히다'라는 뜻의 성어입니다.

3회
듣기

---

8 ★★★

男：孩子一要零食就给买，这会耽误他吃正餐。
女：不要紧，我买的不是垃圾食品，少吃点没关系。

问：男的不让女的做什么？
　　A 买垃圾食品
　　B 教孩子下棋
　　C 给孩子买零食
　　D 去辅导班学习

남：아이가 군것질을 원할 때마다 사 주는데, 그러면 밥을 잘 안 먹게 되잖아.
여：괜찮아. 내가 불량식품을 산 것도 아니고, 조금만 먹으면 괜찮아.

질문：남자는 여자에게 무엇을 하지 말라고 하는가?
　　A 불량 식품을 산다
　　B 아이에게 바둑을 가르친다
　　C 아이에게 군것질을 사 준다
　　D 학원에 가서 공부한다

零食* língshí 몡 간식, 군것질 │ 耽误* dānwu 통 일을 그르치다 │ 正餐 zhèngcān 몡 정찬, 밥 │ 不要紧* búyàojǐn 톙 괜찮다, 문제없다 │ 垃圾食品 lājī shípǐn 몡 불량 식품, 정크 푸드 │ 下棋 xiàqí 통 바둑을 두다 │ 辅导班* fǔdǎobān 몡 학원

풀이 C '零食(군것질)'가 이 문제의 키워드입니다. 녹음에서 남자는 '一要零食就给买(군것질을 원할 때마다 사 준다)'에 찬성하지 않음을 알 수 있습니다. 즉, 보기 C의 내용과 일치합니다. 또한 여자가 '买的不是垃圾食品(불량식품을 산 것은 아니다)'이라고 했기 때문에 A는 함정이며 정답이 될 수 없습니다.

---

9 ★★

女：你怎么一直往前开啊？刚才就应该拐弯儿了。
男：刚刚路边的提示牌上面写着"道路施工，请直行"。

问：男的为什么没拐弯儿？
　　A 道路在施工
　　B 不熟悉路况
　　C 高速公路被封了
　　D 刚考驾照没多久

여：왜 계속 앞으로 달려？ 방금 거기서 커브 돌았어야 했는데.
남：방금 길옆 알림판에 "도로 공사, 직진하세요."라고 쓰여 있었어.

질문：남자는 왜 방향을 틀지 않았는가?
　　A 도로가 공사 중이다
　　B 도로 사정에 익숙하지 않다
　　C 고속도로가 봉쇄되었다
　　D 운전면허 시험을 본 지 얼마 되지 않았다

拐弯儿 guǎiwān(r) 통 커브 돌다, 방향을 바꾸다 │ 提示 tíshì 통 제시하다, 알려주다 │ 道路 dàolù 몡 도로 │ 施工 shīgōng 통 공사를 하다 │ 熟悉 shúxī 통 익혀 알다, 잘 알다 │ 路况 lùkuàng 몡 도로 상황, 도로 사정 │ 高速公路 gāosù gōnglù 몡 고속도로 │ 封 fēng 몡 봉쇄하다 │ 驾照 jiàzhào 몡 운전면허증

풀이 A 남자의 말 중 '道路施工(도로 공사)'이 보기 A에서 '道路在施工(도로가 공사 중이다)'으로 거의 그대로 표현되었습니다. 정답은 A입니다. 녹음을 정확히 듣지 못했더라도 나머지 보기는 모두 대화에서 언급되지 않았으므로, 소거법으로도 정답을 찾을 수 있습니다.

男：妈，现在都讲究自由恋爱，您就别操心了。	남：엄마, 지금은 다 자유연애를 중시해요. 신경 쓰지 마세요.
女：我只是给你提供一些意见，供你参考。	여：난 그저 의견을 좀 주는 거야, 참고하라고.
问：他们在谈论什么问题？	질문：그들은 어떤 문제에 대해 이야기하고 있는가?
A 创业　　　　B 找对象 C 读研究生　　D 考公务员	A 창업　　　　B 연애 상대 찾기 C 대학원 진학　D 공무원 시험

自由* zìyóu 몡 자유 │ 恋爱 liàn'ài 됭 연애하다 │ 操心* cāoxīn 됭 신경을 쓰다, 걱정하다 │ 提供 tígōng 됭 제공하다 │ 意见 yìjiàn 몡 의견 │ 参考* cānkǎo 됭 참고하다 │ 创业 chuàngyè 됭 창업하다 │ 研究生 yánjiūshēng 몡 대학원생 │ 对象* duìxiàng 몡 애인, 결혼 상대 │ 公务员 gōngwùyuán 몡 공무원

풀이 │ B 보기 B의 '对象'은 '애인' '결혼 상대'를 가리키는 말입니다. 녹음에서 '自由恋爱(자유연애)'라는 단어가 등장했으므로, 그들은 '연애 대상을 찾는' 문제에 대해서 이야기하고 있다는 것을 알 수 있습니다. 정답은 B입니다.

女：教练，请您评价一下这场比赛双方的表现。	여：감독님, 이번 경기 양 팀의 플레이를 평가해 주세요.
男：两队发挥得都很棒，队员之间配合得很好，打平也在意料之中。	남：두 팀 모두 기량을 잘 발휘했고, 팀원들 간에 호흡도 잘 맞았어요. 비긴 것도 이상하지 않아요.
问：男的认为双方的表现怎么样？	질문：남자는 양 팀의 플레이가 어떠했다고 생각하는가?
A 很难说明 B 相当不错 C 技术还需加强 D 都有提高空间	A 설명하기 어렵다 B 상당히 좋다 C 기술을 강화해야 한다 D 향상의 여지가 있다

教练* jiàoliàn 몡 코치 │ 评价* píngjià 됭 평가하다 │ 表现* biǎoxiàn 몡 표현, 태도 │ 发挥* fāhuī 됭 발휘하다 │ 棒 bàng 혱 뛰어나다, 훌륭하다 │ 队员 duìyuán 몡 팀원 │ 配合 pèihé 됭 협동하다, 협력하다 │ 打平 dǎpíng 됭 비기다 │ 意料之中 yì liào zhī zhōng 예상했던 일이다 │ 相当* xiāngdāng 믱 상당히 │ 技术 jìshù 몡 기술 │ 加强 jiāqiáng 됭 강화하다 │ 提高 tígāo 됭 향상시키다, 높이다 │ 空间* kōngjiān 몡 공간, 여지

풀이 │ B 남자의 말 '发挥得都很棒(기량을 잘 발휘했다)' '配合得很好(호흡이 잘 맞았다)'에서 두 팀의 플레이를 좋게 평가하고 있음을 알 수 있습니다. 보기의 '相当不错'와 의미가 서로 통하므로, 정답은 B입니다.

男：我最近一直找不到新的小说主题，一点灵感都没有。	남：요즘 계속 새 소설의 주제를 찾지 못하겠어요. 전혀 영감이 떠오르지 않아요.
女：你可以做一些新鲜的事情，寻找新的体会和感受，说不定会有收获。	여：새로운 일을 해봐요. 새로운 체험과 느낌을 찾으면 수확이 있을지도 모르잖아요.
问：女的建议男的怎么做？	질문：여자는 남자에게 어떻게 하라고 제안하는가?
A 放弃写作 B 要珍爱生命	A 글 쓰는 것을 포기해라 B 생명을 사랑해야 한다

C 要勇敢面对　　　　　　　　　　　C 용감하게 마주해야 한다

D 尝试新事物　　　　　　　　　　　D 새로운 것을 시도해라

主题* zhǔtí 명 주제 ｜ 灵感 línggǎn 명 영감 ｜ 新鲜 xīnxiān 형 새롭다 ｜ 寻找* xúnzhǎo 동 찾다 ｜ 体会* tǐhuì 동 체득하다 ｜ 感受* gǎnshòu 명 느낌 ｜ 收获* shōuhuò 명 성과, 소득 ｜ 放弃 fàngqì 동 포기하다 ｜ 写作* xiězuò 동 글을 짓다 ｜ 珍爱 zhēn'ài 동 아끼고 사랑하다 ｜ 勇敢 yǒnggǎn 형 용감하다 ｜ 面对* miànduì 동 직면하다 ｜ 尝试 chángshì 동 시도해 보다, 경험해 보다

┃풀이┃ D 동사구로 이루어진 보기를 먼저 확인했다면 '행동'을 묻는 질문이 이어질 것임을 예상할 수 있습니다. 영감이 떠오르지 않아 고민하는 남자에게 여자가 권한 행동은 '做一些新鲜的事情(새로운 일을 하다)'입니다. 보기 중 가장 관련 있는 내용은 D 입니다.

13 ★★

女: 最近股票行情怎么样啊？

男: 不太稳定，风险比较大，我劝你还是谨慎入市吧。

问: 关于最近的股票，下列哪项正确？

　　A 跌得厉害
　　B 不够稳定
　　C 有涨的趋势
　　D 入市时机好

여: 요즘 주식 시황은 어떤가요？

남: 그다지 안정적이지 않습니다. 리스크가 큰 편이라 신중하게 시장에 진입하기를 권유 드립니다.

질문: 최근 주식에 관하여 다음 중 옳은 것은?

　　A 많이 하락했다
　　B 안정적이지 않다
　　C 오르는 추세다
　　D 시장에 진입하기 좋은 시기이다

股票* gǔpiào 명 주식 ｜ 行情 hángqíng 명 시세 ｜ 稳定* wěndìng 형 안정적이다 ｜ 风险* fēngxiǎn 명 위험 ｜ 劝* quàn 동 권하다 ｜ 谨慎* jǐnshèn 형 신중하다 ｜ 入市 rùshì 동 주식 시장에 참여하다 ｜ 跌 diē 동 (물가가) 내리다, 떨어지다 ｜ 涨* zhǎng 동 (값이) 오르다 ｜ 趋势* qūshì 명 추세 ｜ 时机 shíjī 명 시기

┃풀이┃ B 이 문제의 키워드는 '稳定(안정적이다)'입니다. 녹음의 '不太稳定(안정적이지 않다)'을 듣고, 같은 의미인 보기 B '不够稳定'을 찾으면 풀 수 있는 문제입니다. 만약 이 표현을 놓쳤더라도, 남자의 말 중 '风险比较大(리스크가 크다)'라는 표현을 통해서도 정답을 유추할 수 있습니다.

14 ★★

男: 这个小伙子，工作积极性很高，就是缺乏经验。

女: 经验都是慢慢积累的，我比较看好他，好好培养一下吧。

问: 男的觉得小伙子怎么样？

　　A 学历高　　　　B 很谦虚
　　C 经验丰富　　　D 非常积极

남: 이 젊은 친구 업무에 적극적이긴 한데, 경험이 좀 부족하네요.

여: 경험은 다 천천히 쌓이는 거죠. 저는 그를 좋게 봅니다. 잘 키워 보시죠.

질문: 남자는 젊은이를 어떻게 생각하는가?

　　A 학력이 높다　　　B 매우 겸손하다
　　C 경험이 풍부하다　D 매우 적극적이다

积极 jījí 형 적극적이다 ｜ 缺乏* quēfá 동 결핍되다, 부족하다 ｜ 经验 jīngyàn 명 경험 ｜ 积累 jīlěi 동 쌓이다 ｜ 看好 kànhǎo 동 잘 되리라 예측하다 ｜ 培养 péiyǎng 동 양성하다 ｜ 学历* xuélì 명 학력 ｜ 谦虚* qiānxū 형 겸허하다 ｜ 丰富 fēngfù 형 풍부하다

| 풀이 | D 대화와 질문을 끝까지 정확히 듣고 답을 선택해야 실수를 피할 수 있습니다. 질문에서 남자의 생각을 묻고 있음에 주의하세요. 남자는 젊은 직원을 '积极性很高(적극적이다)' '就是缺乏经验(단지 경험이 부족하다)'이라는 말로 평가하고 있습니다. 보기 중 일치하는 내용은 D입니다.

---

15 ★★★

女: 小展, <u>你们举行婚礼的日子定了吗?</u> 男: 我们打算不办婚礼了, 现在网上有很多年轻人都旅行结婚, 我们也想这样。	여: 샤오잔, 너희 결혼식 날짜 정했니? 남: 우린 결혼식 안 하려고. 요즘 인터넷 보면 많은 젊은 이들이 여행하는 방식으로 결혼해. 우리도 그렇게 하고 싶어.
问: 女的想知道什么? A 去哪儿旅游　　B 婚礼的地点 C 结婚的日期　　D 旅行社网址	질문: 여자는 무엇을 알고 싶은가? A 어디로 여행 가는가　B 결혼식 장소 C 결혼하는 날짜　　D 여행사 인터넷 주소

举行 jǔxíng 통 거행하다 | 婚礼* hūnlǐ 명 결혼식 | 旅行结婚 lǚxíng jiéhūn 신조어 여행 결혼식 [결혼식과 신혼여행을 여행으로 대신하는 결혼 방식] | 地点 dìdiǎn 명 장소 | 日期* rìqī 명 날짜 | 旅行社 lǚxíngshè 명 여행사 | 网址 wǎngzhǐ 명 웹사이트 주소, 인터넷 주소

| 풀이 | C 녹음을 듣기 전에 보기를 먼저 확인했다면 결혼과 관련된 대화 내용임을 짐작할 수 있습니다. 질문에서 여자가 알고 싶어 하는 것을 물었으므로, 여자의 말에 집중해야 합니다. 여자가 남자에게 '婚礼的日子(결혼식 날짜)'를 물어봤으므로, 여자가 알고 싶은 것은 보기 C '结婚的日期(결혼하는 날짜)'입니다.

---

16 ★★★

男: 又是打雷又是闪电的, 看来下午的野餐计划得取消了。 女: 我看不见得, 雷阵雨很快就会过去的, <u>天气预报也说, 今天下午是阴天。</u>	남: 천둥에 번개까지, 보아하니 오후 피크닉은 취소해야겠네. 여: 꼭 그렇지는 않아. 소나기는 금방 지나갈 거야. <u>일기예보에서도 오늘 오후는 그냥 흐린 날씨라고 했어.</u>
问: 根据对话, 下列哪项正确? A 正在刮大风 B 计划取消了 C 下午可能是阴天 D 天气预报不准确	질문: 대화에 근거해 다음 중 옳은 것은? A 바람이 많이 불고 있다 B 계획은 취소되었다 C 오후에는 흐린 날씨일 것이다 D 일기예보는 정확하지 않다

打雷 dǎléi 통 천둥치다 | 闪电* shǎndiàn 명 번개 | 野餐 yěcān 통 야외에서 식사를 하다 명 야외에서 하는 식사, 피크닉 | 取消* qǔxiāo 통 취소하다 | 不见得 bújiàndé 반드시 ~한 것은 아니다 | 雷阵雨 léizhènyǔ 명 천둥과 번개를 동반한 소나기 | 预报* yùbào 명 예보 통 예보하다 | 阴天 yīntiān 명 흐린 날씨 | 刮 guā 통 (바람이) 불다

| 풀이 | C '天气预报也说, 今天下午是阴天(일기 예보에서도 오늘 오후는 흐린 날씨라고 했다)'이라는 여자의 말에서 정답을 찾을 수 있습니다. 보기 C와 내용이 일치하며 답으로 적절합니다. 녹음에서 남자가 오후 계획을 취소해야 겠다고 했을 때, 여자가 '不见得(꼭 그렇지는 않다)'라고 했기 때문에 B는 오답입니다.

17 ★★

女: 您辛辛苦苦经商多年，最后为什么要把大部分的财产都捐出来呢？	여: 여러 해 동안 힘들게 경영하셨는데, 마지막에 왜 재산 대부분을 기부하셨나요？
男: 古话不是说"钱财乃身外之物"嘛，我觉得把它捐给有需要的人更有意义。	남: "재물은 몸 밖의 것이다."라는 옛말이 있잖아요. 저는 그것을 필요로 하는 사람에게 기부하는 것이 더 의미 있다고 생각합니다.
问: 关于男的可以知道什么？	질문: 남자에 관하여 무엇을 알 수 있는가？
A 是商人　　　B 不富裕 C 有学问　　　D 太看重利益	A 사업가이다　　　B 부유하지 않다 C 학식이 있다　　　D 이익을 지나치게 중시한다

辛辛苦苦 xīnxīnkǔkǔ 웹 매우 고생스럽다 | 经商* jīngshāng 통 장사하다, 사업하다 | 财产* cáichǎn 명 재산 | 捐* juān 통 기부하다 | 意义* yìyì 명 의미 | 商人 shāngrén 상인, 장사꾼, 사업가 | 富裕 fùyù 웹 부유하다 | 学问* xuéwen 명 학식 | 利益* lìyì 명 이익

풀이 | A '经商多年(여러 해 동안 경영하다)'이라는 여자의 말에서 남자의 신분이 '商人(사업가)'이라는 것을 알 수 있습니다. 정답은 A입니다. '都捐出来(모두 기부하다)'라는 표현을 통해서도 남자가 부유하고, 자신의 이익을 중시하는 사람이 아니라는 것을 알 수 있으므로 B와 D는 정답이 아닙니다.

18 ★★

男: 听说你报了一个注册会计师的培训班。	남: 듣자 하니 자네 공인 회계사 준비반 등록했다면서.
女: 对，有周末和节假日课程，这样就不会耽误工作了。	여: 네, 주말과 휴일 교육 과정도 있어요. 그럼 업무에 지장을 주지 않을 거예요.
问: 关于那个培训班可以知道什么？	질문: 그 학원에 관하여 무엇을 알 수 있는가？
A 节假日休息 B 可以学编辑 C 距离公司近 D 周末可以上课	A 휴일에 쉰다 B 편집을 배울 수 있다 C 회사에서 가깝다 D 주말에 수업을 들을 수 있다

报(名) bào(míng) 통 등록하다 | 注册会计师 zhùcè kuàijìshī 공인 회계사 | 培训班 péixùnbān 명 양성반, 훈련반 | 耽误* dānwu 통 지체하다, 일을 그르치다 | 节假日 jiéjiàrì 명 명절과 휴일 | 休息 xiūxi 통 휴식하다 | 编辑* biānjí 명 편집 | 距离 jùlí 명 거리

풀이 | D 여자가 남자에게 '有周末和节假日课程(주말과 휴일 교육 과정이 있다)'이라고 말하는 부분에서 주말에도 수업이 있다는 것(周末可以上课)을 알 수 있습니다. 정답은 D입니다. 보기 A, B, C의 내용은 녹음에서 언급되지 않았습니다.

19 ★★

女: 郑总，刚才合作方来电话，说合同有点问题。	여: 정 사장님, 방금 협력사에서 전화가 왔는데요, 계약서에 문제가 좀 있다고 하네요.
男: 是吗？你赶紧和他联系，把具体的问题整理好发到我的邮箱里。	남: 그래요? 빨리 그쪽에 연락해 보고 구체적인 내용 정리해서 내 메일로 보내 주세요.

问: 男的让女的和谁联系？

질문: 남자는 여자에게 누구와 연락하라고 했는가?

A 合作商	B 出版社
C 健身房	D 报社记者

A 협력사	B 출판사
C 헬스장	D 신문사 기자

合作* hézuò 통 협력하다 | 合同* hétong 명 계약서 | 赶紧* gǎnjǐn 분 서둘러, 급히 | 联系 liánxì 통 연락하다 | 具体* jùtǐ 형 구체적이다 | 整理 zhěnglǐ 통 정리하다 | 邮箱 yóuxiāng 명 우편함 | 出版社 chūbǎnshè 명 출판사 | 健身房 jiànshēnfáng 명 체육관, 헬스장 | 报社* bàoshè 명 신문사 | 记者* jìzhě 명 기자

| 풀이 | A 녹음의 첫 문장 '刚才合作方来电话(방금 협력사에서 전화가 왔다)'가 정답을 찾는 핵심 근거가 됩니다. 여자가 '合作方'에서 전화가 왔다고 했을 때 남자는 '和他联系(그와 연락하라)'라고 대답했는데, 여기서 '他'는 앞서 언급한 '合作方'을 가리킵니다. '合作方'과 보기 A의 '合作商'은 동의어이므로, 정답은 A입니다.

20 ★★

男: 女士，您的充电宝容量太大，<u>不能办理托运</u>。
女: 那我不要了，麻烦你们帮我处理一下吧。

남: 손님, 보조 배터리 용량이 너무 커서 <u>수하물로 부칠 수 없습니다</u>.
여: 그럼 버릴게요. 미안하지만 대신 버려 주세요.

问: 女的遇到什么问题？

질문: 여자는 무슨 문제가 생겼는가?

A 护照过期了
B 飞机延误了
C 手机充电器丢了
D 充电宝无法托运

A 여권 기한이 만료됐다
B 비행기가 연착됐다
C 휴대폰 충전기를 잃어버렸다
D 보조 배터리를 부칠 수 없다

充电宝 chōngdiànbǎo 보조 배터리 | 容量 róngliàng 명 용량 | 办理* bànlǐ 통 처리하다 | 托运 tuōyùn 통 짐을 부치다, 운송을 위탁하다 | 麻烦 máfan 통 폐를 끼치다, 귀찮게 하다 | 处理* chǔlǐ 통 처리하다 | 护照 hùzhào 명 여권 | 过期* guòqī 통 기한을 넘기다 | 延误 yánwù 통 지연하다 | 充电器* chōngdiànqì 명 충전기

| 풀이 | D 남자의 말 '不能办理托运(수하물로 부칠 수 없다)'이 상황을 유추할 수 있는 핵심 표현입니다. '充电宝'와 '托运'이 이 문제의 키워드로, 보기 D에 두 단어가 그대로 제시되었습니다. 따라서 정답은 D입니다. '充电器(충전기)'와 '充电宝(보조 배터리)'를 잘 구분해서 외워 두세요.

제2부분 21~45번은 대화나 단문을 듣고 질문에 답하는 문제입니다.

21 ★★

女: 你家的房子装修好了吗？
男: 差不多了，<u>最近正在组装家具</u>。
女: 自己可以组装吗？
男: 可以啊，我昨天按照说明书上的步骤，<u>把书柜组装好了</u>。

여: 당신 집 인테리어 다 끝났나요？
남: 거의요. 요즘은 <u>가구를 조립하고 있어요</u>.
여: 혼자서 조립할 수 있어요？
남: 할 수 있어요. 어제 설명서에 있는 순서대로 <u>책장을 조립했어요</u>.

问: 他们在谈论什么？

질문: 그들은 무엇을 이야기하고 있는가？

A 是否贷款买房
B 如何组装家具

A 대출해서 집을 샀는가
B 어떻게 가구를 조립하는가

C 如何开家具店　　　　　　　　　　C 어떻게 가구점을 차리는가
D 日常摄影技巧　　　　　　　　　　D 스냅사진 촬영 스킬

装修* zhuāngxiū 图 인테리어를 하다 | 差不多 chàbuduō 图 거의 | 组装 zǔzhuāng 图 조립하다 | 家具 jiājù 圀 가구 | 按照 ànzhào 게 ~에 따라 | 说明书 shuōmíngshū 圀 설명서 | 步骤 bùzhòu 圀 순서, 차례 | 贷款* dàikuǎn 图 대출하다 | 摄影* shèyǐng 图 촬영하다 | 技巧 jìqiǎo 圀 기교, 테크닉

| 풀이 | B 남자의 말 중 '正在组装家具(가구를 조립하고 있다)' '把书柜组装好了(책장을 조립했다)' 등의 내용으로 보아 대화의 주제는 '가구 조립(组装家具)'이라는 것을 알 수 있습니다. 정답은 B입니다.

---

22 ★★★

男：您好，能帮我推荐一款滚筒洗衣机吗？
女：这款纯白的不错，美观大方，而且比较节能。
男：多少钱？有优惠活动吗？
女：八千块，现在买能延长一年保修期。

问：关于那款洗衣机可以知道什么？
　　A 有优惠活动　　　B 保修期两年
　　C 可以打8折　　　D 灰色很流行

남：안녕하세요, 드럼세탁기 하나 추천해 주실 수 있을까요?
여：이 흰색 모델이 괜찮습니다. 예쁘고 세련되고, 게다가 에너지도 절약됩니다.
남：얼마예요? 우대 행사가 있나요?
여：8천 위안입니다. 지금 사시면 보증 기간을 1년 연장해 드려요.

질문: 이 세탁기에 관하여 무엇을 알 수 있는가?
　　A 우대 행사가 있다　　　B 보증 기간은 2년이다
　　C 20% 할인된다　　　　 D 회색이 유행이다

推荐* tuījiàn 图 추천하다 | 款 kuǎn 圀 종류, 유형 | 滚筒 gǔntǒng 圀 실린더, 롤러 [기계에서 원통형 회전 물체의 통칭] | 纯白 chúnbái 阍 순백의 | 美观 měiguān 阍 보기 좋다, 아름답다 | 大方* dàfang 阍 세련되다, 점잖다 | 节能 jiénéng 图 에너지를 절약하다 | 延长* yáncháng 图 연장하다 | 优惠* yōuhuì 阍 특혜의, 우대의 | 活动 huódòng 圀 활동, 행사 | 保修 bǎoxiū 图 무상으로 보증 수리하다 | 打折 dǎzhé 图 할인하다 | 灰色 huīsè 圀 회색 | 流行 liúxíng 图 유행하다

| 풀이 | A 녹음에서 '优惠活动'은 할인을 포함한 다양한 혜택, 프로모션 이벤트를 말합니다. 남자가 '有优惠活动吗?(우대 행사가 있나요?)'라고 물었고, 여자가 대답으로 '保修期(보증 기간)' 1년 연장의 혜택을 말했으므로 A가 답으로 적절합니다. '保修期'만 듣고 B를 답으로 선택하면 안 됩니다.

---

23 ★★

女：这个月公司的利润仍然保持稳步增长。
男：但是招待费的开支有点儿大啊。
女：对，下一步我们计划减少这一部分费用。
男：那我们抽时间讨论一下吧。

问：关于这个公司可以知道什么？
　　A 要招聘新员工
　　B 暂时没有盈利
　　C 利润增大明显
　　D 购买了新设备

여：이번 달 회사의 수익이 변함 없이 꾸준히 증가하고 있어요.
남：그런데 접대비 지출이 좀 크네요.
여：맞아요, 다음 단계로 우리는 이 부분 비용을 줄일 계획이에요.
남：그럼 우리 시간을 내서 상의해 보죠.

질문: 그 회사에 관하여 알 수 있는 것은?
　　A 새 직원을 모집해야 한다
　　B 잠시 수익이 없다
　　C 수익 증대가 뚜렷하다
　　D 새 설비를 구매했다

利润* lìrùn 명 이윤 | 仍然 réngrán 부 변함 없이, 여전히 | 稳步 wěnbù 명 차근차근, 착실하게 | 增长 zēngzhǎng 동 증가하다 | 招待* zhāodài 접대하다 | 费用 fèiyong 명 비용 | 抽时间 chōu shíjiān 시간을 내다 | 讨论 tǎolùn 동 토론하다 | 招聘 zhāopìn 동 초빙하다, 모집하다 | 员工 yuángōng 명 직원 | 暂时 zànshí 명 잠시 | 盈利 yínglì 명 이윤 | 增大 zēngdà 증대하다 | 明显* míngxiǎn 형 뚜렷하다, 분명하다 | 购买 gòumǎi 동 구입하다 | 设备 shèbèi 명 설비

| 풀이 | C '利润仍然保持稳步增长(수익이 변함 없이 꾸준히 증가하고 있다)'이라는 대화의 첫 문장을 통해 정답을 찾을 수 있습니다. 녹음 시작 부분에 정답의 근거가 되는 핵심 표현이 배치되는 경우가 많으므로 처음부터 집중해서 들어야 합니다. 녹음의 '利润稳步增长'과 보기 C '利润增大明显'의 의미가 서로 통하므로 정답은 C입니다.

---

24 ★★

男: 快十一点了, 要不咱们回去吧。
女: 好, 不过你好像有点喝醉了, 不能开车。
男: 知道了, 我一会儿叫个代驾。
女: 行, 那你路上当心点, 我先走了。

问: 男的怎么了?

　A 腰扭了　　　　B 喝酒了
　C 胃不舒服　　　D 手烫伤了

남: 곧 11시네, 우리도 그만 돌아가자.
여: 응, 근데 너 좀 취한 거 같아. 운전하면 안 돼.
남: 알았어, 이따 대리운전 부를게.
여: 그래, 그럼 조심히 들어가. 먼저 갈게.

질문: 남자는 어떠한가?

　A 허리를 삐었다　　B 술을 마셨다
　C 속이 안 좋다　　　D 손을 데었다

醉* zuì 형 취하다 | 代驾 dàijià 명 대리운전 | 当心* dāngxīn 동 조심하다, 주의하다 | 腰* yāo 명 허리 | 扭 niǔ 동 삐다, 접질리다 | 胃* wèi 명 위 | 舒服 shūfu 형 편안하다 | 烫伤* tàngshāng 동 화상을 입다, 데다

| 풀이 | B 보기를 먼저 확인했다면 사람의 '상태'에 대한 질문이 나올 것임을 짐작할 수 있습니다. 여자가 '你好像有点喝醉了(너 좀 취한 것 같아)'라고 했고, 남자가 '叫个代驾(대리운전을 부른다)'라고 대답한 것으로 보아 술을 마신 상태라는 것을 알 수 있습니다. 보기 B에 '喝酒了(술을 마셨다)'가 나왔으므로 답은 B입니다.

---

25 ★★★

女: 你是在准备下周的演讲比赛吗?
男: 对, 我最近每天清早都来练习。
女: 看你这么认真, 应该有把握拿奖吧。
男: 其实是因为没把握才这么努力的。

问: 女的是什么意思?

　A 拿奖不容易
　B 参赛要求高
　C 认为男的有信心
　D 建议男的去比赛

여: 다음 주 웅변대회 준비하고 있어?
남: 응, 요즘 매일 아침마다 와서 연습하고 있어.
여: 너 이렇게 열심히 하는데 상 받는 거 자신 있겠다.
남: 사실은 자신이 없어서 이렇게 열심히 하는 거야.

질문: 여자는 무슨 의미인가?

　A 상을 받기 쉽지 않다
　B 대회 참가 기준이 높다
　C 남자가 자신 있다고 생각한다
　D 남자에게 대회에 참가하라고 제안한다

演讲* yǎnjiǎng 명 강연, 웅변 | 清早 qīngzǎo 명 이른 아침 | 把握* bǎwò 명 자신감 | 奖 jiǎng 명 상 | 参赛 cānsài 동 시합에 참가하다 | 要求 yāoqiú 명 요구 | 信心 xìnxīn 명 자신 | 建议 jiànyì 동 건의하다, 제안하다

| 풀이 | C 녹음에서 키워드는 '把握'입니다. '把握'는 '(기회를) 잡다'라는 뜻의 동사로도 쓸 수 있고, 명사로 '자신감'의 뜻도 있습니다. 여자의 '应该有把握拿奖吧(상 받는 거 자신 있겠다)'라는 말에서 C가 정답이라는 것을 알 수 있습니다. '有把握(자신 있다)'와 '有信心(자신 있다)'은 동의어입니다.

26

男：你看今天的午间新闻了吗？

女：没有，我一天都在实验室里做实验，怎么了？

男：咱们学校学生研发的无人机受到了各大媒体的广泛关注。

女：真的吗？他们太棒了。

问：关于那个无人机可以知道什么？

    A 还在实验阶段
    B 采用全新技术
    C 零件需要更新
    D 受到很多人关注

남：오늘 정오 뉴스 봤어?

여：아니, 난 하루 종일 실험실에서 실험했어. 뭔데?

남：우리 학교 학생이 연구 개발한 드론이 여러 주요 매스컴의 주목을 받았대.

여：정말? 그 사람들 대단하네.

질문: 그 드론에 관하여 무엇을 알 수 있는가?

    A 실험 단계에 있다
    B 새로운 기술을 채택했다
    C 부품을 업그레이드해야 한다
    D 많은 사람들의 주목을 받았다

新闻 xīnwén 몡 뉴스 | 实验* shíyàn 통 실험하다 몡 실험 | 研发 yánfā 통 연구 개발하다 | 无人机 wúrén jī 드론, 무인비행기 [无人驾驶飞机'의 준말] | 媒体 méitǐ 몡 매체 | 广泛* guǎngfàn 톙 광범위하다 | 关注 guānzhù 몡 주목, 관심 | 阶段 jiēduàn 몡 단계 | 技术 jìshù 몡 기술 | 零件* língjiàn 몡 부품 | 更新 gēngxīn 통 갱신하다, 새롭게 바뀌다

풀이 | D 녹음에서 남자가 드론에 대해 '受到了各大媒体的广泛关注(여러 주요 매스컴의 주목을 받았다)'라고 언급한 것으로 보아, 보기에서 제일 관련 있는 내용은 D '受到很多人关注(많은 사람들의 주목을 받다)'입니다. '受到……关注'는 '~의 주목을 받다'라는 표현입니다.

27

女：这篇论文不错，思路很新颖，但想要发表的话，有些细节还要改。

男：您能具体说说吗？

女：比如这部分和前面重复了，可以删掉。

男：好的，那我回去再修改一下。

问：关于那篇论文可以知道什么？

    A 需要修改
    B 已经发表
    C 构思很清楚
    D 标点符号有误

여：이 논문 좋은 걸. 사고의 전개도 참신해. 그런데 발표하려면 디테일은 좀 수정해야 돼.

남：구체적으로 설명해 주실 수 있나요?

여：예를 들어 이 부분은 앞부분과 중복이야. 삭제해도 돼.

남：알겠습니다. 그럼 돌아가서 다시 수정해 보겠습니다.

질문: 이 논문에 관하여 무엇을 알 수 있는가?

    A 수정이 필요하다
    B 이미 발표했다
    C 구상이 명확하다
    D 문장 부호에 오류가 있다

篇 piān 양 편 [문장·종이 등을 세는 단위] | 论文* lùnwén 몡 논문 | 思路 sīlù 몡 사고의 맥락, 사고의 방향 | 新颖 xīnyǐng 톙 참신하다 | 细节* xìjié 몡 자세한 사정, 디테일 | 具体* jùtǐ 톙 구체적이다 | 重复* chóngfù 통 중복하다 | 删掉 shāndiào 통 지우다, 삭제하다 | 修改 xiūgǎi 통 고치다, 수정하다 | 发表* fābiǎo 통 발표하다 | 构思 gòusī 몡 구상 | 标点符号 biāodiǎn fúhào 몡 문장 부호

풀이 | A 녹음에서 '有些细节还要改(세부적인 부분은 좀 수정해야 한다)' '回去再修改一下(돌아가서 다시 수정해 보겠다)' 등의 표현이 있는 것으로 보아 정답은 A '需要修改(수정이 필요하다)'라는 것을 알 수 있습니다. 여자의 말 중에 '发表(발표하다)'라는 표현도 있었지만, 수정 후 발표할 수 있다고 했으므로 B는 함정이고, 녹음의 '思路新颖(사고의 전개가 참신하다)'과 보기 C의 '构思清楚(구상이 명확하다)'도 의미의 차이가 있으므로 C도 정답이 될 수 없습니다.

28 ★★

男：几年没回家，老家的变化就这么大了。
女：是啊，你还记得那儿原来是什么地方吗？
男：当然，那儿之前是一排平房，有好多小酒吧。
女：对，现在都是高楼大厦了，晚上还有灯光秀呢。

问：他们在谈论什么？

   A 对方的变化　　　B 室内外温度
   C 家乡的发展　　　D 经营酒吧的方法

남: 집에 몇 년 못 온 사이에 고향이 이렇게 많이 변했네.
여: 그렇지. 너 저기가 원래 어떤 곳이었는지 기억나?
남: 당연하지. 저쪽은 전에 줄줄이 늘어선 단층집이었잖아, 작은 술집도 많았고.
여: 맞아, 지금은 모두 고층 빌딩이 됐어. 저녁때 되면 조명쇼도 있어.

질문: 그들은 무엇을 이야기하고 있는가?

   A 상대방의 변화　　　B 실내외의 온도
   C 고향의 발전　　　D 술집을 운영하는 방법

原来 yuánlái 명 원래 | 排 pái 명 줄, 열 | 平房 píngfáng 명 단층집 | 高楼大厦 gāolóu dàshà 명 고층 빌딩 | 灯光 dēngguāng 명 조명 | 秀 xiù 명 쇼(show), 공연 [음역어] | 对方 duìfāng 명 상대방 | 变化 biànhuà 명 변화 | 温度 wēndù 명 온도 | 家乡* jiāxiāng 명 고향 | 发展 fāzhǎn 명 발전 | 经营* jīngyíng 통 경영하다 | 酒吧* jiǔbā 명 술집

풀이 C '老家的变化大(고향의 변화가 크다)'라는 남자는 말에 여자가 고향이 어떻게 변했는지에 대해 설명했습니다. 보기 C의 '家乡'은 '老家'와 같은 뜻으로, 대화의 전체 내용으로 보면 '고향이 많이 발전했다'는 것을 알 수 있습니다. 정답은 C입니다.

---

29 ★★★

女：咱们高主任要退休了。
男：是啊，手续已经办好了，下周五就正式退了。
女：咱们部门给他办个欢送会吧。
男：好主意，那我们来组织一下。

问：他们要给谁办欢送会？

   A 班主任　　　B 高校长
   C 王会计　　　D 部门主任

여: 우리 고 팀장님 곧 퇴직하세요.
남: 맞아요. 수속도 이미 마쳤어요. 다음 주 금요일이면 공식적인 퇴직이에요.
여: 우리 부서에서 고 팀장님께 환송회를 열어 드려요.
남: 좋은 생각이네요. 그럼 우리 한 번 추진해 보죠.

질문: 그들은 누구를 위해 환송회를 여는가?

   A 학급 담임　　　B 고 교장
   C 왕 경리　　　D 부서 팀장

主任* zhǔrèn 명 주임, 책임자 | 退休* tuìxiū 통 퇴직하다 | 手续* shǒuxù 명 수속 | 欢送会 huānsònghuì 명 환송회 | 主意 zhǔyi 명 생각, 아이디어 | 组织* zǔzhī 통 조직하다 | 班主任 bānzhǔrèn 명 학급 담임, 담임교사 | 校长 xiàozhǎng 명 교장 | 会计* kuàijì 명 회계원, 경리 | 部门* bùmén 명 부서

풀이 D 보기가 모두 '신분·직업'을 표현하는 말이므로, '누구'에 주의해서 녹음을 들어야 합니다. '咱们高主任(우리 고 팀장님)'이 '退休(퇴직)'할 예정이기 때문에 그분의 '欢送会(환송회)'를 하려는 내용입니다. D가 답으로 적절합니다 여기서 주의해야 하는 것은 '高'는 성씨이고 '主任'은 직위입니다. '高'만 듣고 보기 B의 '高校长(고 교장)'을 선택하거나 '主任'만 듣고 보기 A의 '班主任(학급 담임)'을 선택하면 안 됩니다.

---

30 ★★

男：我女儿五岁了，正在学中文，我想找个中文动画片给她看。

남: 제 딸은 다섯 살인데요, 중국어를 배우고 있어요. 저는 중국어 애니메이션을 하나 찾아서 보여주고 싶어요.

女: 我推荐《小猪奇奇》，网上能搜到。	여: 저는 〈치치 피그〉를 추천해요. 인터넷에서 검색할 수
男: 这部动画片有字幕吗？	있어요.
女: 好像没有，不过对话挺简单的，孩子理解	남: 그 애니메이션은 자막이 있나요？
起来不难。	여: 없는 것 같아요. 그런데 대화가 매우 간단해서 아이
	가 이해하기에 어렵지 않을 거예요.
问: 他们在谈什么？	질문: 그들은 무엇을 이야기하고 있는가？
A 动画片　　　　B 动物知识	A 애니메이션　　　B 동물 지식
C 教育方法　　　D 中文课程	C 교육 방법　　　D 중국어 커리큘럼

动画片 dònghuàpiàn 몡 애니메이션, 만화영화 ｜ 推荐* tuījiàn 통 추천하다 ｜ 猪* zhū 몡 돼지 ｜ 搜(索) sōu(suǒ) 통 검색하다 ｜
字幕* zìmù 몡 자막 ｜ 理解 lǐjiě 통 이해하다 ｜ 知识 zhīshi 몡 지식 ｜ 教育 jiàoyù 몡 교육 ｜ 课程* kèchéng 몡 교육 과정, 커리
큘럼

┃풀이┃ A 남자의 말 '想找个中文动画片(중국어 애니메이션을 찾고 싶다)'이 정답을 찾을 수 있는 핵심 표현으로, A '动画片(애니메
이션)'이 정답입니다. 남자의 아이가 '正在学中国(중국어 공부하고 있다)'라고 했지만 '中文课程(중국어 커리큘럼)'에 대한
이야기는 아닙니다. '猪(돼지)'는 애니메이션 제목에 들어가는 단어로, 보기 B도 대화의 내용과 관련이 없습니다.

31-32

第31到32题是根据下面一段话:

31~32번 문제는 다음 내용에 근거한다.

小王在谈判时有个小秘诀，就是在谈判
进行中，31假装接其他供应商的电话，让对方
感到竞争压力。一天，他约见了一个供应商，
在会议中，小王就假装接了电话："喂，你们产
品相关的文件我已经接到了，改天找个时间
谈一下吧。"挂了电话后，小王得意地对对方
说："不好意思，刚才那个合同，我们说到哪儿
了？"结果对方却说："抱歉，我们暂时不能合作
了。"小王以为对方看出了自己的把戏，有些着
急了，这时对方说："因为你们需要的手机信号
屏蔽器，我今天带过来了，而且它是开着的，
可您还是毫无影响地接到了电话，所以32我怀
疑我们的机器有问题，等完善以后我再联系您
吧"，小王顿时感到非常惭愧。

샤오왕은 협상할 때 작은 비법이 하나 있다. 바로 협상
진행 중에 31다른 공급업자의 전화를 받는 척하여 상대
방에게 경쟁의 압박을 느끼게 하는 것이다. 어느 날, 그는
한 공급업자를 만났다. 미팅 중에 샤오왕은 전화를 받는
체했다. "여보세요, 그쪽의 제품 관련 서류는 받았어요.
다음에 시간을 내서 한번 얘기해 보죠." 전화를 끊고 샤
오왕은 득의양양하게 상대방에게 말했다. "죄송합니다,
방금 전 그 계약에 대해 우리가 어디까지 말했죠?" 그 결
과 뜻밖에도 상대방이 이렇게 말했다. "죄송합니다, 우리
는 잠시 협력할 수 없겠네요." 샤오왕은 상대방이 자신의
속임수를 알아챈 줄 알고 조금 초조해졌다. 이때 상대방
이 말했다. "왜냐하면 귀사가 요구하신 휴대폰 신호 차단
기를 제가 오늘 가져왔고 계속 켜놨어요. 그런데 여전히
아무 영향 없이 전화를 받으시니 32저희 기계에 좀 문제
가 있는 것 같아요. 더 완벽하게 개선하고 다시 연락드릴
게요." 샤오왕은 문득 너무도 부끄러웠다.

谈判* tánpàn 통 협상하다 ｜ 秘诀 mìjué 몡 비결 ｜ 假装* jiǎzhuāng 통 가장하다, 짐짓 ~체하다 ｜ 供应商 gōngyìngshāng
몡 공급업자 ｜ 竞争 jìngzhēng 몡 경쟁 ｜ 压力 yālì 몡 스트레스 ｜ 会议 huìyì 몡 회의 ｜ 相关* xiāngguān 통 관련되다 ｜ 文件*
wénjiàn 몡 서류 ｜ 挂 guà 통 전화를 끊다 ｜ 得意 déyì 통 득의하다, 대단히 만족하다 ｜ 合同* hétong 몡 계약서 ｜ 抱歉 bàoqiàn
통 미안해하다 ｜ 暂时 zànshí 몡 잠시 ｜ 合作* hézuò 통 합작하다, 협력하다 ｜ 把戏 bǎxì 몡 속임수 ｜ 屏蔽 píngbì 통 가리다, 차단
하다 ｜ 毫无 háowú 조금도 ~이 없다 ｜ 怀疑 huáiyí 통 의심을 품다 ｜ 完善* wánshàn 톙 완전하다, 완벽하다 ｜ 顿时 dùnshí 뮈 갑
자기 ｜ 惭愧* cánkuì 톙 부끄럽다

31 ★★

小王假装接电话的原因是什么？	샤오왕이 전화를 받는 체한 이유는 무엇인가?
A 合同有问题	A 계약서에 문제가 있어서
B 表达不满情绪	B 불만을 표시하려고
C 缓解紧张气氛	C 긴장된 분위기를 풀려고
D 给对方增加压力	D 상대방에게 압박을 주려고

合同* hétong 명 계약서 │ 表达* biǎodá 동 표현하다 │ 情绪* qíngxù 명 정서, 기분 │ 缓解* huǎnjiě 동 완화시키다 │ 紧张 jǐnzhāng 형 긴장하다 │ 气氛* qìfēn 명 분위기 │ 对方 duìfāng 명 상대방 │ 压力 yālì 명 스트레스, 압력

| 풀이 | D 녹음에서 샤오왕이 다른 공급업자의 전화를 받는 척하는 이유가 '让对方感到竞争压力(상대방에게 경쟁의 압박을 느끼게 하는 것)'라고 언급했으므로, 보기 D '给对方增加压力(상대방에게 압박을 주다)'의 내용과 일치합니다.

32 ★★★

对方为什么暂时不想合作？	상대방은 왜 잠시 협력하지 않겠다고 했는가?
A 看穿了把戏	A 속임수를 알아챘다
B 意见不一致	B 의견이 일치하지 않는다
C 产品需要改进	C 제품 개선이 필요하다
D 有更好的项目	D 더 좋은 프로젝트가 있다

看穿 kànchuān 간파하다 │ 把戏 bǎxì 명 속임수 │ 意见 yìjiàn 명 의견 │ 一致* yízhì 동 일치하다 │ 产品 chǎnpǐn 명 제품 │ 改进 gǎijìn 동 개선하다 │ 项目* xiàngmù 명 프로젝트, 사업

| 풀이 | C 두 번째 밑줄 친 '等完善以后我再联系您吧'라는 말에서 상대방이 제품을 개선해야 한다고 생각하는 것을 알 수 있습니다. 정답은 C입니다. 오답인 A를 고르는 경우가 있습니다. 그러나 녹음 중 '小王以为对方看出了自己的把戏(샤오왕은 상대방이 자신의 속임수를 알아챈 줄 알았다)'라는 표현에서 '以为'는 생각과 실제가 다를 때 사용하는 표현으로, 상대방이 정말 속임수를 알아차린 것은 아닙니다.

33 - 35

第33到35题是根据下面一段话：

　　在数字时代，我们对纸张的依赖程度在迅速下降。使用智能手机、平板电脑，33你就可以下载到任何你想看的电子书，价格也更便宜。而另一方面，一些珍贵的纸质文物，正面临着越来越严峻的保护难题。在古代藏书中，约有三分之一的纸质书籍，已经脆弱到难以翻阅，急需修复。虽然一些古代书籍已转换成了电子版永久保存，但34纸质原版仍然面临着保存难题。除了图书馆等机构，化学家们也有意要加入研究，35为保护书写在纸张上的历史，共同努力。

33~35번 문제는 다음 내용에 근거한다.

　　디지털 시대에 우리의 종이에 대한 의존도는 빠르게 줄어들고 있다. 스마트폰, 태블릿 PC를 사용하면 33당신이 보고 싶은 어떤 전자책도 다운로드할 수 있고, 가격도 더 싸다. 또 다른 한편으로 종이로 된 진귀한 유물들이 갈수록 심각한 보존 문제에 직면하고 있다. 고대 장서 가운데 약 3분의 1의 종이책은 이미 펼치지도 못할 정도로 약해졌고, 긴급 보수가 필요하다. 비록 일부 고대 서적은 이미 전자판으로 변환하여 영구 보존할 수 있지만 34종이 원본은 여전히 보존의 어려움에 직면해 있다. 도서관 등 기관 외에 화학자들도 연구에 참여하여 35책이 종이에 쓰여지는 역사를 보존하기 위해서 함께 노력하고 있다.

数字 shùzì 혱 디지털형(의) | 时代* shídài 몡 시대 | 纸张 zhǐzhāng 몡 종이의 총칭 | 依赖 yīlài 통 의지하다 | 程度* chéngdù 몡 정도 | 迅速 xùnsù 혱 신속하다 | 智能手机 zhìnéng shǒujī 몡 스마트폰 | 平板电脑 píngbǎn diànnǎo 태블릿 PC | 下载* xiàzài 통 다운로드하다 | 任何 rènhé 떼 어떠한 | 电子书 diànzǐshū 몡 전자책 | 价格 jiàgé 몡 가격 | 珍贵 zhēnguì 혱 진귀하다 | 文物 wénwù 몡 문물 | 面临* miànlín 통 직면하다 | 严峻 yánjùn 혱 심각하다, 중대하다 | 藏书 cángshū 몡 장서 | 书籍 shūjí 몡 서적 | 脆弱 cuìruò 혱 연약하다 | 翻阅 fānyuè 통 (서적이나 문서 따위를) 훑어보다 | 修复 xiūfù 통 복원하다 | 保存 bǎocún 통 보존하다 | 机构 jīgòu 몡 기관 | 研究 yánjiū 통 연구하다

---

33 ★★

数字时代，人们的生活有什么变化?	디지털 시대, 사람들의 생활은 어떤 변화가 있는가?
A 购物方便	A 쇼핑이 편리하다
B 竞争激烈	B 경쟁이 치열하다
C 电子书很普遍	C 전자책이 보편화됐다
D 随时下载电影	D 언제든 영화를 다운로드한다

购物 gòuwù 통 쇼핑하다 | 竞争 jìngzhēng 몡 경쟁 | 激烈* jīliè 혱 치열하다 | 普遍 pǔbiàn 혱 보편적이다 | 随时* suíshí 뷔 언제나 | 下载* xiàzài 통 다운로드하다

| 풀이 | C 녹음에서 '你就可以下载到任何你想看的电子书(보고 싶은 어떤 전자책도 다운로드할 수 있다)'라고 언급했으므로 전자책이 '보편화'되었다는 것을 알 수 있습니다. 정답은 C '电子书普遍(전자책이 보편화됐다)'입니다.

---

34 ★★★

关于纸质古代书籍，可以知道什么?	종이 재질의 고대 서적에 관하여 무엇을 알 수 있는가?
A 损坏很多　　　B 保存困难	A 많이 파손됐다　　　B 보존이 어렵다
C 难以理解　　　D 曾经被盗	C 이해하기 어렵다　　　D 예전에 도난당했었다

损坏 sǔnhuài 통 파손되다 | 保存 bǎocún 통 보존하다 | 困难 kùnnan 통 곤란하다, 어렵다 | 难以 nányǐ 통 ~하기 어렵다 | 理解 lǐjiě 통 이해하다 | 曾经* céngjīng 뷔 이전에 | 盗 dào 통 훔치다

| 풀이 | B 키워드는 '保存' '保护'로 녹음 전반에서 종이책의 보존 문제에 대해 이야기하고 있습니다. '但纸质原版仍然面临着保存难题(종이 원본은 여전히 보존의 어려움에 직면해 있다)'라고 언급했기 때문에 정답은 B '保存困难(보존이 어렵다)'입니다. 직접적으로 '파손(损坏)' 정도에 대해 언급한 내용이 없으므로, A는 답이 될 수 없습니다.

---

35 ★★★

根据这段话，下列哪项正确?	이 이야기에 근거해 다음 중 옳은 것은?
A 纸质书已被取代	A 종이책은 이미 대체되었다
B 电子书籍难被接受	B 전자책은 받아들이기 어렵다
C 电子书可以免费下载	C 전자책은 무료로 다운로드할 수 있다
D 古代纸质书籍急需保护	D 고대 종이 서적은 보호가 시급하다

取代 qǔdài 통 대체하다 | 书籍 shūjí 몡 서적 | 接受 jiēshòu 통 받아들이다 | 免费 miǎnfèi 통 무료로 하다 | 古代* gǔdài 몡 고대 | 急需 jíxū 통 급히 필요하다

| 풀이 | D '下列哪项'으로 시작하는 질문은 녹음의 내용과 관련하여 옳고 그름을 가려내는 문제입니다. 녹음에서 '古代纸质书(고대 종이책)'는 '急需修复(긴급 보수가 필요하다)' '为保护书写在纸张上的历史，共同努力(책이 종이에 쓰여지는 역사를 보존하기 위해서 함께 노력하고 있다)'라는 표현들이 있는 것으로 보아 D가 답으로 가장 적절합니다.

129

第36到38题是根据下面一段话：

　　古时有个裁缝，手艺十分高明，官员们都喜欢请他缝制衣服。这个裁缝替人量尺寸做衣服的时候，36不但会考虑穿衣者的身材，而且对于年纪、性情也都细心观察，甚至连有没有在考试中中举也要打听得一清二楚。有人觉得奇怪便问他："你打听中举情况干什么？这跟做衣服也没有关系。"他回答道："当然有关系，少年中举者难免骄傲一些，走路挺胸抬头，所以衣服要前长后短。37老年中举者大多意气消沉，弯腰曲背，他们的衣服就得前短后长，穿起来才合身。性子慢的适合长一点儿的衣服，性子急的人衣服就可以短一些。"可见，缝制衣服还有这么多学问。

36~38번 문제는 다음 내용에 근거한다.

　　옛날에 재봉사 한 명이 있었는데, 솜씨가 매우 훌륭해서 관리들은 다들 그에게 옷을 지어달라고 맡기곤 했다. 이 재봉사는 손님을 위해 치수를 재어 옷을 지을 때, 36옷을 입는 사람의 몸매를 고려할 뿐만 아니라 나이, 성격도 모두 세심하게 관찰했다. 심지어 과거 시험에 합격했는지도 일일이 알아보았다. 어떤 사람이 이상하다고 생각해서 물었다. "급제했는지 당신이 물어봐서 뭐 하오? 그것과 옷 만드는 건 관계가 없잖소?" 그는 대답했다. "물론 관계가 있죠. 젊은 나이에 급제했으면 좀 우쭐해질 수밖에 없어서 걸을 때 가슴을 펴고 고개를 꼿꼿이 들기 때문에 옷 앞은 길고 뒤는 짧아야 하죠. 37노년에 급제하면 대부분 의기소침해서 허리와 등이 꾸부정하니 그들의 옷은 앞이 짧고 뒤가 길어야 몸에 잘 맞습니다. 성격이 느긋하면 좀 긴 옷이 어울리고, 성격이 급하면 좀 짧아도 괜찮죠." 옷을 만드는 데도 이렇게 많은 학문이 있음을 알 수 있다.

裁缝 cáifeng 몡 재봉사 ｜ 手艺 shǒuyì 몡 기술, 솜씨 ｜ 高明 gāomíng 휑 뛰어나다, 훌륭하다 ｜ 官员 guānyuán 몡 관리 ｜ 缝制 féngzhì 통 (옷·이불 따위를) 짓다, 만들다 ｜ 替 tì 개 ~을 위하여 ｜ 量 liáng 통 재다 ｜ 尺寸 chǐcùn 몡 치수 ｜ 考虑 kǎolǜ 통 고려하다 ｜ 身材* shēncái 몡 몸매 ｜ 性情 xìngqíng 몡 성격 ｜ 细心 xìxīn 휑 세심하다 ｜ 观察* guānchá 통 관찰하다 ｜ 中举 zhòngjǔ 통 (향시에) 급제하다 ｜ 打听 dǎtīng 통 물어보다, 알아보다 ｜ 一清二楚 yì qīng èr chǔ 젱 아주 분명하다 ｜ 奇怪 qíguài 휑 이상하다, 기이하다 ｜ 情况 qíngkuàng 몡 상황 ｜ 关系 guānxi 몡 관계 ｜ 难免* nánmiǎn 휑 불가피하다 ｜ 骄傲 jiāo'ào 휑 거만하다 ｜ 挺胸 tǐngxiōng 통 가슴을 펴다 ｜ 抬头 táitóu 통 머리를 들다 ｜ 意气 yìqì 몡 의기, 의지와 기개 ｜ 消沉 xiāochén 휑 (의기가) 소침하다 ｜ 弯腰曲背 wānyāo qūbèi 휑 허리가 꾸부정하다 ｜ 适合 shìhé 통 적합하다 ｜ 学问* xuéwen 몡 학문

---

36 ★★★

那个裁缝给人做衣服时，不会考虑什么？

A 年纪 　　　　　B 性格
C 是否中举 　　　D 家庭情况

그 재봉사가 손님에게 옷을 만들어 줄 때, 고려하지 않는 것은?

A 나이 　　　　　　B 성격
C 급제 여부 　　　　D 가정 상황

年纪* niánjì 몡 나이 ｜ 性格 xìnggé 몡 성격 ｜ 家庭* jiātíng 몡 가정 ｜ 情况 qíngkuàng 몡 상황

풀이 ｜ D 강조를 나타내는 접속사 '不但A, 而且B(A뿐만 아니라 B도)'를 사용해 재봉사가 옷을 만들 때 고려하는 것을 구체적으로 설명했습니다. 질문은 '不会考虑什么(무엇을 고려하지 않는가)'입니다. 녹음에서 언급된 '年纪(나이)' '性情(성격)' '考试中举(향시 급제)' 등은 각각 보기 A, B, C와 호응하는 것으로 보아, 재봉사가 옷을 만들 때 고려하지 않는 것은 보기 D의 '家庭情况(가정 상황)'입니다.

37 ★★★

老年中举的人有什么特点？

A 骄傲自满 　　　B 情绪消沉
C 做事细心 　　　D 性子很急

노년에 급제한 사람은 어떤 특징이 있는가?

A 교만하다 　　　　B 의기소침하다
C 일처리가 세심하다 　　D 성격이 급하다

骄傲自满 jiāo'ào zìmǎn 图 자만하다, 교만하다 | 情绪* qíngxù 명 기분 | 消沉 xiāochén 동 (의기가) 소침하다 | 细心 xìxīn 형 세심하다 | 性子 xìngzi 명 성격

풀이 | B 녹음에서 젊은 나이에 급제했으면 '骄傲(오만하다, 거만하다)'라고 했으므로 보기 A '骄傲自满'과 일치하고, 노년에 급제했으면 '意气消沉(의기소침하다)'이라고 했기 때문에 B '情绪消沉'과 일치합니다. 녹음을 끝까지 잘 듣고 질문 대상이 '少年(젊은이)'인지, '老年(노년)'인지 구별해야 합니다. 질문은 '老年'과 관련된 내용이므로 정답은 B입니다.

38 ★★★

关于那个裁缝，可以知道什么？	그 재봉사에 관하여 무엇을 알 수 있는가?
A 想得周到	A 주도면밀하다
B 以前中过举	B 이전에 급제한 적이 있다
C 只给官员们做衣服	C 관리들에게만 옷을 만들어 준다
D 善于处理突发情况	D 돌발 상황을 잘 처리한다

周到* zhōudào 형 꼼꼼하다, 세심하다 | 善于 shànyú 형 ~에 능숙하다, ~을 잘하다 | 处理* chǔlǐ 동 처리하다 | 突发 tūfā 동 돌발하다, 갑자기 발생하다 | 情况 qíngkuàng 명 상황

풀이 | A 이 문제는 이야기의 전체 내용을 이해해서 '裁缝(재봉사)'이 아주 꼼꼼한 사람이라는 것을 알고, 보기 A '周到(꼼꼼하다)'의 뜻도 알아야 정답을 맞출 수 있습니다. 또는 소거법으로 녹음에 언급되지 않은 B와 D를 정답에서 먼저 제외할 수도 있습니다. 녹음에서 '官员们都喜欢请他缝制衣服(관리들은 모두 그에게 옷을 지어달라고 맡기곤 했다)'라고 했지만 관리에게만 옷을 만들어 준다는 뜻은 아니므로 C도 함정입니다. 정답은 A입니다.

듣기

39-41

第39到41题是根据下面一段话：

生活中，普通职员、工人和政府机关工作人员³⁹常常会不重视理财，这些人被称为"忘财族"。忘财族们主要将工资用于日常消费，承受理财风险的能力较弱。相关报告显示，⁴⁰忘财族的工资盈余在百分之十左右，他们认为这些钱不多，用来投资收益不大，不如做为流动资金以备不时之需。如果考虑理财，⁴¹忘财族会更倾向于操作灵活的互联网理财和一些保险产品。

39~41번 문제는 다음 내용에 근거한다.

생활 속에서 일반 회사원, 노동자와 관공서 근무자들은 ³⁹재테크를 중시하지 않는 경우가 많다. 이런 사람들을 '재테크 망각족'이라고 한다. '재테크 망각족'들은 주로 자신의 월급을 일상 소비에 쓰고 재테크의 리스크를 감당하는 능력이 약한 편이다. 관련 보고서에 따르면 ⁴⁰'재테크 망각족'들의 월급 여유금은 10% 정도인데, 그들은 이 돈이 얼마 안 된다고 생각하고 투자에 써도 수익이 많지 않다고 여겨 유동 자금으로 두고 갑작스러운 수요에 사용하면 좋다고 생각한다. 만약 재테크를 고민한다면 ⁴¹'재테크 망각족'들은 조작이 간편한 온라인 재테크와 일부 보험 상품을 더 선호하는 경향이 있다.

普通 pǔtōng 형 일반적이다 | 职员 zhíyuán 명 직원 | 工人* gōngrén 명 노동자 | 政府* zhèngfǔ 명 정부 | 机关 jīguān 명 기관 | 重视 zhòngshì 동 중시하다 | 理财 lǐcái 동 재정을 관리하다, 재테크하다 | 工资 gōngzī 명 임금 | 消费* xiāofèi 동 소비하다 | 承受* chéngshòu 동 접수하다 | 风险* fēngxiǎn 명 위험성 | 弱* ruò 형 약하다 | 报告* bàogào 명 보고, 보고서 | 显示* xiǎnshì 동 현시하다, 뚜렷하게 나타내 보이다 | 盈余 yíngyú 명 잉여, 흑자 | 投资* tóuzī 동 투자하다 | 收益 shōuyì 명 수익 | 流动 liúdòng 동 유동하다, 옮겨 다니다 | 资金* zījīn 명 자금 | 不时之需 bùshí zhī xū 성 불시의 필요, 비상용 | 倾向 qīngxiàng 동 (한쪽으로) 치우치다 | 操作 cāozuò 동 조작하다 | 灵活 línghuó 형 융통성이 있다 | 互联网 hùliánwǎng 명 인터넷 | 保险* bǎoxiǎn 명 보험 | 产品 chǎnpǐn 명 제품

39

关于忘财族，下列哪项正确？

A 喜欢攒钱　　　　B 不重视投资
C 都是普通职员　　D 每月都花光工资

재테크 망각족에 관하여 다음 중 옳은 것은?

A 저축을 좋아한다　　B 투자를 중시하지 않는다
C 모두 일반 회사원이다　D 매달 월급을 다 쓴다

重视 zhòngshì 图 중시하다 | 投资* tóuzī 图 투자하다 | 攒* zǎn 图 저축하다 | 花光 huāguāng 图 전부 다 쓰다

| 풀이 | B 녹음에서 '忘财族(재테크 망각족)'들은 '常常会不重视理财(재테크를 중시하지 않는 경우가 많다)' '认为用来投资收益不大(투자에 써도 수익이 많지 않다고 여긴다)' 등의 내용으로 보아 B가 답으로 가장 적절합니다.

为什么忘财族不喜欢理财？

A 重视教育　　　　B 热爱享受
C 需还贷款　　　　D 盈余不多

재테크 망각족은 왜 재테크를 좋아하지 않는가?

A 교육을 중시한다　　B 즐기는 것을 좋아한다
C 대출을 갚아야 한다　D 여유금이 많지 않다

教育 jiàoyù 명 교육 | 热爱* rè'ài 图 열애하다, 뜨겁게 사랑하다 | 享受* xiǎngshòu 명 즐기다, 누리다 | 贷款* dàikuǎn 명 대출금 | 盈余 yíngyú 명 잉여, 흑자

| 풀이 | D 보기의 내용이 녹음에 그대로 나오지는 않았지만, 재테크 망각족들은 '将工资用于日常消费(월급을 일상 소비에 쓴다)' '工资盈余在百分之十左右(월급 여유금은 10% 정도이다)' '他们认为这些钱不多(그들은 이 돈이 얼마 안 된다고 생각한다)' 등의 내용으로 보아 정답은 D입니다. 보기 A, B, C는 녹음에서 언급되지 않았습니다.

41

忘财族看重互联网理财的什么？

A 比较保险　　　　B 操作简单
C 利息更多　　　　D 风险较小

재테크 망각족은 온라인 재테크의 어떤 점을 선호하는가?

A 안전한 편이다　　B 조작이 간편하다
C 이자가 더 많다　　D 리스크가 낮다

看重 kànzhòng 图 중시하다, 중요하게 생각하다 | 保险* bǎoxiǎn 혭 안전하다 | 操作 cāozuò 图 조작하다, 다루다 | 利息 lìxī 명 이자 | 风险* fēngxiǎn 명 위험, 리스크

| 풀이 | B 재테크 망각족들이 온라인 재테크에 대해 '操作灵活(조작이 간편하다)'라고 여긴다고 언급했습니다. 보기 B와 내용이 일치합니다. 녹음 마지막 부분에 언급한 '保险产品(보험 상품)'에서 '保险'은 명사 '보험'이고, 보기 A의 '比较保险(안전한 편이다)'에서 '保险'은 형용사 '안전하다'의 의미입니다. 또한 A와 D는 의미가 같기 때문에 둘 다 답이 될 수 없습니다.

第42到43题是根据下面一段话：

　　人们常说的43"一孕傻三年"，其实这并不科学。研究发现42在怀孕期间，女性的大脑中的社会认知能力会得到提升，这使得她们能更好的理解宝宝的需求，与宝宝心意相通，对可能存在的危险变得更加敏感。一些行为学实验也表明，女性怀孕期间，对许多社会信息的加

42~43번 문제는 다음 내용에 근거한다.

　　사람들이 흔히 말하는43"임신하면 3년 동안 바보가 된다."라는 말은 사실 과학적이지 않다. 연구에 따르면 42임신 기간에 여성들의 뇌 속 사회 인지 능력은 향상될 수 있다. 이는 그녀들로 하여금 아기의 요구를 더 잘 이해할 수 있게 하고, 아기와 마음이 서로 통하게 하며, 있을 수 있는 위험에 더 민감하게 한다. 행동학 실험에서도 여성들은 임신 기간에 많은 사회 정보에 대한 가공 능력이 더 강하

工能力更强，比如对家人的情绪有更强的辨别能力，而这些都为建立良好的母婴关系打下了基础。

다는 것이 밝혀졌다. 예를 들어 가족의 감정에 대해서도 더 강한 분별력을 가지는데, 이런 것들은 좋은 엄마와 아기의 관계를 형성하는 데 있어 기초를 닦는다.

怀孕* huáiyùn 图 임신하다 | 傻* shǎ 图 어리석다, 멍청하다 | 科学 kēxué 图 과학적이다 | 研究 yánjiū 图 연구하다 | 大脑 dànǎo 图 대뇌 | 认知 rènzhī 图 인지 | 能力 nénglì 图 능력 | 提升 tíshēng 图 높은 곳으로 운반하다, 끌어올리다 | 使得 shǐde 图 ~하게 하다 | 宝宝 bǎobao 图 착한 아기, 예쁜 아기 [어린아이에 대한 애칭] | 需求 xūqiú 图 요구 | 心意相通 xīnyì xiāngtōng 속마음이 서로 통하다 | 存在* cúnzài 图 존재하다 | 危险 wēixiǎn 图 위험 | 敏感* mǐngǎn 图 민감하다 | 实验 shíyàn 图 실험 | 信息 xìnxī 图 정보 | 加工 jiāgōng 图 가공하다 | 情绪* qíngxù 图 정서, 기분 | 辨别 biànbié 图 분별하다 | 建立* jiànlì 图 이루다, 형성하다 | 母婴 mǔyīng 图 어머니와 아기 | 关系 guānxi 图 관계 | 打基础 dǎ jīchǔ 图 기초를 닦다

42 ★★

女的怀孕期间会有什么变化？	여성은 임신 기간에 어떤 변화가 있는가？
A 反应迟钝　　B 认知提高 C 情绪敏感　　D 身体不适	A 반응이 둔해진다　　B 인지력이 향상된다 C 정서적으로 예민해진다　　D 몸이 불편해진다

反应* fǎnyìng 图 반응 | 迟钝 chídùn 图 둔하다 | 认知 rènzhī 图 인지 | 提高 tígāo 图 향상시키다 | 敏感* mǐngǎn 图 민감하다 | 不适 búshì 图 (몸이) 편치 않다, 불편하다

▌풀이 ▌ B 여성이 임신하면 '社会认知能力会得到提升(사회 인지 능력이 향상될 수 있다)'이라고 언급했으므로 정답은 B '认知提高(인지력이 향상된다)'입니다. 보기 C와 D도 여성이 임신했을 때의 변화가 맞지만 녹음에서 언급되지 않았기 때문에 정답이 될 수 없습니다. 항상 '녹음 내용에 근거하여' 정답을 골라야 합니다.

43 ★★★

根据这段话哪种话并不科学？	이 이야기에 따르면, 과학적이지 않은 내용은 무엇인가？
A 怀孕会变笨 B 怀孕不能太早 C 怀孕期间不能吃药 D 怀孕会让夫妻更幸福	A 임신하면 멍청해진다 B 너무 일찍 임신하면 안 된다 C 임신 기간에 약을 먹으면 안 된다 D 임신은 부부를 더 행복하게 한다

笨 bèn 图 어리석다, 멍청하다 | 夫妻 fūqī 图 부부 | 幸福 xìngfú 图 행복하다

▌풀이 ▌ A 질문에서 '과학적이지 않은(不科学)' 내용에 대해 물었습니다. 녹음에 전환을 나타내는 접속사 '但是/其实/不过'가 등장한다면, 그 뒤를 주의 깊게 들어야 합니다. 녹음 제일 앞부분에서 '一孕傻三年(임신하면 3년 동안 바보가 된다)'이라는 속담이 있지만, '其实这并不科学(사실 이것은 과학적이지 않다)'라고 했기 때문에 질문에 가장 적절한 답은 A라는 것을 알 수 있습니다. '傻'와 보기의 '笨'은 유의어입니다.

44-45

第44到45题是根据下面一段话：

　　凡是因技术进步而产生的污染都叫作"高科技污染"。高科技污染可分为有形和无形两类。<u>44有形污染的形态主要是指，雾、液、气，</u>

44~45번 문제는 다음 내용에 근거한다.

　　기술적 진보로 인해 발생한 오염을 모두 '첨단 기술 오염'이라고 한다. 첨단 기술 오염은 유형과 무형의 두 가지 유형으로 나눌 수 있다. <u>44유형 오염의 형태는 주로 안개,</u>

这些污染都会影响人类的正常活动。无形污染是指信息、声、光等对人的正常工作和生活造成干扰的非实体污染。高科技大大拓展了人对自然的影响范围和程度，从太空到海底，凡是高科技能影响到的地方，基本上都存在高科技污染。所以[45]专家推测，以后高科技污染分布领域还会日趋扩大。

액체, 기체다. 이런 오염들은 사람들의 정상적인 활동에 영향을 미칠 수 있다. 무형 오염은 정보, 소리, 빛 등 사람들의 정상적인 업무와 생활을 방해하는 비실체적 오염이다. 첨단 기술은 사람의 자연에 대한 영향 범위와 정도를 크게 넓혔다. 우주부터 해저까지 모든 첨단 기술이 영향을 미칠 수 있는 곳은 기본적으로 모두 첨단 기술 오염이 존재한다. 그래서 [45]전문가들은 앞으로 첨단 기술 오염이 분포된 영역은 날로 확대될 것이라고 추측한다.

凡是 fánshì 🈯 무릇 | 技术 jìshù 📗 기술 | 进步 jìnbù 🈺 진보하다 | 产生* chǎnshēng 🈺 발생하다 | 污染 wūrǎn 📗 오염 | 高科技 gāo kējì 📗 첨단 기술, 하이테크놀로지 | 包括 bāokuò 🈺 포함하다 | 雾* wù 📗 안개 | 液 yè 📗 액체 | 形态 xíngtài 📗 형태 | 人类 rénlèi 📗 인류 | 信息 xìnxī 📗 정보 | 实体 shítǐ 📗 실체 | 造成* zàochéng 🈺 발생시키다 | 干扰 gānrǎo 🈺 방해하다 | 拓展 tuòzhǎn 🈺 확장하다 | 范围 fànwéi 📗 범위 | 程度* chéngdù 📗 정도 | 太空 tàikōng 📗 우주 | 海底 hǎidǐ 📗 해저 | 基本 jīběn 🈯 기본적으로 | 推测 tuīcè 🈺 추측하다 | 日趋 rìqū 🈯 날로 | 扩大* kuòdà 🈺 확대하다, 넓히다

---

44 ★★★

关于有形污染可以知道什么?

A 可以完全避免

B 不会影响生活

C 共有三种形态

D 不属于高科技污染

유형 오염에 관하여 무엇을 알 수 있는가?

A 완전히 피할 수 있다

B 생활에 영향을 주지 않는다

C 모두 세 가지 형태가 있다

D 첨단 기술 오염에 속하지 않는다

完全 wánquán 🈯 완전히 | 避免* bìmiǎn 🈺 피하다 | 影响 yǐngxiǎng 🈺 영향을 주다 | 共 gòng 🈯 모두, 전부

| 풀이 | C 녹음에서 '有形污染(유형 오염)'은 '雾、液、气(안개, 액체, 기체)'라고 언급한 것으로 보아 유형 오염이 모두 세 가지 형태라는 것을 알 수 있습니다. 정답은 C '共有三种形态(모두 세 가지 형태가 있다)'입니다. 첨단 기술 오염이 유형과 무형 두 가지로 나뉘고(分为有形和无形两类), 이런 오염들이 사람들의 정상적인 활동에 영향을 미칠 수 있으며(会影响人类的正常活动), 우주부터 해저까지 모두 첨단 기술 오염이 존재한다(基本上都存在高科技污染)고 했으므로, A, B, D는 정답이 될 수 없습니다.

---

45 ★★

关于高科技污染, 下列哪项正确?

A 范围在扩大

B 没有预防措施

C 不用过于担心

D 太空中没有影响

첨단 기술 오염에 관하여 다음 중 옳은 것은?

A 범위가 확대되고 있다

B 예방 조치가 없다

C 지나치게 걱정할 필요 없다

D 우주에서는 영향이 없다

范围 fànwéi 📗 범위 | 扩大* kuòdà 🈺 확대하다, 넓히다 | 预防* yùfáng 🈺 예방하다 | 措施 cuòshī 📗 조치, 대책 | 过于 guòyú 🈯 지나치게 | 担心 dānxīn 🈺 걱정하다

| 풀이 | A 마지막 문장에서 접속사 '所以' 뒤에 '以后高科技污染分布领域还会日趋扩大(앞으로 첨단 기술 오염이 분포된 영역은 날로 확대될 것)'라고 언급했기 때문에 정답은 A '范围在扩大(범위가 확대되고 있다)'입니다. 일반적으로 주제는 녹음의 맨 앞부분 또는 마지막 부분에 드러납니다. 우주부터 해저까지(从太空到海底) 모두 첨단 기술 오염이 존재한다고 했으므로 D는 녹음 내용과 일치하지 않습니다. 예방 조치와 오염의 심각성에 대해서 구체적으로 언급하지 않았으므로 B와 C도 정답이 아닙니다.

二、阅读 독해

제1부분 46~60번은 빈칸에 들어갈 알맞은 단어나 문장을 보기에서 고르는 문제입니다.

46-48

"投射效应"是一种心理现象。对他人形成印象时，以为他人也 **46** 具备与自己相似的特性。把自己的感情、意志、特性投射到他人身上并强加于人，即推己及人的认知障碍。比如，一个心地善良的人会以为别人都是善良的；一个 **47** 伤心的人就会觉得别人也总是不开心等等。"投射效应"使人们倾向于以自己为标准去衡量别人，**48** 因而评价的客观性大打折扣。

'투사 효과(Projection Effect)'란 일종의 심리 현상으로, 다른 사람에 대해 인상이 만들어질 때 다른 사람도 자신과 비슷한 특성을 **46** 가졌을 것이라고 여기는 것이다. 자신의 감정, 의지, 특징을 다른 사람에게 투사하고 강요하는 것, 즉 자신의 마음으로 남을 헤아리는 인지 장애이다. 예를 들어 마음이 착한 사람들은 다른 사람도 모두 착할 것이라고 생각하고, **47** 상심한 사람은 다른 사람도 늘 기분이 좋지 않을 것이라고 생각하는 등이다. '투사 효과'는 사람들로 하여금 자신을 기준으로 남을 평가하도록 만든다. **48** 그런 까닭에 평가의 객관성이 크게 떨어지게 된다.

投射 tóushè 图 투사하다 | 效应 xiàoyìng 圀 효과, 반응 | 心理* xīnlǐ 圀 심리 | 现象* xiànxiàng 圀 현상 | 形成* xíngchéng 图 형성하다 | 印象 yìnxiàng 圀 인상 | 相似* xiāngsì 匉 흡사하다, 비슷하다 | 意志 yìzhì 圀 의지 | 强加于人 qiáng jiā yú rén 图 남에게 억지로 강요하다 | 推己及人 tuī jǐ jí rén 图 자기의 마음으로 미루어 남을 헤아리다, 처지를 바꾸어 생각하다 | 认知 rènzhī 圀 인지 | 障碍 zhàng'ài 圀 장애 | 心地 xīndì 圀 마음씨 | 善良* shànliáng 匉 선량하다, 착하다 | 倾向 qīngxiàng 图 (한쪽으로) 기울다, 치우치다 | 以……为…… yǐ……wéi…… ~을 ~으로 삼다 | 衡量 héngliáng 图 판단하다, 평가하다 | 评价* píngjià 图 평가하다 | 客观* kèguān 匉 객관적이다 | 打折扣 dǎ zhékòu 할인하다, 에누리하다

46 ★★★

A 传染	B 享受	A 전염하다	B 즐기다
C 具备	D 善于	C 갖추다	D ~을 잘하다

传染* chuánrǎn 图 전염하다, 전염되다 | 享受* xiǎngshòu 图 즐기다, 누리다 | 具备* jùbèi 图 갖추다, 구비하다 | 善于* shànyú 图 ~에 능숙하다, ~을 잘하다

풀이 C 以为他人也具备与自己相似的特性。

이 문장인 목적어인 '特性(특성)'과 어울리는 동사는 '具备(갖추다)' 뿐입니다. 보기 A, B, D는 각각 '传染感冒(감기를 전염시키다)' '享受美味(맛있는 음식을 즐기다)' '善于写作(작문에 능하다)'와 같이 씁니다.

47 ★★

A 严格	B 粗糙	A 엄격하다	B 거칠다
C 伤心	D 浪漫	C 상심하다	D 낭만적이다

严格 yángé 匉 엄격하다 | 粗糙* cūcāo 匉 거칠다, 투박하다 | 伤心 shāngxīn 图 상심하다, 슬퍼하다 | 浪漫 làngmàn 匉 낭만적이다, 로맨틱하다

풀이 C 一个伤心的人就会觉得别人也总是不开心等等。

투사 효과란 자신의 감정, 의지, 특징을 다른 사람에게 투사하는 것이라고 했으므로, 빈칸 뒤의 내용처럼 '다른 사람도 늘 기분이 좋지 않을 것'이라고 생각할 사람은 '伤心的人(상심한 사람)'으로 보는 게 적절합니다.

A 从而	B 此外	A 따라서	B 그 밖에
C 因而	D 不然	C 그래서	D 그렇지 않으면

从而* cóng'ér 쩹 따라서, 그리하여 | 此外* cǐwài 쩹 이 밖에, 그 밖에 | 因而* yīn'ér 쩹 그래서, 그러므로, 그런 까닭에 | 不然* bùrán 쩹 그렇지 않으면

| 풀이 | C 因而评价的客观性大打折扣。

보기 A의 '从而'과 C의 '因而'은 '따라서, 그래서'라는 뜻으로 의미가 비슷합니다. 다만 접속사 '从而'은 연결된 앞뒤 두 문장의 주어가 같아야 하지만, '因而'은 그런 제한이 없습니다. 이 문제에서 빈칸 앞 문장의 주어는 '投射效应(투사 효과)'이고, 뒤 문장의 주어는 '客观性(객관성)'이기 때문에 정답은 C입니다.

49-52

乘坐电动扶梯时，"左行右立"曾经被视为一种文明的做法，但近期一些媒体指出，这一行为其实 **49** 存在很大的问题。**50** 事实上，"左行右立"使得扶梯的负载量被大大浪费了。**51** 假如扶梯两侧都站人，每分钟能多送31人，效率提升28%，可见两侧通行的确效率更高。此外，电梯安全专家表示，长期右侧站立容易造成故障，形成安全隐患，于是，"左行右立"的乘坐方式并不 **52** 值得继续提倡。

에스컬레이터 탈 때, '한 줄 서기(좌측은 움직이고 우측은 서 있기)'가 선진화된 방식으로 간주된 적이 있다. 그러나 최근 일부 언론은 이런 행동이 사실 큰 문제가 **49** 있다고 지적한다. **50** 사실 '한 줄 서기'는 에스컬레이터의 적재량이 많이 낭비되는 것이다. **51** 만약 에스컬레이터 양쪽에 모두 사람이 선다면, 1분당 31명을 더 실어 나를 수 있어 효율이 28% 상승한다. 이런 점에서 볼 때 양측 통행이 확실히 더 효율적이다. 또한 에스컬레이터 안전 전문가는 장기간 우측 서기를 하면 고장을 일으키기 쉬워 안전상의 잠재적 위험이 된다고 한다. 따라서 '한 줄 서기' 방식은 계속 장려 **52** 할 만하지 않다.

电动扶梯 diàndòng fútī 뎽 에스컬레이터 | 曾经* céngjīng 뿐 일찍이, 이전에 | 视为 shìwéi 뚱 ~로 간주하다 | 文明* wénmíng 혱 현대적인, 문명화된 | 媒体* méitǐ 뎽 매체, 매스 미디어 | 行为* xíngwéi 뎽 행위 | 使得 shǐde 뚱 ~하게 하다 | 负载 fùzài 뎽 하중, 부하 | 效率* xiàolǜ 뎽 효율 | 提升 tíshēng 뚱 높이다, 끌어올리다 | 的确 díquè 뿐 확실히, 분명히 | 造成* zàochéng 뚱 야기하다, 초래하다 | 故障 gùzhàng 뎽 고장 | 隐患 yǐnhuàn 뎽 잠재적 위험, 잠복된 위기 | 提倡 tíchàng 뚱 제창하다, 장려하다

⁺고득점 Tip

提高 tígāo 향상시키다, 높이다 + 升* shēng 올리다, 높이다 ➡ 提升 tíshēng 진급하다, 끌어올리다, 높은 곳으로 운반하다

A 发表	B 逃避	A 발표하다	B 도피하다
C 存在	D 往返	C 존재하다	D 왕복하다

发表* fābiǎo 뚱 발표하다 | 逃避* táobì 뚱 도피하다 | 存在* cúnzài 뚱 존재하다 | 往返* wǎngfǎn 뚱 왕복하다

| 풀이 | C 这一行为其实存在很大的问题。

'이런 행동은 사실 큰 문제가 ○○하다'에서 목적어 '很大的问题(큰 문제)'와 의미상 가장 잘 호응하는 동사는 C '存在(존재하다)'입니다. 보기 A, B, D는 각각 '发表意见(의견을 발표하다)' '逃避现实(현실에서 도피하다)' '往返好几(여러 번 왕복하다)'와 같이 쓸 수 있습니다. '호응 관계'만 파악해도 답을 찾을 수 있는 문제가 자주 출제되니, 짝꿍 어휘를 많이 암기해 두는 것이 좋습니다.

50 ★★

A 基本	B 事实	A 기본	B 사실
C 原则	D 根本	C 원칙	D 근본

基本* jīběn 명 기본 | 事实 shìshí 명 사실 | 原则* yuánzé 명 원칙 | 根本* gēnběn 명 근본

풀이 B 事实上，"左行右立"使得扶梯的负载量被大大浪费了。

일반적으로 '事实上' 앞에는 사람들이 잘못 알고 있었던 것, 뒤에는 올바른 사실을 밝히는 내용이 언급되므로, 지문에 '事实上'과 같은 표현이 나오면 뒷부분을 주목해서 읽어야 합니다. 이 문제에서는 빈칸에 보기 B를 넣어 '事实上(사실상)'이 되어야 답으로 가장 적절합니다. A, C, D는 각각 '基本上(기본적으로)' '原则上(원칙적으로)' '根本上(근본적으로)'의 의미입니다.

51 ★★★

A 如果一个人站在左边	A 만약 한 사람이 왼쪽에 선다면
B 假如扶梯两侧都站人	B 만약 에스컬레이터 양쪽에 모두 사람이 선다면
C 尽管确实区别意义不大	C 비록 확실히 구분하는 의미는 크지 않지만
D 因为长时间地推行这种政策	D 이런 정책을 오랫동안 시행했기 때문에

两侧 liǎngcè 명 양쪽, 양측 | 意义* yìyì 명 의의, 의미 | 推行 tuīxíng 통 전개하다, 시행하다 | 政策 zhèngcè 명 정책

풀이 B 假如扶梯两侧都站人，每分钟能多送31人，效率提升28%，

보기에 각각 '如果' '假如' '尽管' '因为' 등의 접속사가 쓰였지만, 호응되는 접속사나 부사는 없기 때문에 지문의 의미를 파악해 풀어야 하는 문제입니다. 앞부분에 '한 줄 서기'에 문제가 있다고 언급했기 때문에, 빈칸 뒤의 '사람을 더 많이 실어 나를 수 있고 효율이 상승한다'라는 내용과 자연스럽게 연결되는 것은 B입니다.

52 ★★★

A 改进	B 采取	A 개선하다	B 채택하다
C 能够	D 值得	C 할 수 있다	D 할 만하다

改进* gǎijìn 통 개선하다, 개량하다 | 采取* cǎiqǔ 통 (방법 등을) 채택하다 | 能够 nénggòu 조동 ~할 수 있다 | 值得 zhíde 통 ~할 만하다, ~할 만한 가치가 있다

풀이 D 于是，"左行右立"的乘坐方式并不值得继续提倡。

빈칸 뒤에 동사구인 '继续提倡(계속 장려하다)'이 나오므로 보기 중 조동사의 역할을 하는 C, D 중에서 답을 골라야 합니다. '值得'는 동사나 절을 목적어로 가질 수 있으며, 부정형은 '不值得'입니다. 의미상으로도 D가 답으로 적절합니다. '改进(개선하다)'과 '采取(취하다)'는 일반 동사로 명사를 목적어로 취합니다. '改进技术(기술을 개선하다)' '采取科学的手段(과학적인 수단을 채택하다)'와 같이 씁니다.

53-56

京新高速公路内蒙古段已经正式开通运营。它是一条 **53** 连接北京和乌鲁木齐的高速公路，使北京到乌鲁木齐的 **54** 路程将缩短1300多公里。它也是世界上穿越沙漠最长的高速公路，**55** 有800多公里铺设在沙漠中。3万

징신 고속도로의 내몽고 구간이 이미 정식으로 개통 운행되었다. 이는 베이징과 우루무치를 **53** 연결하는 고속도로로, 베이징에서 우루무치까지의 **54** 노선이 1,300여 km 단축될 것이다. 이는 또한 사막을 가로지르는 세상에서 가장 긴 고속도로로 **55** 800여 km가 사막에 깔린다.

名建设者在没水没电没信号、风沙大、气温高等恶劣自然环境里修筑起这条公路，可以说，这是继青藏铁路之后，又一个在艰苦地域建设的 <u>56</u> 代表性工程。

3만 명의 건설 노동자가 물과 전기, 통신 신호가 없고, 모래바람이 거세고 기온이 높은 열악한 환경에서 이 도로를 건설하고 있다. 이 공사는 칭장 철도 이후 또 하나의 고난 지역에 건설된 <u>56</u> 대표적인 공사라고 할 수 있다.

内蒙古 Nèiměnggǔ 고유 네이멍구 [지명] │ 开通 kāitōng 동 개통하다 │ 运营 yùnyíng 동 운행하다, 운영하다 │ 乌鲁木齐 Wūlǔmùqí 고유 우루무치 [지명] │ 缩短* suōduǎn 동 (거리·시간 등을) 단축하다, 줄이다 │ 穿越 chuānyuè 동 (산, 들판 등을) 관통하다, 가로지르다 │ 沙漠* shāmò 명 사막 │ 铺设 pūshè 동 (도로·철도·케이블 등을) 부설하다, 깔다 │ 建设* jiànshè 동 건설하다 │ 信号* xìnhào 명 신호 │ 恶劣 èliè 형 아주 나쁘다, 열악하다 │ 修筑 xiūzhù 동 건설하다 │ 继……之后 jì……zhīhòu ~뒤를 이어 │ 艰苦* jiānkǔ 형 간고하다, 고달프다 │ 地域 dìyù 명 지역 │ 工程 gōngchéng 명 공사, 프로젝트

⁺고득점 Tip

风 fēng 바람 + 沙漠* shāmò 사막 ➡ 风沙 fēngshā 바람에 날리는 모래, 풍사

---

53 ★★

| A 连续 | B 持续 | A 연속하다 | B 지속하다 |
| C 连接 | D 接触 | C 연결하다 | D 접촉하다 |

连续* liánxù 동 연속하다, 계속하다 │ 持续* chíxù 동 지속하다, 계속하다 │ 连接 * liánjiē 동 연결하다, 잇다 │ 接触* jiēchù 동 접촉하다

│ **풀이** │ C 它是一条<u>连接</u>北京和乌鲁木齐的高速公路，……

'베이징과 우루무치를 ○○하는 고속도로'라는 문장에서 빈칸에 적절한 동사는 '연결하다, 잇다'라는 의미를 가진 '连接'입니다. 보기 A, B, D는 각각 '连续加班(연속해서 야근하다)' '持续多年(여러 해 지속되다)' '接触实际(실제 상황을 접하다)'와 같이 씁니다.

---

54 ★★★

| A 位置 | B 范围 | A 위치 | B 범위 |
| C 沙滩 | D 路程 | C 백사장 | D 노선 |

位置* wèizhi 명 위치 │ 范围* fànwéi 명 범위 │ 沙滩* shātān 명 백사장, 모래밭

│ **풀이** │ D 使北京到乌鲁木齐的<u>路程</u>将缩短1300多公里。

'的'는 '관형어+的+명사/대사' 형태로 활용됩니다. 빈칸 앞의 '的'에서 힌트를 얻어, 빈칸이 '명사' 자리임을 금방 알 수 있지만, 주어진 보기가 전부 명사이므로 이것만으로는 답을 고르기 어렵습니다. 문맥상 '베이징에서 우루무치까지의 '노선'이 1300여 ㎞ 단축되다'라는 내용으로 완성되어야 자연스럽습니다. '路程'은 5급 필수 단어는 아니지만, '路(길)'와 '过程(과정)'으로 이루어진 단어로 '노정, 노선'의 뜻입니다.

---

55 ★★★

A 缩短事故处理时间	A 사고 처리 시간을 단축했다
B 特别是要穿越无人区	B 특히 사람이 없는 지역을 가로지른다
C 有800多公里铺设在沙漠中	C 800여 ㎞가 사막에 깔린다
D 随着高速公路建设规模逐步扩大	D 고속도로 건설 규모가 점차 확대되면서

| 풀이 | C 它也是世界上穿越沙漠最长的高速公路，有800多公里铺设在沙漠中。

문장 채우기 문제는 문맥 파악이 중요합니다. 보기를 하나씩 대입해 보면서 문맥에 맞는지 체크하고, 소거법을 활용해서 답을 찾아내면 됩니다. 내용상 문맥을 해치지 않는 보기는 C '有800多公里铺设在沙漠中(800여 ㎞가 사막에 깔린다)'입니다. 보기 D는 '随着(~에 따라)' 뒤 절의 내용이 있어야 하므로 정답이 될 수 없고, B와 D는 글의 흐름과 맞지 않습니다.

56 ★★★

| A 代表 | B 保存 | A 대표하다 | B 보존하다 |
| C 教训 | D 启发 | C 교훈하다 | D 계발하다 |

代表* dàibiǎo 통 대표하다 | 保存* bǎocún 통 보존하다 | 教训* jiàoxùn 통 교훈하다, 가르치고 타이르다 | 启发* qǐfā 일깨우다, 계발하다

| 풀이 | A 又一个在艰苦地域建设的代表性工程。

빈칸 뒤의 '性'은 일부 명사나 동사·형용사 뒤에 붙어 추상명사나 비술어 형용사를 만들며, 사물의 성능·성질·범위·방식 등을 나타냅니다. 보기 A '代表' 뒤에 '性'이 와서 '대표적인'의 의미가 되어야 자연스럽습니다.

57-60

前人造汉字的方法一共有六种，比如说，"象形"是指模仿事物形状的造字法。因此，象形字和它所 57 代表的东西在形状上很像。58 象形字在汉字中占的比例不高，但却是汉字的基础。"指事"是用象征性符号构造汉字，并表示 59 抽象概念的造字法。"会意"是用两个或两个以上的字组成一个字，把这几个字的意义组合成新字的意义。"形声"字是由表示意思的部分和表示发音的部分组合而成的新字。了解汉字的构造及其 60 特征，是汉字学习的基础，这样才能更加容易地学好汉字。

옛사람이 한자를 만드는 방법에는 모두 6가지가 있다. 예를 들면, '상형'은 사물의 형태를 모방한 조자법이다. 따라서 상형자와 그 글자가 57 상징하는 물건은 형태가 매우 비슷하다. 58 상형자는 한자 중에서 차지하는 비율은 높지 않지만 한자의 기초이다. '지사'는 상징적인 부호를 이용해서 한자를 만들고, 또 59 추상적인 개념을 표시하는 조자법이다. '회의'는 두 개 또는 두 개 이상의 글자를 이용하여 하나의 글자를 구성하며, 그 몇 개의 글자의 뜻으로 새로운 글자의 뜻을 조합한다. '형성'자는 뜻을 표시하는 부분과 발음을 표시하는 부분을 조합하여 만든 새로운 글자이다. 한자의 구조와 그 60 특징을 아는 것은 한자 학습의 기초이며, 이렇게 해야만 더 쉽게 한자를 배울 수 있다.

✦고득점 Tip

组合* zǔhé 조합하다 + 而 ér 그래서 + 成为 chéngwéi ~으로 되다 ➡ 组合而成 zǔ hé ér chéng 조합하여 되다 ➡ 组成 zǔchéng 구성하다, 조직하다

3회
독해

57 ★★

A 采访	B 发挥	A 취재하다	B 발휘하다
C 实践	D 代表	C 실천하다	D 상징하다

采访* cǎifǎng 통 취재하다, 인터뷰하다 | 发挥* fāhuī 통 발휘하다 | 实践* shíjiàn 통 실천하다 | 代表* dàibiǎo 통 대표하다, 상징하다

풀이 ┃ D 因此，象形字和它所<u>代表</u>的东西在形状上很像。

보기 D '代表'는 '대표하다'라고 직역되는 경우도 있지만, '상징하다'로 의역되는 경우도 많이 출제됩니다. 예를 들어 '气球代表着希望(풍선은 희망을 상징한다)'와 같이 씁니다. '상형자와 그 글자가 ○○하는 물건은 형태가 매우 비슷하다'라는 뜻의 이 문장에서 빈칸에 어울리는 보기는 '代表(상징하다)'뿐입니다.

58 ★★★

A 汉字的造字法十分复杂	A 한자의 조자법은 매우 복잡하다
B 象形是唯一的汉字造字法	B 상형은 유일한 한자 조자법이다
C 象形字在汉字中占的比例不高	C 상형자가 한자 중에서 차지하는 비율은 높지 않다
D 象形字能表示无法描写形状的概念	D 상형자는 형태를 묘사할 수 없는 개념을 표시할 수 있다

唯一* wéiyī 형 유일한, 하나밖에 없는 | 比例* bǐlì 명 비율, 비례 | 描写* miáoxiě 통 묘사하다

풀이 ┃ C <u>象形字在汉字中占的比例不高</u>，但却是汉字的基础。

빈칸 뒤에 역접 접속사 '但(是)却'가 있고 '○○하지만, 그러나 한자의 기초이다'라는 내용으로 볼 때, 빈칸에는 '象形字(상형자)'에 관한 부정적인 내용이 나와야 합니다. 따라서 정답은 C입니다.

59 ★★

A 抽象	B 完美	A 추상적이다	B 완벽하다
C 繁荣	D 意外	C 번영하다	D 의외이다

抽象* chōuxiàng 형 추상적이다 | 完美* wánměi 형 완벽하다, 완전하여 흠잡을 데가 없다 | 繁荣* fánróng 형 번영하다, 번창하다 | 意外* yìwài 형 의외이다, 뜻밖이다

풀이 ┃ A "指事"是用象征性符号构造汉字，并表示<u>抽象</u>概念的造字法。

빈칸 뒤의 단어 '概念(개념)'과 호응하는 단어는 '抽象(추상적이다)'뿐입니다. 보기 B, C, D는 각각 '完美的演出(완벽한 공연)' '经济很繁荣(경제가 번영하다)' '意外的结果(의외의 결과)'와 같이 씁니다. 이렇게 평소 단어를 공부할 때 그 단어와 자주 사용되는 짝꿍 단어를 함께 외워 두는 것이 중요합니다.

60 ★★

A 特征	B 范围	A 특징	B 범위
C 日程	D 象征	C 일정	D 상징

特征 tèzhèng 명 특징 | 范围* fànwéi 명 범위 | 日程* rìchéng 명 일정, 스케줄 | 象征* xiàngzhēng 명 상징

풀이 ┃ A 了解汉字的构造及其<u>特征</u>，是汉字学习的基础，……

빈칸 앞의 '其(그것)'는 대사로 앞에 나온 '汉字(한자)'를 가리킵니다. 따라서 '한자의 구조와 그 ○○을 아는 것'에서 문맥상 가장 잘 어울리는 것은 보기 중 '特征(특징)'입니다. 보기 B, C, D는 각각 '考试范围(시험 범위)' '工作日程(업무 일정)' '友谊的象征(우정의 상징)'과 같이 씁니다.

61 ★★★

城市发展过程是人类不断改造城市，使之更加适宜于人类生存发展的过程。城市建设的主要功能应是保障居住在城市中的居民日常生活便捷、舒适、安全。因此，城市的规划、设计、建设，要实现"以人为本"这一核心思想。人性化的城市规划，是城市生存发展之本，这应成为城市发展的重要原则。

A 城市建设要以人为主
B 人类不能盲目改造环境
C 发展经济是城市规划的关键
D 所有的城市都适宜于人类居住

도시 발전 과정은 인류가 끊임없이 도시를 개조하여 이를 인류가 생존하고 발전하기 더 적합하게 만드는 과정이다. 도시 건설의 주된 기능은 도시에 사는 주민들의 일상생활이 편리하고, 쾌적하고, 안전할 것을 보장해야 한다. 따라서 도시의 계획, 설계와 건설은 '사람을 근본으로 하는' 핵심 사상을 실현해야 한다. 인간 중심의 도시 계획은 도시 생존과 발전의 근본이며 이는 마땅히 도시 발전의 중요한 원칙이 되어야 한다.

A 도시 건설은 인간을 위주로 해야 한다
B 인류는 환경을 맹목적으로 개조하면 안 된다
C 경제 발전은 도시 계획의 관건이다
D 모든 도시는 인류 거주에 적합하다

人类* rénlèi 圆 인류 | 改造 gǎizào 圆 개조하다 | 适宜 shìyí 圆 적합하다, 적절하다 | 功能* gōngnéng 圆 기능, 작용 | 保障 bǎozhàng 圆 보장하다 | 居住 jūzhù 圆 거주하다 | 居民 jūmín 圆 주민 | 便捷 biànjié 圆 빠르고 편리하다 | 舒适* shūshì 圆 쾌적하다 | 规划 guīhuà 圆 (장기적인) 계획 | 设计* shèjì 圆 설계, 디자인 | 建设* jiànshè 圆 건설하다 | 以A为主 yǐ A wéizhǔ A를 위주로 하다 | 核心* héxīn 핵심 | 思想* sīxiǎng 圆 사상, 생각 | 人性化 rénxìnghuà 사람 중심으로 하다, 인간 친화적으로 하다 | 原则* yuánzé 圆 원칙 | 盲目 mángmù 圆 맹목적인

┃풀이┃ A 논설문에서 화자의 주장은 주로 지문 마지막 부분에 '最好……(~하는 것이 가장 좋다)' '应该……(~해야 한다)' '不可……(~해서는 안 된다)' 등의 표현으로 서술되는 경우가 많습니다. 마지막 부분에서 '这应成为城市发展的重要原则(이는 마땅히 도시 발전의 중요한 원칙이 되어야 한다)'라고 밝혔는데, 여기서 '这'는 '人性化的城市规划(인간 중심의 도시 계획)'을 가리킵니다. 따라서 정답은 A입니다.

62 ★★

"避雷针"的称呼是习惯成自然的结果。其实现在看来这种称谓有很大的误解，会导致不少的危险。人们普遍认为，"避雷针"可以避雷、防雷，获得安全。正好相反，打雷时"避雷针"周围恰恰是危险区，闪电落地的瞬间，足以使附近的人致命，也会导致附近电子设备受到损坏。也许把它称为"引雷针"则会合理一些。

A 避雷针附近更安全
B 避雷针的称谓不准确
C 避雷针是发明家命名的
D 没有避雷针会损坏电子设备

'피뢰침'의 명칭은 자연스럽게 습관이 된 결과이다. 사실 지금 보면 이 명칭은 큰 오해가 있어 적지 않은 위험을 초래할 수 있다. 사람들은 보편적으로 '피뢰침'이 번개를 피하고 막아서 안전해질 수 있다고 생각한다. 정반대로 천둥이 칠 때 '피뢰침' 주변이야말로 위험 지역이다. 번개가 떨어지는 순간 근처의 사람들에게 치명적이고, 근처의 전자 설비도 손상을 입을 수 있다. 아마도 이를 '인뢰침(번개를 끌어들이는 바늘)'이라고 부르는 것이 되려 합리적일 것이다.

A 피뢰침 근처가 더 안전하다
B 피뢰침의 명칭은 정확하지 않다
C 피뢰침은 발명가가 명명한 것이다
D 피뢰침이 없으면 전자 설비를 손상시킬 것이다

避雷针 bìléizhēn 📕 피뢰침 | 称呼* chēnghu 📕 칭호, 호칭 | 习惯成自然 xíguàn chéng zìrán 📕 자주 하게 되면 자연스레 습관이 된다 | 称谓 chēngwèi 📕 명칭, 호칭 | 误解 wùjiě 📕 오해 | 导致* dǎozhì 📗 (어떤 사태를) 야기하다, 초래하다 | 恰恰 qiàqià 📘 마침, 꼭 | 闪电* shǎndiàn 📕 번개 | 落地 luòdì 📗 땅에 떨어지다 | 瞬间 shùnjiān 📕 순간 | 足以 zúyǐ 📗 충분히 ~ 할 수 있다 | 致命 zhìmìng 📗 치명적이다, 죽을 지경에 이르다 | 设备* shèbèi 📕 설비 | 损坏 sǔnhuài 📗 손상시키다 | 则* zé 📙 오히려, 그러나 [대비·역접을 나타냄] | 命名 mìngmíng 📗 이름을 짓다

| 풀이 | B 설명문은 일반적으로 지문 첫 줄에 '주제'와 '설명 대상'이 언급되고, 이어서 구체적인 '설명'과 '예시'를 통해 주제를 뒷받침합니다. 첫 번째 밑줄에서 '这种称谓有很大的误解(이 명칭은 큰 오해가 있다)'라고 언급했고, 뒤이어 피뢰침 명칭의 잘못된 부분에 대해 구체적인 설명을 하고 있습니다. 정답은 B입니다.

63 ★★★

近年来，虚拟现实技术大火，各个行业都纷纷引入虚拟现实技术。车辆驾驶培训行业也不例外。目前，驾驶培训机构仍然多采用真车实地培训，但这种方式成本高，颇受外界因素影响。<u>而虚拟现实驾驶将会彻底转变传统的培训方式。</u>

A 传统的培训费用更低
B 虚拟现实培训成了主流
C 外界影响大是虚拟现实的弱点
D 虚拟现实技术会改变驾驶培训

최근 몇 년 간, 가상 현실 기술이 붐이어서 여러 업종에서 앞다투어 가상 현실 기술을 도입하고 있다. 자동차 운전 연수 업계도 예외가 아니다. 현재 운전 연수 기관은 여전히 주로 진짜 차량으로 실제 장소에서 연수를 하고 있다. 그러나 이런 방식은 비용이 높고 외부 요소의 영향을 많이 받는다. 반면에 가상 현실 운전은 기존의 연수 방식을 완전히 바꿀 것이다.

A 기존의 연수가 비용이 적게 든다
B 가상 현실 연수가 주류가 되었다
C 외부의 영향이 큰 것이 가상 현실의 약점이다
D 가상 현실 기술은 운전 연수를 바꿀 것이다

虚拟现实 xūnǐ xiànshí 가상 현실 | 火 huǒ 📕 인기 있는, 핫한 | 行业* hángyè 📕 직종, 업종 | 纷纷* fēnfēn 📘 쉴 새 없이, 끊임없이 | 引入 yǐnrù 📗 도입하다, 끌어들이다 | 车辆 chēliàng 📕 차량 | 驾驶 jiàshǐ 📗 운전하다 | 培训 péixùn 📗 훈련하다, 연수하다 | 例外 lìwài 📗 예외이다 | 机构 jīgòu 📕 기구, 기관 | 采用 cǎiyòng 📗 채택하다 | 成本 chéngbĕn 📕 원가, 비용 | 颇 pō 📘 매우, 대단히 | 外界 wàijiè 📕 외부 | 因素* yīnsù 📕 요소, 조건 | 彻底 chèdǐ 📗 철저하다 | 转变 zhuǎnbiàn 📗 바꾸다, 전환하다 | 传统* chuántŏng 📗 기존의, 전통적인 | 费用 fèiyòng 📕 비용 | 主流 zhǔliú 📕 주류, 주요 추세 | 弱点 ruòdiǎn 📕 약점

| 풀이 | D 기존의 운전 연수 방식에 대해 '这种方式成本高，颇受外界因素影响(이런 방식은 비용이 높고 외부 요소의 영향을 많이 받는다)'라고 언급했습니다. 보기 A와 C는 지문과 반대되는 내용이므로 소거법으로 먼저 제외시킵니다. 지문에서 '仍然多采用真车实地培训(여전히 진짜 차량으로 실제 장소에서 연수하고 있다)'이라고 한 것으로 보아, 가상 현실 연수가 아직 주류가 되지 않았음을 알 수 있습니다. 따라서 B도 정답이 아닙니다. 밑줄 친 부분 '虚拟现实驾驶将会彻底转变传统的培训方式'의 내용과 보기 D의 내용이 일치하므로 정답은 D입니다.

64 ★★★

海马是一种小型海洋动物，身长5-30厘米。它具有弯曲的颈部与长长的嘴部，因其头部酷似马头而得名。海马不善于游水，所以经常用尾巴紧紧系在珊瑚的枝节或者海藻的叶片上，将身体固定，以防被冲走。从外形和特征来看，它一点儿也不像鱼，<u>但在分类学上它明明属于硬骨鱼类。</u>

해마는 소형 해양 생물의 일종으로 몸길이가 5~30cm 정도이다. 해마는 굽은 목과 긴 입을 가지고 있는데, 그 머리 부분이 말의 머리와 매우 비슷해서 이런 이름을 얻었다. 해마는 수영에 능숙하지 못하다. 그래서 자주 꼬리를 이용해 산호의 가지나 해조류의 잎에 묶어서 몸을 고정시키는데, 떠내려가지 않기 위해서이다. 외형과 특징으로 보면 해마는 전혀 물고기 같지 않지만, <u>분류학상 해마는 분명히 경골어류에 속한다.</u>

A 海马属于鱼类	A 해마는 어류에 속한다
B 海马身长有5-30米	B 해마는 몸길이가 5~30m이다
C 海马游泳速度很快	C 해마는 수영 속도가 빠르다
D 其生活习性很像马	D 그 생활 습성이 말과 매우 닮았다

海马 hǎimǎ 圆 해마 | 小型 xiǎoxíng 圈 소형의 | 身长 shēncháng 圆 신장, 몸길이 | 厘米* límǐ 圆 센티미터(㎝) | 弯曲 wānqū 圈 구불구불하다 | 颈部 jǐngbù 圆 경부, 목 부분 | 酷似 kùsì 통 몹시 닮다, 매우 비슷하다 | 善于* shànyú 통 ~에 능숙 하다, ~을 잘하다 | 尾巴* wěiba 圆 꼬리 | 系 jì 통 매다, 묶다 | 珊瑚 shānhú 圆 산호 | 枝节 zhījié 圆 나뭇가지와 마디 | 海藻 hǎizǎo 圆 해조, 해초 | 冲走 chōngzǒu 통 (물의 힘으로) 떠밀려 내려가다 | 明明 míngmíng 뷔 명백히, 분명히 | 属于 shǔyú ~ 에 속하다 | 习性 xíxìng 圆 습성, 습관

풀이 | A 밑줄 친 '它明明属于硬骨鱼类(해마는 분명히 경골어류에 속한다)'의 내용과 보기 A의 내용이 일치합니다. 숫자가 나올 경우 그 뒤의 단위도 정확히 확인해야 합니다. '米(미터)'와 '厘米(센티미터)'는 완전히 다릅니다. 실제로 '公里(킬로미터)'와 '里(리)'를 가지고 함정을 판 문제가 출제된 적도 있습니다.

독해

65 ★★

网购越来越受青睐。网购的时候，人们很重视买家的评价。不管好评多不多，只要有几个差评，大多数人都会放弃购买。这就是俗话说的"好事不出门，坏事传千里"的道理，我们的大脑通常对危险、负面的信息有更强烈而持久的印象。<u>因此，负面信息对我们带来更加深远的影响。</u>

인터넷 쇼핑이 날로 각광을 받고 있다. 인터넷 쇼핑을 할 때 사람들은 구매자의 평가를 중시한다. 긍정적인 평가가 많든 적든, 부정적인 평가가 몇 개 있기만 하면 대부분의 사람들은 구매를 포기하곤 한다. 이는 흔히 말하는 "좋은 일은 문밖으로 나가지 않고, 나쁜 일은 천 리에 전해진다."는 이치이다. 우리의 뇌는 통상적으로 위험하고 부정적인 정보에 더 강렬하고 오래가는 기억이 남는다. <u>따라서 부정적인 정보는 우리에게 더 깊은 영향을 끼친다.</u>

A 在网上发言要谨慎	A 인터넷상에서 발언할 때는 신중해야 한다
B 网上购物不如出门购物	B 인터넷 쇼핑은 나가서 쇼핑하는 것만 못하다
C 很多人网购时更重视好评	C 많은 사람들은 인터넷 쇼핑을 할 때 호평을 더 중시한다
D 人们往往更关注负面信息	D 사람들은 종종 부정적인 정보를 더 중시한다

网购 wǎnggòu 통 인터넷 쇼핑을 하다 ['网上购物'의 준말] | 受青睐 qīnglài 圆 특별한 주목, 인기 | 买家 mǎijiā 圆 구매자 | 评价* píngjià 圆 평가 | 差评 chàpíng 나쁜 구매평 | 俗话 súhuà 圆 속담 | 负面 fùmiàn 圆 나쁜 면, 부정적인 면 | 强烈* qiángliè 圈 강렬하다 | 持久 chíjiǔ 통 오래 지속되다 | 深远 shēnyuǎn 圈 (영향 등이) 깊고 크다 | 发言* fāyán 통 발언하다 | 谨慎* jǐnshèn 圈 신중하다, 조심하다 | 不如* bùrú 통 ~만 못하다 | 出门 chūmén 통 외출하다

풀이 | D '网购(인터넷 쇼핑)'를 키워드로 착각하고 B나 C를 답으로 고르면 안 됩니다. 키워드는 '负面信息(부정적인 정보)'이며, 마지막 문장 '负面信息对我们带来更加深远的影响(부정적인 정보는 우리에게 더 깊은 영향을 끼친다)'에서 정답을 찾을 수 있습니다.

66 ★★

让婴儿欣赏音乐，可以稳定情绪。然而世界上任何事情都不是绝对的。一位心理学家发现，1~2岁的婴儿如果每天听音乐两小时以上或经常连续听音乐两小时以上，可能会影响正

<u>영아에게 음악을 감상하게 하면 정서를 안정시킬 수 있다.</u> 그러나 세상의 어떤 일도 100%인 것은 없다. 한 심리학자는 1~2세 영아가 만약 매일 음악을 2시간 이상 듣거나 혹은 자주 음악을 2시간 이상 연이어 들으면 정상적인

常学习语言的能力。更糟糕的是，久而久之便可能导致性格古怪，甚至可能互为因果，形成恶性循环。

A 听音乐对婴儿只有害处
B 听音乐有利于婴儿学说话
C 听音乐的婴儿都脾气不好
D 让婴儿听音乐方法要正确

언어 학습 능력에 지장을 줄 수 있다는 것을 발견했다. 더욱 심각한 것은 이것이 오래되다 보면 성격이 괴팍해질 수 있고, 심지어 서로 인과관계를 이루어 악순환을 초래할 수 있다는 것이다.

A 음악 듣기는 영아에게 해롭기만 하다
B 음악 듣기는 영아가 말을 배우는 데 도움이 된다
C 음악을 듣는 영아는 모두 성격이 나쁘다
D 영아에게 음악을 들려주는 방법이 올발라야 한다

婴儿 yīng'ér 뎽 영아, 갓난아기 ┃ 欣赏* xīnshǎng 동 감상하다 ┃ 稳定* wěndìng 동 안정시키다 ┃ 情绪* qíngxù 뎽 정서, 감정 ┃ 然而 rán'ér 접 그러나 ┃ 绝对* juéduì 형 절대적인 ┃ 心理* xīnlǐ 뎽 심리 ┃ 连续* liánxù 동 연속하다 ┃ 糟糕* zāogāo 형 엉망이다, 형편없다 ┃ 久而久之 jiǔ ér jiǔ zhī 성 오래오래 지속되다 ┃ 便 biàn 부 즉시, 바로 ┃ 导致* dǎozhì 동 (어떤 사태를) 야기하다, 초래하다 ┃ 古怪 gǔguài 형 괴팍하다, 괴상하다 ┃ 互为因果 hù wéi yīn guǒ 성 서로 인과 관계를 이루다 ┃ 恶性循环 èxìng xúnhuán 뎽 악순환

┃ 풀이 ┃ D 첫 번째 문장에서 영아가 음악을 감상할 때의 장점을 언급했지만, 바로 뒤에 역접 접속사 '然而'을 사용해 부작용도 있음을 밝혔습니다. '然而世上任何事情都不是绝对的(그러나 세상의 어떤 일도 절대적인 것은 아니다)'라고 언급했으므로, '只有'와 '都'를 사용해 예외 없는 상황을 말한 A와 C는 오답입니다. 보기 D의 표현이 지문에 그대로 나오지는 않았지만 영아에게 음악을 들려줄 때의 좋은 점과 나쁜 점을 모두 언급했기 때문에 D가 답으로 적절합니다.

67 ★★

瑞典有一所博物馆，叫做"失败博物馆"。该博物馆里面展示着超过8万件的失败产品，其中饮料类就达到300余件。当初建立者认为，有了这样的博物馆，会让人们面对失败，分析失败，从失败中吸取教训。曾经有人说过："我们挫折中学到的东西要比从成功中得到的更多。"

A 失败也能让人成长
B 该博物馆管理失败了
C 成功会留下更多经验
D 建立宗旨是让人忘记失败

스웨덴의 한 박물관은 '실패 박물관'이라고 불린다. 이 박물관 안에는 8만점이 넘는 실패한 제품들이 전시되어 있다. 그중 음료만 300여 점에 달한다. 처음에 건립자는 이런 박물관이 있으면 사람들이 실패를 직시하고, 실패를 분석하여, 실패에서 교훈을 얻을 수 있을 것이라고 여겼다. 일찍이 누군가는 말했다. "우리는 좌절에서 배우는 것이 성공에서 배우는 것보다 더 많다."라고.

A 실패는 사람을 성장시킬 수 있다
B 이 박물관은 경영에 실패했다
C 성공이 더 많은 경험을 남긴다
D 건립 취지는 사람들이 실패를 잊도록 만드는 것이다

瑞典 Ruìdiǎn 고유 스웨덴 [지명] ┃ 展示 zhǎnshì 동 전시하다 ┃ 达到* dádào 동 (목표·목적을) 실현하다, 달성하다 ┃ 余 yú 수 ~여 [정수(整数) 외의 나머지를 가리키며, '多'에 해당함] ┃ 当初 dāngchū 뎽 당초, 처음 ┃ 建立* jiànlì 동 건립하다, 만들다 ┃ 面对* miànduì 동 마주 보다, 직면하다 ┃ 分析* fēnxī 동 분석하다 ┃ 吸取* xīqǔ 동 흡수하다, 받아들이다 ┃ 教训* jiàoxùn 뎽 교훈, 깨달음 ┃ 挫折 cuòzhé 뎽 좌절, 실패 ┃ 管理 guǎnlǐ 동 관리하다 ┃ 建立* jiànlì 동 건립하다 ┃ 宗旨 zōngzhǐ 뎽 취지

┃ 풀이 ┃ A 밑줄 친 부분에서 박물관 건립자가 '会让人们面对失败，分析失败，从失败中吸取教训(사람들이 실패를 직시하고, 실패를 분석하여, 실패에서 교훈을 얻을 수 있을 것)'이라고 생각했다고 했으므로, 실패를 통해 사람이 성장할 수 있다는 보기 A의 내용과 일치합니다.

68 ★★

在社交场合，我们应该好好把握赞美他人的尺度。这是为什么呢？适度的赞美能使对方对你更热情，也增强对方的自信心和上进心；而过度赞美不仅不能起到应有的积极作用，反而会让对方产生反感，会影响人际关系的发展。

A 批评不如赞美
B 称赞应该有个度
C 陌生人之间也要互相帮助
D 在交往中得学会理解他人

사교 자리에서 남을 칭찬할 때에는 정도를 지켜야 합니다. 그것은 무엇 때문일까요? 적당한 칭찬은 상대방이 당신에게 더 친절해지도록 하고, 상대방의 자신감과 성취욕을 강화해 주지만, 지나친 칭찬은 있어야 할 긍정적 효과를 일으키기는커녕 오히려 상대방이 반감을 갖게 하여, 인간관계의 발전을 방해하기 때문입니다.

A 비판은 칭찬만 못하다
B 칭찬도 정도껏 해야 한다
C 낯선 사람끼리도 서로 도와야 한다
D 교제할 때 남을 이해하는 법을 배워야 한다

社交 shèjiāo 몡 사교 | 场合 chǎnghé 몡 장소, 상황 | 把握* bǎwò 통 포착하다, 잡다 | 赞美* zànměi 통 칭찬하다, 찬미하다 | 尺度 chǐdù 몡 표준, 한계 | 适度 shìdù 톙 (정도가) 적당하다 | 热情 rèqíng 톙 친절하다 | 增强 zēngqiáng 통 증강하다, 강화하다 | 上进心 shàngjìnxīn 몡 성취욕, 향상심 | 过度 guòdù 톙 과도하다, (정도가) 지나치다 | 不仅不……, 反而…… bùjǐnbù……, fǎn'ér…… ~하기는커녕, 도리어 ~하다 | 反感 fǎngǎn 몡 반감 | 人际关系 rénjì guānxi 몡 대인관계, 인간관계 | 不如* bùrú 통 ~만 못하다 | 陌生人 mòshēngrén 몡 낯선 사람 | 交往* jiāowǎng 통 교제하다, 교류하다

| 풀이 | B 지문에 쓰인 표현이 보기에서 비슷한 의미의 다른 표현으로 바뀌어 제시되는 경우가 많습니다. 이 문제에서는 지문의 '把握尺度'가 보기에서 '有个度'로 표현되었습니다. 둘 다 '정도껏 하다' '분수가 있다'의 의미로 쓰입니다. '赞美'와 '称赞'은 모두 5급 필수 단어로 '칭찬(하다)'의 뜻입니다.

✦고득점 Tip

尺子* chǐzi 자, 잣대, 기준 + 程度* chéngdù 정도 ➡ 尺度 chǐdù 기준, 척도

---

69 ★★

人们一般认为，谈判的时候，双方的矛盾越少越好。但实际上，双方的不同观点极其宝贵。只有这些差异，双方才有新的启发，走上成功的道路。此外，谈判时要耐心听对方不同的意见，这会让对方更加信任你，时间长了，双方都能得到更大的成果。

A 意见差异对谈判有益
B 谈判双方应该互相信任
C 达成一致是谈判的关键
D 说服对方才是谈判的目的

사람들은 일반적으로 협상을 할 때 양측의 갈등은 적을수록 좋다고 생각한다. 그러나 사실 양측의 다른 관점은 매우 소중하다. 이런 차이가 있어야만 양측은 새로운 아이디어가 있을 수 있고, 성공의 길로 들어설 수 있다. 이 밖에도 협상 시에 끈기 있게 상대의 의견을 들어야 한다. 이렇게 하면 상대방이 당신을 더욱 믿게 되고, 시간이 지나면 양측은 더 큰 성과를 거둘 수 있다.

A 의견 차이는 협상에 도움이 된다
B 협상 양측은 서로를 신뢰해야 한다
C 의견 일치를 이루는 것은 협상의 핵심이다
D 상대를 설득하는 것만이 협상의 목적이다

谈判* tánpàn 통 협상하다, 담판하다 | 矛盾* máodùn 몡 갈등, 대립 | 观点* guāndiǎn 몡 관점 | 极其 jíqí 믄 극히, 매우 | 宝贵* bǎoguì 톙 소중하다 | 启发* qǐfā 몡 계발, 깨우침 | 此外* cǐwài 몡 이 밖에, 이 이외 | 信任* xìnrèn 통 신뢰하다, 믿고 맡기다 | 达成 dáchéng 통 (공감대, 의견 일치 등을) 이루다, 달성하다 | 一致* yízhì 톙 일치하다 | 说服* shuōfú 통 설득하다

| 풀이 | A 역접 접속사 '但是/可是/不过' 뒤에 나오는 내용에 주의해야 합니다. 첫 번째 문장에서 사람들이 잘못 알고 있는 통념을 언급한 뒤, '但实际上'을 사용해서 뒤에 화자가 옳다고 생각하는 사실을 밝히고 있습니다. 즉 '협상을 할 때 양측의 갈등은 적

을수록 좋다'는 잘못된 내용이고, 그 반대인 보기 A의 '意见差异对谈判有益(의견 차이는 협상에 도움이 된다)'가 진짜 화자가 하고자 하는 말입니다.

70 ★★

张艺谋1950年4月2日出生于西安，是中国最有代表性的导演之一。他的作品带有浓厚的传统色彩，他也很注重细节的真实性，他成名作《红高粱》获得了柏林国际电影节,金熊奖。《活着》、《英雄》等作品也引起了国内外观众的关注和喜爱。	장예모는 1950년 4월 2일 시안에서 태어난 중국의 가장 대표적인 감독 중 하나이다. 그의 작품은 전통적인 색채를 짙게 띄고 있으며, 그는 또한 세부 묘사의 진실성을 중시한다. 그의 출세작인 〈붉은 수수밭〉은 베를린 영화제 황금곰상을 수상했다. 〈인생〉, 〈영웅〉 등의 작품도 국내외 관객의 주목과 사랑을 받았다.
A 他生活在西安	A 그는 시안에서 생활한다
B 他善于拍摄纪录片	B 그는 다큐멘터리를 잘 찍는다
C 他重视细节是否真实	C 그는 세부 묘사가 진실한지를 중시한다
D 他是电影公司代表人	D 그는 영화사의 대표다

西安 Xī'ān 고유 시안 [지명] ｜ 代表性 dàibiǎoxìng 형 대표성 ｜ 浓厚 nónghòu 형 (색채·의식·분위기 등이) 농후하다 ｜ 传统* chuántǒng 명 전통 ｜ 色彩* sècǎi 명 색깔, 색채 ｜ 细节* xìjié 명 세부 사정, 세부 묘사 ｜ 真实* zhēnshí 형 진실하다 ｜ 成名作 chéngmíngzuò 명 성공작, 이름을 알린 작품 ｜ 高粱 gāoliáng 명 고량, 수수 ｜ 柏林 Bólín 고유 베를린 [지명] ｜ 电影节 diànyǐngjié 명 영화제 ｜ 奖 jiǎng 명 상 ｜ 善于* shànyú 통 ~에 능숙하다, ~을 잘하다 ｜ 拍摄 pāishè 통 촬영하다, 사진을 찍다 ｜ 纪录片 jìlùpiàn 명 기록 영화, 다큐멘터리 ｜ 代表人 dàibiǎorén 명 (단체의) 대표, 대표자

| 풀이 | C 지문의 '注重细节的真实性(세부 묘사의 진실성을 중시한다)'이 보기에서는 '重视细节是否真实(세부 묘사가 진실한지를 중시한다)'로 바꾸어 표현되었습니다. B와 D는 지문에 직접적으로 언급되지 않아서 지문 내용만으로 사실 여부를 확인할 수 없습니다. '出生(출생하다)'과 '生活(생활하다)'는 의미가 다르므로 A도 정답이 아닙니다.

제3부분　71~90번은 장문을 읽고 질문에 알맞은 답을 보기에서 고르는 문제입니다.

71-74

　[71]青海省门源县是全世界最大的油菜种植区，种植面积达330平方公里。门源种植油菜已有1800多年的历史，是北方油菜的发源地。
　经过持续不断的努力，门源县以种植油菜而大幅提高了农民收入。[72]油菜是国产食用植物油的第一大来源，菜籽油不仅含有丰富的营养，又适合大众口味。此外，也有益于健康，具有延缓衰老之效果。因此，门源油菜，还可用于制作医药产品、化妆品等工业产品。榨油后剩下的"麻渣"，蛋白质含量在36-38%，是优质的肥料，近年来受到栽培绿色蔬菜的商家的青睐。

　[71]칭하이성 먼위엔현은 세계 최대의 유채 재배 지역으로, 재배 면적은 330㎢에 달한다. 먼위엔현 유채 재배는 이미 1,800여 년의 역사를 가지고 있으며, 북방 유채의 발원지이기도 하다.
　끊임없는 노력을 통해 먼위엔현은 유채 재배로 농가 소득을 크게 높였다. [72]유채는 국산 식물성 식용유의 최대 원료로, 유채유는 풍부한 영양을 함유했을 뿐 아니라 대중의 입맛에도 잘 맞는다. 이 밖에 건강에도 좋은데, 노화를 늦추는 효과가 있다. 이 때문에 먼위엔현 유채는 의약품과 화장품 등 공업 제품을 제작하는 데도 쓰인다. 기름을 짠 후 남은 유채 찌꺼기는 단백질 함량이 36~38%인 우수한 비료로, 최근 녹색 채소 재배 업체에게 환영받고 있다.

门源油菜花也是指一种美丽壮观的景观。[74]如今那儿的一片片油菜花变成了一旅游名牌，成为青海旅游的一大亮点。2008年，门源油菜花被评为国家景区和青海省"我心中最美丽的十大景观"。从每年的七月初开始，这里就进入了油菜花盛开的季节，[73]开花时间是7月5日至25日，最佳花期是7月10日至20日。

먼위엔 유채꽃은 아름답고 장관인 풍경이기도 하다. [74]오늘날 그곳의 널리 펼쳐진 유채꽃밭은 유명 여행지가 되었고, 칭하이 여행의 핫스폿이 되었다. 2008년, 먼위엔 유채꽃은 국립관광지이자 칭하이성의 '내 마음속 가장 아름다운 10대 경관'으로 선정되었다. 매년 7월 초부터 이곳은 유채꽃이 만개한 계절이 되는데, [73]개화 시기는 7월 5일부터 25일이고, 절정기는 7월 10일부터 20일이다.

油菜 yóucài 몡 유채 | 种植 zhòngzhí 통 재배하다, 심다 | 面积* miànjī 몡 면적 | 平方公里 píngfāng gōnglǐ 얭 제곱미터(㎢) | 发源地 fāyuándì 몡 발원지 | 持续* chíxù 통 지속하다, 계속하다 | 大幅 dàfú 옝 대폭적인 | 农民* nóngmín 몡 농민 | 来源 láiyuán 몡 원천, 출처 | 菜籽 càizǐ 유채꽃의 씨 | 含有 hányǒu 통 함유하다 | 营养* yíngyǎng 몡 영양 | 大众 dàzhòng 몡 대중, 군중 | 口味 kǒuwèi 몡 맛, 구미 | 延缓 yánhuǎn 통 늦추다, 미루다 | 衰老 shuāilǎo 통 노쇠하다, 늙다 | 用于 yòngyú 통 ~에 쓰다 | 医药 yīyào 몡 의약 | 化妆品 huàzhuāngpǐn 몡 화장품 | 榨油 zhàyóu 기름을 짜다 | 渣 zhā 찌꺼기 | 蛋白质 dànbáizhì 몡 단백질 | 优质 yōuzhì 옝 양질, 우수한 품질 | 肥料 féiliào 몡 비료 | 栽培 zāipéi 재배하다 | 蔬菜* shūcài 몡 채소 | 青睐 qīnglài 몡 호감, 인기 | 壮观 zhuàngguān 옝 장관이다 | 景观 jǐngguān 몡 풍경, 경치 | 片* piàn 옝 (광활한) 일대, 지역, 면적 | 名牌* míngpái 몡 유명 상표 | 亮点 liàngdiǎn 몡 브라이트 스폿(bright spot), 가장 주목받는 것 | 评为 píngwéi 통 ~으로 선정되다 | 景区 jǐngqū 몡 관광 지구 | 盛开 shèngkāi 통 (꽃이) 활짝 피다 | 最佳 zuìjiā 옝 가장 좋다, 최적이다

---

71 ★★

门源油菜种植区有什么特点？	먼위엔 유채 재배 지역은 어떤 특징이 있는가?
A 是中国油菜的发源地	A 중국 유채의 발원지이다
B 面积超过330平方公里	B 면적이 330㎢를 초과한다
C 种植历史没有其他地区长	C 재배 역사가 다른 지역보다 짧다
D 是全球最大的油菜种植区	D 세계 최대의 유채 재배 지역이다

超过 chāoguò 통 초과하다

풀이 D 첫 번째 문장에서 '全世界最大的油菜种植区(세계 최대의 유채 재배 지역)'라고 언급했습니다. 보기 D의 내용과 일치합니다. B는 '超过(초과하다)'와 지문의 '达(到)(도달하다)'의 의미 차이 때문에 답으로 적절하지 않습니다. 또한 '已有1800多年的历史(1,800여 년의 역사를 가지고 있다)' '北方油菜的发源地(북방 유채의 발원지)'라고 했으므로, A와 C도 지문의 내용과 일치하지 않습니다.

---

72 ★★

下面哪项不属于油菜的加工产品？	다음 중 유채를 이용한 가공 제품이 아닌 것은?
A 医药品	A 의약품
B 食用油	B 식용유
C 化妆品	C 화장품
D 绿色蔬菜	D 녹색 채소

属于 shǔyú ~에 속하다

풀이 D 아닌 것을 묻는 부정형의 질문입니다. 둘째 단락에서 유채를 이용해 '食用植物油(식물성 식용유)' '医药产品(의약품)' '化妆品(화장품)'을 만들 수 있다고 언급했습니다. 지문에 '绿色蔬菜(녹색 채소)'도 언급되었지만 이것은 유채 찌꺼기가 비료로서 녹색 채소 재배 업체에 인기가 있다는 내용이므로 D는 유채를 이용한 가공품은 아닙니다.

门源油菜花从什么时候开始最漂亮?	먼위엔 유채꽃은 언제 가장 아름다운가?
A 7月5日以后 B 7月10日以后 C 7月20日以后 D 7月25日以后	A 7월 5일 이후 B 7월 10일 이후 C 7월 20일 이후 D 7월 25일 이후

│풀이│ B 마지막 밑줄 친 부분에서 유채꽃의 개화 시기에 대해 설명하고 있습니다. 유채꽃의 개화 시기는 7월 5일부터 25일까지이고, 절정기는 7월 10일부터 20일까지입니다. 따라서 유채꽃이 가장 아름다운 시기를 묻는 이 문제의 정답은 B입니다.

根据上文，下面哪项是正确的?	윗글에 근거해 다음 중 옳은 것은?
A 油菜花源于南方 B 油菜的经济价值不高 C 门源油菜成了旅游亮点 D 菜籽油对健康有害无益	A 유채꽃은 남방에서 기원했다 B 유채의 경제적 가치는 높지 않다 C 먼위엔 유채는 여행의 핫스폿이 되었다 D 유채유는 건강에 백해무익하다

源于 yuányú 圈 ~에서 발원하다, ~에서 기원하다 │ 有害无益 yǒuhài wúyì 圈 백해무익하다

│풀이│ C 74번 문제는 제시문의 정보를 종합하는 문제로 마지막 문제이지만 73번 문제보다 앞에 답이 숨어있습니다. 네 번째 밑줄 친 '成为青海旅游的一大亮点'의 내용을 보면 먼위엔 유채꽃은 아름다운 경치로 여행의 핫스폿이 되었음을 알 수 있습니다. 보기 C의 내용과 일치합니다.

陈明是一家广告公司的首席创意官。不久前，一个人找到陈明，希望他能帮忙制作一个特殊的沙滩广告，⁷⁵广告的目的只有一个——提醒人们别过久地晒太阳。

夏天，许多人爱在沙滩上晒阳光。但时间过长，对皮肤带来不良影响，甚至会引起皮肤癌。皮肤癌是全球最常见的癌症之一，根据世界卫生组织统计，全球每年有超过300万人因为照射紫外线而患上皮肤癌。

陈明接受了这个广告。可让喜欢在沙滩游玩的人们主动放弃太阳，难度不是一般的大。该用什么方式来"引诱"人们多在阴凉处待着呢?

⁷⁶陈明花整整一周时间到沙滩观察，总算小有收获。他发现人们现在外出游玩必备一样东西——智能手机。陈明想：对他们来说，免费无线网很有吸引力。如果免费无线网只存在

천밍은 한 광고 회사의 최고 광고책임자(Chief Creative Officer)이다. 얼마 전 한 사람이 천밍을 찾아와 그에게 특별한 백사장 광고의 제작을 맡아주기를 바랐다. ⁷⁵광고의 목적은 단 하나였다. 바로 너무 오래 햇볕을 쬐지 말라고 사람들을 일깨워주는 것이었다.

여름에 많은 사람들이 백사장에서 햇볕을 쬐는 것을 좋아한다. 그러나 시간이 너무 길어지면 피부에 좋지 않은 영향을 준다. 심지어 피부암을 유발할 수 있다. 피부암은 세계에서 가장 흔한 암 중 하나이다. 세계보건기구(WHO)의 통계에 따르면, 전 세계에서 매년 300만 명이 자외선을 쬐어서 피부암에 걸린다.

천밍이 이 광고를 맡았다. 그러나 백사장에서 놀기 좋아하는 사람들이 자발적으로 태양을 포기하게 하는 것은 난이도가 평범하지 않았다. 어떤 방법으로 사람들이 그늘에 머물게 '유혹'할 수 있을까?

⁷⁶천밍은 꼬박 일주일동안 백사장에 가서 관찰하고 마침내 나름의 소득이 있었다. 그는 사람들이 밖으로 놀러 나올 때 한 가지 물건을 꼭 챙기는 것을 발견했다. 바로

阴影里，将会轻松达到让人们远离太阳曝晒的目的。

　　陈明跟他的团队，花了数十天时间，终于研究出一款可供250位手机使用者同时接入网络的"阴影无线网系统"。77他们用蓝色挡板在沙滩盖起一栋巨型建筑，再将无线网安装在建筑里。人们可以免费享受无线网网络服务。不过，只有在建筑的阴影里才有无线网信号。

　　哪儿有阴影，哪儿就有免费无线网，沙滩上的游人统统被吸引到有无线网的阴影里。"阴影无线网"在沙滩上受到了众多游人的欢迎。

스마트폰이었다. 천밍은 그들에게 있어 무료 와이파이가 매력적일 것이라고 생각했다. 만약에 무료 와이파이가 그늘에만 있다면 사람들이 햇볕을 쬐는 것에서 멀어지게 하는 목적을 쉽게 이룰 수 있을 것이었다.

천밍과 그의 팀은 수십 일의 시간을 들여 마침내 250명의 휴대폰 사용자가 동시에 접속할 수 있는 '그늘 와이파이 시스템'을 개발했다. 77그들은 파란색 패널로 백사장에 거대한 건물을 짓고 나서 와이파이를 건물 안에 설치했다. 사람들은 공짜로 와이파이 서비스를 누릴 수 있었지만 오직 건물의 그늘 안에만 와이파이 신호가 있었다.

그늘이 있는 곳에 무료 와이파이가 있으니 백사장의 피서객들은 모두 와이파이가 있는 그늘에 이끌려 왔다. '그늘 와이파이'는 백사장에서 많은 피서객들에게 인기를 끌었다.

首席 shǒuxí 몡 수석, 최고위 | 创意 chuàngyì 몡 창의, 독창적 아이디어 통 독창적인 의견이나 구상을 제시하다 | 制作* zhìzuò 통 제작하다 | 特殊* tèshū 혱 특수하다, 특별하다 | 沙滩* shātān 몡 백사장 | 过久 guòjiǔ 혱 너무 오래다 | 晒* shài (햇빛을) 쬐다, 쐬다 | 癌症 áizhèng 몡 암 | 世界卫生组织 shìjiè wèishēng zǔzhī 몡 세계보건기구(WHO) | 统计 tǒngjì 통 통계 | 照射 zhàoshè 통 비추다, 비치다 | 紫外线* zǐwàixiàn 몡 자외선 | 引诱 yǐnyòu 통 유인하다, 유혹하다 | 阴凉 yīnliáng 혱 그늘지고 서늘하다 | 呆* dāi 통 머무르다 [=待 dāi] | 整整 zhěngzhěng 閂 온전히, 꼬박 | 观察* guānchá 통 관찰하다 | 总算* zǒngsuàn 閂 마침내 | 收获* shōuhuò 몡 수확, 소득 | 样 yàng 혱 종류, 가지 [종류를 세는 단위] | 无线网 wúxiànwǎng 몡 와이파이(Wi-Fi) | 吸引力 xīyǐnlì 몡 매력 | 阴影 yīnyǐng 몡 그늘, 그림자 | 达到* dádào 통 도달하다, 달성하다 | 远离 yuǎnlí 통 멀리 떨어지다 | 曝晒 pùshài 통 햇볕에 쬐다, 쪼이다 | 团队 tuánduì 몡 단체, 팀 | 款 kuǎn 몡 종류, 모양 [양식이나 종류를 세는 단위] | 接入 jiērù 통 접속하다 | 网络* wǎngluò 몡 네트워크, 인터넷 | 系统* xìtǒng 몡 시스템 | 挡板 dǎngbǎn 몡 가림판, 패널 | 盖* gài 통 (집 등을) 짓다 | 栋 dòng 몡 채, 동 [건물을 세는 단위] | 巨型 jùxíng 혱 초대형의 | 建筑* jiànzhù 몡 건축물, 건물 | 安装* ānzhuāng 통 설치하다 | 享受* xiǎngshòu 통 즐기다, 누리다 | 统统 tǒngtǒng 閂 모두, 전부 | 众多 zhòngduō 혱 아주 많다

✦고득점 Tip

巨大* jùdà 거대하다 + 大型* dàxíng 대형의 ➡ 巨型 jùxíng 초대형의

---

75 ★★★

这个广告的目的是什么？	이 광고의 목적은 무엇인가?
A 提醒做热身运动	A 준비 운동을 하도록 일깨운다
B 宣传新款太阳镜	B 신형 선글라스를 홍보한다
C 禁止在沙滩上饮酒	C 백사장에서 음주를 금지한다
D 劝游人别过久晒太阳	D 여행객이 너무 오래 햇볕을 쬐지 않도록 권고한다

热身 rèshēn 몡 준비 운동, 몸풀기 운동 | 太阳镜 tàiyángjìng 몡 선글라스 | 饮酒 yǐnjiǔ 통 음주하다 | 宣传* xuānchuán 통 선전하다, 홍보하다 | 劝* quàn 통 권하다, 권고하다

풀이 D 질문의 핵심 어구인 '广告的目的'가 지문에 동일하게 '广告的目的只有一个'라고 제시되었고, 이어서 광고의 목적이 무엇인지에 대해 '提醒人们别过久地晒太阳(너무 오래 햇볕을 쬐지 말라고 사람들을 일깨워주는 것)'이라고 설명했습니다. 중국어 문장부호 줄표(破折号, pòzhéhào) '——'는 의미의 전환이나 앞 내용에 대해 강조해서 설명할 때 씁니다.

76 ★★

关于陈明的广告可以知道什么？	천밍의 광고에 관하여 무엇을 알 수 있는가?
A 陈明自己制作	A 천밍이 혼자 제작했다
B 用智能手机制作	B 스마트폰을 이용해서 제작했다
C 花一周时间制作	C 일주일 걸려 제작했다
D 通过观察找到方案	D 관찰을 통해 방안을 찾아냈다

方案* fāng'àn 명 방안, 계획

| 풀이 | D 두 번째 밑줄 친 부분 '陈明花整整一周时间到沙滩观察，总算小有收获'에서 천밍이 꼬박 일주일동안 관찰해서 소득, 즉 광고 방안을 찾아냈음을 알 수 있습니다. 지문에 '一周(일주일)'가 나오지만 아이디어를 찾아내는 데 일주일이 걸린 것이고, 제작하는 데는 수십 일이 걸렸다고 했으므로 C는 정답이 아닙니다.

77 ★★

关于"阴影无线网"，下面哪项正确？	'그늘 와이파이'에 관하여 다음 중 옳은 것은?
A 效果没有想象的好	A 효과가 생각보다 좋지 않았다
B 安装在蓝色建筑里	B 파란색 건물 안에 설치되었다
C 只在建筑四周可以使用	C 오직 건물 주변에서만 사용할 수 있다
D 先登录才能免费享受服务	D 먼저 로그인해야 서비스를 무료로 누릴 수 있다

四周 sìzhōu 명 사방, 주변 | 登录 dēnglù 동 로그인하다, 접속하다

| 풀이 | B 질문의 핵심 어구인 '阴影无线网'을 지문의 다섯 번째 단락에서 찾을 수 있습니다. 뒤 문장에서 파란색 패널로 백사장에 거대한 건물을 짓고 '와이파이를 건물 안에 설치했다(将无线网安装在建筑里)'는 내용이 나옵니다. 따라서 B가 답으로 적절합니다. 맨 마지막 문장에서 '그늘 와이파이'가 백사장에서 많은 피서객들에게 인기를 끌었다(在沙滩上受到了众多游人的欢迎)고 결과를 밝혔으므로 A는 정답이 아닙니다.

78 ★★★

下面哪项最适合做上文标题？	다음 중 윗글의 제목으로 가장 적절한 것은?
A 成功在于发现	A 성공은 발견하는 데 있다
B 广告的作用非常大	B 광고의 효과는 매우 크다
C 太阳每天都是新的	C 태양은 매일 새로 뜬다
D 共享经济的成功案例	D 공유 경제의 성공 사례

在于* zàiyú 동 (원인·목적·취지·핵심 등이) ~에 있다, ~에 달려 있다 | 共享经济 gòngxiǎng jīngjì 명 공유 경제 | 案例 ànlì 명 사건의 예, 사례

| 풀이 | A 이야기 지문의 경우 먼저 전체 스토리를 파악하고 제목이나 주제를 묻는 문제에 답해야 합니다. 이 글은 한 광고 전문가가 광고 제작을 의뢰받고 사람들을 관찰한 끝에 사람들이 바닷가에 놀러 와서도 휴대폰을 손에서 놓지 못한다는 것을 발견하고 와이파이를 이용해 원하는 결과를 성공적으로 이끌어 낸 내용이므로 정답은 A입니다. '广告(광고)'나 '太阳(태양)' 등 눈에 띄는 단어만으로 B나 C를 답으로 고르면 함정에 빠지는 것입니다.

⁷⁹有一位农夫想要为他的小女儿买一匹马，在他居住的小城里，共有两匹马出售，从各方面看，这两匹小马的条件差不多，这让农夫犹豫不决。

⁸⁰商人甲告诉农夫，他的马售价为500元，想要就可立即牵走。商人乙则为他的马要价750元。

但商人乙告诉农夫，在农夫做任何决定前，他要农夫的女儿先试骑一个月。他除了将自己卖的马带到农夫家外，还自备那匹马一个月吃草所需的费用，并且派出他自己的驯马师，一周一次，到农夫家去教小女儿如何喂养及照顾马。

他还告诉农夫，自己的马十分温驯，但最好让农夫的小女儿每天都能骑着马，让他们相互熟悉，马也是有感情的。

最后他说，在第30天结束时，他会到农夫家，或是将马牵走，将马房打扫干净，或是农夫付750元，他将马留下。

⁸¹最后的结果是，农夫的小女儿已舍不得让那匹马走了！

⁷⁹한 농부가 그의 어린 딸을 위해 말을 한 필 사려고 했다. 그가 사는 작은 도시에는 팔려고 내놓은 말이 두 마리 있었는데, 여러 면에서 볼 때 두 마리의 조건이 비슷해서 이 때문에 농부는 망설이며 결정하지 못했다.

⁸⁰상인 갑(甲)은 농부에게 그의 말은 가격이 500위안인데 원한다면 바로 끌고 가도 된다고 했다. 상인 을(乙)은 반면에 자신의 말 값으로 750위안을 요구했다.

그러나 상인 을(乙)은 농부가 어떤 결정을 하기 전에 그의 딸에게 우선 한 달 동안 말을 타보게 하겠다고 말했다. 그는 자신이 파는 말을 농부의 집까지 가져다줄 뿐 아니라 그 말이 한 달간 풀을 먹는 데 필요한 비용도 자기가 준비하고, 또한 그의 말 조련사를 일주일에 한번 농부의 집에 보내서 어린 딸에게 말에게 먹이를 주고 돌보는 것을 가르치겠다고 했다.

그는 또 자신의 말은 매우 온순하지만 그래도 농부의 어린 딸이 매일 말을 탈 수 있어서 서로 익숙해지면 좋고, 말도 감정이 있다고 했다.

마지막으로 그는 30일째가 되면, 그가 농부의 집에 올 것이고 말을 끌고 가면서 마구간을 깨끗이 청소하든지 아니면 농부가 750위안을 지불하고 그는 말을 두고 가든지 하겠다고 말했다.

⁸¹최후의 결과는 농부의 어린 딸이 말과 정이 들어 떠나 보낼 수 없었다.

农夫 nóngfū 圈 농부 | 匹* pǐ 窗 필, 마리 [말·노새 등의 가축을 세는 단위] | 居住 jūzhù 툉 거주하다 | 出售 chūshòu 툉 팔다, 판매하다 | 犹豫* yóuyù 툉 망설이다 | 甲* jiǎ 圐 갑, 십간(十干)의 첫째 | 售价 shòujià 圐 판매 가격 | 立即* lìjí 囝 즉시, 바로 | 牵 qiān 툉 끌다, 이끌다 | 乙* yǐ 圐 을, 십간(十干)의 둘째 | 则* zé 囝 반면에, 오히려 | 自备 zìbèi 툉 스스로 준비하다 | 派* pài 툉 파견하다, 보내다 | 驯马师 xùnmǎshī 말 조련사 | 喂养 wèiyǎng 툉 양육하다, 사육하다 | 温驯 wēnxùn 쥉 (동물이) 온순하고 길들여져 있다 | 马房 mǎfáng 圐 마구간, 마방 | 舍不得* shěbude 툉 헤어지기 섭섭하다

---

79 ★★

农夫为什么要买马?	농부는 왜 말을 사려고 했는가?
A 要搬运农产品	A 농산물을 운반해야 해서
B 用来种植粮食	B 식량을 심는 데 쓰려고
C 当作礼物给女儿	C 딸에게 선물해 주려고
D 要送女儿到别的城市	D 딸을 다른 도시까지 바래다주려고

搬运 bānyùn 툉 운반하다, 운송하다 | 粮食* liángshi 圐 양식, 식량 | 当作 dàngzuò 툉 ~로 삼다

풀이 | C 첫 번째 문장에서 농부가 말을 사려고 한 이유를 밝혔습니다. '想要为他的小女儿买一匹马(그의 어린 딸을 위해 말을 한 필 사려고 했다)'라고 했으므로 보기 C가 답으로 적절합니다.

80 ★★

关于那两匹马，可以知道什么？

A 是城里最好的马
B 各方面的条件不一样
C 商人甲的马价格更便宜
D 商人乙的马可以立即牵走

그 두 마리 말에 관하여 무엇을 알 수 있는가？

A 성에서 가장 좋은 말이었다
B 여러 면에서 조건이 달랐다
C 상인 갑(甲)의 말이 가격이 더 쌌다
D 상인 을(乙)의 말은 바로 끌고 갈 수 있었다

立即* lìjí 图 즉시, 바로 | 牵 qiān 图 끌다, 이끌다

| 풀이 | C 두 번째 단락에서 상인 갑(甲)이 제시한 가격은 500위안이고, 상인 을(乙)이 제시한 가격은 750위안이라고 했으므로, C
의 내용과 일치합니다. 즉시 끌고 갈 수 있는 말은 상인 갑(甲)의 말이었고, 농부가 바로 결정하지 못한 이유가 두 마리의 조
건이 비슷해서(条件差不多)라고 했으므로 B와 D는 정답이 아닙니다. 보기 A는 본문에 언급되지 않은 내용입니다.

81 ★★

农夫为什么买了商人乙的马？

A 那匹马更温顺
B 能免费得到喂马的草
C 农夫的女儿舍不得它
D 那匹马可以先试起一个月

농부는 왜 상인 을(乙)의 말을 샀는가？

A 그 말이 더 온순했다
B 말을 먹일 풀을 공짜로 얻을 수 있었다
C 농부의 딸이 그 말을 떠나 보낼 수 없었다
D 그 말은 우선 한 달 동안 타볼 수 있었다

喂 wèi 图 (동물에게) 먹이를 주다

| 풀이 | C 마지막 단락에서 이 이야기의 '최후의 결과(最后的结果)'를 밝혔고, 농부의 딸이 말과 정이 들어 그 말을 떠나보낼 수 없었다
는 것을 알 수 있습니다. C가 정답입니다. 물론 상인 을(乙)이 한 달 동안 시험 삼아 말을 타도록 했고, 한 달 치 건초 비용을 무료
로 제공했고, 또 온순한 말이라는 언급도 나오지만, 이 세 가지는 농부가 상인 을(乙)의 말을 사게 된 직접적인 원인은 아닙니다.

82 ★★★

最适合上文标题的是：

A 聪明的女儿
B 亲情重于金钱
C 如何让顾客信任你
D 塞翁失马焉知非福

윗글의 제목으로 가장 적절한 것은？

A 똑똑한 딸
B 혈육의 정은 돈보다 중요하다
C 어떻게 고객이 당신을 믿게 할 것인가
D 새옹지마

亲情 qīnqíng 圀 혈육 간의 정 | 信任* xìnrèn 图 신뢰하다, 믿고 맡기다 | 塞翁失马焉知非福 sài wēng shī mǎ yān zhī fēi
fú 새옹지마, 새옹(塞翁)이 아끼던 말을 잃은 것이 행운이 아니라고 어찌 단정할 수 있는가

| 풀이 | C 상인 을(乙)이 성공적으로 자신의 말을 농부에게 판매한 이야기입니다. 즉 사업가가 고객의 신뢰를 얻어서 자신의 상품과
서비스를 잘 판매할 수 있는 방법을 전달하는 이야기이므로 C가 답으로 가장 적절합니다.

想必你一定有过这样的经历：在图书馆里看书的时候，一首歌的一部分片段在脑海中播放起来，一遍又一遍回响于耳边，歌曲在你的大脑里面一直循环着，分散着我们的注意力，你已经被"耳虫"钻入脑袋了。

[83]事实上，"耳虫"并不是真正的昆虫，而是指一首歌在脑海中不断重复的现象。耳虫的发生极其普遍，据研究，超过90%的人每个星期至少会有一次会受到耳虫的侵扰，而大概四分之一的人每天都会有好几遍这样的经验。

似乎耳虫的发生毫无规律可循，[84]然而神经科学研究者们还是对耳虫现象做出了一些归纳和总结。结果显示，人们频繁接触到音乐，就容易产生耳虫。如果一段时间长期沉浸在音乐中，平时产生耳虫现象也是大概率事件。

[86]其实，耳虫现象基本上是无害的，其持续时间通常在半小时左右，只有少数人表示耳虫会让他们无法集中注意力做事。

那么怎么摆脱耳虫呢？[85]转移注意力，与人交谈，找到更感兴趣的事情去做，是摆脱"耳虫效应"的最佳方法。

耳虫的存在一直以来是神经科学里的一个谜题。没有任何其他形式的东西会像音乐一样，如此广泛频繁地入侵人类的头脑。对耳虫与大脑的认知就交给科学家们继续探索吧！大部分时候我们不需要为耳虫忧虑太多，反而应该作为一个移动的私人电台，下一次耳虫出现，不如随着脑中旋律哼出歌词，跟着节拍一起摇摆。

당신은 이런 경험이 있을 것이다. 도서관에서 책을 보고 있을 때, 노래의 한 소절이 머릿속에서 울려 퍼지고, 한 번 또 한 번 귓가를 맴돌고, 노래는 당신의 머릿속에서 계속 반복되면서 집중력을 분산시키는 일 말이다. '귀벌레(Earworm)'가 이미 당신의 머릿속까지 파고든 것이다.

[83]사실 귀벌레는 진짜 벌레가 아니라, 노래 한 곡이 머리속에서 끊임없이 반복되는 현상을 가리킨다. 귀벌레 현상이 발생하는 것은 매우 흔하다. 연구에 따르면 90% 넘는 사람들이 매주 적어도 한 번은 귀벌레의 습격을 받는다. 그리고 대략 4분의 1의 사람들은 매일 여러 번 이런 경험을 한다.

마치 귀벌레 현상의 발생은 어떠한 규칙성도 없는 것 같지만, [84]신경 과학 연구자들은 귀벌레 현상에 대해 종합하여 몇 가지 결론을 내놓았다. 결과에 따르면 사람들은 음악을 자주 접하면 귀벌레 현상이 쉽게 일어난다. 만약에 한동안 음악에 푹 빠져 지낸다면 평소에 귀벌레 현상도 높은 비율로 발생하는 일이 된다.

[86]사실 귀벌레 현상은 기본적으로 무해하다. 그 지속 시간은 통상 30분 정도 되는데, 오직 소수의 사람들만 이 현상이 그들이 일에 집중할 수 없게 한다고 한다.

그렇다면 어떻게 귀벌레 현상에서 벗어날 수 있을까? [85]주의를 분산시키고 사람과 이야기하고 더 흥미를 느끼는 일을 찾아 하는 것이 귀벌레 현상에서 벗어나는 가장 좋은 방법이다.

귀벌레의 존재는 줄곧 신경과학계의 미스터리였다. 어떤 다른 형태의 것들도 음악처럼 이렇게 널리 빈번하게 인간의 뇌에 침투하지는 않는다. 귀벌레와 뇌의 인지에 대해서는 과학자들이 계속 탐구하도록 두자. 대부분의 경우 우리는 귀벌레 때문에 너무 걱정할 필요 없다. 오히려 휴대용 개인 라디오방송으로 여겨야 한다. 다음에 귀벌레가 나타나면 머릿속 멜로디에 가사를 흥얼거리고 리듬에 맞춰 몸을 흔드는 게 낫다.

想必 xiǎngbì 🅿 반드시, 틀림없이 ┃ 片段 piànduàn 🅜 토막, 부분 ┃ 脑海 nǎohǎi 🅜 머리 ┃ 播放* bōfàng 🅥 방송하다 ┃ 回响 huíxiǎng 🅥 (소리 등이) 울리다, 메아리치다 ┃ 歌曲 gēqǔ 🅜 노래 ┃ 循环 xúnhuán 🅥 순환하다 ┃ 分散 fēnsàn 🅥 분산하다 ┃ 钻 zuān 🅥 뚫다 ┃ 昆虫* kūnchóng 🅜 곤충 ┃ 重复* chóngfù 🅥 반복하다 ┃ 现象* xiànxiàng 🅜 현상 ┃ 极其* jíqí 🅿 극히, 매우 ┃ 侵扰 qīnrǎo 🅥 침략하다, 침입하여 소동을 일으키다 ┃ 似乎* sìhū 🅿 마치 ~인 것 같다 ┃ 毫无 háowú 🅥 전혀 없다 ┃ 规律* guīlǜ 🅜 규율, 규칙 ┃ 循 xún 🅥 좇다, 따르다 ┃ 神经 shénjīng 🅜 신경 ┃ 归纳* guīnà 🅥 귀납하다, 종합하다 ┃ 总结 zǒngjié 🅥 총정리하다, 총괄하다 ┃ 显示* xiǎnshì 🅥 보여주다 ┃ 频繁 pínfán 🅟 빈번하다 ┃ 接触 jiēchù 🅥 접촉하다 ┃ 沉浸 chénjìn 🅥 (생각 등에) 잠기다, 골몰하다 ┃ 概率 gàilǜ 🅜 확률 ┃ 基本* jīběn 🅜 기본 ┃ 无害 wúhài 🅟 무해하다 ┃ 持续* chíxù 🅥 지속하다, 계속하다 ┃ 无法 wúfǎ 🅥 방법이 없다 ┃ 摆脱 bǎituō 🅥 (위기, 어려움 등에서) 벗어나다, 빠져 나오다 ┃ 转移 zhuǎnyí 🅥 (방향이나 위치를) 옮기다 ┃ 最佳 zuìjiā 🅟 최적이다, 가장 좋다 ┃ 谜题 mítí 🅜 수수께끼 ┃ 广泛* guǎngfàn 🅟 광범위하다 ┃ 入侵 rùqīn 🅥 침입하다 ┃ 探索 tànsuǒ 🅥 탐색하다, 연구하다 ┃ 反而* fǎn'ér 🅿 오히려, 도리어 ┃ 移动* yídòng 🅥 이동하다, 움직이다 ┃ 旋律 xuánlǜ 🅜 선율, 멜로디 ┃ 哼 hēng 🅥 콧노래 부르다, 흥얼거리다 ┃ 歌词 gēcí 🅜 가사 ┃ 跟 gēn 🅥 따르다 ┃ 节拍 jiépāi 🅜 리듬, 박자 ┃ 摇摆 yáobǎi 🅥 좌우로 흔들다, 흔들거리다

153

83 ★★

“耳虫”是指什么?	‘귀벌레’는 무엇을 가리키는가?
A 不能忘记的回忆	A 잊을 수 없는 기억
B 飞进耳朵里的昆虫	B 귓속에 날아든 벌레
C 侵入人类大脑的病毒	C 인간의 뇌에 침입한 바이러스
D 在脑海里反复播放的音乐	D 머릿속에서 반복해서 울려 퍼지는 음악

病毒* bìngdú 圀 바이러스 | 反复* fǎnfù 團 반복해서, 반복적으로

┃풀이┃ D '事实上/实际上/其实' 등의 표현이 나오면 그 뒤에 나오는 내용이 핵심 정보입니다. 첫 번째 밑줄에서 선택관계 접속사 '不是……而是……(~이 아니라 ~이다)' 형식을 사용해 '귀벌레'는 진짜 벌레가 아니라 머릿속에서 노래가 맴도는 현상(一首歌在脑海中不断重复的现象)이라고 설명했습니다. 정답은 D입니다.

84 ★★★

关于耳虫,下面哪项正确?	귀벌레에 관해서 다음 중 옳은 것은?
A 是一种常见的生物	A 흔히 볼 수 있는 생물이다
B 可以说明耳朵有毛病	B 귀에 문제가 있음을 알려준다
C 90%的人每天都在经历	C 90%의 사람들이 매일 겪고 있다
D 科学家已做了一些总结	D 과학자들은 몇 가지 결론을 내놓았다

毛病* máobìng 圀 고장, 결함, 문제

┃풀이┃ D 세 번째 단락에서 연구자들이 귀벌레 현상에 대해 '做出了一些归纳和总结(종합하여 몇 가지 결론을 내놓았다)'라고 했으므로 D가 정답으로 적절합니다. 지문에 등장한 수치 '90%'가 보기에도 나와 헷갈릴 수 있지만, '每个星期至少会有一次(매주 최소 한 번)'이라고 했으므로 보기 C의 '每天'과 내용이 상충됩니다. 옳은 것을 찾는 유형의 문제는 보기의 내용을 하나씩 본문과 대조하며 오답을 지워나가는 소거법으로 푸는 게 효과적입니다.

85 ★★

怎么才能摆脱耳虫?	어떻게 해야 귀벌레에서 벗어날 수 있는가?
A 打预防针	A 예방 주사를 맞는다
B 平时多听音乐	B 평소에 음악을 많이 듣는다
C 边哼歌边摇摆	C 노래를 흥얼거리며 몸을 흔든다
D 将注意力移到别处	D 주의를 다른 데로 옮긴다

预防* yùfáng 團 예방하다 | 针 zhēn 圀 바늘, 주사

┃풀이┃ D 다섯 번째 단락에서 자문자답의 형식으로 귀벌레에서 벗어날 수 있는 방법을 제시했습니다. 지문에 등장하는 질문은 관심을 끌어 강조하기 위한 것으로, 질문 뒷부분에 핵심 정보가 담긴 경우가 많습니다. 지문의 '转移注意力(주의를 분산시키다)'가 보기 D에서 '将注意力移到别处(주의를 다른 데로 옮긴다)'로 표현되었습니다.

86 ★★★

根据上文,下面哪项是正确的?	윗글에 근거해 다음 중 옳은 것은?
A 耳虫会提高注意力	A 귀벌레는 주의력을 향상시킨다
B 耳虫没有不良影响	B 귀벌레는 나쁜 영향을 주지 않는다

C 耳虫之谜彻底解决了
D 要尽量避免耳虫的出现

C 귀벌레의 수수께끼는 완전히 해결되었다
D 귀벌레가 출현하는 것을 최대한 피해야 한다

彻底* chèdǐ 휑 철저하다 | 尽量* jǐnliàng 튄 최대한, 가능한 한 | 避免* bìmiǎn 튕 피하다, 면하다

| 풀이 | B 제시문 전체에 흩어진 정보에 대한 문제입니다. 이 문제의 경우 정답은 세 번째 밑줄에서 찾을 수 있습니다. '其实' 뒤에 나오는 내용에 집중해야 합니다. '耳虫现象无害(귀벌레 현상은 무해하다)'와 보기 B '耳虫没有不良影响(귀벌레는 나쁜 영향을 주지 않는다)'의 의미가 통하므로 정답은 B입니다.

87-90

有一篇网络文章讲到一个实验，实验者将六只蜜蜂和六只苍蝇放进一个玻璃瓶中，然后将瓶子平放，让瓶底朝着窗口。结果是，蜜蜂不停地想在瓶底上找出口，直到它们饿死；而苍蝇却可以在不到两分钟内，从玻璃瓶口逃出。

[87]蜜蜂之所以死，是因为被惯性思维所左右，跳不出固定的逻辑。它们以为，出口必然是在光线最亮的地方，因此拼命撞向瓶底，重复这种它们认为合乎逻辑的行动。对它们来说，自然界并无玻璃这种不能穿透的透明物体，因此它们的智力越高，就越无法理解这种奇怪的障碍物。

[88]相反，智力较低的苍蝇对逻辑毫不在乎，只管四下乱飞，这却让它们找到了出口，因此它们获得了自由和新生。

[89]当我们总结这个实验的教训时，会发现冒险、试错、即兴发挥、随机应变以及迂回前进，都有助应付变化无常的世界。因为模糊和不确定性，已成为当今世界的难题。[90]面对复杂的世界，我们得学会用不同的角度看世界。

인터넷에 한 실험에 관한 글이 있다. 실험자는 6마리의 꿀벌과 6마리의 파리를 하나의 유리병 안에 넣고, 병을 평평하게 놓는데 병의 바닥이 창문을 향하게 했다. 결과는 꿀벌은 굶어죽을 때까지 끊임없이 병 바닥에서 출구를 찾으려고 했고, 반면에 파리는 오히려 2분도 안 돼서 유리병 입구로 달아나 버렸다.

[87]꿀벌이 죽은 것은 고정 관념에 조종당하고, 정해진 논리에서 벗어나지 못했기 때문이다. 그들은 출구는 분명히 빛이 가장 밝은 곳이라고 여겼다. 그리하여 목숨 걸고 병 바닥에 부딪히는, 그들이 논리에 맞는다고 생각하는 행동을 반복했다. 꿀벌들의 입장에서는 자연계에는 유리처럼 뚫고 지나갈 수 없는 투명한 물체는 없었기 때문에, 지능이 높을수록 이런 이상한 장애물을 이해할 수 없었다.

[88]반대로 지능이 상대적으로 낮은 파리는 논리에 관심이 없었다. 그저 사방으로 마구 날았다. 그런데 이런 행동이 오히려 파리들이 우연히 출구를 찾도록 했고, 이로 인해 파리들은 자유와 새로운 삶을 얻었다.

[89]이 실험의 교훈을 정리해보면, 모험, 시행착오, 임시변통, 임기응변 그리고 우회하여 전진하는 것은 모두 변화무상한 세계에 맞서는 데 도움이 된다는 것을 알 수 있다. 이는 모호함과 불확실성이 이미 오늘날 세계의 난제가 되었기 때문이다. [90]복잡한 세계를 마주하며 우리는 다른 관점에서 세계를 보는 법을 배워야 한다.

网络* wǎngluò 녱 네트워크, 인터넷 | 实验* shíyàn 녱 실험 | 蜜蜂* mìfēng 녱 꿀벌 | 苍蝇 cāngying 녱 파리 | 朝* cháo 튕 ~으로 향하다 | 逃* táo 튕 달아나다, 도망치다 | 惯性 guànxìng 녱 관성 | 思维 sīwéi 녱 사유, 사고 | 固定* gùdìng 휑 고정되다 | 逻辑* luójí 녱 논리 | 出口* chūkǒu 녱 출구 | 必然* bìrán 튄 필연적으로, 반드시 | 亮* liàng 휑 밝다, 환하다 | 拼命 pīnmìng 튕 온 힘을 다하다, 목숨을 내걸다 | 撞* zhuàng 튕 부딪히다 | 重复* chóngfù 튕 반복하다 | 合乎 héhū 튕 ~에 맞다 | 穿透 chuāntòu 튕 꿰뚫다, 관통하다 | 透明* tòumíng 휑 투명하다 | 智力 zhìlì 녱 지능 | 障碍物 zhàng'àiwù 녱 장애물 | 在乎* 튕 마음에 두다, 신경 쓰다 | 只管 zhǐguǎn 튄 얼마든지, 마음대로 | 自由* zìyóu 녱 자유 | 新生 xīnshēng 녱 새 생명, 새 인생 | 总结 zǒngjié 튕 총정리하다, 총괄하다 | 教训* jiàoxùn 녱 교훈 | 冒险* màoxiǎn 튕 모험하다 | 试错 shìcuò 시행착오 | 即兴 jíxìng 튕 즉흥적으로 하다 | 发挥* fāhuī 튕 발휘하다 | 随机应变 suí jī yìng biàn 넁 임기응변하다 | 迂回 yūhuí 튕 우회하다 | 应付* yìngfu 튕 대응하다, 대처하다 | 变化无常 biànhuà wúcháng 넁 변화무상하다 | 模糊* móhu 휑 모호하다 | 不确定性 bú quèdìngxìng 불확실성 | 当今 dāngjīn 녱 현재, 지금 | 面对* miànduì 튕 마주 보다, 직면하다 | 角度* jiǎodù 녱 관점, 측면

87 ★★

蜜蜂为什么找不到出口?	꿀벌은 왜 출구를 찾지 못하였는가?
A 竞争过于激烈	A 경쟁이 너무 치열해서
B 不知道改变逻辑	B 논리를 바꿀 줄 몰라서
C 瓶盖关得太紧了	C 병뚜껑이 꽉 닫혀 있어서
D 不像苍蝇那么聪明	D 파리만큼 똑똑하지 못해서

过于 guòyú 뷔 지나치게, 너무 | 瓶盖 pínggài 몡 병뚜껑

| 풀이 | B 첫 번째 밑줄 친 부분에서 접속사 '之所以A，是因为B(A인 까닭은, B 때문이다)'를 사용해 꿀벌이 죽은 이유를 설명했습니다. 꿀벌이 죽은 이유는 고정 관념에 조종당하고(被惯性思维所左右) 정해진 논리에서 벗어나지 못했기(跳不出固定的逻辑) 때문입니다. 보기 B의 내용과 의미가 일치합니다.

88 ★★★

苍蝇为什么能从瓶子里逃出来?	파리는 왜 병에서 탈출할 수 있었는가?
A 善于做出判断	A 판단을 내리는 데 능해서
B 谨慎采取行动	B 신중히 행동을 취해서
C 拼命撞向瓶底	C 목숨 걸고 병 바닥에 부딪혀서
D 不按常理行动	D 상식대로 행동하지 않아서

善于* shànyú 툉 ~에 능숙하다, ~을 잘하다 | 谨慎* jǐnshèn 혱 신중하다, 조심하다 | 采取* cǎiqǔ 툉 (방법 등을) 채택하다 | 行动* xíngdòng 몡 행동 | 常理 chánglǐ 몡 상식, 당연한 이치

| 풀이 | D 꿀벌과 달리 파리가 탈출할 수 있었던 이유를 '对逻辑毫不在乎(논리에 관심이 없었고)' '只管四下乱飞(그저 사방으로 날았다)'라고 언급했습니다. 지문에 언급된 표현이 보기에 그대로 나오지 않았으므로, 유의어가 사용된 보기를 중심으로 지문의 내용과 대조하며 풀어야 합니다. 지문의 '逻辑(논리)'가 보기에서 '常理(당연한 이치)'로 표현되었습니다. 보기 중 정답에 가장 적절한 것은 D입니다.

89 ★★★

这个实验告诉我们什么?	이 실험이 우리에게 알려주는 것은 무엇인가?
A 聪明不如努力	A 노력하는 것이 똑똑한 것보다 낫다
B 不用为未来而烦恼	B 미래를 위해 고민할 필요 없다
C 懂得变化才能生存	C 변화할 줄 알아야 생존할 수 있다
D 要从失败中吸取教训	D 실패에서 교훈을 얻어야 한다

不如* bùrú 툉 ~만 못하다 | 吸取* xīqǔ 툉 흡수하다, 받아들이다 | 教训* jiàoxùn 몡 교훈

| 풀이 | C 세 번째 밑줄 친 부분에서, '冒险(모험)' '试错(시행착오)' '即兴发挥(임시변통)' '随机应变(임기응변)' '迂回前进(우회하여 전진하다)'이 모두 변화무상한 세계에 맞서는 데 도움이 된다고 했습니다. 이를 포괄할 수 있는 것은 보기 C의 '懂得变化(변화할 줄 아는 것)'입니다.

90 ★★

面对复杂的世界，我们应该如何？	복잡한 세계를 마주하려면 우리는 어떻게 해야 하는가?
A 要多交朋友	A 친구를 많이 사귀어야 한다
B 要坚持努力下去	B 꾸준히 노력해 나가야 한다
C 要从多角度看问题	C 다양한 관점에서 문제를 바라봐야 한다
D 要加强逻辑思维能力	D 논리적 사고 능력을 강화해야 한다

思维 sīwéi 명 사유, 사고 | 加强 jiāqiáng 통 강화하다

| 풀이 | C 마지막 단락에서 주제를 요약한 문장 '我们得学会用不同的角度看世界'를 찾을 수 있습니다. 다른 관점에서 세계를 보는 법을 배워야 한다고 했으므로, 보기 C '要从多角度看问题(다양한 관점에서 문제를 바라봐야 한다)'와 의미가 통합니다. 정답은 C입니다. 지문에서 꿀벌이 죽은 이유가 정해진 논리에서 벗어나지 못했기 때문(是因为……跳不出固定的逻辑)이라고 했으므로, D는 화자의 논점과 상충되는 내용입니다.

三、书写 쓰기

제1부분　91～98번은 제시어를 어순에 맞게 배열하여 문장을 완성하는 문제입니다.

91 ★★

写　　出来了　　已经　　工作报告　　吗

→ 工作报告已经写出来了吗? 업무 보고서는 이미 써냈는가?

报告* bàogào 명 보고서

명사+명사	부사	동사	동사	조사+조사
工作报告	+ 已经	+ 写	+ 出来	+ 了吗
주어	부사어	술어	보어	了+吗

| 풀이 | 먼저 술어를 찾고 앞뒤에 올 수 있는 제시어를 확인한 후 내용에 알맞게 배열하면 됩니다. 술어 '写'를 찾으면, 시간부사 '已经'은 술어 '写' 앞에 와야 하고, 방향보어 '出来'는 '写'의 뒤에 놓여 술어를 보충 설명합니다. 어기조사 '吗'는 문장 끝에 쓰여 의문문을 만듭니다. 일부 예외 상황을 제외하면 중국어 문장에서 주어는 꼭 있어야 합니다. 따라서 '已经写出来了工作报告 吗?'가 아니라 '工作报告已经写出来了吗?'가 되어야 합니다. 해석상 '업무 보고서가 썼다'가 아니라 '업무 보고서가 쓰였다' 로, 문장 형식은 '被'가 생략된 의미상의 피동문입니다.

92 ★★★

饮食　　大夫　　改变　　劝他　　习惯

→ 大夫劝他改变饮食习惯。 의사는 그에게 식습관을 바꾸라고 권고했다.

劝* quàn 통 권하다, 설득하다 | 饮食 yǐnshí 명 음식 통 음식을 먹고 마시다

명사		동사		대사		동사		명사+명사
大夫	+	**劝**	+	**他**	+	**改变**	+	**饮食习惯**
주어		술어1		목적어1/주어 (겸어)		술어2		목적어2

┃풀이┃ 동사가 두 개인 겸어문입니다. 겸어문은 한 문장에 두 개 이상의 동사가 있고, 첫 번째 동사의 목적어가 두 번째 동사의 '의미 상의 주어' 역할을 겸하는 문장입니다. 기본 어순은 '주어+술어1+목적어1[=의미상의 주어2]+술어2+(목적어2)'입니다. 여기 서 '劝(권고하다)'은 사역동사로 술어1에 위치하고, '他'는 '劝'의 목적어이자 '改变'의 주어인 겸어가 됩니다. '饮食'과 '习惯' 은 함께 묶여서 '改变'의 목적어로 쓰입니다.

---

93 ★★

请大家　　博物馆　　门口　　准时在　　集合

→ 请大家准时在博物馆门口集合。모두들 정시에 박물관 입구에 집합해 주세요.

博物馆* bówùguǎn 명 박물관 | 集合* jíhé 동 집합하다

동사		대사		부사+개사구		동사
请	+	**大家**	+	**准时在博物馆门口**	+	**集合**
술어1		목적어1/주어 (겸어)		부사어		술어2

┃풀이┃ 동사 '请'은 일반적으로 문장 맨 앞에 위치해 '부탁'이나 '요청'을 나타냅니다. 따라서 동사 '集合'가 두 번째 술어가 됩니다. '在' 뒤에는 '장소'를 나타내는 명사가 와야 하므로, '博物馆门口'가 와서 '准时在博物馆门口'의 형태로 배열됩니다. 그 뒤에 두 번째 술어인 동사 '集合'가 위치합니다.

---

94 ★★★

有最低　　消费限制　　吗　　店　　这家

→ 这家店有最低消费限制吗? 이 가게에는 최저 소비 제한이 있나요?

最低 zuìdī 형 가장 낮다, 최저이다 | 消费* xiāofèi 명 소비 | 限制* xiànzhì 명 제한, 한계

대사+양사		명사		동사		부사+형용사		명사+명사		조사
这家	+	**店**	+	**有**	+	**最低**	+	**消费限制**	+	**吗**
관형어		주어		술어		관형어		목적어		吗

┃풀이┃ 술어로 쓸 수 있는 단어는 동사 '有'뿐입니다. '消费'와 '限制'는 각각 '소비하다'와 '제한하다'라는 동사로도 쓰이지만 두 단어 가 묶여 있으므로, 이 문장에서는 명사로 쓰여 목적어의 역할을 한다는 것을 알 수 있습니다. 주어는 '店'이고, 주어와 목적어 앞에 관형어가 올 수 있으므로 의미에 맞게 배열하면 됩니다.

95 ★★★

因素　　是什么　　导致　　失眠　　的主要
→ 导致失眠的主要因素是什么? 불면증을 초래하는 주요 요인은 무엇인가요?

导致* dǎozhì 동 (어떤 사태를) 야기하다, 초래하다 | 失眠* shīmián 명 불면(증) 동 잠을 이루지 못하다 | 因素* yīnsù 명 조건, 요소

동사+동사+조사	형용사+명사	동사	대사
导致失眠的	主要因素	是	什么
관형어+的	관형어+주어	술어	목적어

풀이 '是' '导致' '失眠'이 모두 동사로 술어가 될 수 있지만, 가장 익숙한 '是'를 먼저 술어로 가정하고 푸는 것이 좋습니다. 그렇다면 '是什么'를 '동사+목적어'로 볼 수 있고, 그다음 주어를 찾아야 합니다. '失眠是什么?(불면증이란 무엇인가?)'도 말이 되지만 이 경우 나머지 제시어를 쓸 수가 없습니다. '因素是什么?(요인은 무엇인가?)'가 '주+술+목'의 기본 형식이 될 수 있습니다. '的主要'가 주어 앞에 놓여 '……的主要因素是什么?(~의 주요 요인은 무엇인가?)'가 되고, 남은 '导致'와 '失眠'은 해석상 '导致失眠(불면증을 초래하다)'으로 묶을 수 있으며, '的' 앞에 관형어로 쓰면 적절합니다.

96 ★★★

没有　　他的状况　　并　　那么　　想象中　　糟糕
→ 他的状况并没有想象中那么糟糕。 그의 상황은 생각보다 나쁘지 않다.

状况* zhuàngkuàng 명 상황 | 想象* xiǎngxiàng 명 상상 | 糟糕* zāogāo 형 엉망이다, 형편없다

대사+조사	명사	부사+동사	명사+명사	대사	형용사
他的	状况	并没有	想象中	那么	糟糕
관형어+的	주어	부사어			술어

풀이 'A+没有+B+(那么)+술어'는 비교문의 부정 형식으로 'A는 B만큼 (그렇게) ~하지 않다'라는 뜻입니다. 명사 '状况'이 주어가 되어 문장 앞에 위치하고, 대사 '那么'는 술어 '糟糕' 앞에 놓여 정도를 강조합니다. 일반적으로 부사어는 주어와 술어 사이에 옵니다.

97 ★★★

你的　　简历　　还　　不够　　完善
→ 你的简历还不够完善。 너의 이력서는 아직 완벽하지 않다.

简历* jiǎnlì 명 이력서 | 够 gòu 부 (필요한 수량이나 기준에) 이르다, 도달하다 | 完善* 형 완전하다, 완벽하다

대사+조사	명사	부사	부사	형용사
你的	简历	还	不够	完善
관형어+的	주어	부사어		술어

풀이 조사 '的'가 붙은 '你'는 주어 '简历' 앞에 위치해 관형어 역할을 하며, '还不够'가 함께 묶여서 술어 '完善' 앞에 위치해 부사어 역할을 합니다.

半个月　　这次展览　　持续　　左右　　将

→ 这次展览将持续半个月左右。 이번 전시회는 보름 가량 계속된다.

展览* zhǎnlǎn 圀 전람회, 전시회 │ 持续* chíxù 圄 지속하다, 계속하다 │ 左右 zuǒyòu 圀 정도, 가량

대사+양사	명사	부사	동사	수사+양사+명사
这次	展览	将	持续	半个月左右
관형어	주어	부사어	술어	보어

│ 풀이 │ 동사 '持续'가 이 문장의 술어입니다. 행위가 지속되는 시간의 양을 '시량'이라고 하고 이는 술어 뒤에서 시량보어로 쓰입니다. 따라서 '持续半个月左右'로 배열해야 합니다. '将'은 동사 앞에서 미래 시제를 나타낼 수 있습니다. '展览'이 주어이고, '这次' 는 주어 앞에서 관형어 역할을 합니다.

제2부분　99번은 제시어를 사용하여 80자 내외로 작문하는 문제입니다.
　　　　　　100번은 제시된 사진을 보고 80자 내외로 작문하는 문제입니다.

99 ★★

公寓　　郊区　　押金　　租　　尽快

 제시어의 뜻 파악하기

公寓* gōngyù 圀 아파트

'公寓'는 주요한 생활 공간이기 때문에 시험에 자주 출제되는 단어이다. 아파트와 관련하여 '卧室(침실)' '厨房 (주방)' '客厅(거실)' '阳台(발코니)' '卫生间(화장실)' 등 관련 단어들도 같이 알아두면 쓰기 영역에서 활용하기 좋다.

我搬到了新的公寓。 나는 새 아파트로 이사했다.
那个公寓**很受欢迎**。 그 아파트는 인기가 많다.

郊区 jiāoqū 圀 교외, 근교

'郊'는 도시의 주변 지역을 가리키므로 '郊区(교외)' 외에 '近郊(근교)' '远郊(먼 교외)' '郊外(교외)' 등 다양하게 활용할 수 있다.

我们去郊区**旅行了**。 우리는 교외로 여행을 갔다.
现在郊区**的交通也很方便**。 현재 시외의 교통도 매우 편리하다.

押金* yājīn 圀 보증금

'押'는 동사로 '저당하다'라는 뜻이고, '金(돈)'과 합쳐서 '보증금'이라는 뜻의 명사로 쓰인다.

这个房子的押金**不多**。 이 집의 보증금은 많지 않다.
先付押金**，再签合同**。 선불로 보증금을 내고 계약한다.

租 zū 통 임차하다 명 세

'租'는 동사로 쓰일 때 '임차하다'라는 뜻으로 다양한 명사와 함께 사용할 수 있고, 명사로는 '세'라는 뜻으로 '房租(집세)' '月租(월세)' 등으로 자주 활용된다.

这里的房租很便宜。 이곳의 집세는 매우 싸다.
去济州岛旅行，最好租一个车。 제주도로 여행 가려면 차를 렌트하는 게 제일 좋다.

尽快 jǐnkuài 부 되도록 빨리

'尽'은 'jǐn'과 'jìn' 두 가지 발음으로 읽히며, 각기 다른 뜻으로 해석된다. 'jǐn'은 '될 수 있는 대로 ~하다'라는 뜻으로, '尽快(되도록 빨리)' '尽量(최대한)' '尽先(맨 먼저)' '尽可能(가능한 한)'과 같이 활용된다. 'jìn'은 '다하다'라는 뜻으로, '尽力(온 힘을 다하다)' '尽情(마음껏 하다)' '无穷无尽(무궁무진하다)' 등과 같이 활용된다.

我要尽快做完作业。 나는 숙제를 되도록 빨리 끝내야 한다.
你尽快来我这一趟。 너는 가능한 빨리 나에게 와라.

제시어의 연관성을 이용하여 짧은 문장으로 만들어 보기

我在郊区租了一个公寓。 나는 교외에 아파트를 하나 임대했다.
尽快付押金。 빨리 보증금을 내야 한다.

위 문장들을 활용하여 스토리가 있는 문장 만들기

| 모범 답안 ① | ★★

		最	近	，	我	换	了	一	个	工	作	，	这	个	工
作	离	郊	区	很	近	，	所	以	我	打	算	在	郊	区	租
一	个	公	寓	。	我	通	过	手	机	应	用	，	发	现	了
一	个	好	的	房	子	。	这	个	房	子	很	大	，	有	三
个	卧	室	，	两	个	洗	手	间	。	周	围	的	环	境	也
很	好	，	离	地	铁	站	也	近	，	而	且	房	租	也	很
便	宜	。	这	么	好	的	房	子	我	要	尽	快	付	押	金	，
快	点	搬	进	去	。										

최근 나는 직장을 옮겼다. 이 직장은 교외에서 가까워서 나는 교외에 아파트를 하나 임대할 예정이다. 나는 휴대폰 어플을 통해 좋은 집을 하나 찾았다. 이 집은 아주 큰데, 침실이 세 개, 화장실이 두 개 있다. 주변 환경도 좋고, 지하철역에서도 가깝다. 집세도 매우 저렴하다. 이렇게 좋은 집에 나는 되도록 빨리 보증금을 내고 서둘러 이사해야 겠다.

| 활용 표현 |

(1) **离** : '~에서, ~로부터'라는 뜻으로, 어떠한 장소나 시간으로부터의 공간적·시간적 거리를 나타낼 때 쓰는 개사이다.
　　예 **我家离学校很远。** 우리 집은 학교에서 멀다.

(2) **通过** : '~을 통해서'라는 뜻의 개사로, 동작의 방식 또는 수단을 소개한다. 동사로 쓰이면 '건너가다, 지나가다'라는 뜻이다.

换 huàn 통 교환하다. 바꾸다 ┃ 应用 yìngyòng 명 애플리케이션, 앱 ┃ 卧室* wòshì 명 침실 ┃ 洗手间 xǐshǒujiān 명 화장실 ┃ 周围 zhōuwéi 명 주변 ┃ 环境 huánjìng 명 환경 ┃ 付 fù 통 지불하다

| 모범 답안 ② | ★★★

		在	郊	区	，	建	成	了	很	多	新	型	公	寓	，
不	仅	物	美	价	廉	，	而	且	附	近	的	交	通	也	非
常	便	利	。	因	此	我	专	门	去	找	了	中	介	咨	询
那	边	的	经	理	给	我	推	荐	了	一	套	难	得	的	好
房	子	，	我	立	刻	签	了	2	年	租	房	合	同	，	并
交	了	押	金	。	我	真	的	想	尽	快	搬	进	这	个	新
家	。														

교외에 신형 아파트가 많이 들어섰다. 품질은 좋고 가격은 저렴하다. 또한 인근 교통도 매우 편리하다. 그래서 나는 일부러 부동산을 찾아가 문의해 보았다. 그곳의 팀장이 구하기 힘든 좋은 집을 추천해 줘서 바로 2년 임대 계약을 하고 보증금을 냈다. 나는 정말 될 수 있는 대로 빨리 새집으로 이사하고 싶다.

| 활용 표현 |

(1) 不仅……而且…… : '～일 뿐만 아니라 게다가～'라는 의미의 접속사로, '不仅' 대신 '不但'을 쓸 수도 있다.

　　📝 她不但成绩好，而且乐于助人。 그녀는 성적이 좋을 뿐만 아니라 남을 돕기도 좋아한다.

(2) 物美价廉 : '값이 싸고 질도 좋다' 즉, '가성비가 좋다'는 뜻으로 많이 사용하는 사자성어이다.

建成 jiànchéng 통 건설하다 | 便利 biànlì 형 편리하다 | 因此 yīncǐ 접 그래서, 그러므로 | 专门 zhuānmén 부 특별히, 일부러 | 中介* zhōngjiè 명 중개, 매개 | 咨询* zīxún 통 자문하다, 상의하다 | 一套 yítào 수량 한 세트 | 立刻* lìkè 부 즉시, 곧 | 签* qiān 통 사인하다 | 合同* hétong 명 계약서

100 ★★★

STEP 1 　사진을 보고 상황을 가정하여 문장 만들어 보기

사람들이 마스크를 끼고 공장 앞에 서 있는 모습입니다. 이런 문제는 익숙한 '일상'의 이야기보다 설명문 형식으로 쓰는 것을 추천합니다. 설명문에서 쓸 수 있는 요소들을 생각해 보면 '환경이 오염된 원인은 무엇인지' '환경이 오염되면 어떤 나쁜 결과가 있는지' '우리는 무엇을 해야 되는지' 등으로 문장을 만들 수 있습니다.

환경이 오염된 원인
我们的环境保护意识变差了。 우리의 환경 보호 의식이 약해졌다.
人们为了眼前的利益，过度开发了资源。 사람들이 눈앞의 이익을 위해 자원을 지나치게 개발했다.

환경 보호의 중요성
环境一旦被破坏则很难恢复。 환경은 일단 파괴되면 돌이키기 어렵다.
环境是人类的生存基础，也是社会发展的基础。 환경은 인류의 생존 기반이자 사회 발전의 기반이다.

우리가 해야 하는 것
从自身开始，保护环境。 자신부터 환경을 보호한다.
应该立刻行动起来，为环境保护贡献自己的一份力量。
환경 보호에 각자의 힘을 보태기 위해 지금 바로 행동에 나서야 한다.

| 모범 답안 |

		对	一	个	国	家	来	说	，		将	发	展	工	业	与
保	护	环	境	比	起	来	，		后	者	更	为	重	要	。	因
为	环	境	一	旦	被	破	坏	则	很	难	恢	复	。		没	有
了	良	好	的	环	境	，	我	们	的	后	代	怎	么	继	续	
生	存	呢	？		环	境	是	人	类	的	生	存	基	础	，	也
是	社	会	发	展	的	基	础	，		因	此	保	护	环	境	是
重	中	之	重	。		我	们	应	该	立	刻	行	动	起	来	，
为	环	境	保	护	贡	献	自	己	的	一	份	力	量	。		

한 나라에 있어서 산업을 발전시키는 것과 환경을 보호하는 것을 비교하자면 후자가 더 중요하다. 환경은 일단 파괴되면 돌이키기 어렵기 때문이다. 좋은 환경이 없다면 우리 후손들이 어떻게 계속 생존할 수 있겠는가? 환경은 인류의 생존 기반이자 사회 발전의 기반이다. 이 때문에 환경보호는 무엇보다 중요하다. 우리는 환경 보호에 각자의 힘을 보태기 위해 지금 바로 행동에 나서야 한다.

| 활용 표현 |

⑴ 对……来说 : '~에게 있어서'라는 뜻으로, 어떤 입장 혹은 관점에서 사안을 본다는 의미를 나타낸다.

⑵ 一旦……则 : '一旦'은 불확실한 시간을 가리키며 '则/就'와 호응하여 '~하기만 하면'이라는 뜻으로 쓰인다.

  예 植物一旦缺少水分，就会死去。 식물은 수분이 부족하면 죽는다.

⑶ 重中之重 : '중요한 것 중에서도 중요한 것'이라는 강조 표현이다.

⑷ 贡献……力量 : '贡献'은 '공헌하다, 헌신하다'의 의미이고, '力量(힘)'과 같이 쓰여 '~에 힘써 이바지하다'라는 표현으로 쓰인다.

  예 我会贡献我的力量。 힘써 이바지하겠습니다.

工业* gōngyè 명 공업 | 保护 bǎohù 동 보호하다 | 环境 huánjìng 명 환경 | 后者 hòuzhě 명 후자, 뒤의 것 | 恢复 huīfù 동 회복하다 | 后代 hòudài 명 후대, 후세 | 继续 jìxù 동 계속하다 | 生存 shēngcún 명 생존 | 基础 jīchǔ 명 기초

>>> 기본 문장 활용 Tip | 환경과 관련 있는 사진

  随着社会的发展，(我们的环境)渐渐(被污染)了，特别是(我们的空气)已经被严重污染了。如果(环境得不到合理的保护)，不仅会让(我们的生活会)变得越来越糟糕，而且会对(我们的身体健康)造成很大的影响。所以我们要(保护环境)，从我做起。

  사회 발전에 따라서 (우리의 환경도) 갈수록 (오염되고) 있다. 특히 (우리의 공기는) 이미 심각하게 오염되었다. 만약에 (환경이 합리적인 보호를 얻지 못하면) (우리의 생활은) 갈수록 엉망이 될 것이고 (우리의 신체 건강에도) 큰 영향을 미칠 수 있다. 그래서 우리는 (환경을 보호)해야 하며, 우리 자신부터 시작해야 한다.

왜 정답인지 모두 풀이해 주는
HSK5급 모의고사

지은이 이준복, 성룡
펴낸이 정규도
펴낸곳 (주)다락원

초판 1쇄 발행 2021년 1월 8일

기획·편집 이원정, 이상윤
디자인 구수정, 최영란
사진 Shutterstock
녹음 曹红梅, 朴龙君, 허강원

다락원 경기도 파주시 문발로 211
전화 (02)736-2031 (내선 250~252 / 내선 430, 439)
팩스 (02)732-2037
출판등록 1977년 9월 16일 제406-2008-000007호

정가 15,000원 (문제집+해설서+MP3 무료 다운로드)
ISBN 978-89-277-2282-3 14720
      978-89-277-2275-5 (set)

www.darakwon.co.kr
다락원 홈페이지를 방문하시면 상세한 출판 정보와 함께 동영상 강좌, MP3 자료 등 다양한 어학 정보를 얻으실 수 있습니다.

왜 정답인지
모두 풀이 해 주는

HSK5급
모의고사
문제집

汉语水平考试

HSK（五级）

第一套

注　意

一、 HSK（五级）分三部分：

　　1. 听力（45题，约30分钟）

　　2. 阅读（45题，45分钟）

　　3. 书写（10题，40分钟）

二、 听力结束后，有5分钟填写答题卡。

三、 全部考试约120分钟（含考生填写个人信息时间5分钟）。

一、听 力

第一部分

第1-20题：请选出正确答案。

1. A 新来的记者
   B 报社的总裁
   C 学校的校长
   D 出版社的编辑

2. A 胃疼
   B 着凉了
   C 嗓子发炎
   D 总是失眠

3. A 有丰富的经验
   B 是他的业余爱好
   C 有海外留学经历
   D 是他的研究生专业

4. A 感激
   B 惭愧
   C 后悔
   D 激动

5. A 没有现金
   B 零钱不够
   C 不会手机支付
   D 优惠卷额度不足

6. A 很有把握
   B 方案已批准
   C 设备需要更新
   D 不能按时完成

7. A 换电池
   B 找保修单
   C 安装空调
   D 给商场打电话

8. A 电脑中病毒了
   B 文件被删除了
   C 移动硬盘坏了
   D 计算机质量不好

9. A 阳台摆上花瓶
   B 扩大卧室面积
   C 更换装修材料
   D 墙上挂上结婚照

10. A 除夕
    B 中秋节
    C 端午节
    D 国庆节

11. A 火车上
    B 餐车内
    C 吸烟室里
    D 高速公路上

12. A 运气很重要
    B 比赛还没结束
    C 结果令人失望
    D 没有优秀球员

13. A 是纪录片
    B 要拍续集了
    C 导演很有名
    D 非常受欢迎

14. A 窗户边
    B 书架上
    C 抽屉里
    D 鞋柜上

15. A 是教练
    B 在郊区住
    C 闯红灯了
    D 考上驾照不久

16. A 有优惠活动
    B 现场打八折
    C 免费送货上门
    D 两年无条件保修

17. A 公司破产了
    B 贷款买房了
    C 买了人身保险
    D 买股票赚钱了

18. A 女的有对象
    B 男的准备辞职
    C 女的已经结婚了
    D 男的是本科毕业

19. A 没睡好
    B 疲劳驾驶
    C 花粉过敏
    D 有些晕车

20. A 历史悠久
    B 是高楼大厦
    C 是填海建成的
    D 禁止游客进入

第二部分

第21-45题：请选出正确答案。

21. A 能够不紧张
    B 做充分准备
    C 观众多一些
    D 少出一点儿汗

22. A 先填表格
    B 用航空邮寄
    C 去快递公司
    D 选普通邮寄

23. A 运气不好
    B 没有被录用
    C 应聘成功了
    D 在等面试消息

24. A 很有趣
    B 有意义
    C 压力小
    D 工资高

25. A 有人口红利
    B 投入成本不高
    C 当地政策支持
    D 地理优势明显

26. A 贴手机膜
    B 改变手机套餐
    C 买新的手机套
    D 升级手机系统

27. A 下载软件
    B 上传照片
    C 给女的拍摄
    D 教女的操作

28. A 让女的减肥
    B 把衣服捐出去
    C 不要浪费粮食
    D 一起收拾房间

29. A 是名画家
    B 是美术系学生
    C 打算练习画画儿
    D 美术是兴趣爱好

30. A 公司领导
    B 大牌明星
    C 产品设计师
    D 不请任何人

31. A 让人失望
    B 很受欢迎
    C 没有成就感
    D 能感受到意义

32. A 改善周边环境
    B 体会工作的意义
    C 跳槽到其他地方
    D 鼓励自己坚持下去

33. A 非常时髦
    B 比较复古
    C 是黑色的
    D 模拟了人类

34. A 实验室外
    B 高速公路上
    C 家庭公寓内
    D 机场停车场里

35. A 自动化运行
    B 需要人操控
    C 技术还不成熟
    D 不适用所有车型

36. A 题目很难
    B 考题很多
    C 只剩下两人
    D 没有监考官

37. A 激动
    B 惊讶
    C 感激
    D 遗憾

38. A 创新能力强
    B 有大局思维
    C 善于与人沟通
    D 第一印象很好

39. A 可以预防疾病
    B 需通过药物补充
    C 不易被人体吸收
    D 并不利与所有人

40. A 九点到十点
    B 两点到四点
    C 随时都可以
    D 十二点到一点

41. A 对皮肤有害
    B 会让人过敏
    C 紫外线会变强
    D 对维生素合成不利

42. A 不能正常下载
    B 是免费使用的
    C 很多人表示不满
    D 一次能查三条信息

43. A 开发方赚了很多钱
    B 百科全书已经过时
    C 人们习惯于免费资源
    D 软件收费是未来趋势

44. A 许愿
    B 放鞭炮
    C 玩游戏
    D 给压岁钱

45. A 许愿不重要
    B 人人都有期待
    C 不要光想不做
    D 新年逐渐被重视

二、阅 读

第一部分

第46–60题：请选出正确答案。

46–48.

人的肺平均有两个足球那么大，但很多人呼吸不深，使空气不能深入肺里面。这__46__大多数人一生中只使用肺的1/3。因此，深呼吸极其重要。其__47__方法是先慢慢地由鼻孔吸气，胸部要往上提，腹部要慢慢鼓起，再继续吸气，使整个肺里__48__空气。这个过程一般需要5秒钟。练习时间长了，能成为一种正常的呼吸方法。

46. A 导致　　　　B 安装　　　　C 明确　　　　D 发生

47. A 坦率　　　　B 意外　　　　C 具体　　　　D 地道

48. A 满足　　　　B 突出　　　　C 充满　　　　D 阻止

49–52.

小李正要过马路，身旁有一位盲人带着他的导盲犬也要过马路。__49__时，那只狗不仅没有带着它的主人过马路，还在它主人的裤子上小便。这时那位盲人把手伸进口袋，拿了一片饼干给那只狗。小李看了很__50__，对那位盲人说："__51__这是我的狗，我一定会踢它的屁股。"那位盲人非常平静地回答道："__52__，但是我必须先要找到它的屁股啊！"

49. A 红灯　　　　B 绿灯　　　　C 出门　　　　D 离开

50. A 生气　　　　B 高兴　　　　C 惊讶　　　　D 佩服

51. A 如果　　　　B 哪怕　　　　C 一旦　　　　D 可是

52. A 你帮我踢吧　　　　　　　　　B 我不想踢它
　　C 我是想踢它　　　　　　　　　D 我找不到它

8

53–56.

　　近些年，"断食"是健康养生圈里流行的一个名词，被　53　为减肥良方，还被认为有"长寿"、"防病"的神奇效果。但我想要提醒各位的是，直到目前为止，断食还算不上值得推荐的保健方式。相反，　54　。最新研究指出，断食有效和安全的　55　都相当有限。

　　虽然很多科学家对断食感兴趣，前期研究结果看起来也挺　56　，这些都是真的，但这中间还有不少问题需要解决。

53. A 宣传　　　　B 违反　　　　C 广播　　　　D 问候

54. A 控制饮食的更长寿了　　　　　　B 要强调的是其不确定性
　　 C 反映结果的指标有两种　　　　　D 临床研究规模也还比较小

55. A 证据　　　　B 政治　　　　C 收据　　　　D 传说

56. A 消极　　　　B 公平　　　　C 模糊　　　　D 乐观

57–60.

　　有一回，卞庄子住在一家旅馆里，两只胆大的老虎竟然在白天　57　进了隔壁人家，咬死了一头小牛。卞庄子是一个　58　的人，他马上抽出刀来，要去杀老虎。旅馆的老板拦住他说："别　59　。只有一头小牛，那两只老虎一定会互相咬起来，结果一定是一只被咬死，一只被咬伤。到时候你只要把伤的那只砍死就成了。"卞庄子听了他的话，待了一会儿，　60　，小的被咬死了，大的被咬伤了。卞庄子杀死了受伤的老虎，结果只动了一次手，得到了两只老虎。

57. A 走　　　　　B 爬　　　　　C 闯　　　　　D 冲

58. A 聪明　　　　B 勇敢　　　　C 坚强　　　　D 结实

59. A 害怕　　　　B 犹豫　　　　C 灰心　　　　D 着急

60. A 牛被吃完了　　　　　　　　　　B 两只老虎居然都死了
　　 C 卞庄子把老虎打倒在地　　　　　D 两只老虎果然互相咬了起来

第二部分

第61-70题：请选出与试题内容一致的一项。

61. 青岛地铁最近推出了以海底世界为主题的车厢，车厢以大海蓝为主色调，车厢内各种海洋生物的彩绘随处可见，非常逼真。未来，青岛地铁还将推出更多体现青岛的城市特色的车厢，乘客的乘车环境变得不再单调。

   A 青岛的地铁票价普遍高
   B 主题车厢还未投入运营
   C 主题车厢体现了青岛的特色
   D 青岛的地铁可直通海洋公园

62. 最新研究发现，无论是幼儿还是青少年，和父母相处的时间越长，语言能力就越强。另外，父母陪伴孩子，有利于营造幸福的家庭气氛，在这种环境中长大的孩子会更自信，交际能力更强，学习成绩更好，心理也更健康。

   A 要鼓励孩子多交朋友
   B 要重视培养孩子的兴趣
   C 父母应保证孩子的选择空间
   D 父母的陪伴有利于孩子成长

63. 电池的一个充电周期不是指充一次电，而是指电池把100%的电量全部用完，然后再充满的过程。比如一块电池在第一天只用了一半的电量，然后将它充满。第二天用了一半再充满，这两次充电只能算作一个充电周期。如果等到电池快没电时再充满，这种做法会损害电池寿命。

   A 充电池需要定期更换
   B 充电时打电话非常危险
   C 首次充电要充满12个小时
   D 快没电时充电缩短电池寿命

64. "停车难"已成了很多大城市的通病，由于车位紧张，违章停车的现象越来越严重。为了从根本上解决这个问题，近年来，一些城市开始建立停车管理系统，整合城市车位资源。并通过手机应用、网站、电话等方式为市民提供查询服务，缓解市民的停车压力。

A 违章停车将面临巨额罚款
B 停车乱放等现象得到解决
C 市民更依赖公共交通设施
D 个别城市可上网查询车位

65. "Z一代"也就是我们常说的"95后"。他们是第一批不知道没有互联网的世界是什么样的一代人，相对而言，他们或许更清楚我们这个世界所面临的问题是什么。在中国，他们约占总人口的17%，他们已经开始进入社会，并逐渐成为中国的主要劳动力。

A "Z一代"面临失业问题
B "Z一代"普遍比较自私
C "Z一代"生在网络时代
D "Z一代"的17%进入社会了

66. 人们的智商差距其实并不是特别大，在学习过程中，人与人之间出现的成绩差距，更多的是情商造成的。至于一个人的情商往往和童年时期的教育有着很大的关系，因此，培养情商应该从小开始。

A 智商高成绩就好
B 情商要从小培养
C 智商和情商是一样的
D 个体之间的智商差距特别大

67. 世界上有很多种动物面临着彻底消失的危险。生活在印度尼西亚保护区内的天堂鸟，70年代末还有500多只，现在只剩下55只；非洲野狗也面临彻底消失的威胁，80年代还有1000多只，现在只剩下一半；上个世纪非洲共有1000万头大象，而现在生存下来的野象可能只有40万头左右，平均每年减少10%。

A 天堂鸟生活在非洲
B 非洲野象现在只有50多只
C 非洲野狗将有可能不存在了
D 气候变化使一些动物迅速减少

68. 最近，中国首次成为世界汽车生产销售第一大国。人口众多，人均汽车保有量仍然很低，因此，中国拥有巨大的购买潜力，这些都拉动着中国汽车工业的快速增长，汽车工业已经成为国家经济的重要支柱产业。

A 中国汽车销售量大于生产量

B 中国人均汽车保有量已相当高

C 中国成为了汽车出口第一大国

D 人口是汽车业发展的动力之一

69. 赵州桥又名安济桥，位于河北省赵县，建于隋朝大业（公元605-618）年间，由著名造桥匠师李春建造。桥长64.4米，距今已有1400多年历史，是世界上现存最早、保存最完好的单孔石拱桥，被誉为"华北四宝"之一。

A 赵州桥还在使用

B "华北四宝"指的是四座桥

C 李春是隋朝的一位著名工匠

D 赵州桥距今已有两个多世纪了

70. 我周一早上在邮局给家乡寄了两个包裹。今天又到周一了，可是爸妈说包裹还没收到。因为当时包裹包装得不是很好，所以我有点儿发愁。要是里面的衣服丢了，爸妈就收不到我的新年礼物和祝福了。

A 爸妈给我寄了两个包裹

B 我没有给爸妈送新年礼物

C 包裹寄出去不到一个星期

D 我给爸妈送的新年礼物是衣服

第三部分

第71-90题：请选出正确答案。

71-74.

科学家发现鸟的翅膀虽然没有飞机机翼那么坚硬，但由于它们能够自由地伸展，因此比飞机更能适应不同的天气状况，尤其是恶劣的天气。

在大自然的启发下，科学家们正在着手研制能够弯曲变形的机翼。这种变形机翼的设计原理是：飞机在高速飞行时可以略微向后收拢，以减少飞行中所受的阻力，同时减少遭遇气流时所带来的振动；而当飞机减速时，又可以自动向前伸展，有助于飞机更快、更平稳地降落。

但是要让机翼变形可不是件容易的事情，关键要找到一种受到外界空气压力和刺激后能自动屈伸的智能材料。目前比较适合的机翼材料是记忆合金和压电陶瓷，前者可以使飞机机翼在某种空气环境中改变成特殊的形状；而后者则可以对电压、温度等多种环境因素的变化做出灵敏反应。

不过，科学家说，这种拥有灵活机翼的飞机至少还需要20年的时间才能研制成功。到那时，飞机将变得更加舒适和安全，可以像鸟一样在各种环境下自由飞翔。

71. 鸟为什么能适应恶劣的天气？

    A 重量轻   B 羽毛很厚

    C 飞行速度快   D 翅膀能随意伸展

72. 关于变形机翼，下列哪项正确？

    A 起飞时可以提高速度   B 气流带来的振动更大

    C 高速飞行时机翼向前伸展   D 需要找到合适的智能材料

73. 变形机翼成功研制后会有什么影响？

    A 机票价格会降低   B 飞机更安全舒适

    C 可以延长飞行距离   D 飞行不受任何限制

74. 最适合上文标题的是：

    A 飞机的发明   B 科学家的辛勤奋斗

    C 如何提高飞机的安全性   D 从自然得到启发的机翼

75–78.

京剧大师周信芳早年登台演出时因其高亮的嗓音而闻名。一个冬日，他早起到院子里练功，可一张口："一马离了……"发现嗓音忽然变得很沙哑。周信芳很疑惑，又试着唱了几句，结果依然如此。他想，或许是因为昨晚着凉了，于是决定先休息几日。

但过了几天，他的嗓子仍未恢复正常。周信芳慌了神，忙去找前辈吕月樵。吕月樵一听便明白了，安慰道："别慌，你是'倒仓'了"。原来，京剧界把男性青春期的变声叫"倒仓"，其间，声音会变得低粗暗哑。有人会因倒仓后不能恢复原有嗓音而变得一蹶不振，也有人度过这段时期后反而拥有了更理想的嗓音。

解除心中的疑惑后，周信芳更加注意饮食，每日坚持喊嗓锻炼。过了一段时间，他的嗓音总算有了好转，却未能恢复到原来的高亮状态，始终带有一些沙哑。许多人担心他的京剧生涯会就此结束，但周信芳并不灰心。他分析了自己的嗓音条件后，决定采用讲究气势的唱腔，并特别注重对角色感情的研究。经过长期的探索，他不仅未因变声受到限制，反而形成了自己独特的风格，并最终创建了京剧老生的重要流派——麒派。

75. 周信芳最开始为什么有名？

    A 师出名门   B 嗓音高亮

    C 表演很生动   D 容貌很英俊

76. 他的嗓子为什么变得沙哑？

    A 着凉感冒   B 过早起床

    C 情绪慌张   D 到了变声期

77. 没能恢复原来的嗓音，他怎么了？

    A 彻底灰心了   B 探索出新路了

    C 不能表演京剧了   D 参加了新流派——麒派

78. 下面哪项最适合做上文的标题？

    A 让弱点闪光   B 怎样避免误会

    C 失败是成功之母   D 努力了未必成功

79–82.

1848年的一天，英国一个发明家独自来到一家比较安静的咖啡厅，喝着咖啡。他旁边又来了一位客人。这位客人便拿出纸和笔写起信来，信写好后，他拿出一大张新邮票，准备贴在信封上。但摸遍了身上所有的口袋，都没有找到小刀，他就着慌了。

当时的邮票，一般几十枚印在一个大纸上，因此若要贴邮票，必须先用小刀划开一枚。如果用手撕开，往往撕得很不齐，那么这枚邮票就无法使用了。

这位客人没带小刀，便十分客气地问发明家："先生，请问您有小刀吗？能否借我用一下？"

"哦，对不起，我也没带小刀。"他回答道。

这位客人看了一下旁边桌上的人，欲问又止，最后没有再开口。他取下西服领带上的别针，在这枚邮票与其它邮票的连接处刺了几行整齐的小孔，然后将这枚邮票干净利落地撕了下来，并小心翼翼地贴在信封上。

善于观察的这个发明家，将这一切都看在眼里。他从内心佩服这位会动脑筋的客人。他想："几十枚邮票印在一起，用起来确实很不方便。假如能在印制邮票的时候就在各枚之间的空白处打上一行行小孔，这样随手一扯就可用，根本就不用小刀。"回去后，他立即投入了邮票打孔机的研究。

不久，邮票打孔机就在他的手中诞生了。英国邮政部门看了他发明的机器后，立即采用了。打孔邮票用起来十分方便，深受邮政人员及寄信人的欢迎。

79. 关于传统的邮票，下列哪项正确？

    A 很难撕开   B 在咖啡厅卖

    C 19世纪发明了   D 英国第一个使用

80. 那个客人如何解决了问题？

    A 借用别人的小刀   B 去商店买了新的刀

    C 利用了邮票打孔机   D 在邮票上刺了一些孔

81. 关于那个发明家可以知道什么？

    A 善于发现   B 经营咖啡厅

    C 发明了邮票   D 他的发明不受欢迎

82. 下面哪项最适合做标题？

    A 需求是发明之母   B 邮票打孔机的发明

    C 咖啡是怎样流传到英国的   D 传统邮件和电子邮件的区别

83–86.

　　提到交流，我们自然会想到语言，即我们每天说的不计其数的话。但是，除了有声语言，还有一种对我们日常的交流做出了巨大贡献的身体语言——"体态语"。体态语是一种表达和交换信息的看得见的符号系统，它由人的面部表情、身体姿势、肢体动作和体位变化等构成。或者通俗地讲，当人体动作能够传递相关信息时，这些动作有了语言的功能，就成为体态语了。

　　在现实生活中，体态语使用极其广泛，而且有时能更巧妙地表达信息，同时留给对方更大的想象空间。一名心理学家得出一个有趣的公式：一条信息的表达是由7%的语言、38%的声音和55%的人体动作完成的。这表明，人们获得的信息大部分来自视觉印象。因而他十分肯定地说过："无声语言所显示的意义要比有声语言多得多。"

　　人类的体态语具有一定的共性，语言不通、地域不同、文化相异的人们可以通过体态语进行一定程度上的有效交流。然而，有一部分体态语却是后天习得的，源于各地不同的历史文化传统和社会宗教环境，从而具有了各自的民族特性，自然而然，体态语的文化差异就产生了。因为如此，在跨文化交际中，可能会因为体态语的差异而产生误解。

　　尽管如此体态语不仅能补充有声语言的不足，还能传递特定的信息，以加深印象，从而收到良好的效果。

83. "体态语"是指什么？

　　A 有声音的语言　　　　　　　　B 我们每天说的话
　　C 表达信息的唯一方式　　　　　D 传达信息的人体动作

84. 下面哪项是体态语的特点？

　　A 没有任何系统　　　　　　　　B 在世界各地都通用
　　C 传达的信息更准确　　　　　　D 给人更大的想象空间

85. 用体态语沟通时，要避免出现什么情况？

　　A 过度使用　　　　　　　　　　B 动作太夸张
　　C 忽视视觉信息　　　　　　　　D 因文化差异产生误解

86. 下面哪项最适合做上文的标题？

　　A 该如何传递信息　　　　　　　B 体态语的文化差异
　　C 有时有声不如无声　　　　　　D 各民族语言的共性

中国人的休闲方式正在由少变多，逐渐变化。

以前，中国人的休闲方式很少。在农村，因为经济条件不好，农民家里很少有电视机，又因为文化水平不高，认识的字不多，读书、看报纸的人也很少，他们大多数是通过广播来了解国内外最新发生的大事的。农民经过一天的劳动，觉得很累，又没有其它合适的休息方式，只好早点睡觉。在城市，虽然有的家庭有电视机，有的家庭有收音机，认识字的人也比农村多，但是这些休闲活动都是在家里进行的，到外面去的活动比较少。

现在，中国人的休闲方式变得很丰富了。无论是在城市，还是在农村，人们的业余生活都越来越有意思了。尤其是在城市，跑步、游泳、爬山、钓鱼这些简单的活动非常受欢迎；骑马、滑冰、打高尔夫球也开始流行。还有许多收入高、工作竞争激烈的年轻人很喜欢到酒吧、咖啡屋去度过他们的业余时间。他们喜欢边听音乐边喝酒，在与朋友聊天的时候得到休息。

休闲方式变多，休闲生活变普遍，增加了人们的需要，扩大了消费，给国家经济带来了新的发展空间。为了鼓励人们多走出家门，到外面去体会世界的精彩，同时促进经济发展，中国政府在每年的"五·一"、"十·一"都要放七天长假。人们可以在这几天里去看朋友，去远一点的地方旅行，去学习自己不会的东西，或者就在家里好好休息。经过假日的休息，人们又以愉快的心情开始新的工作。

87. 在过去，农村的人们通过什么方式来了解国内外大事？

A 读书　　　　　　　　　　B 看报纸
C 看电视　　　　　　　　　D 听广播

88. 关于休闲方式的变化趋势，以下哪一项**不正确**？

A 由少变多　　　　　　　　B 由单调变丰富
C 由户内到户外　　　　　　D 由国内到国外

89. 以下哪一项**不是**政府放长假的原因？

A 促进经济发展　　　　　　B 鼓励人们在家工作
C 鼓励人们多走出家门　　　D 让人们得到足够的休息

90. 这篇文章主要讲的是：

A 为什么要放假　　　　　　B 休闲方式的变化
C 休闲方式的种类　　　　　D 农村与城市的差别

二、书 写

第一部分

第91–98题：完成句子。

例如：发表　　这篇论文　　什么时候　　是　　的

　　　　这篇论文是什么时候发表的?

91. 获得　　批准了　　那个　　方案

92. 令人　　他的　　遗憾　　表现

93. 影响　　经济发展　　会　　产生　　人口增长对

94. 嘉宾　　已陆续　　到达报告厅了　　邀请的

95. 晚上8点　　博物馆的　　开放时间　　延长　　到了

96. 能　　合理运动　　苗条的身材　　保持

97. 了彼此　　双方交换　　的　　看法

98. 锁被政府　　拆　　了　　桥上　　挂的

第二部分

第99–100题：写短文。

99. 请结合下列词语(要全部使用，顺序不分先后)，写一篇80字左右的短文。

　　获得、摄影、作品、记录、生活

100. 请结合这张图片写一篇80字左右的短文。

제1회
모의고사 정답과 모범 답안

해설서 10쪽

一、听力 듣기

1 D	2 C	3 D	4 A	5 D	6 A	7 A	8 B	9 B	10 A
11 A	12 B	13 D	14 C	15 D	16 A	17 B	18 A	19 D	20 A
21 A	22 B	23 C	24 B	25 D	26 B	27 D	28 B	29 D	30 C
31 D	32 B	33 A	34 D	35 A	36 B	37 B	38 B	39 A	40 A
41 D	42 C	43 C	44 A	45 B					

二、阅读 독해

46 A	47 C	48 C	49 B	50 C	51 A	52 C	53 A	54 B	55 A
56 D	57 C	58 B	59 B	60 D	61 C	62 D	63 D	64 D	65 C
66 B	67 C	68 D	69 C	70 D	71 D	72 D	73 B	74 D	75 B
76 D	77 B	78 A	79 B	80 C	81 A	82 B	83 B	84 B	85 D
86 C	87 D	88 D	89 B	90 B					

三、书写 쓰기

91 那个方案获得批准了。

92 他的表现令人遗憾。

93 人口增长对经济发展会产生影响。

94 邀请的嘉宾已陆续到达报告厅了。

95 博物馆的开放时间延长到了晚上8点。

96 合理运动能保持苗条的身材。

97 双方交换了彼此的看法。

98 桥上挂的锁被政府拆了。

99 모범 답안 ①

我很喜欢摄影，因为摄影不仅可以记录人们的生活，还能带给人们很多回忆。上个月，我参加了学校举办的摄影大赛，最终我的摄影作品获得了第一名。这给了我很大鼓励，我要更加努力成为一名专业摄影师。

모범 답안 ②

记得小的时候，我就常常带着我的摄影机，拍一拍多姿的花朵，照一照来往的人群，记录着身边一点一滴的生活。前不久，我把这些素材编辑成了一个10分钟的视频，并拿去参赛了。出人意料，我的作品竟然获得了最佳短片奖。

100 모범 답안

我的兴趣是打太极拳，并且参加了学校的太极拳社团。一个偶然的机会，我被推荐到学校参加一个重要的比赛。当时，我即兴奋又紧张，每天都抓紧时间练习。到了比赛当天，虽然有了一个小失误，但是整体的表现不错。最终我获得了大赛的冠军。

汉语水平考试

HSK（五级）

第二套

注　意

一、HSK（五级）分三部分：

1．听力（45题，约30分钟）

2．阅读（45题，45分钟）

3．书写（10题，40分钟）

二、听力结束后，有5分钟填写答题卡。

三、全部考试约120分钟（含考生填写个人信息时间5分钟）。

一、听力

第一部分

第1–20题：请选出正确答案。

1. A 召开时间未定
   B 负责人需做汇报
   C 只需负责人参加
   D 需要一名主持人

2. A 赞同
   B 不满
   C 抱怨
   D 忽视

3. A 装修豪华
   B 味道一般
   C 服务优质
   D 上菜太慢

4. A 外面正在下雪
   B 女的要去开车
   C 男的让女的加油
   D 他们在谈论天气

5. A 家具店
   B 电视台
   C 俱乐部
   D 大型商场

6. A 很出色
   B 让人感动
   C 有些单调
   D 经验不足

7. A 去广东旅行
   B 提前预约餐厅
   C 邀请亲戚过节
   D 在饭店吃团圆饭

8. A 对宿舍不满意
   B 是室内设计师
   C 比较独立自主
   D 喜欢热闹的地方

9. A 汉语的语法
   B 汉字的笔划
   C 网络用语的意思
   D 网友不回复的理由

10. A 作业的压力太大
    B 耽误学校的功课
    C 没有户外运动时间
    D 理解不了其中的意思

11. A 男的是大夫
    B 病人需要手术
    C 男的已经出院了
    D 病人的病情不稳定

12. A 上不了网了
    B 文件不能下载
    C 邮件被删除了
    D 女的在申请邮箱

13. A 地上很滑
    B 系好围巾
    C 带上雨伞
    D 小心着凉

14. A 应该禁止
    B 值得鼓励
    C 会耽误功课
    D "度"很重要

15. A 是黑色的
    B 不够正式
    C 显得身材好
    D 颜色很鲜艳

16. A 被人骗了
    B 有人受伤了
    C 发现过敏了
    D 有人晕倒了

17. A 表情不自然
    B 很感谢摄影师
    C 拍婚纱照很辛苦
    D 喜欢浪漫的照片

18. A 姑姑
    B 外婆
    C 舅舅
    D 孙女

19. A 贷款的流程
    B 贷款的结果
    C 退休的手续
    D 项目是否批准

20. A 李经理辞职了
    B 女的需要胶水
    C 女的工作很繁忙
    D 男的是公司主任

第二部分

第21-45题：请选出正确答案。

21. A 云南的特色小吃
    B 种植鲜花的方法
    C 如何有效的减肥
    D 各地的传统节日

22. A 毕业论文
    B 谈判的资料
    C 新买的小说
    D 修改好的作业

23. A 不会做翻译
    B 暂时还没想好
    C 更适合女孩儿
    D 想报名志愿者

24. A 欧洲
    B 泰国
    C 南方
    D 东南亚

25. A 车开得太慢
    B 身份证丢了
    C 怕赶不上高铁
    D 路上一直堵车

26. A 上学距离远
    B 出国留学了
    C 公司在市内
    D 胡同拆迁了

27. A 女的在医院
    B 专家今天休息
    C 挂号需要排队
    D 男的没带身份证

28. A 现场气氛好
    B 电视不直播
    C 想和家人一起看
    D 家里网络信号差

29. A 更换手机套餐
    B 下载手机应用
    C 购买大流量包
    D 修改电子银行密码

30. A 是一名模特
    B 胳膊摔伤了
    C 无奈放弃了梦想
    D 身体恢复得很好

31. A 不能开花
    B 不易凋谢
    C 先开花后长叶
    D 需要每天浇水

32. A 温度
    B 光照
    C 湿润程度
    D 土壤质量

24

33. A 小明
    B 姥姥
    C 亲戚
    D 孩子

34. A 温馨
    B 冷漠
    C 激情
    D 可爱

35. A 情绪不好时
    B 上幼儿园后
    C 学习外语时
    D 能组织语言时

36. A 猫逃跑了
    B 孩子不听话
    C 被上司批评了
    D 被公司辞退了

37. A 是不可避免的
    B 是依次传递的
    C 能改善人际关系
    D 上司的脾气都不好

38. A 及时缓解压力
    B 要热爱小动物
    C 遵守交通规则
    D 应该看到别人的长处

39. A 基本相同
    B 差异很大
    C 变化无常
    D 不能估计

40. A 裁员
    B 超售机票
    C 增加航班
    D 取消飞机餐

41. A 天气影响起降
    B 供求影响价格
    C 推进新能源建设
    D 退票改签很常见

42. A 惊喜
    B 慌张
    C 严肃
    D 没答应

43. A 认错人了
    B 忘记台词
    C 没戴假胡子
    D 有观众离场

44. A 肉类
    B 汤类
    C 米饭
    D 蔬菜类

45. A 味道更好
    B 不易变质
    C 更易吸收
    D 避免营养损失

二、阅 读

第一部分

第46-60题：请选出正确答案。

46-48.

中国南方的住宅一般面积小，楼房多，正方形，这种住宅在南方各省__46__很广。但客家人常居住大型集团住宅，这种住宅叫土楼。它独具__47__，有方形、圆形、八角形和椭圆形等形状。福建永定县共有8000余座土楼，规模大，造型美，既科学又__48__，构成了一个奇妙的民居世界。

46. A 安慰　　　　B 分布　　　　C 威胁　　　　D 发生
47. A 特色　　　　B 概念　　　　C 财产　　　　D 独特
48. A 单调　　　　B 突出　　　　C 平等　　　　D 实用

49-52.

游泳世锦赛刚刚结束。本次大会中，中国游泳队的奖牌总数比上一__49__有所减少，可是几位00后运动员的表现__50__。

这次大会新增了男女4X100米混合接力等项目。这项目是新生事物，各国都还在摸索当中。比赛__51__与自由泳接力相同。但男女选手的出场顺序是"女男女男"、"男女男女"、"男男女女"、"男女女男"，可谓五花八门，因为每个队男女实力情况不同，需要教练根据具体情况灵活安排。但更重要的是，必须得__52__男女之间的实力平衡。

49. A 届　　　　　B 圈　　　　　C 片　　　　　D 幅
50. A 令有关人员议论纷纷　　　　　　B 让中国队的成绩更好
　　C 导致其他选手心怀不满　　　　　D 引起了观众热烈的反应
51. A 样式　　　　B 证据　　　　C 脑袋　　　　D 规则
52. A 保存　　　　B 注重　　　　C 赞成　　　　D 忽视

53–56.

　　"摩擦性失业"是劳动者在正常流动过程中所产生的失业。例如：因为想换工作环境　53　后，不能立刻找到工作，你就在两个工作之间处于失业状态。摩擦性失业是一种正常性的失业，是竞争性劳动力市场的一个自然特征，它的存在与充分就业并不　54　。尽管如此，如果求职者与岗位相互寻找的时间过长，仍会给求职者本人和　55　社会造成伤害。这对求职者而言是收入的损失，　56　。

53. A 兼职　　　　B 推辞　　　　C 辞职　　　　D 违反

54. A 冒险　　　　B 矛盾　　　　C 形象　　　　D 地道

55. A 整个　　　　B 所有　　　　C 彼此　　　　D 个别

56. A 会彻底放弃求职的努力　　　　　B 很快就被其他公司录取
　　 C 对社会而言则是资源的浪费　　　D 积极乐观的态度比什么都重要

57–60.

　　很多人长大成人成家立业了，却很　57　母亲的声音。这是为什么？
　　事实上，在胎儿7个月时，听觉系统就已经发挥作用了。与视觉相比，　58　。新生儿大脑对妈妈的声音有强烈反应，这说明母亲的声音对婴儿具有　59　意义。因此，当孩子要抱抱时，妈妈可以用温柔的声音跟宝贝说话，帮助他的情绪　60　，不一定每次都要立刻就去抱他。

57. A 想念　　　　B 梦想　　　　C 躲藏　　　　D 讲究

58. A 听觉已经相当发达了　　　　　B 声音作用于听觉器官
　　 C 可以确定声音传来的方向　　　D 听觉系统就很自然地准备好

59. A 特色　　　　B 紧急　　　　C 特殊　　　　D 迫切

60. A 安慰　　　　B 恶劣　　　　C 合理　　　　D 稳定

第二部分

第61-70题：请选出与试题内容一致的一项。

61. 最近中国的一家企业发布了智能无人机送货的方案，并且成功完成了首次试飞。送货时，无人机直接飞往离客户最近的站点，而我们取包裹时只需要拿身份证一刷就可以了。有了无人机送货，配送的效率可提高不少，大大减少了配送时间。

    A 无人机送货速度快

    B 该服务需要智能手机

    C 无人机可以送到门前

    D 该服务正式投入运营

62. 鳡鱼是一种淡水经济鱼类，分布非常广泛，中国自北至南的很多水系都有鳡鱼的身影，其肉质鲜美，蛋白质和脂肪含量高。它游泳能力极强，常袭击其他鱼类，比人们熟悉的其他食肉鱼更为凶猛。估计成鱼之后没什么鱼能惹得起它。

    A 鳡鱼攻击性很强

    B 鳡鱼价格很便宜

    C 鳡鱼很快就成长

    D 鳡鱼只分布于中国

63. 塔里木沙漠公路是在流动性沙漠中修建的世界上最长的公路，南北贯穿塔里木盆地，全长522公里。它的建成为当地的险旅游创造了良好的条件。公路还途径多个油田，对当地的能源开发也发挥着积极作用。

    A 该公路年久失修

    B 该公路是免费公路

    C 该公路建在沙漠中

    D 该公路建有很多加油站

64. 过去回头客被认为是对企业有益的，但某研究者调查消费者的消费习惯后发现，回头客除重复购买外，还有其他消费习惯。这些顾客中有非常多的人喜欢退货，或是只在打折时才来购物，因此，事实上他们对企业有着不良影响。

A 回头客退货率高
B 应该趁打折时购物
C 回头客对企业有益
D 要养成良好的消费习惯

65. 职场新人刚刚入职，对公司和同事的了解都很少。如果你想要更快地融入职场，主动要求工作或者主动去帮助同事是很有必要的。首先，这样既能增进同事之间的了解，也能让你对各项工作更加熟悉，为以后进一步发展做准备。其次，这样能证明你有更进一步的能力了，领导自然也会比较欣赏你。

A 职场新人一定要主动
B 有能力的人都很主动
C 公司的工作环境很重要
D 新人主动容易引起误会

66. 中国茶叶研究所最近在云南省玉溪市某地发现了一棵约有20米高的茶树。据初步了解，这棵古茶树的树龄在1000岁以上。这一发现不仅扩展人们对云南野生茶树区的认识，也填补了云南茶树在扩散和迁徙过程中的空白。

A 这棵树发现于四川
B 这棵树树叶又宽又厚
C 这棵树的发现有科研价值
D 这棵树是茶叶研究所种植的

67. 不久前，一家网站发表，100克玉米的热量是106千卡，消耗一根玉米棒的热量就要跑2.38公里。从这个角度来看，它的热量的确不算低。不过玉米中含有较多的纤维素，比大米高4倍左右，这个成分促进机体废物的排泄，从而对于减肥非常有利。

A 玉米的热量很低
B 玉米有助于减肥
C 大米的纤维素更多
D 一根玉米的热量是106卡

68. 唐朝是中国朝代中最繁荣的时期。因此，中国人的传统服装被称为"唐装"。事实上，现在所说的"唐装"并不是唐朝的服装，而是起源于清朝的马褂。唐装的颜色多种多样，最常见的是红色、蓝色、绿色、金色和黑色。其上面通常有表达祝福的汉字。今天，仍然有很多人会在传统节日穿唐装。

A 唐装起源于清朝

B 唐装制作程序复杂

C 唐装只在传统节日穿

D 唐装上一般有各种花纹

69. 性格内向的孩子往往腼腆胆小，甚至敏感。他们喜欢躲在家里，容易被孤立。所以，家长应该多给他们关注，倾听他们心里话，同时也不能忘记尊重才是孩子的重中之重，这样才能让孩子鼓起勇气面对世界。

A 内向的孩子很听话

B 内向的孩子都很敏感

C 内向的孩子更需要关注

D 内向的孩子善于尊重他人

70. 炎热的夏季，人们喜欢吃西瓜来消暑，因为西瓜味道甘甜多汁，清爽解渴。西瓜顾名思义，就是"来自西域的瓜类植物"。其实在古代西瓜还有另外一个名字。《本草纲目》上说，西瓜性寒，可以消除暑气，因此它被称为"寒瓜"。

A 西瓜有助于消化

B 古人称西瓜为寒瓜

C 夏天不适合种西瓜

D 西瓜的原产地是西域

第三部分

第71-90题：请选出正确答案。

71-74.

李瑞在一家贸易公司工作已经3年了，国际贸易专业毕业的她在公司的表现一直平平。原因是她的上司贾明对李瑞的所有工作总是泼些冷水。一次，李瑞主动搜集了一些国外的信息，但是贾明知道了，不但不赞赏她，反而批评她不专心做本职工作，后来李瑞再也不敢关注自己的业务范围之外的工作了，变得沉默寡言了。

直到后来，公司新调来主管进出口工作的张龙，新上司有新的工作风格，从国外回来的张龙性格开朗，对同事经常加以赞赏，特别提倡大家想说什么就说什么，不要太考虑部门和职责限制。在他的带动下，李瑞也积极地发表自己的看法了。李瑞对工作的热情空前高涨，她也不断学会新东西……李瑞非常惊讶，原来自己还有这么多的潜力，想不到以前那个沉默害羞的女孩，今天能够跟外国客户为报价争论得面红耳赤。

其实，李瑞的变化，就是我们说的"皮格马利翁效应"起了作用。在不被重视和激励、甚至充满负面评价的环境中，人往往会被这些负面信息所左右，对自己做比较低的评价。而在充满信任和赞赏的环境中，人则容易受到启发和鼓励，往更好的方向努力，随着心态的改变，行动也越来越积极，最终做出更好的成绩。

71. 对李瑞的主动工作，贾明是什么反应？

    A 大加赞赏   B 不太在乎

    C 严肃责备   D 保持沉默

72. 张龙的工作风格如何？

    A 对自己有较高的评价   B 不要被部门、职责所限制

    C 认为在国外的经验很重要   D 不太重视部门之间的合作

73. "皮格马利翁效应"告诉我们：

    A 主动的人才能成功   B 工作时不能太激动

    C 环境影响人们的表现   D 要调整好自己的心态

74. 根据上文，下面哪项是正确的？

    A 李瑞的专业是经营管理   B 贾明很欣赏李瑞的表现

    C 张龙本来就是很沉默的   D 负面评价限制了李瑞的积极性

75–78.

在众多的运动方式中，走路是绝大多数人都很喜欢的一种，因为这种运动方式很方便，不会受到场地和器材的限制，也不会让自己变得很累。每天多走一点路对健康是有好处的。再加上，下载了一个计步应用，就可以知道你每天走了多少步，也就是可以记录你的运动强度了。

走路的效果很明显，每天大步快走，能够加快心脏跳动与血流速度，能达到改善血液循坏、降低有关疾病的风险。此外，步行也能帮助改善人的记忆力，因为它让身体很多部位都受到刺激，脑部也不例外。

在走路之前，我们首先必须做好3项准备工作：首先，穿着要正确。穿一双软底跑鞋，保护脚踝关节免受伤害，穿一身舒适的运动装，有利于身体活动。其次，热身要充分。做做拉伸四肢的运动，防止肌肉受伤。最后，带瓶水，运动时少次多量地补充水分可以防止脱水。

那么什么时候走最好呢？早晨人体血压偏高，气温较低、空气污染较大，对于上班族来说，还有时间问题，所以并不是最适合的时间。而晚饭后的时间段，无论在气温、空气，人体功能等方面都相对较好，时间也较宽松，所以对很多人来说晚饭后是走路最好的时间。可是晚饭后不能立即步行，休息15-30分钟，然后悠闲地散散步，可以帮助消化。

75. 计步应用有什么帮助？

    A 让运动更轻松   B 对健康有好处

    C 加大运动强度   D 知道步行的距离

76. 下面哪项是走路运动的效果？

    A 预防心脏病   B 治疗高血压

    C 帮助孩子长高   D 扩大交往范围

77. 下面哪项**不是**走路前必需的？

    A 带一瓶水   B 确定散步路线

    C 做好热身运动   D 穿运动服和跑鞋

78. 根据上文，下面哪项是正确的？

    A 步行对大脑没有作用   B 走路时水喝得越多越好

    C 晚饭后最好别马上步行   D 走路是缓解压力的最好方法

79-82.

　　一位心理学家曾做过这样一个试验，他把四段采访录像分别放给被测试者：在第一段录像里接受访谈的是个成功人士，录像中，他态度非常自然，非常有自信，他的精彩表现，不时赢得观众的阵阵掌声；第二段录像中接受访谈的也是个成功人士，不过主持人向观众介绍他的成就时，他表现得非常紧张，竟把桌上的咖啡杯碰倒了，还将主持人的裤子淋湿了；第三段录像中接受访谈的是个非常普通的人，整个采访过程中，他虽然不太紧张，但也没有什么吸引人的发言；第四段录像中接受访谈的也是个很普通的人，他表现得非常紧张，和第二个人一样，他也把身边的咖啡杯弄倒了，淋湿了主持人的衣服。测试对象看完这四段录像，心理学家让他们从这四个人中选出一位他们最喜欢的，选出一位他们最不喜欢的。

　　最不受被测试者喜欢的当然是第四段录像中的那位先生了，几乎所有的被测试者都选择了他，可奇怪的是，他们最喜欢的不是第一段录像中的那位表现完美的成功人士，而是第二段录像中打翻了咖啡杯的那位，有95%的被测试者选择了他。

　　从这个实验里我们看到了心理学里著名的"出丑效应"。就是对于那些取得过突出成就的人来说，一些微小的失误比如打翻咖啡杯，不仅不会影响人们对他的好感，相反，还会让人们从心理感觉到他很真诚，值得信任。而如果一个人表现得完美无缺，我们从外面看不到他的任何缺点，反而会让人觉得不够真实，恰恰会降低别人心目中的信任度，因为一个人不可能是没有任何缺点的。

79. 关于第三个人，可以知道什么？

A 事业上很有成就　　　　　　　B 他是心理学教授

C 他表现比较自然　　　　　　　D 打翻了桌上的咖啡杯

80. 哪个人最受被测试者的欢迎？

A 第一个人　　　　　　　　　　B 第二个人

C 第三个人　　　　　　　　　　D 第四个人

81. 人们觉得一个人犯小失误证明什么？

A 他是诚实的人　　　　　　　　B 他是完美的人

C 他是成功人士　　　　　　　　D 他是粗心的人

82. 最适合上文标题的是：

A 采访的秘密　　　　　　　　　B 成功的关键

C 完美不如犯傻　　　　　　　　D 要懂得改正缺点

83–86.

春秋时期，梁国是一个小国，不过梁惠王雄心勃勃想有一番作为。因此他陆续召见有本领的人，有人多次向他推荐淳于髡，说淳于髡是个难得的人才。于是，梁惠王单独召见了淳于髡两次，可是他始终不说一句话。

惠王感到很奇怪，就责备那个推荐他的人说："你称赞淳于先生，说他有与众不同的才能，可是见了他，我一点收获也没得到啊。难道是我不配跟他谈话吗？"推荐的人把梁惠王的话告诉了淳于髡，淳于髡答道：

"我第一次见大王时，他正看着一匹好马，我的到来使他不得不让人把马牵走，但是心思还在马上。第二次，他刚刚看过几个美貌的歌妓，还没来得及欣赏她们跳舞，我就来了，他虽然让舞女退了下去，但是，心里还在想着舞女，所以我什么也没有说。"举荐人把这番话告诉了梁惠王，梁惠王惊讶地说："哎呀，淳于髡真是个圣人啊！第一次淳于髡来见我，我心里确实还想着骑马的样子；第二次淳于髡来见我，心思还在那几个美貌歌妓身上。"

后来淳于髡再次会见惠王的时候，两人专心交谈，一连三天三夜都不觉得困。

83. 关于梁惠王，下列哪项正确？

    A 要干一番成就　　　　　　　B 是个难得的人才

    C 是战国时期的国王　　　　　D 给人推荐有本领的人

84. 前两次，淳于髡为什么**不说话**？

    A 从远方来太累了　　　　　　B 觉得推荐人不老实

    C 抱怨梁惠王不专心　　　　　D 想得到好马和舞女

85. 第三次会见时，他们：

    A 觉得很困　　　　　　　　　B 感到很奇怪

    C 梁惠王拜淳于髡为师　　　　D 集中精神谈了很长时间

86. 下面哪项最适合做标题？

    A 聪明在于勤奋　　　　　　　B 重复是学习之母

    C 不怕慢，只怕站　　　　　　D 诚恳待人才会取得信任

87–90.

一位作家说过："如果有天堂，那应是图书馆的模样。"打造"图书馆之城"，让人们在天堂里漫游，是广州的城市规划的一个重要目标。

广州正在建立现代化的公共图书馆服务体系，各级公共图书馆馆藏总量达到1871万册。广州的公共图书馆共122所，这些图书馆都已实现通借通还。

广州在打造"图书馆之城"的道路上不仅注重"量"的增加，更注重"质"的提升。"你选书，我结账"，广州图书馆将主动权交给了读者。广州图书馆一改"填鸭式"服务方式。这样的变化既满足了读者个性化、多元化的阅读需求，又避免了图书馆在采购过程中的盲目性。

此外，广州公共图书馆还开展名人讲座、艺术沙龙、课程培训等活动，成为丰富群众文化生活的重要平台。据统计，2016年广州各级图书馆举办活动5317场，参与活动358万人次。

近年来，广州公共图书馆事业在迈向发展的"快车道"，但建设过程中还面临一些问题，比如城乡发展不平衡。市区的图书馆购书经费去年达700万元，而农村人口较多的郊区的图书馆仅有90万元。

87. "图书馆之城"计划有什么特点？

    A 全国各大城市都参加　　　　　B 既注重"量"又注重"质"
    C 读者的购书费用降低了　　　　D 广州的图书馆共有1871所

88. 改变"填鸭式"服务方式，有什么作用？

    A 方便市民借书还书　　　　　　B 大大增加文化投资
    C 减少图书馆购书的盲目性　　　D 消费者有了更多的读书方式

89. 为了丰富市民的文化生活，广州市做什么？

    A 开展各种有关活动　　　　　　B 建立通借通还的系统
    C 加快图书馆的建设速度　　　　D 把公共图书馆建在公园里

90. 广州公共图书馆事业遇到什么问题？

    A 利用人数不多　　　　　　　　B 数量多而质量差
    C 得不到市民的支持　　　　　　D 城乡之间存在差距

二、书 写

第一部分

第91-98题：完成句子。

例如：发表　　这篇论文　　什么时候　　是　　的

　　　　这篇论文是什么时候发表的?

91. 他　　　这个学问　　接触过哲学　　从未

92. 上世纪80年代　　书于　　出版　　该

93. 不少　　办理贷款的　　手续　　比原来简单

94. 公布此消息　　请先　　不要向　　员工

95. 观点　　你的　　有点儿　　片面

96. 一种　　不成熟的　　抱怨是　　表现

97. 配合　　那两位　　得　　队员　　相当好

98. 买了　　公寓　　一套　　父亲　　贷款

第二部分

第99–100题：写短文。

99. 请结合下列词语(要全部使用，顺序不分先后)，写一篇80字左右的短文。

  消费、名牌、收入、实际、承受

100. 请结合这张图片写一篇80字左右的短文。

제2회
모의고사 정답과 모범 답안

一、听力 듣기

1 B	2 A	3 C	4 B	5 D	6 A	7 B	8 A	9 C	10 D
11 B	12 C	13 B	14 D	15 C	16 D	17 B	18 B	19 B	20 C
21 A	22 C	23 D	24 A	25 C	26 C	27 A	28 C	29 D	30 C
31 C	32 A	33 B	34 A	35 B	36 C	37 B	38 A	39 A	40 B
41 D	42 B	43 C	44 C	45 D					

二、阅读 독해

46 B	47 A	48 D	49 A	50 D	51 D	52 B	53 C	54 B	55 A
56 C	57 A	58 A	59 C	60 D	61 A	62 A	63 C	64 B	65 A
66 C	67 B	68 A	69 C	70 B	71 C	72 B	73 C	74 D	75 D
76 A	77 B	78 C	79 B	80 B	81 A	82 C	83 A	84 C	85 D
86 D	87 B	88 C	89 A	90 D					

三、书写 쓰기

91 他从未接触过哲学这个学问。

92 该书于上世纪80年代出版。

93 办理贷款的手续比原来简单不少。

94 请先不要向员工公布此消息。

95 你的观点有点儿片面。

96 抱怨是一种不成熟的表现。

97 那两位队员配合得相当好。

98 父亲贷款买了一套公寓。

99 **모범 답안 ①**

昨天，我和朋友去商场逛街的时候，看到了一个名牌包。我太喜欢这个包了，但是这个包的价钱很贵。我刚入职不久，实际收入并不高，还不能承受这样的高消费商品。所以我打算先努力工作，以后再来买这个包。

모범 답안 ②

很多消费者在购买名牌时，会获得很大的满足感。甚至也有一些人，将自己收入的大部分都用来购买名牌，从而满足自己的虚荣心。这其实是不理智的，也是不实际的。因为这样的行为只会让我们承受更大的生活压力。

100 **모범 답안**

为了准备一场重要的面试，我打算换一个新发型。为此我特别预约了当地最有名的网红理发师。这个理发师推荐我把头发剪短一点，这样会显得更精神。我觉得有道理，就让理发师给我设计一款适合我的发型。他果然没让我失望，我对我的新发型十分满意。

汉语水平考试

HSK（五级）

第三套

注　意

一、HSK（五级）分三部分：

　　1．听力（45题，约30分钟）

　　2．阅读（45题，45分钟）

　　3．书写（10题，40分钟）

二、听力结束后，有5分钟填写答题卡。

三、全部考试约120分钟（含考生填写个人信息时间5分钟）。

一、听力

第一部分

第1-20题：请选出正确答案。

1. A 夫妻
   B 师生
   C 司机与乘客
   D 大夫与患者

2. A 正在装修
   B 水管漏水了
   C 邻居不在家
   D 两口子吵架了

3. A 餐厅
   B 服装店
   C 设计公司
   D 婚纱摄影楼

4. A 努力非常重要
   B 天分的作用大
   C 乐器要从小练习
   D 演奏的方法要正确

5. A 没完成任务
   B 延误了工作
   C 上班迟到了
   D 合同有问题

6. A 质量好
   B 不够厚
   C 颜色太鲜艳
   D 大小不合适

7. A 获过大奖
   B 演技很差
   C 做过导演
   D 作品很多

8. A 买垃圾食品
   B 教孩子下棋
   C 给孩子买零食
   D 去辅导班学习

9. A 道路在施工
   B 不熟悉路况
   C 高速公路被封了
   D 刚考驾照没多久

10. A 创业
    B 找对象
    C 读研究生
    D 考公务员

11. A 很难说明
    B 相当不错
    C 技术还需加强
    D 都有提高空间

12. A 放弃写作
    B 要珍爱生命
    C 要勇敢面对
    D 尝试新事物

13. A 跌得厉害
    B 不够稳定
    C 有涨的趋势
    D 入市时机好

14. A 学历高
    B 很谦虚
    C 经验丰富
    D 非常积极

15. A 去哪儿旅游
    B 婚礼的地点
    C 结婚的日期
    D 旅行社网址

16. A 正在刮大风
    B 计划取消了
    C 下午可能是阴天
    D 天气预报不准确

17. A 是商人
    B 不富裕
    C 有学问
    D 太看重利益

18. A 节假日休息
    B 可以学编辑
    C 距离公司近
    D 周末可以上课

19. A 合作商
    B 出版社
    C 健身房
    D 报社记者

20. A 护照过期了
    B 飞机延误了
    C 手机充电器丢了
    D 充电宝无法托运

第二部分

第21-45题：请选出正确答案。

21. A 是否贷款买房
    B 如何组装家具
    C 如何开家具店
    D 日常摄影技巧

22. A 有优惠活动
    B 保修期两年
    C 可以打8折
    D 灰色很流行

23. A 要招聘新员工
    B 暂时没有盈利
    C 利润增大明显
    D 购买了新设备

24. A 腰扭了
    B 喝酒了
    C 胃不舒服
    D 手烫伤了

25. A 拿奖不容易
    B 参赛要求高
    C 认为男的有信心
    D 建议男的去比赛

26. A 还在实验阶段
    B 采用全新技术
    C 零件需要更新
    D 受到很多人关注

27. A 需要修改
    B 已经发表
    C 构思很清楚
    D 标点符号有误

28. A 对方的变化
    B 室内外温度
    C 家乡的发展
    D 经营酒吧的方法

29. A 班主任
    B 高校长
    C 王会计
    D 部门主任

30. A 动画片
    B 动物知识
    C 教育方法
    D 中文课程

31. A 合同有问题
    B 表达不满情绪
    C 缓解紧张气氛
    D 给对方增加压力

32. A 看穿了把戏
    B 意见不一致
    C 产品需要改进
    D 有更好的项目

33. A 购物方便
B 竞争激烈
C 电子书很普遍
D 随时下载电影

34. A 损坏很多
B 保存困难
C 难以理解
D 曾经被盗

35. A 纸质书已被取代
B 电子书籍难被接受
C 电子书可以免费下载
D 古代纸质书籍急需保护

36. A 年纪
B 性格
C 是否中举
D 家庭情况

37. A 骄傲自满
B 情绪消沉
C 做事细心
D 性子很急

38. A 想得周到
B 以前中过举
C 只给官员们做衣服
D 善于处理突发情况

39. A 喜欢攒钱
B 不重视投资
C 都是普通职员
D 每月都花光工资

40. A 重视教育
B 热爱享受
C 需还贷款
D 盈余不多

41. A 比较保险
B 操作简单
C 利息更多
D 风险较小

42. A 反应迟钝
B 认知提高
C 情绪敏感
D 身体不适

43. A 怀孕会变笨
B 怀孕不能太早
C 怀孕期间不能吃药
D 怀孕会让夫妻更幸福

44. A 可以完全避免
B 不会影响生活
C 共有三种形态
D 不属于高科技污染

45. A 范围在扩大
B 没有预防措施
C 不用过于担心
D 太空中没有影响

二、阅 读

第一部分

第46-60题：请选出正确答案。

46-48.

　　"投射效应"是一种心理现象。对他人形成印象时，以为他人也__46__与自己相似的特性。把自己的感情、意志、特性投射到他人身上并强加于人，即推己及人的认知障碍。比如，一个心地善良的人会以为别人都是善良的；一个__47__的人就会觉得别人也总是不开心等等。"投射效应"使人们倾向于以自己为标准去衡量别人，__48__评价的客观性大打折扣。

46. A 传染　　　　B 享受　　　　C 具备　　　　D 善于
47. A 严格　　　　B 粗糙　　　　C 伤心　　　　D 浪漫
48. A 从而　　　　B 此外　　　　C 因而　　　　D 不然

49-52.

　　乘坐电动扶梯时，"左行右立"曾经被视为一种文明的做法，但近期一些媒体指出，这一行为其实__49__很大的问题。__50__上，"左行右立"使得扶梯的负载量被大大浪费了。__51__，每分钟能多送31人，效率提升28%，可见两侧通行的确效率更高。此外，电梯安全专家表示，长期右侧站立容易造成故障，形成安全隐患，于是，"左行右立"的乘坐方式并不__52__继续提倡。

49. A 发表　　　　B 逃避　　　　C 存在　　　　D 往返

50. A 基本　　　　B 事实　　　　C 原则　　　　D 根本

51. A 如果一个人站在左边　　　　　　B 假如扶梯两侧都站人
　　 C 尽管确实区别意义不大　　　　　D 因为长时间地推行这种政策

52. A 改进　　　　B 采取　　　　C 能够　　　　D 值得

53–56.

京新高速公路内蒙古段已经正式开通运营。它是一条__53__北京和乌鲁木齐的高速公路，使北京到乌鲁木齐的__54__将缩短1300多公里。它也是世界上穿越沙漠最长的高速公路，__55__。3万名建设者在没水没电没信号、风沙大、气温高等恶劣自然环境里修筑起这条公路，可以说，这是继青藏铁路之后，又一个在艰苦地域建设的__56__性工程。

53. A 连续　　　　B 持续　　　　C 连接　　　　D 接触

54. A 位置　　　　B 范围　　　　C 沙滩　　　　D 路程

55. A 缩短事故处理时间
　　 B 特别是要穿越无人区
　　 C 有800多公里铺设在沙漠中
　　 D 随着高速公路建设规模逐步扩大

56. A 代表　　　　B 保存　　　　C 教训　　　　D 启发

57–60.

前人造汉字的方法一共有六种，比如说，"象形"是指模仿事物形状的造字法。因此，象形字和它所__57__的东西在形状上很像。__58__，但却是汉字的基础。"指事"是用象征性符号构造汉字，并表示__59__概念的造字法。"会意"是用两个或两个以上的字组成一个字，把这几个字的意义组合成新字的意义。"形声"字是由表示意思的部分和表示发音的部分组合而成的新字。了解汉字的构造及其__60__，是汉字学习的基础，这样才能更加容易地学好汉字。

57. A 采访　　　　B 发挥　　　　C 实践　　　　D 代表

58. A 汉字的造字法十分复杂
　　 B 象形是唯一的汉字造字法
　　 C 象形字在汉字中占的比例不高
　　 D 象形字能表示无法描写形状的概念

59. A 抽象　　　　B 完美　　　　C 繁荣　　　　D 意外

60. A 特征　　　　B 范围　　　　C 日程　　　　D 象征

第二部分

第61-70题：请选出与试题内容一致的一项。

61. 城市发展过程是人类不断改造城市，使之更加适宜于人类生存发展的过程。城市建设的主要功能应是保障居住在城市中的居民日常生活便捷、舒适、安全。因此，城市的规划、设计、建设，要实现"以人为本"这一核心思想。人性化的城市规划，是城市生存发展之本，这应成为城市发展的重要原则。

    A 城市建设要以人为主

    B 人类不能盲目改造环境

    C 发展经济是城市规划的关键

    D 所有的城市都适宜于人类居住

62. "避雷针"的称呼是习惯成自然的结果。其实现在看来这种称谓有很大的误解，会导致不少的危险。人们普遍认为，"避雷针"可以避雷、防雷，获得安全。正好相反，打雷时"避雷针"周围恰恰是危险区，闪电落地的瞬间，足以使附近的人致命，也会导致附近电子设备受到损坏。也许把它称为"引雷针"则会合理一些。

    A 避雷针附近更安全

    B 避雷针的称谓不准确

    C 避雷针是发明家命名的

    D 没有避雷针会损坏电子设备

63. 近年来，虚拟现实技术大火，各个行业都纷纷引入虚拟现实技术。车辆驾驶培训行业也不例外。目前，驾驶培训机构仍然多采用真车实地培训，但这种方式成本高，颇受外界因素影响。而虚拟现实驾驶将会彻底转变传统的培训方式。

    A 传统的培训费用更低

    B 虚拟现实培训成了主流

    C 外界影响大是虚拟现实的弱点

    D 虚拟现实技术会改变驾驶培训

64. 海马是一种小型海洋动物，身长5-30厘米。它具有弯曲的颈部与长长的嘴部，因其头部酷似马头而得名。海马不善于游水，所以经常用尾巴紧紧系在珊瑚的枝节或者海藻的叶片上，将身体固定，以防被冲走。从外形和特征来看，它一点儿也不像鱼，但在分类学上它明明属于硬骨鱼类。

A 海马属于鱼类
B 海马身长有5-30米
C 海马游泳速度很快
D 其生活习性很像马

65. 网购越来越受青睐。网购的时候，人们很重视买家的评价。不管好评多不多，只要有几个差评，大多数人都会放弃购买。这就是俗话说的"好事不出门，坏事传千里"的道理，我们的大脑通常对危险、负面的信息有更强烈而持久的印象。因此，负面信息对我们带来更加深远的影响。

A 在网上发言要谨慎
B 网上购物不如出门购物
C 很多人网购时更重视好评
D 人们往往更关注负面信息

66. 让婴儿欣赏音乐，可以稳定情绪。然而世界上任何事情都不是绝对的。一位心理学家发现，1-2岁的婴儿如果每天听音乐两小时以上或经常连续听音乐两小时以上，可能会影响正常学习语言的能力。更糟糕的是，久而久之便可能导致性格古怪，甚至可能互为因果，形成恶性循环。

A 听音乐对婴儿只有害处
B 听音乐有利于婴儿学说话
C 听音乐的婴儿都脾气不好
D 让婴儿听音乐方法要正确

67. 瑞典有一所博物馆，叫做"失败博物馆"。该博物馆里面展示着超过8万件的失败产品，其中饮料类就达到300余件。当初建立者认为，有了这样的博物馆，会让人们面对失败，分析失败，从失败中吸取教训。曾经有人说过："我们挫折中学到的东西要比从成功中得到的更多。"

A 失败也能让人成长
B 该博物馆管理失败了
C 成功会留下更多经验
D 建立宗旨是让人忘记失败

68. 在社交场合，我们应该好好把握赞美他人的尺度。这是为什么呢？适度的赞美能使对方对你更热情，也增强对方的自信心和上进心；而过度赞美不仅不能起到应有的积极作用，反而会让对方产生反感，会影响人际关系的发展。

A 批评不如赞美

B 称赞应该有个度

C 陌生人之间也要互相帮助

D 在交往中得学会理解他人

69. 人们一般认为，谈判的时候，双方的矛盾越少越好。但实际上，双方的不同观点极其宝贵。只有这些差异，双方才有新的启发，走上成功的道路。此外，谈判时要耐心听对方不同的意见，这会让对方更加信任你，时间长了，双方都能得到更大的成果。

A 意见差异对谈判有益

B 谈判双方应该互相信任

C 达成一致是谈判的关键

D 说服对方才是谈判的目的

70. 张艺谋1950年4月2日出生于西安，是中国最有代表性的导演之一。他的作品带有浓厚的传统色彩，他也很注重细节的真实性，他成名作《红高粱》获得了柏林国际电影节,金熊奖。《活着》、《英雄》等作品也引起了国内外观众的关注和喜爱。

A 他生活在西安

B 他善于拍摄纪录片

C 他重视细节是否真实

D 他是电影公司代表人

第三部分

第71-90题：请选出正确答案。

71-74.

青海省门源县是全世界最大的油菜种植区，种植面积达330平方公里。门源种植油菜已有1800多年的历史，是北方油菜的发源地。

经过持续不断的努力，门源县以种植油菜而大幅提高了农民收入。油菜是国产食用植物油的第一大来源，菜籽油不仅含有丰富的营养，又适合大众口味。

此外，也有益于健康，具有延缓衰老之效果。因此，门源油菜，还可用于制作医药产品、化妆品等工业产品。榨油后剩下的"麻渣"，蛋白质含量在36-38%，是优质的肥料，近年来受到栽培绿色蔬菜的商家的青睐。

门源油菜花也是指一种美丽壮观的景观。如今那儿的一片片油菜花变成了一旅游名牌，成为青海旅游的一大亮点。2008年，门源油菜花被评为国家景区和青海省"我心中最美丽的十大景观"。从每年的七月初开始，这里就进入了油菜花盛开的季节，开花时间是7月5日至25日，最佳花期是7月10日至20日。

71. 门源油菜种植区有什么特点？

    A 是中国油菜的发源地   B 面积超过330平方公里

    C 种植历史没有其他地区长   D 是全球最大的油菜种植区

72. 下面哪项**不属于**油菜的加工产品？

    A 医药品   B 食用油

    C 化妆品   D 绿色蔬菜

73. 门源油菜花从什么时候开始最漂亮？

    A 7月5日以后   B 7月10日以后

    C 7月20日以后   D 7月25日以后

74. 根据上文，下面哪项是正确的？

    A 油菜花源于南方   B 油菜的经济价值不高

    C 门源油菜成了旅游亮点   D 菜籽油对健康有害无益

75–78.

　　陈明是一家广告公司的首席创意官。不久前，一个人找到陈明，希望他能帮忙制作一个特殊的沙滩广告，广告的目的只有一个——提醒人们别过久地晒太阳。

　　夏天，许多人爱在沙滩上晒阳光。但时间过长，对皮肤带来不良影响，甚至会引起皮肤癌。皮肤癌是全球最常见的癌症之一，根据世界卫生组织统计，全球每年有超过300万人因为照射紫外线而患上皮肤癌。

　　陈明接受了这个广告。可让喜欢在沙滩游玩的人们主动放弃太阳，难度不是一般的大。该用什么方式来"引诱"人们多在阴凉处呆着呢？

　　陈明花整整一周时间到沙滩观察，总算小有收获。他发现人们现在外出游玩必备一样东西——智能手机。陈明想：对他们来说，免费无线网很有吸引力。如果免费无线网只存在阴影里，将会轻松达到让人们远离太阳曝晒的目的。

　　陈明跟他的团队，花了数十天时间，终于研究出一款可供250位手机使用者同时接入网络的"阴影无线网系统"。他们用蓝色挡板在沙滩盖起一栋巨型建筑，再将无线网安装在建筑里。人们可以免费享受无线网网络服务。不过，只有在建筑的阴影里才有无线网信号。

　　哪儿有阴影，哪儿就有免费无线网，沙滩上的游人统统被吸引到有无线网的阴影里。"阴影无线网"在沙滩上受到了众多游人的欢迎。

75. 这个广告的目的是什么？

　　A 提醒做热身运动　　　　　　B 宣传新款太阳镜
　　C 禁止在沙滩上饮酒　　　　　D 劝游人别过久晒太阳

76. 关于陈明的广告可以知道什么？

　　A 陈明自己制作　　　　　　　B 用智能手机制作
　　C 花一周时间制作　　　　　　D 通过观察找到方案

77. 关于"阴影无线网"，下面哪项正确？

　　A 效果没有想象的好　　　　　B 安装在蓝色建筑里
　　C 只在建筑四周可以使用　　　D 先登录才能免费享受服务

78. 下面哪项最适合做标题？

　　A 成功在于发现　　　　　　　B 广告的作用非常大
　　C 太阳每天都是新的　　　　　D 共享经济的成功案例

79–82.

有一位农夫想要为他的小女儿买一匹马，在他居住的小城里，共有两匹马出售，从各方面看，这两匹小马的条件差不多，这让农夫犹豫不决。

商人甲告诉农夫，他的马售价为500元，想要就可立即牵走。商人乙则为他的马要价750元。

但商人乙告诉农夫，在农夫做任何决定前，他要农夫的女儿先试骑一个月。他除了将自己卖的马带到农夫家外，还自备那匹马一个月吃草所需的费用，并且派出他自己的驯马师，一周一次，到农夫家去教小女儿如何喂养及照顾马。

他还告诉农夫，自己的马十分温驯，但最好让农夫的小女儿每天都能骑着马，让他们相互熟悉，马也是有感情的。

最后他说，在第30天结束时，他会到农夫家，或是将马牵走，将马房打扫干净，或是农夫付750美元，他将马留下。

最后的结果是，农夫的小女儿已舍不得让那匹马走了！

79. 农夫为什么要买马？

    A 要搬运农产品   B 用来种植粮食

    C 当作礼物给女儿   D 要送女儿到别的城市

80. 关于那两匹马，可以知道什么？

    A 是城里最好的马   B 各方面的条件不一样

    C 商人甲的马价格更便宜   D 商人乙的马可以立即牵走

81. 农夫为什么买了商人乙的马？

    A 那匹马更温顺   B 能免费得到喂马的草

    C 农夫的女儿舍不得它   D 那匹马可以先试起一个月

82. 最适合上文标题的是：

    A 聪明的女儿   B 亲情重于金钱

    C 如何让顾客信任你   D 塞翁失马焉知非福

83–86.

想必你一定有过这样的经历：在图书馆里看书的时候，一首歌的一部分片段在脑海中播放起来，一遍又一遍回响于耳边，歌曲在你的大脑里面一直循环着，分散着我们的注意力，你已经被"耳虫"钻入脑袋了。

事实上，"耳虫"并不是真正的昆虫，而是指一首歌在脑海中不断重复的现象。耳虫的发生极其普遍，据研究，超过90%的人每个星期至少会有一次会受到耳虫的侵扰，而大概四分之一的人每天都会有好几遍这样的经验。

似乎耳虫的发生毫无规律可循，然而神经科学研究者们还是对耳虫现象做出了一些归纳和总结。结果显示，人们频繁接触到音乐，就容易产生耳虫。如果一段时间长期沉浸在音乐中，平时产生耳虫现象也是大概率事件。

其实，耳虫现象基本上是无害的，其持续时间通常在半小时左右，只有少数人表示耳虫会让他们无法集中注意力做事。

那么怎么摆脱耳虫呢？转移注意力，与人交谈，找到更感兴趣的事情去做，是摆脱"耳虫效应"的最佳方法。

耳虫的存在一直以来是神经科学里的一个谜题。没有任何其他形式的东西会像音乐一样，如此广泛频繁地入侵人类的头脑。对耳虫与大脑的认知就交给科学家们继续探索吧！大部分时候我们不需要为耳虫忧虑太多，反而应该作为一个移动的私人电台，下一次耳虫出现，不如随着脑中旋律哼出歌词，跟着节拍一起摇摆。

83. "耳虫"是指什么？

    A 不能忘记的回忆   B 飞进耳朵里的昆虫

    C 侵入人类大脑的病毒   D 在脑海里反复播放的音乐

84. 关于耳虫，下面哪项正确？

    A 是一种常见的生物   B 可以说明耳朵有毛病

    C 90%的人每天都在经历   D 科学家已做了一些总结

85. 怎么才能摆脱耳虫？

    A 打预防针   B 平时多听音乐

    C 边哼歌边摇摆   D 将注意力移到别处

86. 根据上文，下面哪项是正确的？

    A 耳虫会提高注意力   B 耳虫没有不良影响

    C 耳虫之谜彻底解决了   D 要尽量避免耳虫的出现

87–90.

有一篇网络文章讲到一个实验，实验者将六只蜜蜂和六只苍蝇放进一个玻璃瓶中，然后将瓶子平放，让瓶底朝着窗口。结果是，蜜蜂不停地想在瓶底上找出口，直到它们饿死；而苍蝇却可以在不到两分钟内，从玻璃瓶口逃出。

蜜蜂之所以死，是因为被惯性思维所左右，跳不出固定的逻辑。它们以为，出口必然是在光线最亮的地方，因此拼命撞向瓶底，重复这种它们认为合乎逻辑的行动。对它们来说，自然界并无玻璃这种不能穿透的透明物体，因此它们的智力越高，就越无法理解这种奇怪的障碍物。

相反，智力较低的苍蝇对逻辑毫不在乎，只管四下乱飞，这却让它们找到了出口，因此它们获得了自由和新生。

当我们总结这个实验的教训时，会发现冒险、试错、即兴发挥、随机应变以及迂回前进，都有助应付变化无常的世界。因为模糊和不确定性，已成为当今世界的难题。面对复杂的世界，我们得学会用不同的角度看世界。

87. 蜜蜂为什么找不到出口？

    A 竞争过于激烈   B 不知道改变逻辑
    C 瓶盖关得太紧了   D 不像苍蝇那么聪明

88. 苍蝇为什么能从瓶子里逃出来？

    A 善于做出判断   B 谨慎采取行动
    C 拼命撞向瓶底   D 不按常理行动

89. 这个实验告诉我们什么？

    A 聪明不如努力   B 不用为未来而烦恼
    C 懂得变化才能生存   D 要从失败中吸取教训

90. 面对复杂的世界，我们应该如何？

    A 要多交朋友   B 要坚持努力下去
    C 要从多角度看问题   D 要加强逻辑思维能力

二、书写

第一部分

第91-98题：完成句子。

例如：发表　　这篇论文　　什么时候　　是　　的

　　　　<u>这篇论文是什么时候发表的?</u>

91. 写　　出来了　　已经　　工作报告　　吗

92. 饮食　　大夫　　改变　　劝他　　习惯

93. 请大家　　博物馆　　门口　　准时在　　集合

94. 有最低　　消费限制　　吗　　店　　这家

95. 因素　　是什么　　导致　　失眠　　的主要

96. 没有　　他的状况　　并　　那么　　想象中　　糟糕

97. 你的　　简历　　还　　不够　　完善

98. 半个月　　这次展览　　持续　　左右　　将

第二部分

第99–100题：写短文。

99. 请结合下列词语(要全部使用，顺序不分先后)，写一篇80字左右的短文。

公寓、郊区、押金、租、尽快

100. 请结合这张图片写一篇80字左右的短文。

제3회
모의고사 정답과 모범 답안

해설서 114쪽

一、听力 듣기

1 B	2 B	3 A	4 A	5 B	6 B	7 A	8 C	9 A	10 B
11 B	12 D	13 B	14 D	15 C	16 C	17 A	18 D	19 A	20 D
21 B	22 A	23 C	24 B	25 C	26 D	27 A	28 C	29 D	30 A
31 D	32 C	33 C	34 B	35 D	36 D	37 B	38 A	39 B	40 D
41 B	42 B	43 C	44 C	45 A					

二、阅读 독해

46 C	47 C	48 C	49 C	50 B	51 B	52 D	53 C	54 D	55 C
56 A	57 D	58 C	59 A	60 C	61 A	62 B	63 D	64 A	65 D
66 D	67 A	68 B	69 A	70 C	71 D	72 D	73 B	74 C	75 D
76 D	77 B	78 A	79 C	80 C	81 C	82 C	83 D	84 D	85 D
86 B	87 B	88 D	89 C	90 C					

三、书写 쓰기

91 工作报告已经写出来了吗？

92 大夫劝他改变饮食习惯。

93 请大家准时在博物馆门口集合。

94 这家店有最低消费限制吗？

95 导致失眠的主要因素是什么？

96 他的状况并没有想象中那么糟糕。

97 你的简历还不够完善。

98 这次展览将持续半个月左右。

99 **모범 답안 ①**

　　最近，我换了一个工作，这个工作离郊区很近，所以我打算在郊区租一个公寓。我通过手机应用，发现了一个好的房子。这个房子很大，有三个卧室，两个洗手间。周围的环境也很好，离地铁站也近，而且房租也很便宜。这么好的房子我要尽快付押金，快点搬进去。

모범 답안 ②

　　在郊区，建成了很多新型公寓，不仅物美价廉，而且附近的交通也非常便利。因此我专门去找了中介咨询，那边的经理给我推荐了一套难得的好房子，我立刻签了2年租房合同，并交了押金。我真的想尽快搬进这个新家。

100 **모범 답안**

　　对一个国家来说，将发展工业与保护环境比起来，后者更为重要。因为环境一旦被破坏则很难恢复。没有了良好的环境，我们的后代怎么继续生存呢？ 环境是人类的生存基础，也是社会发展的基础，因此保护环境是重中之重。我们应该立刻行动起来，为环境保护贡献自己的一份力量。

汉 语 水 平 考 试
HSK（五级）答题卡

—— 请填写考生信息 ——

按照考试证件上的姓名填写：

姓名	

如果有中文姓名，请填写：

中文姓名	

考生序号		[0] [1] [2] [3] [4] [5] [6] [7] [8] [9]
		[0] [1] [2] [3] [4] [5] [6] [7] [8] [9]
		[0] [1] [2] [3] [4] [5] [6] [7] [8] [9]
		[0] [1] [2] [3] [4] [5] [6] [7] [8] [9]
		[0] [1] [2] [3] [4] [5] [6] [7] [8] [9]

—— 请填写考点信息 ——

考点代码		[0] [1] [2] [3] [4] [5] [6] [7] [8] [9]
		[0] [1] [2] [3] [4] [5] [6] [7] [8] [9]
		[0] [1] [2] [3] [4] [5] [6] [7] [8] [9]
		[0] [1] [2] [3] [4] [5] [6] [7] [8] [9]
		[0] [1] [2] [3] [4] [5] [6] [7] [8] [9]
		[0] [1] [2] [3] [4] [5] [6] [7] [8] [9]
		[0] [1] [2] [3] [4] [5] [6] [7] [8] [9]

国籍		[0] [1] [2] [3] [4] [5] [6] [7] [8] [9]
		[0] [1] [2] [3] [4] [5] [6] [7] [8] [9]
		[0] [1] [2] [3] [4] [5] [6] [7] [8] [9]

年龄		[0] [1] [2] [3] [4] [5] [6] [7] [8] [9]
		[0] [1] [2] [3] [4] [5] [6] [7] [8] [9]

性别	男 [1]	女 [2]

注意	请用2B铅笔这样写：■■

一、听力

1. [A] [B] [C] [D]   6. [A] [B] [C] [D]   11. [A] [B] [C] [D]   16. [A] [B] [C] [D]   21. [A] [B] [C] [D]
2. [A] [B] [C] [D]   7. [A] [B] [C] [D]   12. [A] [B] [C] [D]   17. [A] [B] [C] [D]   22. [A] [B] [C] [D]
3. [A] [B] [C] [D]   8. [A] [B] [C] [D]   13. [A] [B] [C] [D]   18. [A] [B] [C] [D]   23. [A] [B] [C] [D]
4. [A] [B] [C] [D]   9. [A] [B] [C] [D]   14. [A] [B] [C] [D]   19. [A] [B] [C] [D]   24. [A] [B] [C] [D]
5. [A] [B] [C] [D]   10. [A] [B] [C] [D]   15. [A] [B] [C] [D]   20. [A] [B] [C] [D]   25. [A] [B] [C] [D]

26. [A] [B] [C] [D]   31. [A] [B] [C] [D]   36. [A] [B] [C] [D]   41. [A] [B] [C] [D]
27. [A] [B] [C] [D]   32. [A] [B] [C] [D]   37. [A] [B] [C] [D]   42. [A] [B] [C] [D]
28. [A] [B] [C] [D]   33. [A] [B] [C] [D]   38. [A] [B] [C] [D]   43. [A] [B] [C] [D]
29. [A] [B] [C] [D]   34. [A] [B] [C] [D]   39. [A] [B] [C] [D]   44. [A] [B] [C] [D]
30. [A] [B] [C] [D]   35. [A] [B] [C] [D]   40. [A] [B] [C] [D]   45. [A] [B] [C] [D]

二、阅读

46. [A] [B] [C] [D]   51. [A] [B] [C] [D]   56. [A] [B] [C] [D]   61. [A] [B] [C] [D]   66. [A] [B] [C] [D] [E]
47. [A] [B] [C] [D]   52. [A] [B] [C] [D]   57. [A] [B] [C] [D]   62. [A] [B] [C] [D]   67. [A] [B] [C] [D] [E]
48. [A] [B] [C] [D]   53. [A] [B] [C] [D]   58. [A] [B] [C] [D]   63. [A] [B] [C] [D]   68. [A] [B] [C] [D] [E]
49. [A] [B] [C] [D]   54. [A] [B] [C] [D]   59. [A] [B] [C] [D]   64. [A] [B] [C] [D]   69. [A] [B] [C] [D] [E]
50. [A] [B] [C] [D]   55. [A] [B] [C] [D]   60. [A] [B] [C] [D]   65. [A] [B] [C] [D]   70. [A] [B] [C] [D] [E]

71. [A] [B] [C] [D] [E]   76. [A] [B] [C] [D]   81. [A] [B] [C] [D]   86. [A] [B] [C] [D]
72. [A] [B] [C] [D] [E]   77. [A] [B] [C] [D]   82. [A] [B] [C] [D]   87. [A] [B] [C] [D]
73. [A] [B] [C] [D] [E]   78. [A] [B] [C] [D]   83. [A] [B] [C] [D]   88. [A] [B] [C] [D]
74. [A] [B] [C] [D] [E]   79. [A] [B] [C] [D]   84. [A] [B] [C] [D]   89. [A] [B] [C] [D]
75. [A] [B] [C] [D] [E]   80. [A] [B] [C] [D]   85. [A] [B] [C] [D]   90. [A] [B] [C] [D]

三、书写

91. _____

92. _____

93. _____

94. _____

95. _____ —

96. _____ —

97. _____ —

98. _____ —

99.

100.

汉 语 水 平 考 试
HSK（五级）答题卡

请填写考生信息 —————————— 请填写考点信息

按照考试证件上的姓名填写：

姓名	

如果有中文姓名，请填写：

中文姓名	

考生序号	[0] [1] [2] [3] [4] [5] [6] [7] [8] [9]
	[0] [1] [2] [3] [4] [5] [6] [7] [8] [9]
	[0] [1] [2] [3] [4] [5] [6] [7] [8] [9]
	[0] [1] [2] [3] [4] [5] [6] [7] [8] [9]
	[0] [1] [2] [3] [4] [5] [6] [7] [8] [9]

考点代码	[0] [1] [2] [3] [4] [5] [6] [7] [8] [9]
	[0] [1] [2] [3] [4] [5] [6] [7] [8] [9]
	[0] [1] [2] [3] [4] [5] [6] [7] [8] [9]
	[0] [1] [2] [3] [4] [5] [6] [7] [8] [9]
	[0] [1] [2] [3] [4] [5] [6] [7] [8] [9]
	[0] [1] [2] [3] [4] [5] [6] [7] [8] [9]
	[0] [1] [2] [3] [4] [5] [6] [7] [8] [9]

国籍	[0] [1] [2] [3] [4] [5] [6] [7] [8] [9]
	[0] [1] [2] [3] [4] [5] [6] [7] [8] [9]
	[0] [1] [2] [3] [4] [5] [6] [7] [8] [9]

年龄	[0] [1] [2] [3] [4] [5] [6] [7] [8] [9]
	[0] [1] [2] [3] [4] [5] [6] [7] [8] [9]

性别	男 [1] 女 [2]

注意	请用2B铅笔这样写：■

一、听力

1. [A] [B] [C] [D]　　6. [A] [B] [C] [D]　　11. [A] [B] [C] [D]　　16. [A] [B] [C] [D]　　21. [A] [B] [C] [D]
2. [A] [B] [C] [D]　　7. [A] [B] [C] [D]　　12. [A] [B] [C] [D]　　17. [A] [B] [C] [D]　　22. [A] [B] [C] [D]
3. [A] [B] [C] [D]　　8. [A] [B] [C] [D]　　13. [A] [B] [C] [D]　　18. [A] [B] [C] [D]　　23. [A] [B] [C] [D]
4. [A] [B] [C] [D]　　9. [A] [B] [C] [D]　　14. [A] [B] [C] [D]　　19. [A] [B] [C] [D]　　24. [A] [B] [C] [D]
5. [A] [B] [C] [D]　　10. [A] [B] [C] [D]　　15. [A] [B] [C] [D]　　20. [A] [B] [C] [D]　　25. [A] [B] [C] [D]

26. [A] [B] [C] [D]　　31. [A] [B] [C] [D]　　36. [A] [B] [C] [D]　　41. [A] [B] [C] [D]
27. [A] [B] [C] [D]　　32. [A] [B] [C] [D]　　37. [A] [B] [C] [D]　　42. [A] [B] [C] [D]
28. [A] [B] [C] [D]　　33. [A] [B] [C] [D]　　38. [A] [B] [C] [D]　　43. [A] [B] [C] [D]
29. [A] [B] [C] [D]　　34. [A] [B] [C] [D]　　39. [A] [B] [C] [D]　　44. [A] [B] [C] [D]
30. [A] [B] [C] [D]　　35. [A] [B] [C] [D]　　40. [A] [B] [C] [D]　　45. [A] [B] [C] [D]

二、阅读

46. [A] [B] [C] [D]　　51. [A] [B] [C] [D]　　56. [A] [B] [C] [D]　　61. [A] [B] [C] [D]　　66. [A] [B] [C] [D] [E]
47. [A] [B] [C] [D]　　52. [A] [B] [C] [D]　　57. [A] [B] [C] [D]　　62. [A] [B] [C] [D]　　67. [A] [B] [C] [D] [E]
48. [A] [B] [C] [D]　　53. [A] [B] [C] [D]　　58. [A] [B] [C] [D]　　63. [A] [B] [C] [D]　　68. [A] [B] [C] [D] [E]
49. [A] [B] [C] [D]　　54. [A] [B] [C] [D]　　59. [A] [B] [C] [D]　　64. [A] [B] [C] [D]　　69. [A] [B] [C] [D] [E]
50. [A] [B] [C] [D]　　55. [A] [B] [C] [D]　　60. [A] [B] [C] [D]　　65. [A] [B] [C] [D]　　70. [A] [B] [C] [D] [E]

71. [A] [B] [C] [D] [E]　　76. [A] [B] [C] [D]　　81. [A] [B] [C] [D]　　86. [A] [B] [C] [D]
72. [A] [B] [C] [D] [E]　　77. [A] [B] [C] [D]　　82. [A] [B] [C] [D]　　87. [A] [B] [C] [D]
73. [A] [B] [C] [D] [E]　　78. [A] [B] [C] [D]　　83. [A] [B] [C] [D]　　88. [A] [B] [C] [D]
74. [A] [B] [C] [D] [E]　　79. [A] [B] [C] [D]　　84. [A] [B] [C] [D]　　89. [A] [B] [C] [D]
75. [A] [B] [C] [D] [E]　　80. [A] [B] [C] [D]　　85. [A] [B] [C] [D]　　90. [A] [B] [C] [D]

三、书写

91. _____

92. _____

93. _____

94. _____

95. _____

96. _____

97. _____

98. _____

99.

100.

请不要写到框线以外!

汉 语 水 平 考 试
HSK（五级）答题卡

请填写考生信息 ———

按照考试证件上的姓名填写：

姓名	

如果有中文姓名，请填写：

中文姓名	

考生序号	[0] [1] [2] [3] [4] [5] [6] [7] [8] [9]
	[0] [1] [2] [3] [4] [5] [6] [7] [8] [9]
	[0] [1] [2] [3] [4] [5] [6] [7] [8] [9]
	[0] [1] [2] [3] [4] [5] [6] [7] [8] [9]
	[0] [1] [2] [3] [4] [5] [6] [7] [8] [9]

——— 请填写考点信息

考点代码	[0] [1] [2] [3] [4] [5] [6] [7] [8] [9]
	[0] [1] [2] [3] [4] [5] [6] [7] [8] [9]
	[0] [1] [2] [3] [4] [5] [6] [7] [8] [9]
	[0] [1] [2] [3] [4] [5] [6] [7] [8] [9]
	[0] [1] [2] [3] [4] [5] [6] [7] [8] [9]
	[0] [1] [2] [3] [4] [5] [6] [7] [8] [9]
	[0] [1] [2] [3] [4] [5] [6] [7] [8] [9]

国籍	[0] [1] [2] [3] [4] [5] [6] [7] [8] [9]
	[0] [1] [2] [3] [4] [5] [6] [7] [8] [9]
	[0] [1] [2] [3] [4] [5] [6] [7] [8] [9]

年龄	[0] [1] [2] [3] [4] [5] [6] [7] [8] [9]
	[0] [1] [2] [3] [4] [5] [6] [7] [8] [9]

性别	男 [1] 女 [2]

注意	请用2B铅笔这样写：■

一、听力

1. [A] [B] [C] [D]　　6. [A] [B] [C] [D]　　11. [A] [B] [C] [D]　　16. [A] [B] [C] [D]　　21. [A] [B] [C] [D]
2. [A] [B] [C] [D]　　7. [A] [B] [C] [D]　　12. [A] [B] [C] [D]　　17. [A] [B] [C] [D]　　22. [A] [B] [C] [D]
3. [A] [B] [C] [D]　　8. [A] [B] [C] [D]　　13. [A] [B] [C] [D]　　18. [A] [B] [C] [D]　　23. [A] [B] [C] [D]
4. [A] [B] [C] [D]　　9. [A] [B] [C] [D]　　14. [A] [B] [C] [D]　　19. [A] [B] [C] [D]　　24. [A] [B] [C] [D]
5. [A] [B] [C] [D]　　10. [A] [B] [C] [D]　　15. [A] [B] [C] [D]　　20. [A] [B] [C] [D]　　25. [A] [B] [C] [D]

26. [A] [B] [C] [D]　　31. [A] [B] [C] [D]　　36. [A] [B] [C] [D]　　41. [A] [B] [C] [D]
27. [A] [B] [C] [D]　　32. [A] [B] [C] [D]　　37. [A] [B] [C] [D]　　42. [A] [B] [C] [D]
28. [A] [B] [C] [D]　　33. [A] [B] [C] [D]　　38. [A] [B] [C] [D]　　43. [A] [B] [C] [D]
29. [A] [B] [C] [D]　　34. [A] [B] [C] [D]　　39. [A] [B] [C] [D]　　44. [A] [B] [C] [D]
30. [A] [B] [C] [D]　　35. [A] [B] [C] [D]　　40. [A] [B] [C] [D]　　45. [A] [B] [C] [D]

二、阅读

46. [A] [B] [C] [D]　　51. [A] [B] [C] [D]　　56. [A] [B] [C] [D]　　61. [A] [B] [C] [D]　　66. [A] [B] [C] [D] [E]
47. [A] [B] [C] [D]　　52. [A] [B] [C] [D]　　57. [A] [B] [C] [D]　　62. [A] [B] [C] [D]　　67. [A] [B] [C] [D] [E]
48. [A] [B] [C] [D]　　53. [A] [B] [C] [D]　　58. [A] [B] [C] [D]　　63. [A] [B] [C] [D]　　68. [A] [B] [C] [D] [E]
49. [A] [B] [C] [D]　　54. [A] [B] [C] [D]　　59. [A] [B] [C] [D]　　64. [A] [B] [C] [D]　　69. [A] [B] [C] [D] [E]
50. [A] [B] [C] [D]　　55. [A] [B] [C] [D]　　60. [A] [B] [C] [D]　　65. [A] [B] [C] [D]　　70. [A] [B] [C] [D] [E]

71. [A] [B] [C] [D] [E]　　76. [A] [B] [C] [D]　　81. [A] [B] [C] [D]　　86. [A] [B] [C] [D]
72. [A] [B] [C] [D] [E]　　77. [A] [B] [C] [D]　　82. [A] [B] [C] [D]　　87. [A] [B] [C] [D]
73. [A] [B] [C] [D] [E]　　78. [A] [B] [C] [D]　　83. [A] [B] [C] [D]　　88. [A] [B] [C] [D]
74. [A] [B] [C] [D] [E]　　79. [A] [B] [C] [D]　　84. [A] [B] [C] [D]　　89. [A] [B] [C] [D]
75. [A] [B] [C] [D] [E]　　80. [A] [B] [C] [D]　　85. [A] [B] [C] [D]　　90. [A] [B] [C] [D]

三、书写

91. _____

92. _____

93. _____

94. _____

95. _____

96. _____

97. _____

98. _____

99.

100.

请不要写到框线以外!

MEMO

왜 정답인지 모두 풀이해 주는
HSK5급 모의고사

지은이 이준복, 성룡
펴낸이 정규도
펴낸곳 (주)다락원

초판 1쇄 발행 2021년 1월 8일

기획·편집 이원정, 이상윤
디자인 구수정, 최영란
사진 Shutterstock
녹음 曹红梅, 朴龙君, 허강원

다락원 경기도 파주시 문발로 211
전화 (02)736-2031 (내선 250~252 / 내선 430, 439)
팩스 (02)732-2037
출판등록 1977년 9월 16일 제406-2008-000007호

정가 15,000원 (문제집+해설서+MP3 무료 다운로드)
ISBN 978-89-277-2282-3 14720
        978-89-277-2275-5 (set)

www.darakwon.co.kr
다락원 홈페이지를 방문하시면 상세한 출판 정보와 함께 동영상 강좌, MP3 자료 등 다양한 어학 정보를 얻으실 수 있습니다.